Verhandlungen

des

Dreizehnten deutschen Juristentages.

Herausgegeben

von

dem Schriftführer-Amt der ständigen Deputation.

Erster Band.

Berlin, 1876.
Commissions-Verlag von J. Guttentag.
(D. Collin.)

Inhaltsverzeichniß.

Gutachten.

I.

Gutachten des Herrn Kammer-Präsidenten Petersen zu Straßburg i. Elsaß

über die Gesetzgebungsfrage:

„Ist es wünschenswerth, in einem gemeinsamen bürgerlichen Gesetzbuch für Deutschland neben dem einheitlichen System des ehelichen Güterrechts noch subsidiäre Systeme für die Privatautonomie aufzustellen?"

Obgleich es sich bei den bisherigen Verhandlungen des Juristentags über das eheliche Güterrecht hauptsächlich um die Fragen handelte, ob überhaupt eine einheitliche Gesetzgebung auf diesem Gebiete wünschenswerth sei und welches der bisher in Deutschland geltenden Systeme den Vorzug verdiene, so haben doch fast alle Personen, welche sich eingehender mit der Sache befaßt, bereits die Frage erörtert, ob eventuell neben dem System des gesetzlichen Güterrechts noch andere Systeme kodificirt werden sollten. Auch erklärt sich dies von selbst aus den Interessen, um welche es sich bei den Hauptkämpfen handelte.

Wenn darüber gestritten wurde, ob für ganz Deutschland ein einheitliches Güterrecht geschaffen, oder für mehrere geographisch abgegrenzte Bezirke das in diesen Gebieten bisher herrschende Recht kodificirt werden solle, so hatte dieser Kampf vornehmlich seinen Grund in der verschiedenen Stellung der Streitenden zu dem in den verschiedenen Theilen von Deutschland historisch entstandenen Recht. Auf der einen Seite ging man von der Anschauung aus, die Bevölkerung werde im Wesentlichen doch an dem hergebrachten Güterrecht festhalten und habe auch ein Recht auf dasselbe.

Andrerseits stellte man dagegen in Abrede, daß in den einzelnen Ländern oder bei den einzelnen Stämmen ein bestimmtes, eigenartiges Rechtsbewußtsein und ein Bedürfniß nach Aufrechterhaltung der partikulären Rechtsbildungen bestehe, behauptete vielmehr, die Verhältnisse in Deutschland seien im Großen und Ganzen gleichartig, und es liege deßhalb kein Grund vor, hier auf die Einheit des Rechts zu verzichten. Bei dieser Sachlage ist es selbstverständlich, daß die Vertheidiger des sog. „Regionalsystems", wenn sie mit diesem nicht durchdringen, dafür eintreten, daß die zurückgesetzten Güterordnungen wenigstens in zweiter Linie als subsidiäres Recht kodificirt werden sollen. Auf der anderen Seite sind die Anhänger der Rechtseinheit allerdings nicht in derselben Weise genöthigt, sich gegen die subsidiäre Kodification mehrerer Güterrechtssysteme zu erklären; aber bei entschiedenen Anhängern dieser Richtung hat sich doch vielfach die Furcht geltend gemacht, ein solches Verfahren werde die Rechtseinheit wieder zerstören oder doch die Bildung eines einheitlichen Rechtsbewußtseins erschweren, und diese Furcht hat wohl allein dazu geführt, das Begehren, es sollten im Gesetzbuch mehrere Güterrechtssysteme aufgestellt werden, zu bekämpfen. Thatsächlich war bisher der oben hervorgehobene Gegensatz fast durchweg maßgebend, und es könnte bei oberflächlicher Betrachtung scheinen, daß bei einer Untersuchung von diesem Punkte auszugehen sei und der Standpunkt, den man zur Frage des einheitlichen Güterrechts einnehme, auch für die Stellung zu der hier zu erörternden Frage entscheidend sein müsse. Eine genauere Prüfung ergibt aber, daß dies keineswegs der Fall ist.

Von vornherein leuchtet ein, daß wer eine einheitliche Gesetzgebung will, deßhalb noch nicht zu wünschen braucht, daß der Gesetzgeber die Mannigfaltigkeit der bestehenden Zustände vernachlässige und möglichst einförmige Rechtszustände herbeizuführen strebe.

Deßhalb sind auch neben den bisherigen Vertretern des „Regionalsystems" die meisten Vertheidiger der einheitlichen Gesetzgebung für die Aufstellung mehrerer Systeme aufgetreten.*) Außerdem ist es noch gar nicht ausgemacht, daß die Aufstellung eines einzigen Systems mit Beibehaltung der Vertragsfreiheit, gleichförmigere Rechtszustände herbeiführen und der Ausbildung eines einheitlicheren Rechtsbewußtseins Vorschub leisten

---

*) Von den Gutachten, welche dem Juristentag erstattet wurden, haben sich drei, nämlich die von Paul von Roth, Agricola und Schröder, welcher letztere aber seine Ansicht bekanntlich später modificirte, für das Regionalsystem ausgesprochen. Aber auch Euler und von Beaulieu-Marconnay sind dafür eingetreten, daß neben dem gesetzlichen Güterrechtssystem noch andere Systeme aufgestellt werden sollen; insbesondere hat Letzterer, der manchmal mit Unrecht als Gegner dieser Ansicht aufgeführt wird, am Schluße seines Gutachtens ausdrücklich bemerkt: „es solle durch Formulirung

würde. Vielmehr dürfte gerade wenn man es unterläßt, ein besonderes System der Gütergemeinschaft aufzustellen, dadurch das Fortbestehen vieler partikulärer Rechtsbildungen befördert werden, denen nur noch historische Bedeutung zuzusprechen ist.

Aber alle diese Erwägungen, bei denen es sich darum handelt, ob die künftige Rechtsentwicklung in bestimmte Bahnen geleitet werden kann und soll, und bei denen deßhalb auch immer mehr oder weniger politische Motive mit hereinspielen, können doch offenbar erst in zweiter Reihe in Betracht kommen. In erster Linie müssen rein technische Gesichtspunkte entscheidend sein, und kann es sich nur darum handeln, ob die Gesetzgebung, wenn nur ein Güterrechtssystem aufgestellt wird, den Zuständen, wie sie nun einmal bestehen, entspricht, und die Anforderungen, die sie selbst für berechtigt erklärt, in genügender Weise berücksichtigt.

Da aber alle Welt darüber einig ist, daß im Allgemeinen eine weitgehende Vertragsfreiheit bestehen und den Ehegatten nicht bloß das Recht zustehen solle, das gesetzliche Güterrechtssystem zu modificiren, sondern auch dasselbe vollständig in seinen Grundlagen aufzugeben und ein ganz entgegengesetztes System anzunehmen, so spitzt sich die Frage dahin zu, ob die Rechtsverhältnisse, die aus den in dieser Weise zu Stande gekommenen Eheverträgen entspringen, überhaupt einer besonderen Regelung durch die Gesetzgebung bedürfen, oder ob das gesetzliche Güterrecht auch in dieser Beziehung genügt. Vergegenwärtigt man sich sodann die Zustände, wie sie in Deutschland bestehen, und nach Einführung eines einheitlichen Civilgesetzbuchs, in welchem das System der „Verwaltungsgemeinschaft" ja unzweifelhaft als gesetzliche Güterordnung zu Grunde gelegt werden wird, gestalten werden, so wird sich praktisch die Frage so stellen, ob die bezüg-

---

eines oder mehrerer Systeme der Gütergemeinschaft dem Privatwillen Gelegenheit gegeben werden, abweichend vom gesetzlichen Recht vertragsweise Gütergemeinschaft festzusetzen." Verh. des Juristentags J. XI Bd. I S. 46 u. ff. II S. 276 u. 285 u. ff., ferner J. XII, Bd. I S. 29 u. 45 u. ff. In gleichem Sinne hatte sich auf dem XI. Juristentag Brunner geäußert (Bd. II S. 65 u. ff.). Als Gegner dieser Auffassung war vor den letzten Verhandlungen überhaupt nur Binding aufgetreten, der wohl Abänderung des gesetzlichen Güterrechts durch Vertrag gestatten, aber diesen Abänderungen keine besondere im Gesetz selbst festgesetzte Formen darbieten will. V. dessen Abh.: Die Grundgestaltung des ehelichen Güterrechts im Archiv für civilist. Praxis N. F. Bd. 57 S. 109 u. ff. insbes. S. 129. Bei den Verhandlungen auf dem XII. Juristentag haben sich nur zwei Redner, nämlich von Wilmowski und Beck gegen die Kodification mehrerer Systeme erklärt, während die anderen Redner diese entweder ausdrücklich verlangten (wie Schröder und Euler) oder doch dem Verlangen nicht entgegentraten (wie Albrecht). Verh. Bd. III S. 33 u. ff. insbes. S. 43, 49 68, 73 und 75.

lich der „Verwaltungsgemeinschaft" aufgestellten Grundsätze und Regeln ausreichen, um nach ihnen auch die vertragsmäßig bedungene Gütergemeinschaft zu beurtheilen, oder ob diese letztere einer besonderen Regelung bedarf. Wenn aber die Frage so gestellt wird, ergibt sich die Antwort von selbst.

Das System der Verwaltungsgemeinschaft ist von dem der wirklichen Gütergemeinschaft seiner Natur nach so verschieden, daß die Vorschriften, welche bezüglich des ersten Systems erlassen werden, unmöglich genügen können, um auch die Rechtsverhältnisse, die aus der Gütergemeinschaft entspringen, zu ordnen. Ja es wird das bezüglich der Verwaltungsgemeinschaft geltende Recht in vielen Beziehungen gar nicht auf derartige Verhältnisse passen; es werden vielmehr, soweit es sich um die Gütergemeinschaft handelt, vielfach abweichende Bestimmungen getroffen werden müssen.

Schon in Beziehung auf den Umfang der Gemeinschaft werden gesetzliche Vorschriften erforderlich sein. Denn wenn es auch den Ehegatten überlassen werden wird, ob sie dieselbe auf das ganze (gegenwärtige und zukünftige) Vermögen ausdehnen, oder auf einen Theil desselben z. B. das gegenwärtige oder bewegliche Vermögen beschränken oder bestimmte Gegenstände von der Gemeinschaft ausschließen wollen, so wird doch über die Absicht derselben im Einzelnen leicht Streit entstehen und wird es zweckmäßig sein, allgemeine Verfügungen zu treffen, nach denen Streitigkeiten über den Umfang der Gemeinschaft im Zweifel zu entscheiden sind. In noch höherem Grade wird es nothwendig sein, zu bestimmen, welchen Einfluß die Beschränkung der Gütergemeinschaft auf einen Theil des beiderseitigen Vermögens auf die Rechtsverhältnisse der Ehegatten unter einander und zu Dritten hat. Die Schuldhaft muß bei der Gütergemeinschaft wohl von vornherein ganz anders geregelt werden als bei der bloßen Verwaltungsgemeinschaft, und es würde schon dieser Punkt hinreichen, um eine besondere Regelung der Gütergemeinschaft nothwendig zu machen, da an dieser Frage auch Dritte, die mit den Ehegatten in Geschäftsverkehr treten, betheiligt sind. Aber es wird diese Schuldhaft wohl auch bei der partikulären Gütergemeinschaft anders als bei der allgemeinen Gütergemeinschaft geregelt werden müssen. Die Frage, wann die Gütergemeinschaft beendigt wird, und ob dieselbe nach dem Tod eines Ehegatten zwischen dem Ueberlebenden und den Kindern fortgesetzt werden kann, bedarf nothwendig einer gesetzlichen Regelung. Ebenso werden in Beziehung auf die Theilung des gemeinschaftlichen Vermögens besondere Vorschriften erforderlich sein, die sich im System der Verwaltungsgemeinschaft nicht vorfinden, bezüglich deren man aber auch nicht einfach auf die Bestimmungen über die Theilung des Gesellschaftsvermögens wird verweisen können. Ja es werden wohl auch die Verwaltungsbefugnisse des Ehemanns bei dem System der Gütergemeinschaft anders geregelt und der Ehefrau mit Rücksicht auf ihre ausgedehnte Schuldhaft in höherem Grade ein Mitwirkungsrecht eingeräumt werden müssen.

Wie man auch über diese Fragen im Einzelnen denken mag; im Allgemeinen wird kein Zweifel darüber bestehen können, daß die auf die Verwaltungsgemeinschaft bezüglichen Vorschriften auf die aus der Gütergemeinschaft zwischen Ehegatten entstehenden Rechtsverhältnisse vielfach nicht passen, jedenfalls aber zu deren Regelung nicht genügen. Würde die Errichtung eines Ehevertrags bei jeder Eheschließung erforderlich sein, und es sich, wie bei anderen Vertragsformen, nur darum handeln, die Rechtsverhältnisse, die sich aus den Eheverträgen ergeben, gesetzlich zu regeln, so würde gewiß Niemand daran denken, diese Regelung nur bezüglich einer Hauptform vorzunehmen und wohl das System der Verwaltungsgemeinschaft, nicht aber das der Gütergemeinschaft zu regeln. Vielmehr würde man es sicher bei Regelung des ehelichen Güterrechts wie bei dem übrigen Vertragsrechte für nothwendig halten, die verschiedenen Hauptformen der Verträge gleichmäßig zu berücksichtigen. An dieser Sachlage wird aber dadurch nichts geändert, daß man in erster Linie ein gesetzliches Güterrecht aufstellt, daneben jedoch das System der Vertragsfreiheit beibehält, und den Ehegatten gestattet, ihre Verhältnisse abweichend von den gesetzlichen Bestimmungen in beliebiger Weise durch Vertrag zu regeln. Vielmehr hat dieses Vertragsrecht, auch wenn es nur einen subsidiären Charakter hat, in derselben Weise Anspruch auf gesetzliche Regelung, wie jedes andere Vertragsrecht. Wollte man diese gesetzliche Regelung verweigern, so würde man das System der Vertragsfreiheit zwar theoretisch zugestehen, dasselbe aber thatsächlich in erheblicher Weise verkümmern. Dieses Verfahren, bei dem die Ehegatten genöthigt wären, die Rechtsverhältnisse, die sich aus dem von ihnen gewählten System im Einzelnen ergeben, im Ehevertrag selbst zu regeln, und in demselben ein förmliches Güterrechtssystem aufzustellen, wie es bezüglich der Verwaltungsgemeinschaft das Gesetzbuch selbst enthält, würde aber ohne Zweifel auch große Verwirrung und Rechtsunsicherheit zur Folge haben, unter welcher nicht bloß die Ehegatten selbst, sowie deren Familien leiden müßten, sondern durch welche auch der ganze Verkehr betroffen würde. Will man also die Gütergemeinschaft überhaupt zulassen — und die Ausschließung derselben hat bisher Niemand verlangt — so ist eine gesetzliche Regelung derselben unbedingt geboten und diese Regelung kann der Natur der Sache nach nur durch Aufstellung eines besonderen, subsidiären, Güterrechtssystems zur Benützung für die Privatautonomie erfolgen. Die Aufstellung eines einzigen Systems für die Gütergemeinschaft mit den entsprechenden Unterabtheilungen wird aber auch genügen. Für alle Fälle, in denen das Vermögen der Ehegatten innerlich, d. h. dem Eigenthum nach getrennt bleibt, werden die Vorschriften, welche das gesetzliche Güterrecht enthält, im Allgemeinen hinreichen, und werden die Modifikationen desselben, die ja ebenfalls in großer Ausdehnung erfolgen können, innerhalb des Rahmens der Verwaltungsgemeinschaft geregelt werden können. Ja es wird sich empfehlen, dies in möglichst einfacher Weise gelegentlich der einzelnen Materien zu thun, und nicht aus jeder Modifikation wieder ein besonderes System oder eine besondere Unterabtheilung abzuleiten. Der Code Napoléon, der auf diesem Gebiet ganz an das historische Recht Frankreichs anknüpfte und alle bisher gebräuchlichen Klauseln konserviren wollte, ist zwar bekanntlich anders verfahren und hat, nachdem er in Art. 1400—1496 die gesetzliche Gütergemeinschaft geregelt, in einer besonderen Abtheilung (Art. 1497—1539) die Verträge, durch welche die gesetzliche Gütergemeinschaft abgeändert oder ausgeschlossen wird, im Einzelnen behandelt, und aus einer Menge von untergeordneten Abänderungen, die man mit einigen allgemeinen Vorschriften hätte erledigen können, in dieser Weise besondere Unterabtheilungen oder Systeme gemacht. Die Anordnung des Code ist aber hier eine anerkannt mangelhafte und es haben sich auch aus dieser Art der Behandlung viele Streitigkeiten ergeben.*) Ganz abgesehen von formellen und technischen Gründen wird es sich sogar, wenn man dem gesetzlichen Güterrecht auch thatsächlich in möglichst weiten Kreisen Geltung verschaffen will, empfehlen, den Ehegatten in dieser Beziehung einen möglichst weiten Spielraum zu lassen und z. B. auf abändernde Verfügungen bezüglich des ehelichen Erwerbs, der Haftung der Ehefrau für Schulden 2c. Rücksicht zu nehmen. Auf diese Weise kann wohl ein großer Theil des Gebiets auf dem die Errungenschaftsgemeinschaft gilt, für das gesetzliche Güterrecht gewonnen werden.**) Nur die eigentliche Gütergemeinschaft, bei welcher die Ehegatten ihr Vermögen von vornherein ganz oder theilweise zusammennehmen, also einen Theil ihres Eigenthums aufgeben, läßt sich mit der bloßen „Ver-

*) Man vgl. in dieser Beziehung meine Abhandlung: Der Code Napoléon und das deutsche Civilgesetzbuch Abth. II Eherecht in Hausers Zeitschrift für Reichs- und Landesrecht Bd. III § 38 u. 39.

**) In meiner oben angeführten Abhandl. (s. a. a. O. § 41 und Nachschrift) habe ich auszuführen gesucht, daß es auch bei Annahme der „Verwaltungsgemeinschaft", wie solche vom Juristentag vorgeschlagen wurde, nothwendig sei, der Ehefrau Antheil am ehrlichen Erwerb einzuräumen. Sollte aber diese Auffassung nicht durchdringen, so sollte jedenfalls den Eheleuten gestattet werden, die Theilung des ehelichen Erwerbs im Ehevertrag zu bedingen.

waltungsgemeinschaft" nicht unter dasselbe System bringen, sondern bedarf einer besonderen Regelung.

Nachdem die Gründe, welche für die Aufstellung mehrerer Systeme des ehelichen Güterrechts, insbesondere für die Codification des Systems der Gütergemeinschaft sprechen, entwickelt worden sind, ist es nothwendig, noch die Einwendungen zu prüfen, welche gegen die Codification mehrerer Güterrechtssysteme erhoben werden, und welche im Wesentlichen darauf hinauslaufen, daß man auf diesem Wege kein einheitliches Recht erhalten oder daß sich doch kein einheitliches Rechtsbewußtsein bilden werde, wenn man dem gesetzlichen Güterrecht andere Güterordnungen an die Seite stelle, welche die Ehegatten eben so leicht wie das gesetzliche Güterrechtssystem wählen könnten.

In erster Linie ist hier zu bemerken, daß der einheitliche Charakter des geltenden Rechts dadurch nicht aufgehoben wird, daß die Gesetzgebung gestattet, die ehelichen Güterrechtsverhältnisse in verschiedener Weise zu regeln, sondern daß es sich in dieser Beziehung nur darum handelt, ob dasselbe Gesetz im ganzen Reiche gilt. So gut wir ein einheitliches Handelsrecht haben, obgleich es verschiedene Arten von Handelsgesellschaften gibt, die in ganz verschiedener Weise gesetzlich geordnet sind, so gut wird unsere Gesetzgebung auch auf dem Gebiet des ehelichen Güterrechts eine einheitliche genannt werden müssen, wenn dieselbe auch verschiedene Güterrechtssysteme zuläßt und regelt. In der That wird dies auch von Niemand geleugnet, sondern hat man, wenn man von der Aufstellung mehrerer Güterrechtssysteme Gefahren für die Einheitlichkeit des Rechts fürchtet, mehr die thatsächlichen Rechtszustände im Auge. Man hegt die Besorgniß, es würden sich bei Aufstellung mehrerer Systeme sehr ungleichförmige Rechtszustände entwickeln und kein einheitliches Rechtsbewußtsein ausbilden.

Vollständig einförmige Rechtszustände darf nun freilich Niemand erwarten, der für das System der Vertragsfreiheit eintritt. Auch ist es gerade auf dem Gebiet des ehelichen Güterrechts ganz natürlich, daß die Rechtsverhältnisse der Ehegatten bei den verschiedenen Ehen in ganz verschiedener Weise geregelt werden. Sind doch auch die thatsächlichen Verhältnisse bei den einzelnen Ehen äußerst verschieden, und gibt es doch eine Menge von Umständen, welche eine verschiedenartige Regelung bedingen, z. B. der Beruf des Ehemannes, eine große Verschiedenheit der Vermögensverhältnisse, oder des Alters der Ehegatten u. s. w. u. s. w.

Man würde aber den Gegnern der Codification mehrerer Güterrechtssysteme gewiß Unrecht thun, wenn man annehmen wollte, sie seien gegen eine derartige Berücksichtigung der besonderen Verhältnisse und wollten um jeden Preis nicht bloß gleiches Recht, sondern auch gleichförmige Rechtsverhältnisse herstellen, was sich ja auch nur durch Beseitigung der Vertragsfreiheit erreichen ließe. Vielmehr geht deren Furcht offenbar nur dahin, daß es, wenn man neben dem gesetzlichen Güterrechtssystem noch andere Systeme aufstelle, überall beim Alten bleiben und die Bevölkerung allenthalb bei dem Güterrechtssysteme verharren werde, das für sie hergebracht sei. Sie haben also in Beziehung auf die künftige Rechtsentwicklung dieselben Erwartungen wie die Vertheidiger des „Regionalsystems", ziehen aber daraus, weil sie in höherem Grade an einer einheitlichen Rechtsentwicklung hängen, ganz andere Folgerungen.

Es ließe sich nun, wenn die Anhänglichkeit an das hergebrachte oder historische Recht wirklich eine so große wäre, wie angenommen wird, Vieles dagegen sagen, daß man die Vertragsfreiheit beibehalten und der Bevölkerung die Ausübung desselben demnach durch Versagung der Codifikation erschweren will. Aber es braucht auf diesen bereits oben berührten Punkt hier nicht weiter eingegangen zu werden; denn es läßt sich unschwer darthun, daß die erwähnte Befürchtung überhaupt eine übertriebene ist, und dann, daß das in Vorschlag gebrachte Mittel eher geeignet ist, die Beibehaltung partikulärer Rechtsbildungen zu fördern, als solchen ein Ende zu machen.

In der ersten Beziehung kommt in Betracht, daß der Gesetzgeber, wenn er subsidiär neben dem System der gesetzlichen Güterordnung noch andere Systemen aufstellt, diese deßhalb dem gesetzlichen Güterrecht nicht gleichsetzt. Das Gesetz sagt bei diesem Verfahren den Ehegatten nicht, wie die Sache auf dem letzten Juristentag dargestellt wurde: „Ihr könnt ebenso gut nach System II oder III als nach System I heirathen", sondern es stellt ein im Allgemeinen geltendes System auf und nöthigt denjenigen, der sich diesem System nicht unterwerfen will, seine Absicht in besonderer Form zu erklären, und wahrscheinlich sogar einen besonderen Ehevertrag abzuschließen. Darin liegt aber ein ganz erheblicher Unterschied. Einmal denkt, wie vielfach gegen das Regionalgesetz geltend gemacht wurde, eine ganz große Zahl der Eheschließenden überhaupt nicht viel über die Güterrechtsverhältnisse nach, sondern verläßt sich darauf, der Gesetzgeber werde schon richtig für sie gesorgt haben. Sodann ist aber die Errichtung eines Ehevertrags, der doch wohl in authentischer Form wird verbriest werden müssen, immerhin mit erheblichen Kosten und Umständen verknüpft, und man darf unter diesen Umständen wohl als sicher annehmen, daß die unbemittelteren Klassen wohl nur selten zur Errichtung von Eheverträgen schreiten, das gesetzliche Güterrecht also für die weitaus größte Zahl der Ehen Geltung erhalten wird.*) Dadurch wird demselben aber allenthal-

*) In Frankreich, wo allerdings die Errichtung von Eheverträgen besonders kostspielig ist, aber auch durch die Gesetzgebung bezw. die Unterscheidung zwischen beweg-

ben, auch bei den wohlhabenderen Klassen, Bahn gebrochen, und es wird dasselbe auch thatsächlich überall Geltung erlangen, wenn die Gesetzgebung selbst zweckmäßig eingerichtet wird und man bei Regelung der „Verwaltungsgemeinschaft" nicht zu sehr an der bisherigen Schablone festhält, sondern von allgemeineren Gesichtspunkten ausgeht. Kann man sich entschließen, bei dem gesetzlichen Güterrecht die Theilung der gesetzlichen Errungenschaft als Regel aufzustellen, so wird man die thatsächliche Ausbreitung desselben gewiß in höherem Maaße sichern und dem System der Gütergemeinschaft mehr Abbruch thun als es der Fall sein wird, wenn man dies nicht thut, aber Codification dieser Güterordnung unterläßt.

Fragt man nun schließlich noch, welche Folgen diese Unterlassung in der oben bezeichneten Richtung haben würde, so ist wohl klar, daß man dadurch allein die Bevölkerung, die einmal an die (partikuläre oder allgemeine) Gütergemeinschaft gewöhnt ist, und daran hängt, nicht veranlassen wird, dieselbe aufzugeben. Wenn aber das Gesetz keine Regeln bezüglich der Gütergemeinschaft giebt, so ist man, wie bereits erwähnt, genöthigt, ein ganzes System in den Ehevertrag hereinzusetzen und es werden dafür besondere Formulare entstehen, welche von den Notaren oder sonstigen öffentlichen Beamten, denen die Verbriefung der Eheverträge zufällt, benützt werden. Diese Formulare werden dann ohne Zweifel in den verschiedenen Ländern und Provinzen meist dem früher dort geltenden Rechte entnommen werden, ja vielleicht nur einen Abklatsch desselben enthalten. Auch die Gerichte wären dann, da es sich lediglich um die Ermittelung der Absicht der Ehegatten handelt, vielfach genöthigt, auf das ältere Recht zurückzugehen, und es würden wahrscheinlich nicht bloß die verschiedenen Formeln und Klauseln desselben, sondern auch ein großer Theil der alten Controversen conservirt werden. Während bei Aufstellung eines subsidiären Systems

---

lichem und unbeweglichem Vermögen, die in dieser Weise heute keinen Sinn mehr hat, die Besitzenden förmlich gezwungen sind, Eheverträge zu errichten, in denen die gesetzliche Gütergemeinschaft meist auf die Errungenschaft beschränkt wird, bildet die Abschließung eines Ehevertrags immerhin die Ausnahme (vergl. die oben citirte Abhandlnng). In Elsaß-Lothringen wurde nach einer, neuerdings bekannt gewordenen, officiellen Zusammenstellung in den Jahren 1870 bis (einschließlich) 1874 bei 65,405 Eheschließungen nur 16,879 also nicht ganz 26% Eheverträge errichtet. Von diesen Eheverträgen haben 15,123 also mehr als 89% die gesetzliche Gütergemeinschaft beschränkt, und 14,745 einfach die Errungenschaftsgemeinschaft stipulirt. Dagegen enthalten nur 1321 Verträge eine Ausdehnung der gesetzlichen G. G. (meist durch Stipulirung des allg. G. G.) und nur in 128 Fällen (nicht ganz 1%) wurde die Gütergemeinschaft (durch Stipulirung der Gütersonderung oder des Dotalsystems etc.) ganz ausgeschlossen.

der Gütergemeinschaft die meisten Ehegatten, welche diese Güterordnung vorziehen, sich darauf beschränken werden, dieselbe einfach in der einen oder andern gesetzlichen Form zu acceptiren, oder doch die etwaigen Abänderungen im Anschluß an die Gesetzgebung vorzunehmen, der dadurch ein weitgreifender Einfluß gesichert würde, könnte die Unterlassung einer solchen Codification nur eine künstliche Erhaltung des älteren Rechts mit einer Menge von abgelebten Formen und lediglich in der historischen Entwicklung begründeten Verschiedenheiten bewirken. Dies würde aber der Absicht derer, welche die Aufstellung von mehreren Güterrechtssystemen bekämpfen, schnurgerade zuwiderlaufen, und um so verkehrter sein, als man allgemein darüber einverstanden ist, es solle durch die neue Gesetzgebung nicht gestattet werden, einfach im Ehevertrag zu erklären, daß man ein bestimmtes Landes- oder Provinzial-Recht aus der früheren Zeit als Güterrecht annehme.*)

Hiernach haben sich auch die Gründe, welche man im Interesse der Rechtseinheit gegen die Aufstellung mehrerer Güterrechtssysteme geltend gemacht hat, als unstichhaltig erwiesen und darf die gestellte Frage mit aller Bestimmtheit bejaht werden.

Mein Gutachten geht daher dahin: „daß es allerdings wünschenswerth ja nothwendig ist, in einem gemeinsamen bürgerlichen Gesetzbuch für ganz Deutschland neben dem einheitlichen System des ehelichen Güterrechts subsidiäre Systeme für die Privatautonomie aufzustellen und daß dies insbesondere, wenn das gesetzliche Güterrecht auf der Grundlage der Verwaltungsgemeinschaft geregelt wird, bezüglich des Systems der Gütergemeinschaft geboten ist.

*) Man v. hierüber insbesondere die Gutachten von Beaulieu-Marconnay, Euler und Paul von Roth XI. Juristentag Bd. I S. 70 und 71 und XII Juristentag Bd. I S. 45 und Bd. II S. 284.

II.

Gutachten des Herrn Consistorial-Präsidenten Dr. Mommsen zu Kiel

über die Frage:

„Soll in dem gemeinsamen bürgerlichen Gesetzbuch für Deutschland bestimmt werden, daß der Erbschaftserwerb ipso jure stattfinde?"

Wenn der Erbschaftserwerb ipso jure, d. h. ohne eine darauf gerichtete Willenserklärung stattfinden soll, so kann als Zeitpunkt dieses Erwerbs nur der Zeitpunkt der Berufung zur Erbfolge angenommen werden. Die Frage, um welche es sich handelt, läßt sich daher nicht beantworten, ohne daß man zugleich die Wirkungen ins Auge faßt, welche im Fall der Verneinung der Frage der Berufung zur Erbfolge beizulegen sind.

Die Berufung zur Erbfolge als solche gewährt nur die Möglichkeit des Erwerbes der Erbschaft. Sowie Derjenige, dem ein Geschenk angeboten wird, dadurch allein noch kein Recht erwirbt, der Erwerb eines Rechts vielmehr erst durch die Annahme des Geschenkes erfolgt, ebenso ist die Möglichkeit des Erwerbes der Erbschaft, wie sie durch die Berufung zur Erbfolge herbeigeführt wird, an und für sich noch kein Recht.

Dies ist der Standpunkt, den das Römische Recht noch zur Zeit der classischen Juristen im Wesentlichen einnimmt. Abgesehen von der in jure cessio hereditatis legitimae, wird das Verhältniß, in welches Jemand durch die bloße Berufung zur Erbfolge tritt, nicht als ein erworbenes Recht, sondern nur als Möglichkeit eines Rechtserwerbs betrachtet. Das Römische Recht nimmt jedoch an, daß bei einer gewissen Classe von Erben mit der Berufung zur Erbfolge sich eo ipso der Erwerb der Erbschaft verbindet. Es unterscheidet zwischen den Erben, welche unmittelbar in der potestas des Erblassers gestanden haben (den sui heredes und den cum libertate eingesetzten Sclaven des Erblassers) und den übrigen Erben (den heredes voluntarii). Bei den zuerst genannten Erben verbindet sich mit der Berufung zur Erbfolge zugleich der Erwerb der Erbschaft, welcher ipso jure in dem Augenblick der Berufung stattfindet; den sui heredes (nicht den eingesetzten Sclaven) ist es jedoch aus nahe liegenden Billigkeitsgründen gestattet, durch eine nachfolgende Ablehnung der Erbschaft den ipso jure eingetretenen Erbschaftserwerb rückgängig zu machen. Bei den heredes voluntarii zeigt sich die Berufung zur Erbfolge in ihrer vorher bezeichneten Bedeutung. Stirbt der zur Erbfolge berufene heres voluntarius, ehe er die Erbschaft angetreten hat, so tritt, falls er der alleinige Erbe war, eine neue Berufung ein; war er nur Miterbe, so wird seine Erbportion vacant und fällt auf Grund des Anwachsungsrechts den übrigen Erben zu. Dies gilt nicht nur für den Fall der testamentarischen Erbfolge (vorausgesetzt natürlich, daß keine Substitution stattgefunden hat), sondern auch für den Fall der gesetzlichen Erbfolge, indem eine successio graduum bei nur theilweisem Wegfall der Erben nicht anerkannt wird. Daß diese Behandlung der Sache unter Umständen dem natürlichen Billigkeitsgefühl in hohem Grade widerstreitet, braucht nicht ausgeführt zu werden und ist auch in dem neuesten Römischen Recht zur Anerkennung gelangt. Nachdem Theodosius II. schon für einen besonderen Fall eine Transmission der Erbschaft angeordnet hatte, hat Justinian allgemein bestimmt, daß, wenn der Delat, ohne sich über die Annahme der Erbschaft erklärt zu haben, innerhalb eines Jahres nach erlangter Kunde von der Berufung zur Erbfolge stirbt, das Recht, die Erbschaft anzunehmen oder auszuschlagen, auf die Erben des Delaten übergeht.

Das ältere Deutsche Recht geht von einer wesentlich andern Auffassung aus, als das Römische Recht. Nach dem älteren Deutschen Recht gehen die zum Nachlaß gehörigen Vermögensgegenstände ipso jure auf den Erben über, ohne daß es einer Antretung von Seiten des Erben bedarf. „Der Todte erbt den Lebendigen." Als gemeines Recht hat sich der erwähnte Grundsatz des Deutschen Rechts gegen das Römische Recht nicht behaupten können, dagegen hat er sich particularrechtlich erhalten, im Ganzen aber doch wohl nur in einer modificirten Weise, nämlich in der Weise, daß das Recht, die Erbschaft anzutreten oder auszuschlagen, ganz allgemein auf die Erben des Delaten übergeht, wenn der Letztere stirbt, ohne sich über die Annahme der ihm deferirten Erbschaft erklärt zu haben. In dieser Weise hat sich der fragliche Grundsatz z. B. in Holstein erhalten.

Von den neueren Gesetzbüchern lassen das Preuß. Landrecht und das Zürcher Gesetzbuch, letzteres jedoch nur für die gesetzlichen Erben, den

Erbschaftserwerb ipso jure im Augenblick des Anfalls eintreten, indem sie zugleich bestimmen, daß dieser Erwerb wieder rückgängig gemacht wird, wenn innerhalb einer im Gesetz bestimmten Frist eine Ablehnung der Erbschaft erfolgt. Hat der Erbe die Frist verlaufen lassen, ohne die Erbschaft abzulehnen, so bleibt er Erbe. Der Code civil, das Oesterr. Gesetzb. und das Sächs. Gesetzb. fordern zum Erwerb der Erbschaft, daß der Erbe den Willen, Erbe zu sein, erkläre; zugleich nehmen sie aber an, daß durch die Berufung zur Erbfolge ein Recht, die Erbschaft anzutreten oder auszuschlagen, begründet wird, welches, sofern es von dem zur Erbfolge Berufenen noch nicht ausgeübt worden ist, immer auf seine Erben übergeht. Dasselbe bestimmt auch der Hessische Entwurf eines Erbrechts, sowie das Zürch. Gesetzb. für den Fall der testamentarischen Erbfolge. Vgl. Preuß. Landr. I., Tit. 9, §§ 367 ff. Code civil art. 774 ff., 781. Oesterr. Gesetzb. §§ 537, 547, 797 ff., 809. Zürch. Gesetzb. §§ 1968, 1986, 1990, 2082 ff., 2123. Sächs. Gesetzb. §§ 2010, 2250. Hess. Entw. Art. 225 ff., 235.

Die ganze geschichtliche Entwickelung weist darauf hin, daß man mit der Berufung zur Erbfolge außer der bloßen Eröffnung der Möglichkeit, die Erbschaft zu erwerben, noch fernere rechtliche Folgen verbinden muß. Es fragt sich, wie weit man hierin gehen soll, insonderheit, ob es richtig ist, mit der Berufung zur Erbfolge ohne weiteres den Erwerb der Erbschaft eintreten zu lassen.

Die allgemeinen Gründe sprechen entschieden dagegen. Muß man selbst in Betreff der Schenkung sagen, daß sie Niemandem gegen seinen Willen aufgenöthigt werden kann („non potest liberalitas nolenti acquiri“ L. 19 § 2 D. de donat.), so muß dies in noch weit höherem Grade von der Erbschaft gelten, deren Erwerb Verpflichtungen nach sich zieht. Das Risiko, welches mit der Uebernahme der Erbschaft verbunden ist, kann allerdings dadurch im Wesentlichen aufgehoben werden, daß der Erbe von der Rechtswohlthat des Inventars Gebrauch macht. Darauf aber kann schon deshalb Nichts ankommen, weil der Erbe die Rechtswohlthat des Inventars nicht von selbst hat, es vielmehr in allen Fällen, damit diese Rechtswohlthat ihm zu Theil werde, einer Erklärung, bezw. eines Handelns von seiner Seite bedarf. Und selbst, wenn der Erbe die Rechtswohlthat des Inventars erwirbt, sind, falls die Erbschaft als überschuldet sich erweist, doch regelmäßig einige Kosten und mindestens mancherlei Umstände damit verbunden, die wider Willen sich zu machen, der Natur der

Sache nach Niemand genöthigt werden kann. Sehr richtig sagt Koch (Preuß. Erbrecht S. 1143, Note 7): „Es ist in der That nicht begreiflich, wie die Laune eines Bettlers eine ihm fremde Person dadurch, daß er sie zum Erben einsetzt, soll nöthigen können, sich Umstände und Kosten zu machen."

Daß man Niemanden nöthigen kann, Erbe zu werden, ist ein Satz, der gegenwärtig von Niemandem bezweifelt wird. Derselbe wird allgemein anerkannt, indem selbst da, wo ein ipso jure eintretender Erbschaftserwerb angenommen wird, doch dem Erben das Recht eingeräumt wird, die Erbschaft abzulehnen und auf diese Weise den erfolgten Erwerb der Erbschaft rückgängig zu machen. Steht es aber fest, daß es von dem Willen des zur Erbfolge Berufenen abhängen muß, ob er Erbe werden will oder nicht, so ist es auch nur der Natur der Sache entsprechend, daß man, damit Jemand Erbe werde, eine Erklärung dieses Willens verlangt.*)

Dies gilt nicht blos in Betreff der testamentarischen Erben, sondern eben sowohl in Betreff der gesetzlichen Erben. In Beziehung auf das Moment, worauf es hier vor allen Dingen ankommt, daß es nämlich von dem Willen des zur Erbfolge Berufenen abhängen muß, ob er Erbe wird, stehen alle Erben sich gleich. Auch kann man nicht, um etwa rücksichtlich der gesetzlichen Erben im Allgemeinen oder rücksichtlich der Descendenten des Erblassers allein eine andere Behandlung zu motiviren, auf die Idee eines Familien-Gesammteigenthums sich berufen. Denn ist es schon zweifelhaft, ob diese Idee dem Grundsatz des älteren Deutschen Rechts: „der Todte erbt den Lebendigen" zu Grunde liegt, so ist es jedenfalls gewiß, daß dieselbe in dem gegenwärtigen Rechtsbewußtsein keinen Boden mehr findet.

Die allgemeinen Gründe sprechen also entschieden dafür, den Erwerb der Erbschaft von einer Willenserklärung abhängig zu machen. Soll dennoch ein Anderes durch die Gesetzgebung angeordnet werden, so müssen praktische Gründe dafür sprechen, welche so erheblich sind, daß die theoretischen Bedenken dagegen zurücktreten müssen. Als praktische Vortheile, welche die Annahme eines ipso jure eintretenden Erbschaftserwerbs haben möchte, kann man etwa anführen:

1. Daß dadurch eine schnellere Entscheidung darüber, wer als Erbe in Anspruch genommen werden kann, herbeigeführt wird.

---

*) Wie sehr dies der Natur der Sache entspricht, dafür bietet namentlich auch das Preuß. Landrecht den Beweis. Obgleich es annimmt, daß der Erbschaftserwerb ipso jure stattfindet, begegnet man doch in dem Preuß. Landrecht mehrfach einer Ausdrucksweise, welche in Wahrheit nur für die entgegengesetzte Anschauung paßt. Vgl. Preuß. Landr. I. Tit. 9, §§ 383, 389, 408.

2. daß der berufene Erbe dadurch in den Stand gesetzt wird, sofort über die Erbschaft im Ganzen, sowie über die einzelnen Erbschaftsgegenstände zu disponiren,
3. daß die Erbschaft dadurch auch für den Fall, daß der zur Erbfolge Berufene stirbt, ohne sich vorher über die Erbschaft erklärt zu haben, seinen Erben erhalten wird.

Es wird nöthig sein, auf diese drei Punkte näher einzugehen.

Zu 1. Es liegt entschieden im Interesse der Gläubiger und Vermächtnißnehmer, daß es möglichst bald sich entscheidet, wer Erbe wird. Inwieweit aber nach dieser Seite hin durch die Bestimmung, daß der Erbschaftserwerb ipso jure stattfindet, ein Wesentliches erreicht wird, hängt von den Bestimmungen ab, welche in Beziehung auf das Recht, die Erbschaft nachträglich abzulehnen und dadurch den erfolgten Erbschaftserwerb rückgängig zu machen, gelten sollen.

Wenn man über das erwähnte Recht keine besonderen Bestimmungen trifft, gestaltet sich die Sache so, daß die Gläubiger des Erblassers sogleich den Erben verklagen können und daß der Erbe, wenn er diese Klage von sich abwenden will, in seiner Entgegnung auf die Klage die Erklärung abgeben muß, daß er der Erbschaft entsage. Diese Behandlung der Sache hat aber große Bedenken gegen sich. Sieht man auf die Gläubiger, so laufen diese, wenn sie klagen, ohne eine Erklärung des Erben abzuwarten, die Gefahr nutzloser Aufwendung von Kosten. Sieht man auf den Erben, so wird dieser zu einer Erklärung gedrängt, während er möglicher Weise noch gar nicht sich hat in den Stand setzen können, ein auch nur einigermaßen sicheres Urtheil über die Erbschaft zu gewinnen. Daß Letzteres der Billigkeit nicht entspricht, ist schon im Römischen Recht in Betreff des suus heres dadurch anerkannt, daß demselben auf Verlangen ein spatium deliberandi eingeräumt wird. L. 7 pr. L. 8 D. de jure deliberandi (28. 8). Wenn man aber dies thun muß, so geht in der That jeder Vortheil verloren. Die Gläubiger können, auch wenn ein ipso jure stattfindender Erbschaftserwerb nicht angenommen wird, dem Erben durch das Gericht eine Frist setzen lassen, innerhalb deren er sich über die Annahme der Erbschaft zu erklären hat.

Will man nach der zur Frage stehenden Seite hin durch die Bestimmung, daß der Erbschaftserwerb ipso jure stattfindet, einen wesentlichen Vortheil erreichen, so wird man durch die Gesetzgebung dem Erben zugleich eine Frist setzen müssen, innerhalb deren er die Erklärung, die Erbschaft abzulehnen, abgeben muß. Dies ist denn auch im Preußischen Landrecht und im Zürcher Gesetzbuch (in letzterem, soweit es überhaupt einen ipso jure erfolgenden Erbschaftserwerb annimmt) geschehen. Wenn der Erbe innerhalb der vom Gesetze festgesetzten Frist (nach dem Preuß. Landrecht einer Frist von regelmäßig 6 Wochen nach erlangter Kunde von der Berufung zur Erbfolge, nach dem Zürch. Gesetzbuch einer Frist von regelmäßig 30 Tagen) der Erbschaft nicht entsagt, so bleibt er Erbe. Die Frage, wer Erbe ist, ist dann entschieden. — Dem Vortheil, welcher auf diese Weise erreicht wird, stehen aber Bedenken entgegen, welche jenen erheblich überwiegen dürften. Je mehr es der Natur der Sache entspricht, daß Niemand ohne seinen Willen Erbe werden kann, um so weniger kann man voraussetzen, daß, wenn das Gesetzbuch ein Anderes bestimmt, eine solche Bestimmung alsbald in das allgemeine Rechtsbewußtsein eindringt. Es wird, wenn das Gesetz eine solche Bestimmung trifft, in nicht wenigen Fällen dahin kommen, daß die Erben die Frist versäumen, ohne von den Folgen dieser Versäumniß auch nur eine Ahnung zu haben, und sehr leicht kann hieran sich ferner noch eine Versäumniß der, in Beziehung auf das beneficium inventarii vorgeschriebenen Fristen schließen. Dies ist ein Bedenken, welches sehr schwer ins Gewicht fällt und den praktischen Vortheil weit überwiegt. Es tritt hier die große Gefahr hervor, welche damit verbunden ist, wenn die Gesetzgebung sich von Demjenigen entfernt, was der Natur der Sache und damit zugleich dem natürlichen Rechtsbewußtsein entspricht.

Zu 2. — Wenn der Erbschaftserwerb ipso jure erfolgt, so kann der Erbe, sowie er zur Erbfolge berufen wird, sofort über die einzelnen Erbschaftsgegenstände oder die Erbschaft im Ganzen disponiren. Dies gilt aber in gleicher Weise, wenn man eine Willenserklärung fordert, sofern man die Erklärung nicht etwa an eine bestimmte Form bindet. Der Erbe kann auch in diesem Fall sofort die Erbschaft oder einzelne zu derselben gehörende Gegenstände veräußern. Hat er nicht vorher erklärt, daß er Erbe sein wolle, so wird eine solche Erklärung regelmäßig in der von ihm vorgenommenen Handlung liegen. Jedenfalls läßt sich die Erklärung, Erbe sein zu wollen, in jedem Augenblick beschaffen. Einen praktischen Vortheil bietet es hier nicht, wenn man den Erbschaftserwerb ipso jure eintreten läßt.

Umgekehrt bietet es in der angegebenen Beziehung freilich auch keinen Vortheil, wenn man den Erwerb der Erbschaft von einer Willenserklärung abhängig macht. Im letzteren Fall könnte allerdings die Frage aufgeworfen werden, ob nicht dem Erben das Recht einzuräumen wäre, sein Recht auf die Erbschaft (das Recht, die Erbschaft anzutreten) zu veräußern und auf diese Weise seine Erbenqualität auf einen Anderen zu übertragen. Diese Frage ist aber entschieden zu verneinen. Es liegt durchaus kein Bedürfniß vor, das Recht, die Erbschaft zu erwerben, in den Kreis des geschäftlichen Verkehrs zu ziehen; überdies würde es für die Gläubiger sehr gefährlich sein, wenn man dem Erben gestatten wollte, durch Veräußerung seines Erbfolgerechts die Person zu bestimmen, an welche die Gläubiger des Erblassers sich ausschließlich zu halten hätten. Demgemäß wird denn auch von den neueren Gesetzbüchern, ebenso wie von dem neusten Römischen Recht, nur die Veräußerung einer erworbenen Erbschaft, nicht aber die Veräußerung des bloßen Erbfolgerechts anerkannt.

Zu 3. — Wenn man den Erbschaftserwerb ipso jure stattfinden läßt, so geht die Erbschaft unmittelbar mit dem Anfall in das Vermögen des Erben über. Stirbt der Erbe, ohne der Erbschaft entsagt zu haben, so geht dieselbe mit dem übrigen Vermögen des Erben in allen Fällen auf dessen Erben über; die Erbschaft geht, auch wenn der Erbe sich noch nicht für Annahme derselben erklärt hat, den Erben des Erben in keinem Fall verloren, — es sei denn, daß sie selbst derselben noch entsagen.

Daß man den eben bezeichneten Vortheil nicht aufzugeben braucht, wenn man den Erbschaftserwerb von einer Willenserklärung abhängig macht, lehren alle neueren Gesetzbücher und Entwürfe von Gesetzbüchern. Während aber die Gesetzgebung, wenn sie den Erbschaftserwerb ipso jure eintreten läßt (abgesehen von dem, den Erben des Erben etwa noch zustehenden Entsagungsrecht) außer Stande ist, das Schicksal der angefallenen Erbschaft, soweit es hier in Betracht kommt, von dem Schicksal des übrigen Vermögens des Erben zu trennen, ist die Gesetzgebung, wenn sie den Erbschaftserwerb von einer Willenserklärung abhängig macht, in Beziehung auf die über die Transmission zu treffenden Bestimmungen nicht gebunden. Dies ist jedenfalls kein Nachtheil. Ob es ein Vortheil ist, das hängt von der Art und Weise ab, wie man die hierauf bezüglichen Fragen beantwortet.

Es handelt sich hierbei insonderheit um zwei Fragen, nämlich e r s t e n s darum, ob das Recht, die Erbschaft anzutreten oder auszuschlagen, auf die Erben des Erben als solche oder ob es, auch wenn der Erbe ein Testament hinterlassen hat, auf Diejenigen übergehen soll, welche nach den Vorschriften über die gesetzliche Erbfolge dem Erben am nächsten stehen. Für die gesetzlichen Erben könnte man geltend machen, daß diese dem Erblasser im Allgemeinen näher stehen werden, als die von dem Erben in seinem Testament eingesetzten, dem Erblasser vielleicht völlig fremden Personen. Auf der anderen Seite ist aber zu erwägen, daß der Erblasser, wenn er überhaupt an das fernere Schicksal seiner Erbschaft gedacht hat, doch nur daran gedacht hat, daß die Erbschaft demnächst d u r c h die Person des Erben hindurch auf Andere übergehen werde, und daß es, wenigstens in vielen Fällen, ganz zufällig ist, daß der Erbe nicht dazu gelangt ist, seinen Willen, die Erbschaft anzunehmen, zu erklären. Hätte der Erblasser ein besonderes Gewicht darauf gelegt, daß sein Vermögen nach dem Tode des Erben nicht schlechthin auf dessen Erben übergehen solle, so würde er ohne Zweifel eine fideicommissarische Substitution angeordnet haben. Demgemäß lassen denn auch alle neueren Gesetzbücher das Recht, die Erbschaft anzutreten oder auszuschlagen, wenn der zur Erbfolge Berufene stirbt, ohne sich erklärt zu haben, auf dessen Erben, ohne Unterschied ob diese testamentarische oder gesetzliche Erben sind, übergehen.

Die zweite Frage, um die es sich handelt, ist die, ob, falls der Erblasser ein Testament hinterlassen und in diesem Testament einen Nacherben ernannt hat, dem Substituten der Vorzug vor den Transmissaren eingeräumt werden soll oder nicht. Dies kann zweifelhaft sein und in der That weichen in dieser Beziehung die neueren Gesetzbücher von einander ab, indem das Sächsische Gesetzbuch (§ 2195) dem Transmissar, das Oesterreichische Gesetzbuch (§ 809) dem Substituten den Vorzug giebt. In meinem Entwurf eines Deutschen Reichsgesetzes über das Erbrecht habe ich mich an das Sächsische Gesetzbuch angeschlossen und mich hierfür zunächst darauf berufen, daß die Substitution zu ihrer Wirksamkeit den Wegfall der ersten Berufung voraussetzt, daß aber in dem fraglichen Fall die erste Berufung wegen der Transmission nicht mit dem Tode des zuerst eingesetzten Erben sofort hinwegfällt.*) Dieser mehr formelle Grund könnte freilich, wie auch von mir in meiner Schrift anerkannt ist, nicht entscheiden, wenn mit Unger (System VI., § 19, Note 7) angenommen werden müßte, daß die Bestimmung des Oesterr. Gesetzbuchs dem vermuthlichen Willen des Erblassers entspricht. Ich kann dies aber auch jetzt noch als zweifellos nicht ansehen. Wie mir scheint, besteht in der zur Frage stehenden Beziehung ein wesentlicher Unterschied zwischen der Vulgarsubstitution und der fideicommissarischen Substitution.

Dem Vorstehenden zufolge finde ich darin, daß die Gesetzgebung, wenn sie den Erbschaftserwerb von einer Willenserklärung abhängig macht, in den eben gedachten Beziehungen nicht gebunden ist, freilich keinen Vortheil;

---

*) Vgl. die Motive zum § 155. Ich kann nicht unterlassen, bei dieser Gelegenheit mein Bedauern darüber auszusprechen, daß sich bei den Citaten in Folge von Druck- oder Schreibfehlern einige Unrichtigkeiten eingeschlichen haben. So hätte in den Motiven zum § 155 nicht der § 462, sondern der § 465 des Preuß. Landrechts I. Tit. 12 citirt werden sollen. Zugleich bemerke ich, daß die Uebereinstimmung mit dem Preußischen Landrecht, auf welche in den citirten Motiven hingewiesen ist, von keiner sonderlichen Bedeutung ist. Da das Preuß. Landr. den Erbschaftserwerb ipso jure eintreten läßt, konnte es gar nicht anders, als dem Erben des Erben den Vorzug vor dem Substituten geben.

umgekehrt gewährt es aber nach der angegebenen Seite hin eben so wenig einen Vortheil, wenn man den Erbschaftserwerb ipso jure eintreten läßt.

Wenn man nun, wie dies meiner Meinung nach richtig und auch in allen neueren Gesetzbüchern geschehen ist, das Recht auf die angefallene Erbschaft auf die Erben des Erben als solche übergehen läßt, so kommt noch ein Ferneres in Betracht, nämlich das Verhältniß derjenigen Personen, denen ein Pflichttheilsrecht am Nachlaß des Erben zusteht.

Läßt man den Erbschaftserwerb ipso jure eintreten, so stellt sich die Sache so, daß, wenn der Erbe ein Testament hinterlassen hat, bei der Berechnung des Pflichttheils seiner Notherben die ihm angefallene Erbschaft mit in Anschlag gebracht werden muß, da sie bereits durch den Anfall ein Theil seines Vermögens geworden ist. Dasselbe Resultat tritt, wenn man den Erbschaftserwerb nicht ipso jure eintreten läßt, für den Fall ein, daß die Erben des Erben die ihm deferirte Erbschaft antreten; die deferirte Erbschaft muß in diesem Fall bei der Berechnung des Pflichttheils mit berücksichtigt werden, da die Erben des Erben nicht kraft eigenen Rechts, sondern nur als Vertreter des Erben die Erbschaft haben erwerben können. Dagegen kann die deferirte Erbschaft nicht in Betracht kommen, wenn die Erben des Erben dieselbe ausschlagen. Ob die dem Erben deferirte, von ihm aber noch nicht erworbene Erbschaft bei der Berechnung des Pflichttheils seiner Notherben mit in Betracht zu ziehen ist, hängt also von dem Willen derjenigen Personen ab, welche der Delat in seinem Testament zu Erben eingesetzt hat. Daß dadurch eine gewisse Gefahr für die im Testament des Delaten ganz präterirten oder nur mit Vermächtnissen bedachten Notherben desselben entstehen kann, läßt sich nicht läugnen; aber als sonderlich groß kann diese Gefahr nicht bezeichnet werden. Jedenfalls würde es um dieser Gefahr willen nicht erforderlich sein, den Erbschaftserwerb ipso jure eintreten zu lassen, indem derselben auch auf andere Weise (durch eine besondere darauf bezügliche gesetzliche Bestimmung) würde begegnet werden können.

Auf Grund der vorstehenden Erwägungen gelange ich zu dem Resultat, daß der Erbschaftserwerb von einer Willenserklärung des zur Erbfolge Berufenen abhängig zu machen ist und also **nicht** ipso jure stattzufinden hat.

III.

Gutachten des Herrn Fiscal Dr. Jung zu Frankfurt a./M.

über die Gesetzgebungsfrage:

„Soll der Erbschaftserwerb im gemeinsamen bürgerlichen Gesetzbuche für Deutschland ipso jure stattfinden?"

Die Codification des bürgerlichen Rechts wird von dem gemeinem Rechte ihren Ausgang zu nehmen haben. — Das Römische Recht wird im Allgemeinen die Grundlage jeder gesetzgeberischen Arbeit über das bürgerliche Recht bleiben: doch wird der Gesetzgeber unbefangen und frei die Fortbildung des Rechtes im Laufe der Jahrhunderte prüfen, und namentlich darauf achten, inwieweit die Grundsätze des Deutschen Rechtes Boden gewonnen und die Strenge des Römischen Rechtssystems durchbrochen haben. Es gilt auf dieser Grundlage ein einheitliches, ganz Deutschland gemeinsames Rechtssystem zu gestalten.

Das Erbrecht bietet hierbei große Schwierigkeiten. Schon allein die Erbfolge der Ehegatten — hier hat das Römische Recht das Deutsche am wenigsten zu beeinflussen und nur ausnahmsweise ganz zu verdrängen vermocht — wird bei der Verschiedenheit des ehelichen Güterrechts in den einzelnen Deutschen Ländern, schwer in ein einziges System zu bringen sein. Andere wichtige Fragen, bei welchen die einheitliche Gestaltung trotz aller Schwierigkeiten sicher erreicht werden kann, treten uns entgegen, vor allen die: ob die 3 Berufungsarten zur Erbfolge: Gesetz, Testament und Erbvertrag, bei einer und derselben Erbschaft unter Aufrechterhaltung des Begriffes der Universalsuccession neben einander bestehen können? ferner nach welchen Klassen die Verwandten erben und falls die Parentelen-Erbfolge je nach der Abstammung von dem nächsten gemeinsamen Stammvater eingeführt wird, ob dabei ein unbeschränktes Repräsentationsrecht zu geben sei? sodann ob die Testirfreiheit zwar als Regel anzuerkennen, aber durch die Pflichttheilsberechtigung gewisser Verwandten, Kinder und Eltern, beziehungsweise der Ehefrau zu beschränken oder ob neben diesem Pflichttheilsrechte noch ein formelles Notherbenrecht anzuerkennen sei? Ob das Privattestament aufrecht erhalten werde oder ob wenigstens als ordentliche Testamentsform die Errichtung des Testamentes vor dem Richter oder Notar in Aussicht zu nehmen sei? nicht minder, ob, unter Weglassung der einzelnen Transmissionsfälle, die mit dem Tode des Erblassers anerfallene Erbschaft allgemein auf die Erben des Erben übergehe?

Diese letztgedachte Frage der allgemeinen Transmission nicht angetretener Erbschaften steht mit der Frage, worüber die ständige Deputation des Deutschen Juristentags von mir ein Gutachten erfordert hat, nämlich:

> „Soll der Erbschaftserwerb im gemeinsamen bürgerlichen Gesetzbuche für Deutschland ipso jure stattfinden?“

in engem Zusammenhange. Sie wird daher auch mit derselben beantwortet werden müssen, während die übrigen Fragen mit unserem Gegenstande nicht in directer Beziehung stehen.

Es soll zunächst die geschichtliche Entwickelung der Frage über den Erbschaftserwerb in kurzen Zügen gegeben und daran eine Ansicht über die künftige einheitliche Codification geknüpft werden. Umständliche Forschungen und eingehende Vergleichungen der einschlagenden verschiedenen Gesetzgebungen übersteigen die Grenzen dieses Gutachtens. Ist ja auch in dem trefflichen Buche des Herrn Präsidenten Dr. Mommsen zu Kiel:

> „Entwurf eines Deutschen Reichsgesetzes über das Erbrecht nebst Motiven. Braunschweig 1876,

ein reiches Material geboten, womit die Ausführungen bei Förster, Theorie und Praxis des heutigen gemeinen Preußischen Privatrechts, Berlin 1876, Band IV S. 260 folg. zu vergleichen sein werden: anderer Schriften namentlich Koch, Landrecht, Berlin 1870, Theil I S. 490 folg. nicht zu gedenken.

Im Römischen Rechte geschieht der Erbschaftserwerb in zweifacher Weise.

Der suus heres des Römischen Rechtes, also jeder, welcher in der patria potestas des Erblassers stand, erwirbt die Erbschaft ipso jure, ohne Antretung, ohne Willenshandlung, ohne Kenntniß von der Delation ja wider seinen Willen: der suus war ursprünglich Zwangserbe. Diese Strenge des alten Rechtes linderte der Prätor durch das beneficium abstinendi, wodurch der suus das Recht erhielt zu erklären, er wolle von der Erbschaft loskommen.

Der extraneus heres, also jeder Erbe, der nicht in der väterlichen Gewalt des Erblassers stand, erwirbt die Erbschaft nur durch besondere Willenserklärung, niemals gegen seinen Willen: diese Willenserklärung kann nach geschehener Delation durch ausdrückliche oder durch thatsächliche Antretung geschehen: starb der Delat ohne Erklärung über die Antretung der Erbschaft, so fiel nach älterem Rechte die Delation ganz weg. Dieser Strenge des Rechts begegnete die spätere Gesetzgebung durch Einführung der verschiedenen Transmissionsarten in den am meisten dringenden und practischen Fällen.

Dieses ist jetzt noch gemeines Recht.

Der auf der Investitur und Gewere beruhende deutschrechtliche Grundsatz des Erbschaftserwerbs ipso jure Seitens der Blutsverwandten hat zwar namentlich im Französischen Rechte und im Preußischen Landrechte Aufnahme gefunden, ist jedoch keineswegs allgemein zur Geltung gekommen.

Ein innerer Grund für den Unterschied zwischen dem Erwerb der Erbschaft bei suis und bei extraneis besteht nicht mehr, nach dem einerseits der römischrechtliche strenge Begriff der familia und der patria potestas längst gefallen ist, in den heutigen total veränderten politischen und socialen Anschauungen von Familienrecht und väterlicher Gewalt für die suität gar kein Anhalt mehr gegeben und die väterliche Gewalt durch die deutschrechtliche Emancipation in Verbindung mit der früher eintretenden Großjährigkeit, auch der Dauer nach, wesentlich geschmälert worden ist: nachdem andrerseits aber die materiellen Wirkungen beider Erwerbsarten durch das beneficium abstinendi und die zahlreichen Fälle der Transmission sich einander bereits so nahe gebracht sind, daß das Princip der freiwilligen Uebernahme der Erbschaft Seitens des Erben durchgängig gewahrt und für zahlreiche Fälle auch die Uebertragung der Delation der Erbschaft auf die Erben des Erben festgestellt ist.

Die Kodification wird für alle Erben ein einziges gleichmäßiges Recht zu geben haben und sind dabei also 2 Fragen zu stellen:

1) ob mit dem Anfall der Erbschaft zugleich der Erwerb derselben eintrete oder ob es dazu noch einer besonderen Willenserklärung bedürfe?

und

2) ob im Falle, daß eine besondere Willenserklärung erfordert werde, durch den Anfall der Erbschaft ein Recht entstehen soll, welches allgemein auf die Erben des Erben übergeht?

Bei der ersten Frage muß davon ausgegangen werden, daß die Ausübung des Rechtes des Erben, die Erbschaft anzutreten oder auszuschlagen, voraussetzt, daß der Erbe von dem Anfalle der Erbschaft und von dessen Grunde Kenntniß erlangt habe. Es wird der Grundsatz festzuhalten sein, daß Niemand ohne oder gegen seinen Willen Erbe werden soll und daß Niemand ohne zwingende Nothwendigkeit belästigt werde.

Schon die Verpflichtungen, welche mit dem Erbschaftserwerbe, namentlich den Gläubigern und den Legataren gegenüber verbunden sein können, müssen dazu führen, Niemanden gegen seinen Willen zum Erben ipso jure zu machen. Auch ist es in keiner Weise durch das öffentliche Interesse geboten einen Zwangserben zu schaffen.

Selbst diejenigen neueren Gesetzgebungen, welche den Grundsatz, daß Niemand ohne oder gegen seinen Willen Erbe werde, nicht aufgenommen haben (Mommsen S. 284), wie namentlich das Preußische Landrecht, geben dem Erben das Recht, den ihm ipso jure anerfallenen Erwerb innerhalb einer bestimmten Frist durch Ablehnungs-Erklärung wieder rückgängig zu machen. Freilich bleibt nach dem Preußischen Landrechte derjenige, welchem eine Erbschaft anerfallen ist, wenn er nicht bis zum Ablaufe der Ueberlegungsfrist ausdrücklich der Erbschaft entsagt hat, unwiderruflich Erbe, wenn auch zunächst nur Beneficial-Erbe. Dennoch beruht auch nach Preußischem Rechte der Erwerb der Erbschaft auf der — wenn auch zunächst fingirten — Willens-Erklärung des Erben, Erbe sein zu wollen, und nicht auf der Anschauung, daß irgend eine Verpflichtung für ihn bestehe, Erbe zu werden.

Der Erbschaftserwerb ipso jure schafft also einen Erben, der nicht Erbe zu bleiben braucht, wenn er nicht will, der aber genöthigt wird, zu erklären, daß er nicht will, während kein Grund vorliegt für eine allgemeine gesetzliche Vermuthung, daß er Erbe sein wolle, am wenigsten bei Testaments-Erbschaft.

Am einfachsten wird wohl diese Frage durch die Annahme des Grundsatzes, daß eine Willenserklärung des Erben, daß er Erbe sein wolle, stets zu fordern ist, entschieden, geschehe diese Erklärung nun ausdrücklich oder stillschweigend durch Thatsachen.

Zur Annahme dieses Grundsatzes führt aber außerdem der Umstand, daß ohnehin in den meisten Erbschaftsfällen eine Erklärung des Erben nicht zu umgehen ist.

Es sei hier vor allem der zahlreichen Fälle gedacht, in welchen das Gericht von Amtswegen, namentlich durch Versiegelung die ruhende Erbschaft gesichert hat. Zwar ist die Sorge des Staats für die ruhende Erbschaft nach den Gesetzgebungen der einzelnen Staaten durchaus verschieden. Während manche Gesetzgebungen die Sorge für den Nachlaß fast allein den zur Zeit des Todes des Erblassers am Sterbeorte anwesenden Erben überlassen, haben andere Gesetzgebungen die sorgfältigste Sicherung der Rechte aller Betheiligten vorgeschrieben. Immerhin wird mehr oder minder von Amtswegen für den Nachlaß zu sorgen sein, und selbst im Preußischen Land-Rechte, wo durch Aufnahme des Grundsatzes, daß jeder Erbe, der Testaments-, der Vertrags- und der Intestat-Erbe, das Eigenthum der Erbschaft im Momente des Anfalls erwirbt, der Begriff der herrenlos ruhenden Erbschaft weggefallen ist, sind Sicherungsmaßregeln (siehe auch § 15 der Preußischen Vormundschaftsordnung vom 5. Juli 1875) nicht ausgeschlossen. In allen solchen Fällen wird der Erbe eine Erklärung nicht umgehen können.

Ebenso wenig dann, wenn die gerichtliche Erb-Auseinandersetzung nöthig ist.

Bei der testamentarischen Erbfolge aber ist eine Erklärung des Erben ganz unentbehrlich, namentlich wenn im Testamente ein Nacherbe für den Fall eingesetzt ist, daß der zunächst eingesetzte Erbe nicht Erbe sein wolle oder könne, sodann aber wird erst durch die Erklärung des Erben, Erbe sein zu wollen, das Verhältniß zu den Vermächtnißnehmern festgestellt.

Schließlich wird der Erbe zu einer Willens-Erklärung veranlaßt werden durch die Nothwendigkeit, sich eine Erblegitimation zu verschaffen. Durch die Willenserklärung des berufenen Erben, daß er Erbe sein wolle, sei dieselbe ausdrücklich oder thatsächlich geschehen, wird die Erbschaft für den berufenen Erben zwar erworben: er wird hierdurch Eigenthümer des Vermögens und auf ihn sind alle nicht rein persönlichen Rechte und alle Verbindlichkeiten des Erblassers ohne Weiteres übergegangen, denn die in vielen Gesetzgebungen vorgeschriebene gerichtliche Immission hat nur den Zweck, den Erben in den Besitz der durch den Akt der Antretung bereits erworbenen und dadurch transmissionsfähig gewordenen Erbschaft, nach vorgängiger Erblegitimation, zu setzen. Es wird jedoch im practischen Leben der Intestaterbe eine seine Erbenqualität anerkennende gerichtliche Urkunde oft nicht entbehren können. Daher wird der gehörig legitimirte Intestat- oder Testamentserbe auf Verlangen in den Besitz des Nachlasses förmlich einzuweisen, beziehungsweise mit Erbbescheinigung zu versehen sein, ohne Präjudiz für ein etwa nachzuweisendes concurrirendes oder besseres Erbrecht.

Nehmen wir den Grundsatz an, daß eine Willenserklärung des Erben, sei es ausdrücklich oder stillschweigend durch Thatsachen stets erforderlich sein soll, so haben wir noch mehrere Fragen zu erörtern.

Zunächst die Frage, wem gegenüber diese Willenserklärung zu geschehen habe? Ob ausdrückliche Erklärung nur vor dem Gerichte oder auch, vor dem Notare geschehen könne? Ob stets schriftliche Erklärung erforderlich sei? Die neueren Gesetzgebungen (Mommsen S. 286) weichen hierin sehr von einander ab: während einige unbedingte Schriftlichkeit der Erklärung, ja immer gerichtliche Erbantretung verlangen, lassen andere auch die mündliche Erklärung zu. Es wird bei der ausdrücklichen und bei der stillschweigenden Erklärung hauptsächlich darauf ankommen, daß auf die ernstliche Absicht des Handelnden, Erbe sein zu wollen, mit Sicherheit geschlossen werden kann und wird daher, wie auch das allgemeine Recht annimmt, jede Willenserklärung, ob schriftlich, ob mündlich, ob thatsächlich, welche den Willen des Erben, Erbe sein zu wollen, unzweifelhaft darthut, für zulässig zu erachten sein.

Sodann bleibt die Frage, ob eine Frist zu setzen sei, innerhalb welcher der Erbe zur Abgabe dieser Willenserklärung verbunden wäre. Nach gemeinem Rechte besteht eine solche nicht, sondern es bleibt den bei der Erbschaft Betheiligten überlassen, bei Gericht Anträge gegen den berufenen Erben zu stellen. Das Preußische Landrecht gibt Demjenigen, welchem mit dem Tode des Erblassers die Erbschaft als nächstem Erben ipso jure anerfallen ist, eine Frist von 6 Wochen, beziehungsweise bei größerer Entfernung von 3 Monaten, und läßt nach fruchtlosem Ablaufe dieser Ueberlegungsfrist die Vermuthung eintreten, daß der Erbe Beneficialerbe sein wolle: dieser Vermuthung geht er aber wieder verlustig und wird er Erbe ohne Vorbehalt, wenn er binnen weiterer 6 Monate nicht inventarisirt.

Es wird sich empfehlen, bei den Grundsätzen des gemeinen Rechtes zu verbleiben, den Behelf einer durch Zeitablauf hergestellten fingirten Erklärung als theoretisch unbegründet und practisch keineswegs erforderlich oder auch nur wesentlich nützlich fallen zu lassen und den Erbschaftsgläubigern, den Vermächtnißnehmern, den Nacherben u. s. w. das Recht einzuräumen, bei dem Nachlaßgerichte zu beantragen, daß dem berufenen Erben eine nach den Umständen und richterlichem Ermessen zu bestimmende Frist zur Erklärung gesetzt werde, und zwar unter dem Präjudiz des Verzichtes auf das Erbrecht, denn Niemand soll genöthigt werden, eine Erbschaft anzunehmen.

Wird nun die gestellte Frage dahin entschieden, daß die Erwerbung der Erbschaft nicht ipso jure, sondern erst durch eine Erklärung des Erben, Erbe werden zu wollen, einzutreten habe, so wird die zweite Frage practisch, ob der Anfall der Erbschaft ein allgemein auf die Erben des Erblassers übergehendes Recht gewähren soll.

Diese Frage ist durch die neueren Gesetzgebungen (siehe Mommsen S. 139) bejaht worden, indem dieselben durch den Anfall der Erbschaft ein Recht, die Erbschaft anzutreten oder auszuschlagen, entstehen lassen, welches auf die Erben des Delaten allgemein übergeht. Damit fallen alle Bestimmungen des Römischen Rechtes über die Transmission weg. Es wird sich empfehlen, diesen Grundsatz in das neue Deutsche allgemeine bürgerliche Gesetzbuch aufzunehmen, da hiermit ein gleiches Recht für alle Erben unter Abschneidung vieler Streitfragen in einfachster Weise gegeben ist und innere Gründe dagegen nicht bestehen.

Schließlich sei noch gedacht der Frage, ob durch Abgabe der Willens-Erklärung Seitens des berufenen Erben, der Besitz der erbschaftlichen Sachen auf den Erben übergehe oder ob dazu noch eine besondere Besitzergreifung nöthig ist. Diese uns hier nicht direct berührende aber doch nahe liegende Frage ist sehr streitig. Das Römische Recht verlangt, obgleich es die gesammten Vermögensverhältnisse des Erblassers (dominium) auf den Erben übergehen läßt, noch eine besondere Besitzergreifung, denn nur das Recht, den Besitz zu ergreifen, erlangt der Erbe, weil im Eigenthum das Recht zum Besitze liegt. Neuere Gesetzgebungen (Mommsen S. 297, Förster IV S. 266) lassen den Besitz des Erblassers von dem Erben ohne weiteres fortsetzen: allein es ist dieses nicht consequent, da der Besitz, soweit er hier in Frage steht, ein wesentlich factisches Verhältniß ist.

Auf Grund der vorstehenden Erörterungen spreche ich die Ansicht aus:

> daß im gemeinsamen bürgerlichen Gesetzbuche für Deutschland der Erbschaftserwerb **nicht** ipso jure stattfinden, sondern daß für **alle Erben** zum Erwerb der Erbschaft **eine Willenserklärung** erfordert werden sollte, jedoch unter gleichzeitiger Aufnahme des Grundsatzes, daß der Anfall der Erbschaft ein allgemeines Transmissionsrecht für die Erben des Delaten mit sich bringe.

IV.

Gutachten des Herrn Hofrath Prof. Dr. Wahlberg zu Wien

über die Frage:

Soll der Spruch der Geschworenen wegen falscher Rechtsbelehrung des Präsidenten angefochten werden können und wie?

In jedem Strafverfahren, mit und ohne Geschworenen, muß dafür gesorgt sein, daß die Rechtsfragen dem Gesetze gemäß entschieden werden. Weder der rechtsgelehrte Berufsrichter, noch der Geschworene darf bei der Beantwortung dieser Fragen von dem Wortlaut und dem Rechtssinne des anzuwendenden Strafgesetzes abweichen. Beide sind gleich in der Gebundenheit an das Gesetz und dessen richtige Auslegung.

Selbstverständlich ist nur die Belehrung über Rechtspunkte, welche durch den Spruch der Geschworenen zur Entscheidung gebracht werden, für dieselben bindend, als eine ihnen von Amtswegen ertheilte Rechtsweisung, da eine Belehrung des Präsidenten über Thatfragen und Begriffe der strafgesetzlichen Definitionen, welche lediglich im Sinne des gemeinen Sprachgebrauches auszulegen sind, von der Rechtsbelehrung im technisch-juristischen Sinne unterschieden werden muß und keinen bindenden Charakter haben kann.

Hieraus folgt, daß die Rechtsbelehrung von der thatsächlichen Darstellung des Präsidenten auch hinsichtlich ihrer Anfechtbarkeit auszuscheiden und die protokollarische Beurkundung der Rechtsbelehrung unabweisbar sei. Selbst wenn im Protokolle die Rechtsbelehrung von der thatsächlichen Darstellung der wesentlichen Ergebnisse der Hauptverhandlung nicht genau von einander zu trennen wären, weil der Vorsitzende in dem Resumé diese Sonderung nicht im Auge behalten hat, so müßte rücksichtlich der Anfechtbarkeit einer irrigen Rechtsbelehrung und rücksichtlich der Anfechtbarkeit einer irrigen thatsächlichen Darstellung in dem Strafprozeßgesetze unterschieden werden, weil die Gründe derselben nicht zusammenfallen, vielmehr wesentlich verschieden sind.

Denn der Grund der Anfechtbarkeit einer falschen Rechtsbelehrung liegt in der bindenden Kraft der richtigen Rechtsbelehrung und diese hat ihren Grund darin, daß die Rechtsbegriffe und Rechtssätze des fraglichen Gesetzes im einzelnen Falle in der juristischen sinngemäßen Auslegung durch den Präsidenten der Geschworenenbank zur Kenntniß gebracht werden müssen.

Die Rechtsbelehrung ist keineswegs bloß die wegweisende, helfende Hand des Berufsrichters, welche die Gefahren von Mißverständnissen der an die Geschworenen gestellten Fragen abwehren soll. Eben so wenig hat sie etwa den Mangel einer zulässig gewesenen, aber unterlassenen Frage zu ersetzen. Die Rechtsbelehrung ist eine wesentliche Voraussetzung der Lösung der den Geschworenen zugewiesenen richterlichen Aufgabe in Ansehung der zu beantwortenden Rechtsfragen und hat demnach den Mangel der geschulten Gesetzkenntniß bei der Geschworenenbank zu ersetzen, welche in der Regel der Fälle aus einer Mehrheit von Nichtjuristen besteht. Die Rechtsbelehrung ist zugleich ein Recht der Geschworenen; sie dürfen diese selbst noch in dem Berathungszimmer fordern, um auf Grund derselben, nach bestem Wissen und Gewissen auch über Rechtspunkte richten zu können. Ohne die Rechtsbelehrung könnte die Geschworenenbank als ein Bestandtheil des gesetzkundigen Gerichtshofes, ihre Schuldigkeit gar nicht erfüllen, weil sie in Rechtsfragen, die im technischen Rechtssinne zu beantworten sind, ohne bindende Rechtsbelehrung jedweden festen Grund und Boden unter den Füßen verlieren würde.

Stellte man es den Geschworenen frei, die ihnen ertheilte Rechtsbelehrung zu befolgen oder nicht zu befolgen, so würde dieselbe nur die Bedeutung einer juristischen Vorlesung haben, aus welcher sich der Geschworene nach Geschmack und Gutdünken aussucht, was ihm eben zusagt. Weil die Geschworenen auch über die Schuldfrage mitzurichten haben, müssen sie das bestehende Gesetz in seiner sinngemäßen Auslegung, ebenso wie die Berufsrichter anwenden.

Und weil sie dies zu thun schuldig sind, müssen sie auch durch die Rechtsbelehrung das Recht richtig gewiesen erhalten.

Wurde der Geschworenenbank eine falsche Rechtsbelehrung ertheilt, so ist derselben *nicht die bindende* Rechtsnorm des im vorliegenden Falle auf Grund der Anklage anzuwendenden Strafgesetzes für die Feststellung des von ihr zu lösenden Theils der Schuldfrage *gewiesen* worden, vielmehr eine subjektive Rechtsansicht des Präsidenten, oder ein Rechtsirrthum im Sinne des Strafgesetzes. Es fehlt mithin eine wesentliche Voraussetzung der Ausübung des Richteramtes, die bindende Autorität des Gesetzes; es ist der Geschworenenbank das Strafgesetz in seinem richtigen Sinne vor dem Spruch derselben nicht zur Kenntniß gebracht und konnte in Befolgung der irrigen Rechtsbelehrung auch nicht zur Anwendung gelangen. Allerdings haben vor dem Präsidenten andere Rechtskenner, der Ankläger und der Vertheidiger das fragliche Strafgesetz auch erläutert und vielleicht im richtigen Rechtssinne, womöglich nur aus dem Parteistandpunkt der Anklage oder der Vertheidigung. Allein den Rechtsausführungen der Parteien ist keine bindende Kraft beigelegt und nur der Richter erscheint bei seiner Rechtsbelehrung als Organ und Mund des Gesetzes und soll auch in derselben über den juristischen Parteigesichtspunkten des Anklägers und des Vertheidigers stehen. Das allgemein verbindliche Recht müssen die Geschworenen aus dem Munde des rechtsgelehrten Berufsrichters vernehmen, welcher dafür einzustehen hat, einmal daß die Rechtsbelehrung dem Gesetze entspreche und daß zum andern Mal der Wahrspruch der Jury der ertheilten Rechtsbelehrung entspreche.

Bei dieser Wechselbeziehung zwischen Gesetz, Anklage, Rechtsbelehrung und Wahrspruch und in Erwägung, daß Ankläger und Angeklagter ein Recht auf die richtige Auslegung und Anwendung des bestehenden, allein verbindlichen Landesgesetzes haben, welches Recht unter die Kontrolle des höchsten Gerichtshofes gestellt ist, kann es wohl ernstlich kaum bestritten werden, daß, wenn das durch den Präsidenten irrig erläuterte Strafgesetz, mithin ein ungültiger, weil falscher Rechtsbegriff oder Rechtssatz dem Spruche der Jury zum Grunde gelegt worden ist, diese falsche Rechtsbelehrung einen Nichtigkeitsgrund bilden müsse.*)

Allein nicht durch jede falsche Rechtsbelehrung des Präsidenten wird immer und nothwendig eine Irreführung der Geschworenenbank und eine Verletzung der Rechte des Anklägers und des Angeklagten auf die richtige Auslegung und Anwendung des bestehenden Strafgesetzes begründet. Nur dann ist dies der Fall, wenn nach Maßgabe der irrigen Rechtsbelehrung ein Spruch der Jury herbeigeführt wurde, durch welchen das Gesetz verletzt oder unrichtig angewandt wurde, oder worin die der Entscheidung zum Grunde liegende Handlung durch unrichtige Gesetzesauslegung einem Strafgesetze unterzogen wurde, welches darauf keine Anwendung findet, mit anderen Worten, wenn ein gesetzlicher Rechtsbegriff

---

*) Mit gutem Beispiele sind in der deutschen Gesetzgebung vorangegangen das sächsische Gesetz vom 1. Oktober 1868 § 69 und die österreichische Strafprozeßordnung vom 23. Mai 1873 § 344 S. 8.

oder ein Rechtssatz hintangesetzt oder unrichtig angewendet worden ist, dessen Anwendung auf den vorliegenden Fall geboten war und in Folge der irrigen Rechtsbelehrung ausgeschlossen worden ist.

Also nur jene falsche Rechtsbelehrung, welche auf den Inhalt des Spruches der Geschworenen Einfluß geübt hat, in einem für die Entscheidung wesentlichen Punkte, ist nach den allgemeinen Grundsätzen über die Nichtigkeiten, als ein Nichtigkeitsgrund anzusehen.

Diese Beschränkung ist schon durch die Erwägung gerechfertigt, daß es auch irrige Rechtsbelehrungen des Präsidenten über im vorliegenden Falle unwesentliche Nebenpunkte geben könne, die nach der Sachlage mit der Entscheidung in keinem Zusammenhange stehen und mithin auf den Inhalt des Spruches der Geschworenen ohne Einfluß gewesen sind.

Bezieht sich z. B. eine falsche Rechtsbelehrung auf Fragen, welche für den Fall der Bejahung der vorausgegangenen Fragen, entfallen oder auf Zusatzfragen, die nur für den Fall der Verneinung der Hauptfrage zur Beantwortung gelangen, dann ist ersichtlich, ob der Rechtsirrthum des Präsidenten in der Rechtsbelehrung auf den Spruch der Jury Einfluß gehabt habe oder nicht, mithin auch, ob ein genügender Nichtigkeitsgrund vorhanden sei oder nicht, vorliege.

Es lassen sich auch richtige Rechtsbelehrungen denken, welche durch Hereinziehen nicht zur Sache gehöriger Rechtsausführungen die Jury leichter irre leiten als aufklären, mehr verwirren als belehren. Hier ist wohl nur eine rügende, keine kassatorische Thätigkeit am Platze, selbst dann, wenn die Annahme nicht ausgeschlossen wäre, daß sich die Geschworenen durch die unklare oder weitläuftige, obgleich richtige Rechtsbelehrung haben irreführen lassen.

Auch dann dürfte eine Rechtsbelehrung nicht als eine unrichtige anzusehen und anzufechten sein, wenn eine in der Jurisprudenz kontroverse Gesetzesauslegung bei einer bestimmten Rechtsfrage von dem Präsidenten den Geschworenen dargelegt und den Geschworenen anheimgegeben wurde, sich bei der in der Spruchpraxis obwaltenden Verschiedenheit der Rechtsansichten für die eine oder die andere zu entscheiden. Auch im Falle einer solchen Rechtsbelehrung, welche der Jury kein klares und gewisses, sondern ein zweifelhaftes Recht weiset, wäre die Jury an eine der dargelegten Rechtsansichten gebunden, und nicht berechtigt, sich die kontroverse Rechtsfrage nach Gutdünken zurecht zu legen in einem von den ihr an die Hand gegebenen juristischen Auffassungen abweichenden Sinne. Selbst eine kontroverse juristische Auffassung technischer Rechtsbegriffe oder Rechtssätze muß im Conflict mit der laienhaften Auffassung derselben entscheiden, vorausgesetzt, daß es sich nicht um gesetzliche Merkmale der in Frage gestellten That handelt, die im Sinne des gemeinen bürgerlichen Lebens auszulegen und nach dem selbsteigenen Verständnisse der Geschworenen richtig zu stellen sind. Der nicht specifisch juristische Theil der strafgesetzlichen Definitionen ist streng genommen kein Gegenstand der Rechtsbelehrung, und entscheiden die Geschworenen nach diesem, ohne an die Belehrung des Präsidenten gebunden zu sein. Es ist hierbei keine durch das Wesen des Richteramtes oder durch die Natur der richterlichen Aufgabe gebotene innere Nothwendigkeit vorhanden, daß die Jury die Stimme der Jurisprudenz vernehme, weil in den nichtjuristischen Fragen der gemeine Menschenverstand der aus allen Berufen gebildeten Jury nach bestem Wissen und Gewissen zu entscheiden hat, und dieser Theil der richterlichen Aufgabe auch von den rechtsgelehrten Richtern nicht juristisch, auf technische Begriffe der Rechtswissenschaft gebaut, ausgelegt werden kann und darf.

Würde jedoch die Rechtsbelehrung des Präsidenten eine Gesetzesauslegung der Geschworenenbank als zweifelhaft bezeichnen, welche nach der Auffassung des obersten Gerichtshofes als unzweifelhaft hingestellt worden ist und für welche die constante Spruchpraxis spricht, so könnte eine solche Rechtsbelehrung in dem Falle als eine irrige angefochten werden, wenn nach der Lage der Sache ersichtlich ist, daß die Geschworenen sich dadurch in ihrer Entscheidung irre führen ließen. Um nun bei dieser gleich erheblichen und schwierigen Gesetzgebungsfrage die größten Bürgschaften einer richtigen und sicheren Rechtsbelehrung zu gewinnen, würde ich folgendes Verfahren in Vorschlag bringen.

Der Präsident ertheilt nach vorgängiger Berathung mit den Mitgliedern des Gerichtshofes in öffentlicher Sitzung der Geschworenenbank die Rechtsbelehrung.

Den Parteien steht es frei, Einwendungen gegen die Rechtsbelehrung vorzubringen.

Ueber die Einwendungen entscheidet der Gerichtshof in nicht öffentlicher Sitzung, welcher dieselben als richtig oder unrichtig zu bezeichnen hat.

Hierauf ertheilt der Präsident im Sinne dieser Entscheidung die Rechtsbelehrung über die streitigen Punkte.

Die Rechtsbelehrung, die Einwendungen gegen dieselbe und die hierüber ergangene Entscheidung der streitigen Punkte sind von Amts wegen durch das Protokoll festzustellen und den Parteien auf Begehren in Abschrift mitzutheilen.

Wünschen die Geschworenen in dem Berathungszimmer eine weitere Rechtsbelehrung, so sind die Rechtspunkte von der Jury schriftlich zu bezeichnen, über welche sie eine neue Belehrung einholen wollen. Dieser

Fragebogen ist dem Gerichtshofe durch den Obmann zu überreichen. In solchem Fall ertheilt der Präsident nach vorgängiger Berathung mit dem Gerichtshofe den Geschworenen in dem Berathungszimmer die gewünschte Rechtsbelehrung in Gegenwart des Anklägers und des Vertheidigers und sind letztere berechtigt, die Protokollirung dieser Rechtsbelehrung zu begehren. Einwendungen gegen dieselbe können nur im Wege einer Nichtigkeitsbeschwerde vorgebracht werden.

Da die richtige Rechtsbelehrung eine wesentliche Bedingung des Erkenntnißverfahrens im Schwurgerichtsprozesse ist, und für die Sicherung der Rechtsprechung gleich wichtig erscheint wie für die Wahrung der Rechte der Anklage und der Vertheidigung, da ferner das Strafgesetz, wie es der Geschworenenbank in seinem technisch juristischen Theile gewiesen wurde, für dieselbe bindend ist, so würde es den Fundamentalsätzen des bestehenden Systems der Nichtigkeiten widerstreiten, eine unrichtige Rechtsbelehrung, die auf den Inhalt des Spruches der Geschworenen Einfluß genommen hat, nicht als einen Nichtigkeitsgrund anzuerkennen.

Man erwäge, daß der Gerichtshof im Einvernehmen mit dem Präsidenten die Fragen an die Jury feststellt, daß er auf Freisprechung erkennt, wenn er die nach dem Spruche der Jury verübte That unter ein Strafgesetz als nicht subsumirbar erkennt, daß er die Entscheidung aussetzt, wenn er findet, daß sich die Jury in dem Schuldausspruche geirrt habe, daß dem fragenstellenden Gerichtshofe wohl auch Einwendungen gegen eine individuelle juristische Auffassung des Präsidenten zustehen sollten; die Rechtsbelehrung muß der Ausdruck der Rechtsüberzeugung der Richterbank sein!

Die Amtspflicht der Rechtsbelehrung ist mithin durch das Princip der Collegialität zu verbürgen und unter die Kontrole des Kassationshofes zu stellen. Das irrig gewiesene Strafgesetz darf nicht Geltung behaupten, wenn der Rechtsirrthum in der Rechtsbelehrung den Inhalt der Entscheidung beeinflußt hat. Aber selbst wenn dieser Einfluß nicht ersichtlich und die Annahme ausgeschlossen war, daß sich die Geschworenen durch irgend eine unrichtige Rechtsbelehrung in ihrem Ausspruche irre leiten ließen, sollte meines Erachtens die Nichtigkeitsbeschwerde zur Wahrung des Gesetzes und seiner richtigen Auslegung zugelassen werden.

Die richtige Rechtsbelehrung ist der Gerichtshof auch den Geschworenen schuldig, die zu wissen haben, über welche Punkte die Richterbank eine Antwort haben müsse, und welchen zur nicht geringen Beruhigung ihres Gewissens die Vorschrift dient, daß, wenn die befolgte Rechtsbelehrung irrig ist, ihr darauf gebauter Spruch kassirt werden könne. Es kommt auch darauf an, daß die ernste Aufgabe der Rechtsprechung nicht nur den Parteien, sondern auch den Rechtsprechenden selbst Beruhigung gewähre.

Die Besorgniß, daß durch die bindende Kraft der Rechtsbelehrung die Verantwortlichkeit der Geschworenenbank halbirt und durch diese Entlastung eine leichtfertigere Rechtsprechung begünstigt werde, dürfte bei einer genaueren Kenntniß der gleich den Berufsrichtern in Pflicht und Eid stehenden deutschen Geschworenen, und in Erwägung der Forderung, daß das Endurtheil durch ein pflichttreues Zusammenwirken der Berufsrichter und der Geschworenen zu Stande kommen soll, nicht ernstlich bange machen, selbst wenn wir von entgegenstehenden Erfahrungen der englischen Jury und ihrer Nachbildungen absehen. Nicht als eine Gewissenspflicht, vielmehr als eine gesetzliche Verpflichtung ist die Befolgung der Rechtsbelehrung der Jury vorzuschreiben, damit ein Geschworener den anderen gegenüber das Recht habe, auf die Beobachtung der Rechtsweisung zu dringen. Abgeschmackt ist der Einwurf, daß dadurch die Jury zu einer unwürdigen Botmäßigkeit degradirt werde, daß sich dieselbe die Subsumtion unter das Strafgesetz *anbefehlen* lassen müsse. Als ob nicht die gleiche Abhängigkeit von dem Gesetze und dessen sinngemäßer Auslegung auf Seiten der Berufsrichter und der Geschworenen bestände, als ob nicht auch reine rechtsgelehrte Beamtengerichte in bestimmten Fällen an die Rechtsansicht des obersten Gerichtshofes gebunden wären!

Aus den angeführten Gründen beantworte ich die mir gestellte Frage dahin:

Der Spruch der Geschworenen soll wegen einer falschen Rechtsbelehrung, sofern nach Prüfung der beantworteten Fragen nicht ausgeschlossen ist, daß diese einen Einfluß auf denselben geübt habe, durch eine Nichtigkeitsbeschwerde angefochten werden können.

Selbst wenn es ersichtlich ist, daß die falsche Rechtsbelehrrung ohne Einfluß auf den Spruch der Geschworenen gewesen ist, soll der Staatsanwaltschaft unbenommen sein, die Nichtigkeitsbeschwerde zur Wahrung des Gesetzes zu ergreifen.

V.

Gutachten des Herrn Ober-Staatsanwalt Dalcke in Marienwerder

über die Gesetzgebungsfrage:

„Soll im Falle der Begünstigung von Gläubigern zwischen der Zahlungseinstellung und der Concurseröffnung eine Strafbarkeit des Cridars, beziehungsweise des begünstigten Gläubigers eintreten?"

Um die richtigen Gesichtspunkte für die Erörterung und Entscheidung der obigen Frage zu gewinnen, werden vorab einige allgemeine Bemerkungen über den Grund der Strafbarkeit des Bankerutts überhaupt nicht zu entbehren sein. Denn daß die Befriedigung und resp. Begünstigung eines Gläubigers nach erfolgter Zahlungseinstellung, wenn eine solche überhaupt strafbar ist, ihrem rechtlichen Charakter nach nur in die Gruppe jener Handlungen fallen kann, welche die heutige Strafrechtswissenschaft unter dem gemeinsamen Namen „Bankerutt" zusammenfaßt, und daß also die Frage, ob dieselbe strafbar ist, wesentlich von der Feststellung der Grenzen der Strafbarkeit des Bankeruttes abhängt, wird eines besonderen Nachweises nicht bedürfen. [1])

---

[1]) Als strafbarer Bankerutt wird dieser Fall behandelt im französischen Recht und nach dem Vorbilde desselben im belgischen und in mehreren deutschen Gesetzgebungen. Vgl. darüber Köstlin in Goltd. Arch. VI., S. 296. Auch der erste Entwurf eines Strafgesetzbuchs für den Nordd. Bund brachte in dem § 261 eine bezügliche Strafvorschrift in dem Titel, welcher vom strafbaren Bankerutt handelte, und

Von einer eingehenden Darstellung der geschichtlichen Entwickelung des Verbrechensbegriffes und der verschiedenen Ansichten, welche sich bei den Strafrechtslehrern und in den Gesetzgebungen über die Stellung des Bankerutts im System geltend gemacht haben, wird dagegen hier füglich abgesehen werden können.[2]) Es wird für den vorliegenden Zweck vielmehr genügen, in Kürze auf die Gründe hinzuweisen, welche die Gesetzgebung bestimmt haben, den Bankerutt aus dem Zusammenhange mit dem Betruge, der Fälschung und ähnlichen Vermögensbeeinträchtigungen loszulösen und zu einem besonderen Verbrechensthatbestande (delictum proprium) zu erheben. Diese Gründe aber waren nicht bloß rechtlicher, sondern auch, und zwar überwiegend, politischer Natur.

In rechtlicher Beziehung war die Erfahrung bestimmend, daß die Handlungen des Bankeruttirens sehr häufig die erheblichsten Vermögensbeschädigungen herbeiführten, ohne daß dieselben sich im Sinne des Gesetzes als ein Betrug qualificirten, oder die Merkmale einer Fälschung an sich trugen, oder sich sonst unter irgend einen der gesetzlich fixirten Verbrechensthatbestände subsumiren ließen, und daß also Handlungen, welche dem gemeinen Rechtsbewußtsein als besonders strafwürdig erschienen, bei dem Mangel eines entsprechenden Strafgesetzes straflos bleiben mußten.

Von ungleich größerem Einflusse auf die Gesetzgebung aber war die Erkenntniß, daß der Bankerutt ein ganz charakteristisches Merkmal an sich trägt, das ihn von allen übrigen ihm verwandten Vermögensbeeinträchtigungen sehr wesentlich unterscheidet.

Während nämlich bei dem Betruge, der Fälschung und ähnlichen Verbrechen der dolus des Thäters und dem entsprechend auch der strafbare Erfolg der Handlung regelmäßig innerhalb bestimmter, äußerlich leicht erkennbarer Grenzen liegen, indem die Absicht des Thäters fast ohne Ausnahme nur gegen einen bestimmten Vermögensinbegriff und häufig sogar nur auf ein bestimmtes Vermögensobjekt gerichtet ist, liegt es gerade in dem Wesen des Bankerutts, daß sich die verbrecherische Absicht nicht gegen ein individuelles Vermögen richtet, sondern daß ganz ähnlich wie bei den gemeingefährlichen Verbrechen die Absicht des Thäters ihrem Ziele nach eine unbestimmte ist, und daß auch der Umfang des strafbaren Erfolges von dem Thäter weder beherrscht, noch auch nur vorausgesehen werden kann.

---

ebenso ist Goltdammer in seinem Archiv (XIV. S. 540) der Meinung, daß es allein consequent und der Natur der Sache entsprechend sei, die Befriedigung eines Gläubigers nach erfolgter Zahlungseinstellung nur als eines der mehreren Merkmale des strafbaren Bankerutts, nicht aber als ein besonderes Vergehen außerhalb des Bankeruttes aufzufassen.

[2]) Vgl. darüber Köstlin in Goltd. Archiv V., S. 721 ff.

Der Bankeruttirer will weder einen einzelnen bestimmten Gläubiger beschädigen, noch ist er im Stande, den Erfolg seiner Handlung auf den Kreis seiner speciellen Gläubigerschaft zu beschränken; vielmehr wirkt seine Handlung bei den engen und innigen Beziehungen und Wechselwirkungen, welche der moderne Verkehr zwischen den räumlich oft weit auseinander liegenden Interessenkreisen geschaffen hat, weit über den Kreis der direct- und unmittelbar betheiligten Gläubiger hinaus, und man kann deshalb ohne Bedenken die wirthschaftlichen und sittlichen Grundlagen des allgemeinen Wohlstandes überhaupt, d. h. insbesondere den öffentlichen Credit als durch die Handlung des Bankeruttirers gefährdet bezeichnen.[3])

Dafür, daß es in der That viel weniger das reale Vermögen des Einzelnen, als vielmehr ein ideales Gut der Gesammtheit, das öffentliche Vertrauen, ist, welches durch die Bankeruttgesetzgebung gegen Mißbrauch geschützt werden soll, spricht schon der Umstand, daß die meisten neueren Gesetzgebungen den Eintritt einer wirklichen Beschädigung des Vermögens zum Thatbestande des vollendeten Bankerutts gar nicht verlangen. Wenn also im Concursverfahren die sämmtlichen Gläubiger, sei es durch eine besonders glückliche Realisirung der Masse, oder in Folge des Ausscheidens erdichteter Forderungen, oder in Folge der Wiedererlangung vorher bei Seite geschaffter Vermögensobjekte, auch ihre volle Befriedigung erhalten, so wird dadurch der Thatbestand des Bankeruttes doch durchaus nicht alterirt, vielmehr ist das Verbrechen schon mit der Vornahme bestimmter in den Gesetzen aufgeführter Handlungen, welche in der Absicht verübt worden sind, den gewährten Credit zu mißbrauchen, vollendet.

Daß aber der Staat die Pflicht hat, den öffentlichen Credit zum Gegenstande seines besonderen Schutzes zu machen, leuchtet ohne Weiteres ein, wenn man erwägt, daß der Credit nicht blos der wahre Lebensnerv des Handels, sondern daß er eine ganz unentbehrliche Grundlage des allgemeinen Wohlstandes überhaupt ist, und wenn man ferner in Betracht zieht, wie schwere Folgen eine schamlose und mißbräuchliche Ausbeutung des Credits nach sich ziehen kann. Oft genug hat schon der Sturz eines einzelnen größeren Handelshauses hingereicht, um auch die weitesten Kreise in Mitleidenschaft zu ziehen, den gesammten Verkehr zu lähmen und das öffentliche Vertrauen auf lange Zeit hinaus zu erschüttern. Man wird hiernach also das Wesen des strafbaren Bankerutts darin finden müssen, daß der Bankeruttirer durch seinen eigenen Vermögensverfall in schuldhafter Weise nicht blos das Vermögen seiner Gläubigerschaft, sondern auch den öffentlichen Credit überhaupt gefährdet.

---

[3]) Vgl. Mot. zum R. St. G. B. zu dem Tit. über den strafbaren Bankerutt.

Es fragt sich nunmehr, ob die Befriedigung eines Gläubigers durch einen Schuldner, der sich im Falle der Zahlungseinstellung befindet,[4]) von einer solchen strafrechtlichen Bedeutung ist, daß dieselbe den übrigen in den Strafgesetzen aufgeführten Begehungsformen des Bankerutts an die Seite gestellt werden kann?

Auf den ersten Anblick könnte es fast auffallend erscheinen, daß die Frage überhaupt erhoben wird; denn Niemand kann wohl im Zweifel darüber sein, daß, wenn es dem Cridar gelingt, nach erfolgter Zahlungseinstellung die noch vorhandenen Vermögensobjecte bei Seite zu bringen, dadurch nicht bloß die aus der Masse Befriedigung suchenden Gläubiger in ihrem Vermögen beschädigt werden, sondern daß dadurch, daß diese Gläubiger ihr Vertrauen arg gemißbraucht sehen, auch dem öffentlichen Credit ein empfindlicher Stoß versetzt wird.

In der That bezeichnen auch alle neueren Gesetzgebungen den Fall, in welchem ein Schuldner nach erfolgter Zahlungseinstellung Vermögensobjecte bei Seite schafft, um dieselben zu seinem eigenen Vortheil den Gläubigern zu entziehen, übereinstimmend als eine Begehungsform des betrüglichen Bankerutts und bedrohen denselben mit schweren Strafen.

Nun erscheint es doch aber strafrechtlich völlig irrelevant, ob der Gemeinschuldner die Vermögensstücke in seinem eigenen Interesse bei Seite schafft und auf diese Weise seine sämmtlichen 100 Gläubiger benachtheiligt, oder ob er jene Vermögensstücke im Interesse eines einzelnen Gläubigers der Masse entzieht und die dadurch von ihm bewirkte Vermögensbeschädigung nur noch 99 Gläubiger trifft. Denn der dolus ist in dem einen wie in dem anderen Falle darauf gerichtet, die Masse zu plündern und dadurch die Gesammtheit der Gläubiger zu benachtheiligen, der Umstand aber, ob die gemachte Beute späterhin nur zu Gunsten des Thäters, oder auch zum Vortheile eines oder mehrerer Gläubiger verwendet wird, kann selbstverständlich den strafrechtlichen Thatbestand nicht ändern, sondern kann höchstens, insofern dadurch etwa der Umfang des schädlichen Erfolges ein geringerer geworden ist, als Strafzumessungsgrund in Betracht kommen.[5])

Dazu tritt nun noch der Umstand, daß, wie die Erfahrung zeigt, die

---

[4]) Einer näheren Erörterung über die strafrechtliche Bedeutung der Zahlungseinstellung wird es hier nicht bedürfen. Ohne besonderen Widerspruch erwarten zu dürfen, kann man die Zahlungseinstellung wohl als den Zustand bezeichnen, in welchem der Credit des Schuldners erschöpft und der letztere deßhalb, sei es nun wegen einer wirklichen Vermögensinsufficienz, oder wegen bloßen Mangels an Zahlungsmitteln nicht mehr im Stande ist, seine Verbindlichkeiten zu erfüllen.

[5]) Vgl. auch Trummer, Von der criminellen Behandlung des Bankerutts, S. 13 und 14.

Benachtheiligung der Concursgläubiger durch Beiseiteschaffung von Vermögensobjecte, gerade am häufigsten in der Form der widerrechtlichen Begünstigung einzelner Gläubiger auftritt, und daß der Fall, daß der Cridar die Masse zu seinem eignen Gunsten plündert, verhältnißmäßig ein viel seltenerer ist.

Es mögen an dieser Stelle die treffenden Bemerkungen einen Platz finden, mit welchen die entsprechende Strafvorschrift des früheren Hamburger Strafgesetzbuchs motivirt worden ist.[6])

Es heißt dort, „daß die Massen fast ohne Ausnahme nicht darum leer sind, weil der Gemeinschuldner sein Vermögen allmälig aufgezehrt, oder sich so lange zu halten gesucht hat, als irgend möglich, sondern daß sie darum keinen Ertrag liefern, weil Mobiliar und Waarenlager durch Verkaufs- oder Verpfändungsacte und Ausstände durch Cessionen einzelnen Gläubigern, die zu bevorzugen der Fallit für gut befunden hat, übertragen worden sind. Dergleichen Ausleerungen der Masse werden je nach den Umständen oft schon lange vorher effectuirt, ehe die Insolvenzerklärung erfolgt, sie werden benutzt, um einen Privataccord zu erwirken, oft noch im letzten Augenblicke, um Pfändungen zu frustiren, und ein scheinbar gutes Geschäft besteht Monate lang fort und der Inhaber benutzt seinen Credit, besonders außerhalb Hamburgs, während das Geschäft selbst innerlich verdorben und zerrüttet ist. Dabei wird Sorge dafür getragen, daß die Acta durch notarielle Beglaubigung formell in bester Ordnung sind und für die Richtigkeit der Forderung des Gläubigers liefern die Handlungsbücher des Gemeinschuldners, schlimmsten Falls der Eid des ersteren den Beweis. Die Curatoren finden nicht einmal soviel in der Masse, um eine Anfechtung solcher Deckungen versuchen zu können, für welche sie zudem keinen anderen Rechtsboden finden, als die schwankende Fassung des § 102, 6 der Falliten-Ordn. mit seiner Beschränkung auf das Erjagen eines Accords und die gemeinrechtlichen Labyrinthe der Paulianischen Klage. Sie berufen also die Gläubiger und fordern Einschuß zu den Proceßkosten, Niemand ist geneigt, ihn zu leisten und der Concurs wird beendigt, ohne daß die Gläubiger einen Heller bekommen.“

Es ist deßhalb gar nicht abzusehen, aus welchem Grunde der Gesetzgeber, welcher die Beiseiteschaffung von Vermögensobjecten in der Absicht die Gläubiger zu benachtheiligen, ohne Bedenken als betrüglichen Bankerutt bezeichnet und mit schweren Strafen bedroht, dieselbe in dem Falle, daß sie in der Form der widerrechtlichen Deckung von Gläubigern auftritt, straflos lassen sollte. — Letzteres geschieht aber auch nicht, vielmehr haben die

---

[6]) Vgl. Trummer, von der criminellen Behandlung des Bankerutts S. 11.

neueren Gesetzgebungen die widerrechtliche Befriedigung von Gläubigern fast ohne Ausnahme als eine Begehungsform des dolosen Bankeruttes angesehen[7]) und wo der Fall der widerrechtlichen Befriedigung eines Gläubigers nicht besonders ausgezeichnet ist, da ist nach der obigen Darlegung anzunehmen, daß er unter den allgemeinen Thatbestand des Beiseiteschaffens von Vermögensobjecten fällt. Letzteres wird insbesondere auch von dem D. R. St. G. B. gelten müssen, welches zwar des hier in Rede stehenden Falles gleichfalls nicht expressis verbis gedenkt, das ihn aber unzweifelhaft auch als eine Begehungsform des betrügerischen Bankerutts im Sinne des § 281, No. 1, auffaßt.[8]) Die frühere Preußische Praxis wollte allerdings die Subsumtion der widerrechtlichen Befriedigung eines Gläubigers unter den Thatbestand des Beiseiteschaffens von Vermögensstücken nicht zulassen, insbesondere hat das Preuß. Obertrib. in dem Erkenntniß vom 3. October 1861 ausgesprochen,[9]) daß der dem jetzigen § 281, Nr. 1 des R. St. G. B. entsprechende § 259, Nr. 1 des Preuß. St. G. B. auf den Fall der Befriedigung eines Gläubigers keine Anwendung finden, weil er durch die Specialbestimmung des § 308 der Concurs=O. vom 8. Mai 1855 ausgeschlossen werde, allein abgesehen davon, daß sich gegen die Richtigkeit dieser Entscheidung schon auf Grund des früheren Rechts nicht unerhebliche Bedenken aufstellen lassen, so kann dieselbe jetzt doch schon aus dem Grunde nicht mehr in Betracht kommen, weil sie sich im Wesentlichen auf die durch das R. St. G. B. abgeänderte Wortfassung des § 259 des Preuß. St. G. B. stützt.[10]) Daß jetzt wenigstens auch nach Preuß. Recht eine Idealconcurrenz zwischen dem Verbrechen aus § 281, Nr. 1 des R. St. G. B. und dem Vergehen aus § 308 der Concurs=O. sehr wohl möglich ist, scheint unbedenklich und wird auch von Oppenhoff für unzweifelhaft erachtet.[11])

Es muß deßhalb angenommen werden, daß die Strafbarkeit der nach erfolgter Zahlungseinstellung in der Absicht, die übrigen Gläubiger zu benachtheiligen, bewirkten Befriedigung eines Gläubigers nicht bloß durch erhebliche criminalpolitische Gründe geboten wird, sondern daß dieselbe auch

---

[7]) Vgl. darüber Köstlin in Goltd. Arch. VI., S. 10 und S. 296 und die Zusammenstellung in den Motiven zum St. G. B. für den Nordd. Bund. Stenogr. Ber. über die Reichstagsverhandlungen von 1870, Bd. III., S. CL. ff.

[8]) Dieser Ansicht sind auch v. Schwarze, Commentar zum R. St. G. B. (3. Ausg.) S. 702, Merkel in v. Holtzendorffs Handbuch, Bd. III., S. 817, und H. Meyer, Lehrb. des Strafr. S. 522, Anm. 1.

[9]) Vgl. Goltd. Arch. X., S. 62.

[10]) Im Preuß. St. G. B. fehlte in den Eingangsworten des § 259 der Passus: „in der Absicht, ihre Gläubiger zu benachtheiligen."

[11]) Oppenhoff, St. G. B. (4. Ausg.), Anm. 26 und 41, zu § 281, Nr. 1.

in fast allen neueren Gesetzgebungen und insbesondere auch im deutschen R. St. G. B. bereits gesetzliche Anerkennung gefunden hat.

Wenn ich aber die Frage der ständigen Deputation des Juristentages recht verstehe, so handelt es sich wohl weniger um den soeben erörterten, als vielmehr um einen solchen Fall der Befriedigung, in welchem die Absicht des Cridars nicht gerade ausdrücklich darauf gerichtet gewesen ist, durch dieselbe die übrigen Gläubiger zu benachtheiligen.

Köstlin meint zwar,[12]) daß, wenn die Befriedigung eines Gläubigers überhaupt strafbar sei, sie es doch durchaus nur als dolose Handlung sein könne. Denn, wenn der Schuldner auch, moralisch betrachtet, durch relativ löbliche Motive entschuldigt erscheine, so könne er doch niemals das Bewußtsein und eben deßhalb die Absicht der widerrechtlichen Verkürzung anderer Gläubiger zum Besten der, sei es aus Eigennutz oder ohne solchen, begünstigten von sich abweisen. Von einem Handeln aus bloßer luxuria oder culpa könne deßhalb hier überhaupt nie die Rede sein und mit Recht werde deßhalb auch von weit den meisten Gesetzgebungen dieser Fall zum dolosen Bankerutt gestellt.

Noch weiter ist ein Württembergischer Gerichtshof, wie Köstlin mittheilt,[13]) gegangen, indem derselbe ausgeführt hat, daß jede vorsätzliche Begünstigung eines Gläubigers vor anderen schon an und für sich als eine betrügliche Handlung erscheine; denn der Schuldner, welcher in der Absicht, sich in der nächsten Zeit in Gant zu erklären, Zahlungen an einzelne Gläubiger mache und hierbei Andere, von denen er wisse, daß sie in Folge seiner Handlungsweise keine Befriedigung erhalten würden, in der Meinung lasse, daß er noch solvent sei, täusche zwar nicht positiv, aber er unterdrücke und verschweige doch eine wahre Thatsache, insofern er nämlich verpflichtet sei, seinen Gläubigern oder dem Gericht von seiner Ueberschuldung Anzeige zu machen.

Ebenso bemerkt auch Hufnagel,[14]) daß der Schuldner, der sich seiner Insolvenz bewußt sei und einen Gant über sein Vermögen voraussehe, aber gleichwohl eine bereits fällige Forderung eines Gläubigers in der Absicht, ihn zu begünstigen, durch Zahlung tilge, betrüglich (in fraudem creditorum) handelt, und einer ähnlichen Auffassung begegnet man bei Arnold,[15]) welcher die Befriedigung eines Gläubigers, die nicht bloß in der Absicht geschieht, Zahlung zu leisten, sondern die in der Absicht vorgenommen wird, diesen Gläubiger vor anderen zu begünstigen, mithin die anderen

---

[12]) Goltd. Arch. V., S. 739.

[13]) Vgl. Goltd. Arch. VI., S. 11.

[14]) Commentar über das Württembergische Strafgesetzbuch Bd. II., S. 650.

[15]) Blätter für Rechtsanwendung, herausgegeben von Seuffert, Bd. XII., S. 361

Gläubiger indirect zu benachtheiligen, gleichfalls ohne Weiteres als eine betrügliche Handlung bezeichnet.

Es könnte hiernach fast den Anschein gewinnen, als sei eine andere Antwort auf die Frage der ständigen Deputation, als die bereits gegebene, nicht möglich, und als sei es namentlich rechtlich unstatthaft, der Frage einen solchen Sinn unterzulegen, wie oben angedeutet wurde. Allein die Auffassung, daß die Befriedigung eines Gläubigers, welche mit dem Bewußtsein geschehen ist, daß durch dieselbe andere Gläubiger benachtheiligt werden, derjenigen Befriedigung, welche in der ausdrücklichen Absicht bewirkt wird, durch dieselbe die anderen Gläubiger in ihrem Vermögen zu beschädigen, absolut gleich stehe, erscheint bei näherer Betrachtung als unzutreffend.

Diese Gleichstellung basirt lediglich auf der unrichtigen unterschiedslosen Behandlung des dolus directus und des dolus indeterminatus s. eventualis. Man wird zwar hiergegen einwenden, daß die neuere Doctrin eine solche Unterscheidung verwerfe. Indeß abgesehen davon, daß diese Verwerfung keineswegs eine einstimmige ist, daß vielmehr neuere Schriftsteller, wie Berner, Köstlin, H. Meyer und andere der Aussonderung des dolus eventualis eine Berechtigung nicht absprechen,[16]) so hat doch auch das deutsche R. St. G. B. selbst in den Bestimmungen der §§ 224 und 225 der Unterscheidung des dolus directus und des dolus eventualis eine gewisse gesetzliche Anerkennung verliehen.

Für den Gesetzgeber können auch in der That wissenschaftliche Abstructionen allein nicht maßgebend sein, er wird vielmehr den vielgestaltigen Erscheinungen und Vorgängen des practischen Lebens einen ungleich größeren Einfluß auf die Fixirung gesetzlicher Normen einräumen müssen, als der theoretischen Schablone, und er wird deßhalb auch auf dem hier in Rede stehenden Gebiete den Fall des dolus directus anders behandeln müssen, als den des dolus eventualis, wenn nicht die Rechtsprechung zu den maßlosesten Härten führen soll.[16a.])

Man vergleiche nur die nachfolgenden beiden der Praxis entnommenen Fälle miteinander, um die Richtigkeit dieser Behauptung einzusehen. Ein Kaufmann, welcher die Ueberzeugung gewonnen hatte, daß er in den Zu-

---

[16]) Vgl. Berner, Imputation S. 184, Köstlin, System S. 194 und H. Meyer, Lehrbuch des deutschen Strafrechts S. 169.

[16a.]) Auch das Preuß. Ober-Trib. verlangt für die Anwendung des § 308 der Preuß. Concurs-O. zwar das Bewußtsein des Schuldners, daß er durch die Befriedigung die Gläubiger benachtheilige und findet in diesem Bewußtsein einen genügenden dolus (Erk. vom 30. Jan. 1873, Goltd. Arch., Bd. XXI., S. 266), dagegen wird eine weitergehende, ausdrücklich auf die Benachtheiligung der Gläubiger gerichtete Absicht nicht gefordert. Erk. vom 9. Juli 1874, Goltd. Arch. Bd. XXII., S. 719.

stand der Zahlungsunfähigkeit gerathen sei, rief schleunigst drei ihm befreundete Gläubiger herbei, machte dieselbe mit seinen Verhältnissen bekannt und vertheilte demnächst unter sie seine sämmtlichen werthvollen Waarenbestände. Die letzteren wurden bereits in der nächsten Nacht fortgeschafft und als in Folge der am nächsten Tage gemachten Anzeige von der Zahlungseinstellung der Concurs eröffnet werden sollte, ergab sich, daß die übrigen Gläubiger nur noch das bloße Nachsehen hatten.

In einem andern Falle hatte eine Kreditbank, bei der namentlich eine große Anzahl von sog. kleinen Leuten baare Einlagen gemacht hatten, ihre Zahlungen eingestellt. Nichtsdestoweniger befriedigte dieselbe selbst dann noch, als bereits die Anzeige davon bei dem Gerichte gemacht worden war, jeden Gläubiger, der seine Depositen abheben wollte. Es geschah dies lediglich in der Absicht, die erfolgte Zahlungseinstellung möglichst lange geheim zu halten und dieselbe jedenfalls nicht eher bekannt werden zu lassen, als bis die gerichtliche Beschlagnahme der Baarbestände stattgefunden; denn man fürchtete, und nicht mit Unrecht, bei dem Bekanntwerden der Insolvenz eine Zusammenrottung der Gläubiger und Erstürmung des Kassenlokals.

Die Befriedigung der Gläubiger geschah auch in diesem letztern Falle unzweifelhaft mit dem Bewußtsein, daß durch dieselbe die übrigen Gläubiger verkürzt würden, aber gewiß nicht in der Absicht, eine solche Verkürzung zu erzielen; im Gegentheil wollte der Cridar durch seine Handlungsweise gerade der Benachtheiligung der Gläubiger möglichst enge Grenzen ziehen. Ebensowenig läßt sich die Absicht, die Gläubiger zu benachtheiligen, annehmen, wenn der Schuldner einen besonders zudringlichen Gläubiger befriedigt, um sich dadurch vielleicht noch einige Zeit zu erhalten, oder wenn ein besonders hartnäckiger Gläubiger befriedigt wird, um dessen Einfluß bei der Berathung über den Accord zu beseitigen, oder wenn ein Gläubiger befriedigt wird, dessen Forderung eine so geringfügige ist, daß der Schade, der dadurch für jeden einzelnen der übrigen Gläubiger entsteht, nur wenig in Betracht kommt u. s. w.

In diesen und ähnlichen Fällen die That des Gemeinschuldners von demselben kriminalrechtlichen Gesichtspunkte aus betrachten zu wollen, wie in dem ersten Falle, in welchem die Masse in der ausdrücklichen Absicht ausgeplündert wurde, um den übrigen Gläubigern die Mittel zu ihrer Befriedigung zu entziehen und gegen beide Strafthaten die gleiche Strafandrohung eintreten lassen zu wollen, das heißt doch auf die subjektiven Merkmale des Verbrechens absolut keine Rücksicht nehmen und mit den kriminellen Begriffen ziemlich willkürlich verfahren.

Gewiß ist zwar, daß eine Befriedigung einzelner Gläubiger nicht wohl denkbar ist, ohne daß der Schuldner sich dessen bewußt wird, daß die Ansprüche der übrigen Gläubiger gerade um den Betrag dieser Befriedigung geschmälert werden, und es ist auch anzuerkennen, daß im praktischen Leben sehr viele Fälle vorkommen werden, in denen es äußerst schwierig, ja nicht selten sogar unmöglich sein wird, festzustellen, daß die Absicht des Cridars bei der Befriedigung grade auf die Benachtheiligung der Gläubigerschaft gerichtet gewesen ist. Allein aus diesem Umstande kann doch kein Grund entnommen werden, auf die verschiedenartige Behandlung von Strafthaten zu verzichten, deren rechtliche Natur eine durchaus verschiedene ist. Denn in dem einen Falle stellt sich die Benachtheiligung der Gläubiger als der vom Thäter ausdrücklich beabsichtigte, d. h. dolo directo herbeigeführte strafbare Erfolg dar, während dieser Erfolg in dem anderen Falle keineswegs unmittelbar in der Absicht des Thäters gelegen hat, sondern, wenn auch vorausgesehen und insofern allerdings „bedingungsweise" oder „eventuell" gewollt, im Wesentlichen doch nur als die unvermeidliche Folge des in einer andern Richtung widerrechtlichen Verhaltens des Thäters eingetreten ist. Müssen diese beiden Fälle nun aber grundsätzlich aus einander gehalten werden, dann darf mit vollem Rechte noch die fernere Frage erhoben werden, ob und in wie weit auch dieser zweite Fall für strafbar zu crachten ist.

Nach dem früheren preußischen Recht (§§ 44 u. 45 Tit. 50 Th. I. der Allg. Ger.-Ord.) konnte der Schuldner vor entstandenem Concurse einem Gläubiger Zahlung leisten, Sachen an Zahlungs Statt geben und abtreten, Sicherheit bestellen u. s w., und diese Befriedigung war rechtsbeständig, mochte der Gläubiger die Insolvenz gekannt haben oder nicht. Erst die Verhandlung über den offenen Arrest bildete die Grenze der civilrechtlichen Anfechtbarkeit solcher Rechtsakte, von einer Strafbarkeit der letzteren war aber überall nicht die Rede. Zwar wurden schon bei der Berathung des Strafgesetzbuches von 1851 Anläufe zu dem Erlaß einer bezüglichen Strafvorschrift gemacht, dieselben blieben indeß, wenn auch aus gänzlich unzutreffenden Gründen, ohne Erfolg[17]), es bewendete vielmehr bei dem Erlaß einer entsprechenden Strafbestimmung für das Gebiet des rheinischen Rechts[18]), und erst die Concursordnung vom 8. Mai 1855 bedrohte nach dem Vorbilde des französischen Gesetzes vom 28. Mai 1838 in ihrem § 308 die nach erfolgter Zahlungseinstellung bewirkte Befriedi-

[17]) Vergl. hierüber Beseler, Comment. über das preuß. St. G. B. S. 496 u. 497 und Köstlin in Goltd. Arch. VI. S. 9.

[18]) Vergl. S. XII § 3 des Einf.-Ges. zum preuß. St. G. B. und dazu Beseler a. a. O. Arch. 616 u. Goltdammer, Materialien zum preuß. St. G. B. Bd. I S. 26.

gung oder Begünstigung eines Gläubigers zum Nachtheil der übrigen mit Strafe und zwar mit Gefängniß bis zu einem Jahre.

Die Rechtmäßigkeit einer solchen Strafandrohung kann auch ernsten Bedenken nicht unterliegen. Denn wie es für den Gläubiger, der bei der Vertheilung der Masse leer ausgeht, ziemlich gleichgültig ist, ob die letztere im Interesse des Cridars oder eines anderen Gläubigers bei Seite geschafft worden ist, ebenso gleichgültig ist es für ihn, ob der Cridar ausdrücklich beabsichtigt hat, daß er bei der Vertheilung der Masse leer ausgehen solle, oder ob dieser Erfolg ein vom Cridar nicht ausdrücklich gewollter ist. In dem einen, wie in dem andern Falle sieht er sein Vermögen beschädigt und sein Vertrauen gemißbraucht, und mit vollem Rechte wird er die Gesetzgebung dafür verantwortlich machen, daß er einer solchen mißbräuchlichen Ausbeutung des Credits Seitens seines Schuldners schutzlos preisgegeben ist.

Hat der Staat die Pflicht, gegen widerrechtliche Deckungen, durch welche die Gläubigerschaft benachtheiligt wird, Schutz zu gewähren, wenn diese Deckungen in der Absicht gemacht sind, die Gläubiger zu gefährden, dann ist kein stichhaltiger Grund erfindlich, weshalb dieser Schutz dann wegfallen soll, wenn der Erfolg zwar ganz derselbe ist, aber die Motive des Cridars moralisch weniger verwerflich sind. Wer die Handlung des Cridars im ersteren Falle für ein schweres, mit Zuchthaus zu bedrohendes Verbrechen, im letztern Falle dagegen für einen durchaus erlaubten Rechtsakt ansieht, der dürfte doch wohl zu Unrecht das entscheidende Gewicht allein auf die Willensseite der Handlung legen und völlig übersehen, daß auch die Thatseite, d. h. die Bewirkung des schädlichen Erfolges, die entschiedene Berechtigung hat, bei der Frage nach der Strafbarkeit der Handlung in Betracht gezogen zu werden.

Man hat für diesen zweiten Fall den erforderlichen Rechtsschutz zwar theils durch die Zulassung einer Civilklage auf Aufhebung der Deckungsgeschäfte (actio Paulliana), theils dadurch gewähren wollen, daß die nach der Eröffnung des formellen Concurses bewirkten Befriedigungen einzelner Gläubiger für strafbar erklärt sind, ein solcher Schutz ist aber völlig unzureichend.

Ganz abgesehen von der Schwierigkeit der Begründung der Anfechtungsklage und der Weitläufigkeit und Kostspieligkeit des Civilprozesses, ist dies Rechtsmittel auch um deßwillen nicht immer von Erfolg, weil der in Anspruch genommene Gläubiger sehr häufig selbst nichts mehr besitzt. Die Strafbarkeit der Deckungsgeschäfte aber erst mit der Eröffnung des Concurses beginnen zu lassen, erweist sich deshalb als gänzlich ungenügend, weil dann von vorne herein alle diejenigen Fälle außer Betracht bleiben müßten, in denen es gar nicht zur Concurseröffnung gekommen ist, und weil ferner die Eröffnung des formellen Concurses auch regelmäßig so spät kommt, daß ein gewissenloser Schuldner hinlänglich Zeit finden wird, einzelne Gläubiger zum Nachtheil der übrigen straffrei zu befriedigen.

Soll also der Rechtsschutz ein wirksamer sein, dann darf man die Gläubigerschaft nicht auf „die labyrinthischen Pfade der Paullianischen Klage" verweisen, sondern man muß zu ernstlichen Repressivmaßregeln greifen und dergleichen Deckungsgeschäfte mit Strafe bedrohen, und man darf auch als Grenze für die Strafbarkeit nicht erst die Eröffnung des Concurses bezeichnen, sondern es muß die Strafbarkeit schon mit dem Augenblicke eintreten, in welchem der Schuldner zu der Ueberzeugung gekommen ist, daß er seine sämmtlichen Gläubiger überhaupt nicht mehr zu befriedigen im Stande ist, d. h. also von dem Momente der Zahlungseinstellung ab.

Von diesem Augenblicke ab kann kein Schuldner darüber mehr in Zweifel sein, daß, wenn er nun gleichwohl noch einen Gläubiger voll befriedigt, dadurch die übrigen benachtheiligt werden.

Soll aber die öffentliche Rechtsordnung nicht ernstlich gefährdet und sollen insbesondere die Erfolge des Concursverfahrens nicht völlig auf's Spiel gesetzt werden, dann muß von diesem Augenblicke ab auch dem Schuldner jede Disposition über das noch vorhandene Vermögen verboten werden. Wie in den Motiven zum preuß. Concurs-G.[19]) sehr treffend hervorgehoben wird, ist der Schuldner von dem Momente ab, in welchem er sich seiner Insolvenz bewußt wird, eigentlich nur noch der Verwalter fremder Interessen, und wie also einerseits mit diesem Zeitpunkte eine natürliche Grenze für den Beginn der Strafbarkeit gegeben ist, so wird andererseits auch nicht verkannt werden können, daß das Verhalten des Cridars, der das Vertrauen der Gläubiger, daß er ihre Interessen nicht verletzen werde, durch die Begünstigung einzelner Gläubiger dennoch mißbraucht, einem so schuldhaften Willen entspringt, daß die Androhung einer Criminalstrafe durchaus gerechtfertigt erscheint. Denn es werden durch eine solche Befriedigung ja nicht bloß die übrigen Gläubiger thatsächlich in ihrem Vermögen beschädigt, sondern es wird auch insofern, als das

---

[19]) Es heißt dort: „Sobald ein Gemeinschuldner sich in dem Zustande befindet, welcher die Eröffnung des Concurses bedingt, darf er nur noch das gemeinsame Interesse der Gläubiger vor Augen haben; er ist verpflichtet, sich jeder Begünstigung einzelner Gläubiger zum Nachtheil der übrigen zu enthalten. Diese Verpflichtung ist für den öffentlichen Credit eine so wichtige, daß es gerechtfertigt erscheint, dieselbe unter Strafe zu stellen." Goltdammer, Commentar u. Materialien zur Conc.-O. S. 32.

öffentliche Vertrauen, wie Köstlin bemerkt[20]), mit Recht erwartet, daß ein durch Unglück oder Leichtsinn zahlungsunfähig Gewordener wenigstens mit dem Reste seines Vermögens nicht in einer Weise verfahre, die Jeden bedenklich machen muß, noch fernerhin zu kreditiren, durch ein solches Verfahren der öffentliche Credit ganz entschieden erheblich gefährdet.

Der Entwurf einer Concursordnung für das deutsche Reich hat auch die Nothwendigkeit einer Strafandrohung für den vorliegenden Fall nicht verkannt, die betreffende Strafbestimmung kann indeß nicht für ausreichend erachtet werden. Denn wenn der § 211 des Entwurfs den Cridar nur in den Fällen für strafbar erklärt, in welchen er einem Gläubiger in der Absicht, ihn vor den übrigen Gläubigern zu begünstigen, eine Sicherung oder Befriedigung gewährt hat, welche derselbe nicht, oder nicht in der Art, oder nicht zu der Zeit zu beanspruchen hatte, so sind damit die Grenzen der Strafbarkeit viel zu enge gezogen.[21])

Nach der obigen Darlegung involvirt jede nach erfolgter Zahlungseinstellung bewirkte Befriedigung eines Gläubigers eine Beschädigung des Vermögens der übrigen und eine Gefährdung des Credits ohne Unterschied, ob sich die Befriedigung auf eine bereits fällige Forderung bezieht oder nicht; denn auch die fällige Forderung hat vom Moment der Zahlungseinstellung ab ihr Recht auf unbedingte und volle Befriedigung verloren. Ebensowenig aber kann es einen wesentlichen Unterschied machen, ob dem Gläubiger in quali oder quanto ein plus gewährt wird, oder ob er nur das erhält, was er ursprünglich mit Recht zu fordern hatte; denn jede Geltendmachung des ursprünglichen Forderungsrechtes, sogar diejenige, bei welcher dem Schuldner der Art oder dem Betrage nach ein Nachlaß gewährt wurde, muß von dem Augenblicke der Zahlungseinstellung ab für unstatthaft erachtet werden, weil sich ja in diesem Zeitpunkte noch gar nicht übersehen läßt, was der Gläubiger überhaupt noch zu fordern hat, und ob er trotz des gewährten Nachlasses nicht dennoch zu viel erhalten würde.

Es erscheint deßhalb criminalpolitisch nicht gerechtfertigt, nur eine solche Befriedigung, welche der Zeit, der Art oder dem Betrage nach ein Mehr gewährt, unter Strafe zu stellen und diese Bewilligung eines plus damit zu einem gesetzlichen Thatbestandsmerkmale der Strafthat zu erheben, vielmehr wird man daran festhalten müssen, daß auch schon die der recht-

---

[20]) In Goltd. Arch. VI. S. 4.

[21]) Daß diese Bestimmung, wie die Motive behaupten, dem § 308 der preuß. Concurs-O. entspreche, ist auch nicht richtig. Der Letztere bedroht jede Befriedigung mit Strafe, gleichviel, ob sie dem Gläubiger ein plus gewährt oder nicht.

lichen Natur einer fälligen Forderung ganz entsprechende einfache Befriedigung für sich allein den Thatbestand einer strafbaren Handlung darstellt, und daß eine Mehrgewährung in der gedachten Art nur als ein erschwerender Umstand bei der Abmessung der Strafe in Betracht kommen kann.

Eine unausbleibliche Folge der Bestimmung des Entwurfs zur deutschen Concurs-O. wird die sein, daß vor der Eröffnung des formellen Concurses regelmäßig ein Theil der Masse durch straffreie Deckung einzelner Gläubiger bei Seite gebracht sein wird, und daß diejenigen Gläubiger, welche sich nicht bei dem allgemeinen Wettlaufe, um noch rechtzeitig volle Befriedigung zu erhalten, betheiligt haben, nicht blos eine Vermögensbeschädigung erleiden, sondern auch ihr Vertrauen auf die Redlichkeit des Schuldners und den Schutz der Gesetze schmählich gemißbraucht sehen werden.

Hiernach beantworte ich den ersten Theil der Frage der ständigen Deputation des Juristentages unbedenklich dahin:

> daß ich jede nach erfolgter Zahlungseinstellung zum Nachtheile der Gläubigerschaft bewirkte Begünstigung oder Befriedigung einzelner Gläubiger für widerrechtlich und strafbar erachte, und zwar in der Art, daß, wenn dieselbe in der Absicht vorgenommen ist, dadurch die übrigen Gläubiger zu benachtheiligen, die Strafe des betrüglichen Bankerutts, daß dagegen, wenn zwar nicht eine solche Absicht, wohl aber das Bewußtsein des Schuldners anzunehmen ist, daß durch die Befriedigung die übrigen Gläubiger in ihrem Vermögen beschädigt werden, die Strafe des einfachen Bankerutts eintritt.

Erheblicheren Bedenken unterliegt allerdings die Antwort auf den zweiten Theil der Frage der ständigen Deputation.

Auch hier ist das französische Recht das Vorbild für diejenigen Gesetzgebungen gewesen, welche wie das preußische (Concurs-O. §. 309) und das belgische (Code pénal vom 8. Juni 1867 art. 490) nicht blos den Schuldner, sondern auch den befriedigten Gläubiger für strafbar halten.[22])

---

[22]) Der §. 309 lautet: Ein Gläubiger, welcher nach erlangter Kenntniß von der Zahlungseinstellung zu seiner Begünstigung und zum Nachtheil der übrigen Gläubiger einen besondern Vertrag mit dem Gemeinschuldner oder dessen Erben eingeht oder welcher u. s. w. . . . . wird mit Gefängniß bis zu einem Jahre bestraft.

Auch kann gegen denselben zugleich auf zeitige Untersagung der Ausübung der bürgerlichen Ehrenrechte erkannt werden. Der Art. 490. des belg. Code pénal straft mit Gefängniß von 1 Monat bis zu 2 Jahren und Geldstrafe von 100—3000 Fr. den Gläubiger, qui aura fait un traité particulier duquel résulterait, en sa faveur, un avantage à la charge de l'actif du failli.

In den Motiven des französ. Ges. vom 28. Mai 1838 wird zur Begründung einer solchen Strafvorschrift u. A. Folgendes bemerkt:

L'article est d'une haute importance et attaque un abus qui suffirait à lui seul pour paralyser la meilleure législation sur les faillites. Cet abus est celui des avantages particuliers faits à certains créanciers au préjudice de la masse. Au lieu de subir avec resignation les mêmes conditions de perte que les autres créanciers, on veut, dans le naufrage commun, tirer à soi quelque débris de plus. Ce qui arrive de là, c'est qu'après le concordat passé, une multitude de conventions particulières viennent absorber les ressources, qui paraissaient exclusivement destinées à faire face aux obligations, que ce concordat avait établies. — Les créanciers humains et raisonables qui ont loyalement exécuté la loi et qui ont réglé leur sacrifices sur les pertes du débiteur, se trouvent frustrés de tout payement. Les traités faits sous main font passer ce qui reste de l'actif aux hommes durs et égoistes, qui se sont bien gardés d'empêcher le concordat, parcequ'ils ont voulu arracher au failli des avantages particuliérs comme prix de sa rançon, payables après qu'il se sera remis à la tête de ses affaires. Etc.

Goldtdammer[23]) hat zwar behauptet, daß weder diese Motive eine Strafbarkeit des Gläubigers rechtfertigen könnten, noch daß für die letztere überhaupt ein criminalpolitischer Strafgrund zu finden sei, indem er von der Ansicht ausgeht, daß der Anspruch des Gläubigers auf seine volle Befriedigung erst durch die formelle Concurseröffnung alterirt werde. Allein zugegeben auch, daß die Motive des franz. Gesetzes streng genommen gerade nicht den Fall, in welchem der Gläubiger nur Befriedigung sucht und erhält, speciell hervorheben,[24]) so erscheint doch die weitere Behauptung Goltdammers, daß das Vertrauensverhältniß, welches man in dem Verhältniß des einzelnen Gläubigers zu seinen Mitgläubigern fingire, und dessen Verletzung durch die abgesonderte Annahme der Befriedigung man strafen zu müssen glaube, erst mit dem Zeitpunkte der Concurseröffnung eintrete, während es in dem Verhältniß des Gemeinschuldners zu seinen

---

[23]) In seinem Archiv für preuß. Strafr. Bd. XIV. S. 540 und Bd. XV. S. 464 und folg.

[24]) Goltdammer (Mot. zur pr. Concurs-O. S. 458) macht dies noch besonders geltend, dieser Fall ist aber doch offenbar mitbetroffen, wie dies Goltdammer auch an einem anderen Orte (Arch. Bd. XIV. S. 540 u. 541) selbst anerkennt. Was der § 309. der Concurs-O. unter den „besonderen Verträgen" versteht, ist ganz unklar, die Praxis rechnet dahin auch einen Act der Befriedigung.

Gläubigern allerdings schon von der Zahlungseinstellung ab denkbar sei, und daß demnach wohl für die Strafbestimmung aus § 308 der Concurs=O. ein Strafgrund denkbar sei, daß es aber für eine solche, wie sie der § 309 ibid. enthalte, an jedem zureichenden Strafgrunde fehle, de lege ferenda jedenfalls nicht gerechtfertigt.[25])

Selbstverständlich muß ganz dahingestellt bleiben, was etwa aus dem § 4 des Concurs=O., auf den Goltdammer sich beruft, oder aus sonst einem positiven Gesetze für die Beantwortung unserer Frage gefolgert werden könnte. Hier handelt es sich lediglich darum, zu untersuchen, ob, wenn es wirklich ein Gebot der Criminalpolitik ist, den öffentlichen Credit durch eine Bestrafung des Mißbrauchs desselben zu schützen, dann nicht auch, um diesen Schutz zu einem wahrhaft wirksamen zu machen, die Strafandrohung nicht blos gegen den Schuldner, sondern auch gegen den Gläubiger zu richten ist.

Zunächst wird nicht mit Grund bezweifelt werden können, daß, wenn mit dem Momente der Zahlungseinstellung ein besonderes Vertrauensverhältniß zwischen dem Schuldner und seinen Gläubigern zu fingiren ist, ein solches von demselben Zeitpunkte ab auch zwischen dem einzelnen Gläubiger und seinen Mitgläubigern angenommen werden muß. Denn wenn es als richtig anzuerkennen ist, daß mit der Zahlungseinstellung der Schuldner die freie Disposition über das noch vorhandene Vermögen verliert und nur noch als der Verwalter fremder Interessen anzusehen ist, und daß die Vermögensmasse von diesem Augenblicke ab nur noch als ein für die Gesammtheit der Gläubiger bestimmtes Befriedigungsobject in Betracht kommt, dann muß doch selbstverständlich von eben diesem Zeitpunkte ab auch für den einzelnen Gläubiger das Recht aufhören, aus diesem gemeinsamen Befriedigungsobjecte einseitig und ohne Rücksicht auf die collidirenden Ansprüche der mitberechtigten Gläubiger Deckung fordern zu können. Eine weitere nothwendige Voraussetzung ist natürlich die, daß der Gläubiger nicht blos von der erfolgten Zahlungseinstellung Kenntniß erhalten, sondern daß er auch zu der Ueberzeugung gelangt ist, daß die ihm gewährte Befriedigung den übrigen Gläubigern zum Nachtheil gereicht. Ist Letzteres aber anzunehmen, dann dürfte unzweifelhaft auch gegen den Gläubiger ein strafrechtlicher Titel gewonnen sein. Denn ein Gläubiger, welcher eine Befriedigung annimmt, trotzdem er weiß, daß der Schuldner durch

[25]) Auch Haller — das Verhältniß des d. St. G. B. zu den landesgesetzlichen Strafbestimmungen über den Concurs — spricht S. 52 die Hoffnung aus, daß diese unbillige Strafbestimmung durch die d. Concurs=O. ein für alle Mal aus der deutschen Gesetzgebung werde verbannt werden, ohne seine Ansicht jedoch näher zu begründen.

dieselbe das Vermögen der übrigen Gläubiger beschädigt und das Vertrauen derselben mißbraucht, giebt eben durch die Aneignung der für ihn aus der strafbaren Handlung des Schuldners entspringenden Vortheile hinlänglich zu erkennen, daß die Vermögensbeeinträchtigung der Mitgläubiger und der Vertrauensmißbrauch, dessen sich der Cridar schuldig macht, auch in seinem Willen liegen, und macht sich dadurch unbedingt zu einem Mitschuldigen an der Handlung des Schuldners.

Es erscheint nicht erforderlich, hier näher auf die Frage einzugehen, ob sich die Handlungsweise des Gläubigers nicht in der That in strafrechtlicher Beziehung als eine Theilnahme an der Handlung des Schuldners construiren ließe, da abgesehen von den Bedenken, welche sich hiergegen erheben, doch erhebliche criminalpolitische Gründe dafür sprechen, die Handlung des Gläubigers zu einem delictum proprium zu erheben. In ähnlicher Weise, wie man sich behufs des wirksamen Schutzes des Eigenthums bei dem Diebstahl genöthigt gesehen hat, die Begünstigung desselben des eigenen Vortheils wegen als ein bestimmtes Vergehen mit eigenthümlichem Thatbestande zu bezeichnen, bedingt auch hier die Forderung nach einem wirksamen Schutze des Credits, die Handlung des Gläubigers unabhängig von der des Schuldners mit Strafe zu bedrohen.

Man geht zwar gewöhnlich von der Ansicht aus, daß der Hauptschuldige in den Fällen der widerrechtlichen Deckung regelmäßig der Cridar sei, und daß es doch unbillig und hart sei, dem Gläubiger zuzumuthen, daß er die ihm offerirte Befriedigung ausschlagen solle; eine solche Auffassung der Sache ist aber entschieden unrichtig.

Gegen dieselbe spricht aber von vornherein der Umstand, daß in der bei Weitem größten Zahl der Fälle ja der Gläubiger allein einen Vortheil aus der Deckung zieht, und in der That lehrt auch die Praxis, daß in den Fällen der widerrechtlichen Befriedigung die Schuld durchaus nicht selten lediglich auf der Seite des Gläubigers liegt. Der Schuldner hat sehr häufig nicht das allergeringste Interesse daran, diesen oder jenen Gläubiger vor den anderen zu begünstigen, er hat sehr oft die redlichste Absicht, jeden mit gleichem Maße zu messen dann aber wird er mit Zudringlichkeiten verfolgt, mit Denunciationen bedroht, oder es wird an sein Mitleid appellirt, kurz es wird kein Mittel gescheut, um, wie die Mot. des französ. Ges. sagen, dans le naufrage commun tirer à soi quelque débris de plus; endlich willigt er, der ewigen Quälerei müde, ein, dem Gläubiger Befriedigung zu gewähren und verfällt dem Strafgesetz.

Während es also in vielen Fällen geradezu eine Ungerechtigkeit involviren würde, nur den Schuldner zu strafen und den Gläubiger straflos zu lassen, läßt sich auch behaupten, daß, weil eben die Gläubiger als die allein Interessirten meistentheils die widerrechtlichen Deckungen ihrerseits veranlassen, der Schutz, welcher durch die Gesetzgebung intendirt wird, nur dann ein wahrhaft wirksamer sein kann, wenn sich die Strafandrohung gleichzeitig auch gegen den Gläubiger richtet. Die Annahme, daß der Gläubiger schon principiell der weniger schuldige sei, beruht auf dem Gedanken, daß dieser ja im Grunde genommen doch nur sein Recht verfolge und nicht mehr verlange, als ihm von Rechts wegen gebühre. Dieser Gedanke aber ist nicht ein durchweg berechtigter und es muß demselben um so mehr entgegengetreten werden, als er gerade als ein Hauptargument gegen die Strafbarkeit des Gläubigers überhaupt ins Feld geführt wird. Wäre der Satz, daß man dadurch, daß man nur sein Recht verfolge, sich niemals strafbar machen könne, richtig, dann müßte eine ganze Anzahl von §§ des St. G. Buchs gestrichen werden, aber derselbe ist entschieden unrichtig. Die Verfolgung eines Rechts bleibt vielmehr nur dann unbedingt straflos, wenn sie innerhalb der gesetzlichen Schranken und mit den gesetzlichen zulässigen Mitteln bewirkt wird,[26]) keineswegs aber auch dann, wenn sie nicht blos unter gänzlicher Mißachtung, sondern mit bewußter Verletzung der collidirenden Rechte Anderer geschieht; anderenfalls würde man wieder zu den Zeiten des Faustrechts zurückgekehrt sein. Im vorliegenden Falle erhebt sich überdies die Frage, ob denn der Gläubiger nach erfolgter Zahlungseinstellung dem Schuldner gegenüber überhaupt noch ein Recht auf Befriedigung hat? Nach der obigen Darlegung muß diese Frage verneint werden, denn da mit dem gedachten Momente die Masse ein Gemeingut der Gläubiger geworden und der Schuldner die Dispositionsbefugniß über dieselbe verloren hat, so hat der einzelne Gläubiger nur noch einen seiner ursprünglichen Forderung adäquaten Anspruch an die Masse; in jedem Falle ist aber die Geltendmachung seines ursprünglichen Forderungsrechtes für suspendirt zu erachten. Fordert und erhält der Gläubiger nichts desto weniger Befriedigung, dann verletzt derselbe unzweifelhaft mit vollem Bewußtsein die Rechte der übrigen Gläubiger und beschädigt die letzteren durch sein rechtswidriges Verhalten in ihrem Vermögen. Selbstverständlich ist dies Bewußtsein des Gläubigers, daß seine Befriedigung den übrigen Mitgliedern zum Nachtheile gereiche, wie schon oben angedeutet worden, eine nothwendige Voraussetzung der Strafbarkeit. In den meisten Fällen wird sich dasselbe zwar schon einfach aus der Kenntniß von der Zahlungseinstellung ganz von selbst ergeben, immerhin aber sind doch Fälle denkbar, in denen dem Gläubiger dasselbe trotz seiner Kenntniß von

---

[26]) Non videtur vim facere, qui suo jure utitur et ordinaria actione experitur. l. 155 § 1 de R. J. (Dig. 50, 17.)

der Zahlungseinstellung nicht beiwohnt, und dann würde allerdings ein nothwendiges Requisit des strafrechtlichen Thatbestandes, nämlich der erforderliche dolus fehlen. Man denke z. B. an den Fall, daß der Betrag der dem Gläubiger geleisteten Zahlung ein so geringfügiger gewesen wäre, daß der den einzelnen Gläubigern competirende Theil desselben gar nicht mehr rechnungsmäßig darstellbar wäre, oder daß der Gläubiger mit einem Object befriedigt worden wäre, auf das er auch im Concurse einen die Ansprüche der übrigen Gläubiger völlig ausschließenden und rechtlich erzwingbaren Anspruch gehabt hätte u. s. w. In allen solchen und ähnlichen Fällen würde es dem Gläubiger an dem Bewußtsein der Rechtswidrigkeit seiner Handlungsweise fehlen und könnte deshalb von einer Strafbarkeit keine Rede sein.

Liegt aber dies rechtswidrige Bewußtsein vor, dann zwingt die Rücksicht auf die Aufrechterhaltung der öffentlichen Rechtsordnung überhaupt und insbesondere die Rücksicht auf den Schutz des Credits und die Sicherung der Erfolge des Concursverfahrens auch den Staat, in der Handlungsweise des Gläubigers nicht nur noch eine einfache Verfolgung seines Rechts, sondern vielmehr eine eigenmächtige und rücksichtslose, die wohlerworbenen Rechte der anderen Gläubiger mit dem Bewußtsein der Rechtswidrigkeit verletzende Ausbeutung eines zur Zeit gar nicht realisirbaren Anspruchs zu erblicken und gegen dieselbe mit ernsteren Regressivmaßregeln, als mit der bloßen Gewährung der Anfechtungsklage einzuschreiten. Mit mehr Grund hat man gegen die Strafbarkeit des Gläubigers ferner geltend gemacht, daß sich der dolus desselben, nämlich die Kenntniß von der Zahlungseinstellung in zahlreichen Fällen nur mit der größten Schwierigkeit feststellen lasse, weil es sich bei dem ganz unpräcisirbaren Begriffe der Zahlungseinstellung ja nicht um das Erkennen einer einzelnen concreten Thatsache, sondern meistentheils um das Erkennen eines Products mehrerer ineinander greifender Momente, mithin eines Zustandes handle, dessen Vorhandensein oft nur dem Sachverständigen erkennbar sei.[27]) Insbesondere hat auch der Abgeordnete Lesse in der Reichstagssitzung vom 7. April 1870 den Bedenken, welche gegen eine Strafvorschrift, wie sie der § 309 der Preuß. Concurs-O. enthält, Ausdruck geliehen und Folgendes bemerkt:[28])

„Der Gläubiger, der schon sieht, daß er einen großen Theil von dem, was er hingegeben, verloren hat, muß sich nun auch noch sehr vorsehen, ob er nicht, wenn er noch etwas von dem Schuldner annimmt, auch noch ins Gefängniß kommt; denn wir haben in unserer Concurs-O. eine Bestimmung, wonach der Gläu-

---

[27]) Vgl. die interessante Abhandlung von Goltdammer in dessen Archiv Bd. XV., S. 465.

[28]) Vgl. Stenogr. Ber. über die Reichstagsverh. Bd. III., S. 717.

biger, welcher von dem Schuldner, der bereits die Zahlungen eingestellt hat, etwas annimmt, wenn er weiß, daß er die Zahlungen eingestellt hat, bestraft wird. Nun ist die Frage, ob er die Zahlungen eingestellt hat, eine sehr zweifelhafte, und täglich kommt es heute vor, daß Gläubiger die Frage sich vorlegen müssen und sie ihren Rechtsverständigen vorlegen: bin ich im Stande, jetzt noch etwas anzunehmen, noch einen Vertrag mit dem Gläubiger zu schließen, oder setze ich mich der Gefängnißstrafe aus?"

Das Gewicht dieser Gründe soll durchaus nicht verkannt werden, allein in dem praktischen Leben steht die Sache doch nicht ganz so schlimm, als sie sich in der Theorie ausmalen läßt, und insbesondere hat die in Rede stehende Strafbestimmung keineswegs die Fußangelnatur, die man ihr beizulegen sucht. Zunächst wird man nicht außer Acht lassen dürfen, daß es sich keineswegs um den Zustand einer bloßen Vermögensinsufficienz auf Seiten des Schuldners, sondern um den Act der Zahlungseinstellung[29]) handelt, und daß dieser letztere sich doch in der bei Weitem größten Zahl der Fälle durch ganz bestimmte, äußerlich leicht wahrnehmbare und für Jedermann verständliche Umstände zu manifestiren pflegt, so daß ein wirklich gewissenhafter Gläubiger schwerlich Gefahr laufen wird, mit dem Strafgesetz in Conflikt zu gerathen. Wo ihm aber diese Gefahr bei einer unrichtigen Beurtheilung der Sachlage seinerseits entgegentritt, da wird er, wie das preuß. Obertribunal mit Recht bemerkt, alle Veranlassung haben, die Abschließung solcher jedenfalls zweifelhaften Verträge zu unterlassen.[30]) Ueberdies darf man in dieser Beziehung aber auch wohl zu dem gesunden und praktischen Sinne des Richters das Vertrauen hegen, daß er eine Bestrafung nicht eintreten lassen wird, wenn der dolus des Gläubigers nicht klar dargethan, d. h. wenn demselben die volle Kenntniß von der Zahlungseinstellung des Schuldners nicht bis zur Ueberzeugung nachgewiesen ist.

Wenn der Abg. Lesse sodann noch auf die Häufigkeit der Anfragen der Gläubiger bei ihren Rechtsbeiständen hingewiesen hat, so dürfte aus diesem Umstande kaum ein Schluß auf die häufige Wiederkehr der sehr zweifelhaften und besonders bedenklichen Fälle gezogen werden können. Denn die Erfahrung lehrt, daß diese Anfragen nicht selten lediglich in der

---

[29]) Ueberhaupt trifft die Lessesche Ausführung, was wenigstens das Preuß. Recht betrifft, nur für die Fälle des kaufmännischen Concurses zu; denn im gemeinen Concurse ist die Strafbarkeit des Gläubigers an die Kenntniß bestimmter äußerer Thatsachen (gerichtliche Anzeige von der Vermögensunzulänglichkeit oder Antrag auf Concurseröffnung) geknüpft.

[30]) Erk. des O.-Trib. vom 8. Mai 1867, Goltd. Arch. Bd. XV., S. 467.

Absicht gemacht werden, um sich für alle Fälle den Beweis der bona fides zu sichern. Wird nämlich später eine Anklage erhoben, dann behauptet der Gläubiger, er sei ganz legal zu Werke gegangen, denn er habe, bevor er die Zahlung angenommen, erst seinen Rechtsanwalt zu Rathe gezogen. Ob er aber dem letzteren die volle Wahrheit gesagt hat, und ob er demselben nicht vielmehr einzelne Umstände verschwiegen hat, die jeden Zweifel an seiner Kenntniß von der Zahlungseinstellung hätten zerstreuen müssen, das ist eine ganz andere Frage.

Ich kann hiernach die gegen die Strafbarkeit des Gläubigers vorgebrachten Bedenken nicht für durchgreifend erachten. Der Entwurf einer Concurs-O. für das deutsche Reich hat denselben gleichwohl Rechnung getragen und von dem Erlaß einer Strafvorschrift gegen den Gläubiger Abstand genommen.

In den sehr spärlichen Motiven wird diese Maßregel mit der folgenden kurzen Bemerkung zu rechtfertigen gesucht:

> „Diese Vorschrift ist mit Recht in der Praxis als zu hart getadelt worden. Der Gläubiger verfolgt sein Recht; verletzt er dabei den Concursanspruch der Uebrigen, so kann er wohl civilrechtlich unwirksam handeln, aber nicht bestraft werden; dies ist um so einleuchtender, als es in dem einzelnen Falle oft schwierig genug sein wird, zu befinden, ob die Handlung, z. B. eine Annahme an Zahlungsstatt, unter den Begriff einer unstatthaften Begünstigung zu bringen ist."

Was zunächst die Behauptung anlangt, daß diese Vorschrift in der Praxis als zu hart getadelt worden sei, so sind mir andere öffentlich abgegebene Urtheile, als die von Goltdammer, Haller und Lesse nicht bekannt geworden und habe ich auch sonst nicht gehört, daß sich die juristischen Praktiker in ihrer Mehrzahl für die Beseitigung dieser Strafbestimmung ausgesprochen hätten. Sodann darf man aber auch wohl mit Recht fragen, welches Strafgesetz bei der übertriebenen Humanität, die augenblicklich auf dem Gebiete des Strafrechts herrscht, heut zu Tage von gewissen Seiten her nicht für zu hart erklärt wird?

Was es sodann mit der Behauptung der Motive auf sich hat, daß der Gläubiger ja nur sein Recht verfolge, ist bereits oben Gegenstand der Erörterung gewesen. Die Ausführung, daß nach dem Grundsatze „vigilantibus jura sunt scripta" dem Gläubiger nicht verdacht werden dürfe, daß er schleunigst noch etwas zu retten suche, und daß auch der Rechtssatz: „qui suo jure utitur neminem laedit" einer Strafbarkeit desselben entgegenstehe, trifft hier in keiner Weise zu.

Dieselbe identificirt in unzulässiger Weise die bloße Vermögensinsufficienz mit der Zahlungseinstellung,[31]) sie ignorirt die rechtlichen Wirkungen der letzteren und übersieht, daß es sich hier keineswegs blos um die Verfolgung eines Rechts innerhalb der gesetzlichen Schranken[32]) handelt, sondern daß eine mit dem Bewußtsein der Rechtswidrigkeit verübte (dolose) Verletzung der Rechte Anderer vorliegt. Die Erfahrung wird ja lehren, ob in der bloßen civilrechtlichen Unwirksamkeit der betreffenden Rechtsgegeschäfte ein hinreichendes Gegengewicht gegen dergleichen Rechtsverletzungen gefunden werden kann, und ob eine Strafbestimmung, deren man bei der Emanation der Concurs-O. von 1855 nach den damals gemachten Erfahrungen nicht entbehren zu können glaubte, jetzt, nachdem im Laufe von mehr als zwanzig Jahren der Schwindel im Geschäftsleben intensiv und extensiv ganz enorm zugenommen hat, ohne Schaden für die Rechtsordnung und den öffentlichen Credit beseitigt werden kann.

Wenn die Motive endlich behaupten, daß der Gläubiger nicht gestraft werden könne, sei um so einleuchtender, als es in dem einzelnen Falle oft schwierig sei festzustellen, ob eine Handlung unter den Begriff einer unstatthaften Begünstigung falle, so trifft doch dieser Grund eben so gut für den Schuldner zu, dessen Strafbarkeit der Entwurf gleichwohl anerkennt. Ueberdies aber kann in diesem Umstande ein Rechtsgrund auch nicht gefunden werden.

Denn mag jene Feststellung auch in einzelnen Fällen schwierig sein, so ist sie dafür in hundert anderen Fällen nicht schwierig, und niemals kann doch die Schwierigkeit der Feststellung des Thatbestandes bei der Entscheidung der Frage, ob eine Handlung für strafbar erachtet werden soll, den Ausschlag geben.

Mindestens hätte der Entwurf der deutschen Concurs-O. eine Strafbarkeit des Gläubigers in den engbegrenzten Fällen anerkennen müssen, in denen er eine solche auf Seiten des Schuldners annimmt. Denn in denjenigen Fällen, in denen der Gläubiger mehr erhält, als er der Zeit, der Art, oder dem Betrage nach zu fordern hat, kann doch gewiß nicht davon die Rede sein, daß derselbe nur sein Recht verfolgt und nur das erhält, was ihm gebührt, und für diese Fälle kann deshalb die in den Motiven gegebene Begründung des Fortfalls der Strafvorschrift entschieden noch weniger für zutreffend erachtet werden.

Ich beantworte hiernach auch den zweiten Theil der Frage der ständigen Deputation des Juristentages bejahend und zwar dahin,

---

[31]) Vgl. Erk. des Pr. Obertrib. vom 16. Febr. 1858, Entschd. Bd. 38, S. 425.

[32]) Vgl. oben Anm. 26 und § 88 der Einl. zum preuß. Allgem. L. R., sowie Förster, Theorie und Praxis (2. Ausg.), Bd. I. S. 78.

daß ein Gläubiger, welcher nach erlangter Kenntniß von der Zahlungseinstellung noch eine Befriedigung oder Begünstigung annimmt und zwar mit dem Bewußtsein, daß durch dieselbe die übrigen Gläubiger benachtheiligt werden, sich strafbar macht.[33])

---

[33]) Einer näheren Erörterung der in neuerer Zeit vielfach ventilirten Frage, ob die Vorschriften über den strafbaren Bankerutt auf Kaufleute zu beschränken oder auch auf Nichtkaufleute auszudehnen seien, habe ich mich als außerhalb der mir gestellten Aufgabe liegend, enthalten zu können geglaubt.

VI.

Gutachten des Herrn Obergerichtsraths Thomsen zu Hannover

über die Frage:

Soll im Falle der Begünstigung von Gläubigern zwischen der Zahlungseinstellung und der Concurseröffnung eine Strafbarkeit des Cridars beziehungsweise des begünstigten Gläubigers eintreten?

I.

Wie der Credit sich als die „Seele" nicht blos des Handels, sondern überhaupt des vermögensrechtlichen Verkehrs der Individuen und der Völker bezeichnen läßt, so liegt es in der naturgemäßen Entwickelung der Dinge, daß mit dem ins Ungemessene gesteigerten Verkehr der neueren Zeit auch das Creditwesen zu gewaltigen, alle Verhältnisse und alle Stände umfassenden Dimensionen angeschwollen ist. Bereits jetzt hat sich die Prophezeihung erfüllt, welche vor etwa zwei Jahrzehnten ausgesprochen wurde[1]): daß die Nationalökonomie der Zukunft als Creditwirthschaft, statt der bisherigen Natural- und Geldwirthschaft, sich darstellen werde. Um so dringender aber tritt an die Gesetzgebung die Aufgabe heran, einerseits den an sich so wohlthätigen als nothwendigen Credit selbst zu heben und zu pflegen, andererseits die moderne „Hochfluth" des Credits

---

[1]) Hildebrandt, Nat.-Oec. I. S. 276 ff.

mit schützenden Dämmen zu umgeben und so das Wohl des Einzelnen und der Gesammtheit gegen verheerende Ueberschwemmungen zu sichern. Wenn nun auch die Gesetzgebung hinsichtlich der beiden Grundmomente des Credits: Fähigkeit und redlicher Wille zum Erfüllen der versprochenen Gegenleistung, dem Eintritt der Unfähigkeit mehr oder weniger machtlos gegenüber steht, so kann und muß sie um so ernster das zweite Moment in ihren Bereich ziehen und jeder Unredlichkeit des Schuldners nachdrücklichst entgegen treten.

In hervorragendster Weise als nutzbringend und nothwendig zeigt sich diese reprimirende gesetzgeberische Thätigkeit im Gebiete des Bankerutts oder des Concurses; denn der Concurs ist das eigenste Kind des Credits, eine naturgemäße Folge von dem Mißbrauche oder der Uebermacht des Credits.

Während die Gesetze gegen den insolventen Schuldner im griechischen, römischen und germanischen Alterthum eine, in gewisser Beziehung wohl barbarisch zu nennende Härte bewiesen, im Laufe des Mittelalters aber, zum Theil unter dem Einflusse des canonischen Rechts, schließlich zu einer bedenklichen Milde erschlafften: sind fast alle neueren Gesetzgebungen zu einer größeren Strenge zurückgekehrt, und auch die Strafbestimmungen des neuen Entwurfs der deutschen Concursordnung §§ 209, 210 wegen betrüglichen oder einfachen Bankerutts lassen an Strenge wohl nichts zu wünschen übrig.

Eine eigenthümliche Bewandtniß dagegen hat es mit der Strafbarkeit der absichtlichen Begünstigung einzelner Gläubiger zum Nachtheile der anderen, welche der Entwurf nur in ziemlich beschränktem Maaße statuirt.

II.

Was zunächst den Standpunkt der zur Zeit in Deutschland und in anderen Ländern bestehenden Gesetze betrifft, so erklären sie in ganz überwiegender Mehrzahl die Begünstigung einzelner Gläubiger im Allgemeinen für strafbar.

So benennen z. B. die — nach § 2 des Einführungsgesetzes zum deutschen Strafgesetzbuch noch jetzt in dieser Beziehung als geltend anzusehenden — Strafgesetzbücher von Oldenburg, Baden, Braunschweig, Thüringen, (Oesterreich), sowie die preußische Concursordnung zum Theil die Begünstigung überhaupt, zum Theil die „widerrechtliche" Begünstigung eines Gläubigers auf Kosten der übrigen, als strafbar.

Andere Strafgesetzbücher, z. B. von Bayern, Württemberg, Oldenburg, Hessen-Darmstadt, bedrohen die „betrügerische" Begünstigung mit Strafe, verstehen hierunter aber nach einer überwiegend verbreiteten Interpretation nicht blos spezielle, auf Täuschung einzelner Gläubiger berechnete, im criminell-technischen Sinne schon an sich betrügliche Handlungen, sondern auch solche, die an sich nicht betrüglich, aber in der Absicht unternommen sind, bei wirklichem Ausbruche des Bankerutts andere Gläubiger in Schaden zu bringen.[2])

In durchgreifender Weise stellte allerdings zuerst die französische Gesetzgebung ausdrücklich die nach der Zahlungseinstellung erfolgte Zahlung als strafbar hin und mag damit für andere Länder (z. B. auch Belgien, Neapel, jetzt Italien) immerhin den nächsten Anstoß zu ähnlichem Vorschreiten gegeben haben, jedoch ist es ein Irrthum, in der französischen Gesetzgebung überhaupt die ersten Anfänge erblicken zu wollen, indem vielmehr schon in einzelnen älteren deutschen Particulargesetzen entsprechende Strafbestimmungen sich finden.[3])

Als nun die Schöpfung eines allgemeinen deutschen Strafgesetzbuchs für Deutschland beabsichtigt wurde, suchte der erste Entwurf des (Nord-) deutschen Strafgesetzbuchs die particulären, zum Theil incorrect gefaßten und deshalb Zweifel erregenden Strafbestimmungen über die Begünstigung der Gläubiger zu beseitigen und allgemeine Vorschriften einzuführen. Er nahm daher diejenigen Bestimmungen in sich auf, welche verhältnißmäßig wohl als die an sich klarsten und unzweideutigsten erscheinen mochten, nämlich die der preußischen Concursordnung, so daß die betreffenden §§ 259—262 des Entwurfs lauteten:

§ 259.

„Kaufleute, welche ihre Zahlungen eingestellt haben, ingleichen Erben solcher Gemeinschuldner, werden mit Gefängniß bis zu einem Jahre bestraft, wenn sie nach erfolgter Zahlungseinstellung einen Gläubiger zum Nachtheil der übrigen Gläubiger befriedigen oder begünstigen."

§ 260.

„Nichtkaufleute, über deren Vermögen der Concurs eröffnet worden ist, werden mit Gefängniß bis zu einem Jahre bestraft, wenn sie einen Gläubiger zum Nachtheile der übrigen Gläubiger

---

[2]) v. Klencke in v. Bothmers Erörterungen III., 46 ff., Blätter für Rechtsanwendung XII., 361, Hufnagel, Comm. zum würtembergschen Strafgesetzbuch 639 ff. Köstlin in Goltdammers Arch. VI. Seite 10.

[3]) Vergl. z. B. hannoversche Verordnung von 1726; sächsisches Banqu.-Man. von 1766.

befriedigen oder begünstigen, obgleich sie zur Zeit dieser Befriedigung oder Begünstigung nicht nur von der Unzulänglichkeit ihres Vermögens, sondern zugleich auch davon Kenntniß hatten, daß die Concurseröffnung bereits beantragt war oder bevorstand. — Dieselbe Strafe trifft, im Falle der Eröffnung des Concurses über einen Nachlaß, den Erben des Gemeinschuldners, wenn er sich gleicher Handlungen in Ansehung der Nachlaßgläubiger schuldig macht."

§ 261.

„Ein Gläubiger, welcher nach erlangter Kenntniß von der Zahlungseinstellung eines Kaufmanns zu seiner Begünstigung und zum Nachtheile der übrigen Gläubiger einen besonderen Vertrag mit dem Gemeinschuldner oder dessen Erben eingeht, oder welcher sich von denselben oder anderen Personen besondere Vortheile dafür versprechen läßt, daß er bei der Berathung und Beschlußnahme der Gläubiger in einem gewissen Sinne stimme, wird mit Gefängniß bis zu einem Jahre bestraft. — Auch kann auf Verlust der bürgerlichen Ehrenrechte erkannt werden."

§ 262.

„Gleiche Strafe — § 261 — trifft den Gläubiger eines Nichtkaufmannes, über dessen Vermögen der Concurs eröffnet worden ist, wenn derselbe, wissend, daß die Concurseröffnung bevorstand, zu seiner Begünstigung und zum Nachtheile der übrigen Gläubiger einen besonderen Vertrag mit dem Gemeinschuldner oder dessen Erben eingeht, oder, wenn derselbe sich von dem Gemeinschuldner oder anderen Personen besondere Vortheile dafür gewähren oder versprechen läßt, daß er bei der Berathung und Beschlußnahme der Gläubiger in einem gewissen Sinne stimme."

Später wurden diese §§ wieder entfernt und das endliche Resultat der gesetzgeberischen Beschlüsse war, daß wegen der Strafbarkeit der Begünstigungshandlungen als solcher Alles beim Alten blieb, „bis zum Erlaß einer in Aussicht gestellten gemeinsamen deutschen Concursordnung".

Der erste Entwurf dieser deutschen Concursordnung (1873) enthielt nun in dieser Beziehung nur die folgende Strafvorschrift:

§ 259.

„Schuldner, über deren Vermögen das Gemeinschuld- oder Vergleichsverfahren eröffnet ist, werden mit Gefängniß bis zu zwei

Jahren bestraft, wenn sie, obwohl sie ihre Zahlungsunfähigkeit kannten oder vorhersahen, oder kennen oder vorhersehen mußten,

1. einem Gemeingläubiger in der Absicht, ihn vor den übrigen zu begünstigen, eine Sicherung oder Befriedigung gewährt haben, welche derselbe nicht zu beanspruchen hatte,"

. . . .

Ebenfalls in dem neuesten revidirten Entwurfe (1875) findet sich, — abgesehen von den aus dem deutschen Strafgesetzbuch herübergenommenen, auch auf Nichtkaufleute ausgedehnten Strafbestimmungen wegen betrüglichen und einfachen Bankerutts — lediglich die Strafbestimmung des

§ 211.

„Schuldner, welche ihre Zahlungen eingestellt haben, oder über deren Vermögen das Concursverfahren eröffnet worden ist, werden mit Gefängniß bis zu zwei Jahren bestraft, wenn sie, obwohl sie ihre Zahlungsunfähigkeit kannten, einem Gläubiger in der Absicht, ihn vor den übrigen Gläubigern zu begünstigen, eine Sicherung oder Befriedigung gewährt haben, welche derselbe nicht oder nicht in der Art oder nicht zu der Zeit zu beanspruchen hatte."

Die Strafandrohung gegen den Schuldner bezieht sich also einerseits auf Kaufleute und Nichtkaufleute, sowie auf die ganze Zeit der Zahlungsunfähigkeit, andererseits aber nicht auf alle Begünstigungshandlungen, sondern nur auf eine speziell charakterisirte Kategorie.

Eine Strafbarkeit des begünstigten Gläubigers wird überall nicht erwähnt.

Mit Rücksicht auf diesen Entwurf ist nun für die hier zu begutachtende Frage näher zu erörtern:

1. ob legislatorisch die dolose Begünstigung eines Concursgläubigers überhaupt mit Strafe zu bedrohen sei, und zwar:
   a. gegen den Schuldner;
   b. gegen den begünstigten Gläubiger.
2. eventuell, auf welchen Zeitraum die Strafandrohung sich beziehen soll, und
3. ob die Strafandrohung dem Objecte nach auf Begünstigungshandlungen besonderer Art zu beschränken sei.

III.

Von jeher hat es nicht an Stimmen in der Juristenwelt gefehlt, welche eine allgemeine Strafandrohung wegen Begünstigung eines Gläubigers durch den Schuldner für ungerechtfertigt erklären und eine Bestrafung nur dann zulassen wollen, wenn die Begünstigungshandlungen sich als eigentlich betrügerische darstellen, wenn ein Betrug im criminell-technischen Sinne vorliegt. Dies heißt m. a. W. so viel, daß ein besonderes Delict nicht statuirt, sondern nur für eine spezielle Art des ohnehin schon strafbaren Betrugs eine besondere Strafe gedroht, ein **qualificirter** Betrug aufgestellt werden soll.

Die juristischen Bedenken werden wesentlich darauf gestützt, theils: daß eine Rechtsverletzung Anderer durch den Schuldner nicht vorliege, also legislatorisch ein strafrechtlicher Titel fehle, theils: daß das Civilrecht bereits Hülfe gewähre und das Strafrecht nur subsidiär eintreten dürfe.

In ersterer Beziehung ist nun von vornherein der Satz, daß eine Rechtsverletzung nicht vorliege, als unrichtig zu bezeichnen.

Es entsteht, wie in den Motiven zur deutschen Concursordnung (S. 14. 100 ff.) überzeugend ausgeführt wird, der Rechtsanspruch der Gläubiger auf Verwendung des gesammten Vermögens zu ihrer gemeinschaftlichen Befriedigung, der „**Concursanspruch**", nicht erst durch die gerichtliche Eröffnung des Concurses, sondern wird schon begründet durch die im Rechtsverhältnisse der Betheiligten eingetretenen Thatsachen, durch die factischen Voraussetzungen der Concurseröffnung. Das Zahlungsunvermögen des Schuldners und die Collision der gegen ihn bestehenden Forderungen erzeugt für jeden Gläubiger jenen rechtlichen Anspruch. Die gerichtliche Entscheidung schafft nicht, sie bestätigt nur das wirksam vorhandene Recht. Von dem Eintritte der concursbegründenden Thatsachen an gehört gewissermaßen das vorhandene Vermögen obligatorisch der gesammten Gläubigerschaft, und wenn der Schuldner trotzdem absichtlich einen Gläubiger auf Kosten der übrigen durch Vermögensleistungen bevorzugt, so verletzt er nicht blos etwa moralisch die Gebote der Redlichkeit, sondern auch juristisch den Concursanspruch der benachtheiligten Gläubiger und seine diesem Anspruch gegenüberstehende Pflicht.[4])

In der That liegt also in jeder Begünstigung eines Gläubigers eine durch den Schuldner begangene Rechtsverletzung.

Aber auch abgesehen hiervon ist, wenn nicht überhaupt, doch jedenfalls im Gebiete des Concurses die Ansicht selbst als unrichtig zu bezeichnen, daß der Staat nur dann strafend einzuschreiten habe, wenn bestimmte Rechte der Individuen verletzt werden.

In dem Concurse, beziehungsweise in dem unredlichen Verfahren des Schuldners liegt ein doppeltes Moment: nämlich Schädigung des Ver-

---

[4]) John in der Straf. R. Zeit. IX. 428.

mögens Anderer und Schädigung des allgemeinen Credits im Verkehrsleben. Gerade auf das letztere Moment aber haben die Gesetzgebungen von jeher durchgängig das Hauptgewicht gelegt und vorzugsweise in der Unredlichkeit des Gemeinschuldners eine Gefährdung des öffentlichen Credits erblickt. Eine der gewöhnlichen Formen dieser Unredlichkeit ist nun eben die dolose Begünstigung einzelner Gläubiger.

Beispielsweise sagen die Motive zur preußischen Concursordnung S. 11:

„Der Frivolität und Gewissenlosigkeit, mit welcher die Schuldner nur zu häufig gegen ihre Gläubiger verfahren, sind in den bestehenden Gesetzen wenig oder gar keine Schranken gesetzt. Diesem Uebelstande abzuhelfen, mußte der Gesetzentwurf die erforderliche Strenge in sich aufnehmen, wie sie sich bereits in vielen anderen Gesetzgebungen vorfindet und als sehr heilsam bewährt hat.

Sobald ein Gemeinschuldner sich in dem Zustande befindet, welcher die Eröffnung des Concurses bedingt, darf er nur noch das gemeinsame Interesse der Gläubiger vor Augen haben, er ist verpflichtet, sich jeder Begünstigung einzelner Gläubiger zum Nachtheil der übrigen zu enthalten. Diese Verpflichtung ist für den öffentlichen Credit eine so wichtige, daß es als gerechtfertigt erscheint, die Verletzung derselben unter Strafe zu stellen."

Ferner bemerken die Motive zum Hamburger Entwurf von 1851:

daß „die Massen fast ohne Ausnahme nicht darum so leer sind, weil der Gemeinschuldner sein Vermögen allmälig aufgezehrt oder sich so lange zu halten gesucht hat, als irgend möglich, sondern daß sie darum keinen Ertrag liefern, weil Mobiliar und Waarenlager durch Verkaufs- oder Verpfändungsakte, und Ausstände durch Cessionen einzelnen Gläubigern, die zu bevorzugen der Fallit für gut befunden hat, übertragen worden sind. Dergleichen Ausleerungen der Masse werden je nach den Umständen oft schon lange vorher effectuirt, ehe die Insolvenzerklärung erfolgt, sie werden benutzt, um einen Privataccord zu erwirken, oft noch im letzten Augenblick, um Pfändungen zu frustriren, und ein scheinbar noch gutes Geschäft besteht Monate lang fort und der Inhaber desselben benutzt seinen Credit, besonders außerhalb Hamburgs, während das Geschäft selbst längst innerlich zerrüttet und verdorben ist. Dabei wird dafür Sorge getragen, daß die Akte durch notarielle Beglaubigung formell in bester Ordnung sind, und für die Richtigkeit der Forderung des gedeckten Gläubigers liefern die Handlungsbücher des Gemeinschuldners, schlimmsten Falls der Eid des ersteren den Beweis. Die Curatoren finden nicht einmal so viel in der Masse, um eine Anfechtung solcher Deckungen versuchen zu können, für welche sie zudem keinen anderen Rechtsboden finden, als eine schwankende Bestimmung der Fallitenordnung und die gemeinrechtlichen Labyrinthe der paulianischen Klage. Sie berufen also die Gläubiger und fordern Einschuß zu den Proceßkosten, Niemand ist geneigt, ihn zu leisten, und der Concurs wird beendigt, ohne daß die Gläubiger einen Heller bekommen."

In England, wo regelmäßig nur $^1/_{10}$ der Bankerotte unverschuldet ist, wo von 9000 Gantfällen 6500 gar keine Dividende für die Gläubiger ergeben haben und ein Londoner Richter in öffentlicher Sitzung erklären konnte, daß die Hälfte aller — zum Theil mittels Begünstigung einzelner Gläubiger erzielten — Vergleiche Schurkerei sei, hat die Gesetzgebung die Ergreifung strenger Maßregeln (gegen betrügerische Handlungen) ebenfalls damit motivirt, daß im Interesse des öffentlichen Verkehrs und Credits ein Schutz nothwendig sei, um zu verhüten, daß „am Vorabend des Bankerutts der Schuldner zu Gunsten eines seiner Gläubiger disponire und den übrigen nur die leere Schaale lasse." [5])

Wenn aber gewisse Handlungen in ihrem Charakter und in ihren Folgen das öffentliche Wohl in hohem Grade gefährden, dann ist gewiß die Berechtigung des Staats zu Strafandrohungen anzuerkennen und muß es eventuell als gleichgültig erscheinen, ob eine besondere Rechtsverletzung vorliegt oder nicht. *Die repressionsbedürftige Gefährdung des öffentlichen Credits ist legislatorisch für sich allein schon ein genügender strafrechtlicher Titel.*

Sodann mag der Satz, daß das Strafrecht nicht einschreiten dürfe, soweit das Civilrecht ausreichende Hülfe gewähre, immerhin eine gewisse legislatorische Berechtigung in sich tragen: allein die Anwendung auf unseren Fall erscheint aus mehrfachen Gründen als seltsam. Einmal: weil die civilrechtliche Nichtigkeit oder (wie der Entwurf statuirt) Anfechtbarkeit der benachtheiligenden Rechtshandlungen nur in sehr beschränktem Maße, namentlich bei gutgläubigen Interessenten, stattfinden soll, auch mit Rücksicht auf die unumgänglichsten Anforderungen des Verkehrs nicht unbedingt und allumfassend stattfinden darf; sodann: weil selbst für die Anfechtbarkeitsfälle der Schutz der Gläubiger sehr unvollkommen, die Effectuirung der Restitution sehr unsicher ist, und es dringend nothwendig erscheint, auf das Pflichtgefühl des Schuldners, dessen civilrechtliche Verantwortlichkeit ja gänz-

---

[5]) Roscher, Grundl. der Nat.-Oec. 161; Goldschmidt, Zeitschrift für H R. XV. 377, XIII. 196, II. 44. 45.

lich bedeutungslos ist, durch strafrechtliche Drohung einzuwirken und ihn so von etwa beabsichtigten unredlichen Schritten abzuhalten; endlich: weil alle civilrechtlichen Schutzmittel vom Gesichtspunkte des öffentlichen Wohls aus nicht kräftig genug sind, um die Schädigung des allgemeinen Credits zu verhüten oder zu beseitigen und den nothwendigen Schutz dieses Credits herbeizuführen. Das Civilrecht reicht im concreten Falle also nicht aus.

Demnach kann es wohl keinem gegründeten Zweifel unterliegen, daß der Staat legislatorisch im Interesse des öffentlichen Credits so berechtigt wie verpflichtet ist, wegen unredlicher Begünstigung eines Gläubigers durch den Schuldner den letztern mit Strafe zu bedrohen.[6]) Dies entspricht ebensowohl der Gerechtigkeit als der prophylaktischen Aufgabe des Staats, und mit vollem Rechte haben daher die meisten neueren Gesetze die Strafbarkeit statuirt.

Daß das Römische Recht bei Gelegenheit der Paulianischen Bestimmungen das unredliche Gebahren des Schuldners nirgends mit crimineller Strafe bedroht hat, mag auf den ersten Blick vielleicht auffallend erscheinen. Dies erklärt sich aber genügend durch die bekannte Härte des Römischen Executionssystems. (Tödtung, Sklaverei, Gefängniß.) Böswillige und betrügerische Machinationen des Schuldners zum Nachtheil der Gläubiger fielen auf ihn selbst zurück, weil die erbitterten Gläubiger dann Anlaß hatten, zum strengen Mittel der Personalexecution zu greifen, der Schuldner nur dann auf Schonung und Milde hoffen durfte, wenn er jede Unredlichkeit vermied. Selbst nach der Lex Julia über das „miserabile auxilium" cessionis bonorum kam die Personalexecution noch sehr häufig vor.[7])

Besonderer Repressionsmaßregeln gegen den Schuldner durch Strafandrohungen bedurfte man daher in Rom gar nicht, keinenfalls hätten sie mehr gefruchtet als das Schreckniß der Personalexecution, und so konnte das Römische Recht sich damit begnügen, durch das Paulianische Rechtsmittel für die immerhin vorkommenden Fälle den nothwendigen civilrechtlichen Schutz zu statuiren.

Aehnlich verhält es sich mit dem älteren deutschen Recht, welches dem Gläubiger ebenfalls strenge Executionsmittel gab. (Schuldknechtschaft und Haft.)

Sonach erscheint es als eine naturgemäße Entwickelung des Verkehrs und der Gesetzgebung, wenn mit der Beschränkung und Aufhebung einer

---

[6]) Vgl. hierüber Merckel in v. Holtzendorffs D. St. R. III. 770, 814. Preuschen Betrug §§ 4—6. Escher Betrug 56, 117, 308. Köstlin a. a. O. VI. S. 7—12.
[7]) Puchta Inst. § 179.

strengen Personalexecution ein Surrogat derselben zum Schutz der Gläubiger gegen böswillige Schuldner als nothwendig sich zeigte und dieses Surrogat in der Androhung öffentlicher Strafen geschaffen wurde.

Dabei ist noch Folgendes zu bemerken:

Wenn es auch unrichtig sein mag, ganz allgemein die dolose Befriedigung eines Gläubigers (durch Sachleistung) unter den Begriff „Beiseiteschaffen" zu subsumiren, und wenn der Entwurf offenbar bei Statuirung der Begünstigung als eines delictum sui generis ebenfalls diese Ansicht nicht billigt, so ist auf der anderen Seite doch anzuerkennen, daß unter Umständen die Handlung des Schuldners zugleich enthalten kann eine Begünstigung des Gläubigers und ein Beiseiteschaffen (oder Verheimlichen) von Sachen in der Absicht, die übrigen Gläubiger zu benachtheiligen.[8]) Sodann wird zuweilen die Begünstigung eines Gläubigers in anderer Beziehung den Thatbestand des betrüglichen Bankerutts, eines strafrechtlichen Betruges oder anderer Delicte in sich schließen. In solchen Fällen treten selbstverständlich die Grundsätze der Idealconcurrenz ein. —

Der vielfach ventilirte Streit, ob und wie weit die civilrechtlichen Bestimmungen über Gültigkeit oder Ungültigkeit der Begünstigungshandlungen für das Strafrecht maßgebend seien, betrifft in Wirklichkeit nicht die Frage, ob der Schuldner wegen Begünstigung überhaupt zu strafen, vielmehr nur die Frage, ob die Strafbarkeit auf bestimmte Handlungen zu beschränken sei, wird also erst später zu erörtern sein.

IV.

Während Strafbestimmungen, welche gegen den Schuldner gerichtet sind, im Principe nur vereinzelten Widerspruch erfahren und fast bei allen Gesetzgebungen in größerer oder geringerer Ausdehnung sich vorfinden, wird der Widerspruch allgemeiner und lebhafter bei der Frage nach der Mitbestrafung des begünstigten Gläubigers.

In den Gesetzen ist die Strafwürdigkeit des Gläubigers seltener zu einer ausdrücklichen Anerkennung gelangt. Wo sich jedoch solche Strafvorschriften finden (Frankreich, Belgien, Preußen, Italien, Spanien, Portugal) da beziehen sie sich nur auf eine bestimmte Kategorie von Begünstigungshandlungen, nämlich auf die Begünstigung mittels Eingehung eines besonderen Vertrages (und auf Collusionen bei Abstimmungen). Uebrigens ist es auch hier ein Irrthum, wiederum die französische Gesetzgebung als Urheberin und Erfinderin der Strafbestimmungen gegen den Gläubiger hinzustellen und diese strafrechtliche Idee für eine nach Deutschland impor-

[8]) v. Schwarze Str. G. B. 613; Schütze Str. G. B. 496; Merkel a. a. O. 817.

tirte zu erklären, da schon in älteren deutschen Particulargesetzen (z. B. Sächs. Banqu. Mandat von 1766) sich ähnliche Strafvorschriften ebenfalls gegen den Gläubiger finden.[9])

Eine eigenthümliche Bestimmung enthält das Concursrecht der Vereinigten Staaten von Nord-Amerika. Darnach hat der dolose Gläubiger bei Annahme ungültiger Leistungen nicht bloß das Empfangene herauszugeben und verliert nicht bloß der Masse gegenüber seinen Anspruch, sondern er muß auch das duplum des erhaltenen Werths als Strafe zur Masse zahlen.

Die Angriffe gegen derartige Strafbestimmungen bestehen nun hauptsächlich darin, daß man theils hier noch energischer als bei der Bestrafung des Schuldners auf den Mangel eines legislatorischen Strafrechts-Titels sich beruft,[10]) theils die Androhung einer Strafe für unbillig und zu hart erklärt, da der Gläubiger nur sein Recht verlange und nach Kräften das Seinige zu retten suche.[11])

V.

M. E. nun wird für diejenigen Gesetzgebungen, welche beim betrüglichen Bankerutt, beziehungsweise bei der Begünstigung eines Gläubigers nicht zwischen Kaufleuten und Nicht-Kaufleuten unterscheiden und diese Delicte als von Jedermann begehbar hinstellen, der ganze Streit auf ein falsches Gebiet verlegt, wenn man die Frage, ob der begünstigte Gläubiger zu bestrafen sei, als eine selbstständige Frage für sich erörtert. Vielmehr hängt diese Frage von dem Cardinalpunkte der Strafbarkeit des Schuldners ab. Ist diese einmal statuirt, so zieht sie mit logischer Nothwendigkeit die Bestrafung des Gläubigers nach sich: nämlich in Gemäßheit der allgemeinen strafrechtlichen Grundsätze über **Theilnahme**.

Selbstverständlich kommt ja von vornherein die Strafbarkeit des Gläubigers nur in Frage, wenn er dolos handelt, wenn er weiß, daß er auf Kosten der übrigen Gläubiger vom zahlungsunfähigen Schuldner bevorzugt wird, und dann ist er Theilnehmer an der That des Schuldners. Mag man immerhin, mit Rücksicht auf das persönliche Verhältniß des Gemeinschuldners zu seinen Gläubigern, über die Construirbarkeit der Mitthäterschaft streiten können: jedenfalls ist im Uebrigen der früher zuweilen verfochtene Satz, daß der Bankerutt, als auf persönlichen Verhältnissen be-

---

[9]) Goltdammer pr. Conc.-Ordn. S. 458.

[10]) z. B. Goltdammer Comm. zur pr Conc.-Ord. S. 458.

[11]) Haller, Verh. d. D. Str. G. B. zu den landesges. Strafbestimm. über Conc. S. 52. Die Motive zur D. Conc.-Ordn. S. 461.

ruhend, überhaupt keine Theilnahme zulasse, jetzt wohl als aufgegeben anzusehen, und ist das Vorhandensein der Anstiftung oder Beihülfe nicht anzuzweifeln, sofern der Gläubiger den Schuldner vorsätzlich zur Begünstigung bestimmt oder die Begünstigung wissentlich annimmt.[11])

Die Thätigkeit des Gläubigers wird als selbstständige, principiale Strafthat sich schwerlich anderswie construiren lassen, als in dem gewiß seltenen Falle, daß der dolose Gläubiger ohne Mitwirkung des Schuldners von dessen Vertreter die begünstigende Leistung erhält, oder etwa bei juristischen Personen, Handelsgesellschaften, Genossenschaften von einem, die Zahlungsunfähigkeit noch nicht kennenden Vorsteher (Director, Liquidator). Sonst wird die Characterisirung der Thätigkeit als Theilnahme stets die Regel bilden.

Vom Standpunkte des Entwurfs zur deutschen Conc.-Ordn., wonach jeder Schuldner, sei er Kaufmann oder nicht, wegen bestimmter Begünstigungshandlungen bestraft werden soll, erscheint es daher als eine Inconsequenz, wenn die Motive Seite 461 die Mitbestrafung der Gläubiger als zu hart verwerfen und nur eine civilrechtliche Verantwortlichkeit zulassen wollen, während sie selbst Seite 118 ausdrücklich hervorheben, daß der, wissentlich das begünstigende Rechtsgeschäft eingehende Gläubiger sich zum „Theilnehmer" der civilrechtlichen Rechtsverletzungen des Schuldners mache. Wollte der Entwurf den Gläubiger straflos wissen, dann hätte er sich nicht mit Weglassung der betreffenden Strafbestimmung begnügen dürfen, mußte vielmehr die sonst eintretenden allgemeinen Grundsätze über Theilnahme ausdrücklich außer Kraft setzen. Sollten also demnächst die gesetzgebenden Factoren wirklich die Straflosigkeit des Gläubigers zu statuiren beschließen, so wird ein entsprechender Zusatz zum § 211 unumgänglich nothwendig sein. Die richtige Frage ist nicht so sehr: ob die Strafbarkeit des Gläubigers einzuführen, als vielmehr: ob sie zu beseitigen ist.

Während nun hinsichtlich der Anwendbarkeit der Principien über Theilnahme bei dem delictum cummune, wie es der Entwurf selbst hinstellt, ein ernstlicher Streit schwerlich obwalten kann, gestaltet sich das Verhältniß anders für den Fall, daß die strafbare Begünstigung durch den Schuldner als ein delictum proprium der Kaufleute gesetzlich statuirt wird. Dann hängt die Strafbarkeit der Mitbetheiligung des Gläubigers davon ab, welche der bekannten streitigen Ansichten man annimmt: ob nur eine generelle Theilnahme (d. h. an den im delictum proprium liegenden gemeinen Delicten) anerkannt wird, oder eine specielle Theilnahme am delictum proprium, sei es mittels Anstiftung, Mitthäterschaft und Beihülfe, sei es

---

[11]) Köstlin a. a. O. V. S. 25, 301.

— wie wohl richtig — mittels Anstiftung und Beihülfe unter Ausschluß der Mitthäterschaft.

Im ersten Falle bedarf es besonderer Bestimmungen, um die Strafbarkeit des begünstigten Gläubigers herbeizuführen. Von diesem Gesichtspunkte ist beispielsweise auch die französische Gesetzgebung, — welche den Bankerutt nur bei Handeltreibenden kennt und die Begünstigung des Gläubigers (durch Zahlung) unter den betrüglichen Bankerutt subsumirt, — anfänglich ausgegangen, indem sie die Betheiligungsakte dritter Personen ausschließlich exemplificirte und als strafbar hinstellte. Erst mittels späterer Abänderung griff sie dann auf die allgemeinen Bestimmungen über Theilnahme (d. h. Anstiftung und Beihülfe) ganz richtig zurück.[13])

Im zweiten Falle ist auch beim delictum proprium die Strafbarkeit des Gläubigers wegen Theilnahme eine selbstverständliche.

Wenn die früher erwähnten §§ 259—262 der preußischen Concursordnung bei Kaufleuten und Nichtkaufleuten am Schuldner die Begünstigung allgemein strafen, sie insofern als delictum commune hinstellen, dagegen am Gläubiger nur die Begünstigung mittels besonderen Vertrags für strafbar erklären, ohne daß die Strafbarkeit des Gläubigers wegen Theilnahme an Begünstigungshandlungen anderer Art ausgeschlossen wird, so ist dies Verfahren nach dem Obigen theils überflüssig, theils inconsequent.

VI.

Aber auch abgesehen von der Anwendung der positiven Grundsätze über Theilnahme scheint mir an und für sich die wissentliche Annahme der Begünstigung auf Seiten des Gläubigers legislatorisch eine strafwürdige Handlung zu sein und um so weniger ein Grund vorzuliegen für die eventuell sonst auszusprechende exceptionelle Aufhebung jener Grundsätze zu Gunsten des Gläubigers. Der auf den ersten Blick so bestechende Schein, als ob der Gläubiger nur sein Recht verfolge, nur das Seinige erstrebe, verliert sich vollkommen bei näherer Prüfung.

Die früheren Erörterungen über die legislatorische Verpflichtung und Berechtigung des Staats zur Bestrafung des begünstigenden Schuldners finden nämlich auch auf den begünstigten Gläubiger mehr oder weniger Anwendung.

Nach dem jetzigen Concursrecht entsteht mit dem Eintritt der den Concurs begründenden Thatsachen eine rechtliche Gemeinschaft unter den Gläubigern, mag man sie nun als Einheit einer juristischen Person oder als Societät oder — wie wohl am richtigsten — als zufällige Gemein-

---

13) Chauveau et Helie Code pènal zu §§ 402—404.

schaft auffassen. Diese Gemeinschaft hat zum Grund und Gegenstande: das Befriedigungsrecht eines jeden Gläubigers auf das gesammte Vermögen des Gemeinschuldners, zum Zweck und Inhalt: die gemeinschaftliche Befriedigung Aller aus diesem Vermögen. Dem hieraus hervorgehenden Concursanspruch jedes Gläubigers steht sowohl die Pflicht des Schuldners als auch die Pflicht der anderen Gläubiger gegenüber, den Anspruch nicht zu verletzen.

(Motive S. 18. 102. 319.)

Wenn also der Gläubiger weiß, daß der Concursanspruch bereits entstanden ist und gleichwohl eine Begünstigung entgegennimmt, so hilft er nicht bloß dem Schuldner in dessen rechtsverletzender That, sondern er verletzt auch die ihm selbst erwachsene Pflicht, begeht seinerseits eine selbstständige Rechtsverletzung. Freilich soll nun der Gesetzgeber nicht gleich über jede dolose Rechtsverletzung mit einer Strafandrohung herstürzen, wohl aber muß er eine strenge Repression üben, sobald eine bestimmte Kategorie doloser Verletzungen einen solchen Charakter und solche Dimensionen annimmt, daß eine der Grundbedingungen des Staatslebens, die Sicherheit des allgemeinen Credits, in bedenklicher Weise gefährdet wird. Die Erfahrung lehrt, daß diese Gefährdung, so weit sie in der Begünstigung einzelner Gläubiger besteht, weniger in dem spontanen Willen des Schuldners ihren Grund hat, als vielmehr in dem Andringen dieser Gläubiger, daß namentlich nach dem Bekanntwerden einer Zahlungseinstellung ein Bestürmen und Bedrängen des Schuldners beginnt, welches er meist nur durch Gewährung zu beenden vermag. Obgleich schon par conditio omnium creditorum entstanden ist, achtet der einzelne Gläubiger nicht auf das römische Gebot: „neque debuit praeripere ceteris“, vielmehr wird jetzt erst recht, wenn ich mit einem sehr charakteristischen, vom Volksmunde bereits erfundenen Ausdrucke reden darf, der allgemeine „Grapscomment“ („praeripere“) eröffnet. In einem solchen Kampfe Aller gegen Alle spielen Wohnort, Verwandtschaft, Freundschaft, Energie im Zureden, Drohen oder Versprechen, frühzeitigere Kenntniß und dergl. meist zufällige Umstände die entscheidende Rolle. Daß aber durch ein derartiges doloses Gebahren der öffentliche Credit aufs Empfindlichste geschädigt und das berechtigte Vertrauen eines Gläubigers auf das redliche Verfahren seiner Mitgläubiger schmählich getäuscht wird, dürfte ohne Weiteres eben so einleuchten, als daß die civilrechtlichen Mittel nicht zur Repression des Uebels ausreichen. Eine Civilklage kann jeder Gläubiger riskiren, während ein drohender Criminalprozeß ihn stutzig und bedenklich macht.

Beispielsweise zeigt sich namentlich in Hannover, wo gegenwärtig alle

Strafbestimmungen wegen Begünstigung fehlen, die Nothwendigkeit einer strengeren Repression. Zahlreiche, gleichsam schematisch gewordene Paulianische Prozesse, und zwar überwiegend wegen Begünstigung von Gläubigern vor wie nach der Zahlungseinstellung, beschäftigen hier die Gerichte, und noch zahlreichere Paulianische Fälle werden nicht weiter verfolgt, weil bei der großen Raffinirtheit und Schlauheit, mit welcher Gläubiger wie Schuldner zu Werke gegangen, ein ungünstiges Ende des Prozesses vorauszusehen ist. Ebenso laufen wegen doloser Manipulationen zwischen Schuldnern und Gläubigern zahlreiche Anzeigen bei der Staatsanwaltschaft ein, deren Mehrzahl ohne Folgen bleiben muß, weil die betreffenden Handlungen sich nicht unter bestimmte Delictsbegriffe subsummiren lassen.

Mit vollem Recht sagen die Motive zum betreffenden französischen Strafartikel:

> „L'article est d'une haute importance et attaque un abus qui suffirait à lui seul pour paralyser la meilleure législation sur les faillites. Cet abus est celui des avantages particuliers faits à certains créanciers au préjudice de la masse. Au lieu de subir avec résignation les mêmes conditions de perte que les autres créanciers, on veut, dans le naufrage commun, tirer à soi quelque débris de plus."

Gegen diese juristische und legislatorische Berechtigung des Staats zur Bestrafung der Gläubiger machen nun viele Stimmen, namentlich aus der Handelswelt, geltend, daß durch solche Strafbestimmungen Handel und Wandel empfindlich gestört und die Freiheit des Verkehrs in viel zu enge Fesseln geschlagen werde.

Wenn aber der allgemeine Credit, das öffentliche Wohl, in Gefahr geräth, vollends wenn zugleich eine Rechtsverletzung begangen wird und die civilrechtlichen Mittel keinen hinreichenden Schutz gewähren, dann muß nothwendig der Staat mit Strafe einschreiten und darf in dieser seiner legislatorischen Berechtigung und Verpflichtung sich offenbar nicht beirren lassen durch den Umstand, daß die „freie Bewegung des Verkehrs" gehemmt wird. Hinsichtlich des Schutzes gegen dolose Verletzungen sind im Vergleich zu den dinglichen Rechten die obligatorischen Rechte ohnehin schon von der criminellen Gesetzgebung ziemlich stiefmütterlich behandelt worden. Die privaten berechtigten Interessen des Gläubigers am freien Verkehr mit dem Schuldner sind dadurch hinlänglich gewahrt, daß alle bona fide angenommenen Leistungen ihm gesichert bleiben. Weitere Freiheit darf nicht gewährt werden, und ist es wahrlich nicht die Aufgabe der Gesetzgebung, ihrerseits durch Begünstigung dolosen Gebahrens die moderne

Laxheit der Begriffe von Recht und Unrecht, von Redlichkeit und Unredlichkeit zu steigern, zu einer Zeit, wo leider in der Handelswelt die Anschauung, als ob einem gewandten, energischen, schlauen, vigilanten Geschäftsmann ziemlich Alles erlaubt sei und ein solcher in seinen Operationen nicht beengt werden dürfe, sich schon allzuweit verbreitet und gar bedenkliche Auswüchse erzeugt hat, wo das „Geschäft" bei Manchem zu einem Kautschukbegriff geworden ist, welcher auf alles Mögliche ausgedehnt wird,*) wo endlich die officielle wie die nichtofficielle Presse sich genöthigt sieht, angesichts der Klagen des Auslands über die steigende Unredlichkeit gerade in der deutschen Handelswelt dieser öffentlich und scharf ins Gewissen zu reden.

Mit der Entfesselung des Individuums auf Kosten des Ganzen ist in der modernen Gesetzgebung ohnehin bereits genug gesündigt worden und es ist Zeit, das System des staatlichen Indifferentismus[14]) gegen das Verhalten der Individuen unter einander, das System des „Sichüberlassenbleibens" der Individuen zu moderiren.

Nach dem Vorhergehenden ist also m. Er. eine Strafvorschrift auch gegen den begünstigten Gläubiger, sowohl wegen Theilnahme als wegen principaler Strafthat gerechtfertigt, oder vom Standpunkte des Entwurfs aus: eine exceptionelle Aufhebung der allgemeinen Grundsätze über Theilnahme wäre hier nicht gerechtfertigt.

Eine auffallende Erscheinung bieten hier die Motive. Nachdem sie in ebenso erschöpfenden als überzeugenden Erörterungen S. 18, 94 bis 139 dargethan haben, daß mit der Entstehung des Concursanspruchs aller Gläubiger das Befriedigungsrecht des Einzelnen eine rechtliche Beschränkung erleide, daß durch Begünstigung sowohl der Schuldner als der Gläubiger diesen Anspruch, beziehungsweise seine Pflicht verletze, daß hierin eine schwere Gefährdung des öffentlichen Credits liege: rechtfertigen sie die Nichtberücksichtigung der §§ 309, 341 der preußischen Concursordnung (wegen Bestrafung des Gläubigers) Seite 461 mit folgenden Worten:

> „Die Vorschrift, § 211, mußte dem § 23 Nr. 2 des Entwurfs gemäß gefaßt werden, entspricht im Uebrigen den §§ 306, 340 der Preußischen Concursordnung, sowie dem § 195 Nr. 2b des Hamburger Criminalgesetzbuches.

Der § 212 tritt der Gefährdung des Publikums durch einen Dritten entgegen, er stimmt mit § 282 des Strafgesetzbuchs bis

---

*) Hat doch neulich in Berlin ein Kaufmann, welcher gewerbmäßig zu Dutzenden Meineide geschworen, diese für „unschuldige Geschäftskniffe" erklärt.

[14]) Ihering Geist des R. R. II. 239.

auf die zu §§ 209, 210 motivirte Ausdehnung des Bankerutts auf Nichtkaufleute, völlig überein.

Unlauteres Verhalten der Gläubiger im Concursverfahren trifft § 213. Derselbe beschränkt sich auf die Strafbarkeit eines sogenannten Stimmkaufs, welche ein nothwendiges Correlat ist zu der Möglichkeit, daß ein Gläubiger durch seine Abstimmung auf die Rechte der übrigen Gläubiger zwingend einwirkt, die Vorschrift muß daher, wenngleich sie bei einem Zwangsvergleiche von besonderem Gewicht ist, allgemein jede verbindliche Beschlußfassung der Gläubiger decken. Die Preußische Concursordnung bedroht in §§ 309, 341 die Concursgläubiger auch dann mit Strafe, wenn sie nach erlangter Kenntniß von der Zahlungseinstellung oder dem Concursantrage zu ihrer Begünstigung und zum Nachtheil der übrigen Gläubiger einen besonderen Vertrag mit dem Gemeinschuldner oder dessen Erben eingehen, würde also im Fall der Verletzung des § 23 Nr. 2 des Entwurfs, wie den Gemeinschuldner (§ 211), so auch den Gläubiger strafen. Diese Vorschrift ist mit Recht in der Praxis als zu hart getadelt worden. Der Gläubiger verfolgt sein Recht; verletzt er dabei den Concursanspruch der Uebrigen, so kann er wohl civilrechtlich unwirksam handeln, aber nicht bestraft werden; dies ist um so einleuchtender, als es in dem einzelnen Falle oft schwierig genug sein wird, zu befinden, ob die Handlung, z. B. eine Annahme an Zahlungsstatt, unter den Begriff einer unstatthaften Begünstigung zu bringen ist."

Also soll der Gläubiger durch eine und dieselbe Handlung zugleich dort seine Pflicht verletzen und dadurch die civilrechtliche Verantwortlichkeit herbeiführen, hier sein Recht verfolgen und dadurch die criminelle Verantwortlichkeit ausschließen. Beides dürfte schwerlich mit einander sich vereinigen lassen.

Von der Anwendung oder Nichtanwendung der allgemeinen strafrechtlichen Grundsätze über Theilnahme an dem Delict des Schuldners (§ 211) ist in den Motiven überhaupt keine Rede.

VII.

Es fragt sich nun weiter, auf welchen **Zeitraum** die Strafbarkeit sich erstrecken soll, ob die Begünstigungshandlungen als strafbar erscheinen, wenn sie **während der Zahlungsunfähigkeit** überhaupt oder erst, wenn sie nach der **Zahlungseinstellung, beziehungsweise dem Antrage auf Concurseröffnung** vorgekommen sind.

Der § 211 des Entwurfs bezieht sich auf den ganzen Zeitraum der Zahlungsunfähigkeit. Wenn die Motive S. 461 ohne weitere Begründung bloß sagen, daß der § 211 „dem § 23 Nr. 2 gemäß gefaßt werden mußte", und wenn § 23 Nr. 2 dahin lautet:

> „Anfechtbar sind: 2. die nach der Zahlungseinstellung oder dem Antrage auf Eröffnung des Verfahrens oder in den letzten zehn Tagen vor der Zahlungseinstellung oder dem Eröffnungsantrage vorgenommenen Rechtshandlungen des Gemeinschuldners, welche einem Concursgläubiger eine Sicherung oder Befriedigung gewähren, die er nicht oder nicht in der Art oder nicht zu der Zeit zu beanspruchen hatte, so fern er nicht beweist, daß ihm zur Zeit der Handlung weder die Zahlungseinstellung und der Eröffnungsantrag, noch eine Absicht des Gemeinschuldners, ihn vor übrigen Gläubigern zu begünstigen, bekannt war,"

so ist § 211 hinsichtlich der Zeit offenbar dem § 23 Nr. 2 eben nicht gemäß gefaßt.

Während gemeinrechtlich die Vermögensunzulänglichkeit, die Ueberschuldung als Grund und Voraussetzung des Concursverfahrens und also auch des Concursanspruchs der Gläubiger gilt, haben mehrere neuere Gesetzgebungen, freilich vorzugsweise bei Kaufleuten, die Zahlungsunfähigkeit als entscheidend hingestellt. Auch der Entwurf geht, wohl mit vollem Recht, von diesem Standpunkte aus, und zwar allgemein für Kaufleute und Nichtkaufleute.

(Mot. 319 ff.)

Diese Zahlungsunfähigkeit, ebenso wie die Vermögensunzulänglichkeit, ist nun zwar im Allgemeinen ein thatsächlicher, aber an und für sich ein latenter Zustand, der zur äußeren Erscheinung nur gelangen kann durch bestimmte wahrnehmbare Thatsachen.

Beginnt nun schon mit dem Eintritt dieses Zustandes der Zeitraum der Strafbarkeit von Begünstigungshandlungen?

M. Er. ist hier ein wesentlicher Unterschied zu machen beim Gläubiger und beim Schuldner.

Die Erkennbarkeit der latenten Zahlungsunfähigkeit kann nur auf einem Urtheilsspruch beruhen, welcher durch Abwägen und Schätzen der verschiedenartigsten Objecte und Thatumstände herbeizuführen ist. Dieser Urtheilsschluß, an sich schon schwierig, wird noch schwieriger und unsicherer für einen Dritten, den Gläubiger, welcher in die Verhältnisse des Schuldners, in dessen Vermögen und in dessen Credit, diese beiden Faktoren der Zahlungsfähigkeit, selten einen tiefen und klaren Einblick gewinnen kann. Die Bestrafung des begünstigten Gläubigers würde also in Wirklichkeit davon abhangen, ob der Richter demnächst den Urtheilsschluß auf Zahlungsunfähigkeit zieht, und zugleich annimmt, daß der Gläubiger im Augenblicke der Begünstigung den gleichen Urtheilsschluß gezogen hat. Dies hieße nicht bloß die Strafjustiz vagen Zufälligkeiten unterwerfen, sondern dies würde auch die Rechtssicherheit des Verkehrs aufs höchste gefährden, da es etwas Anderes ist, wenn der redliche wie unredliche Gläubiger überall beim Verkehr mit einem insolventen Schuldner die Gefahr einer möglichen Criminaluntersuchung vor Augen sieht, als wenn er sich nur einer civilrechtlichen Verantwortlichkeit aussetzen kann. Soll die Zahlungsunfähigkeit zur Basis einer Strafvorschrift gegen dritte Personen dienen, und zwar wegen solcher Handlungen, die ihrer Natur nach an und für sich berechtigt sind und erst durch Einwirkung besonderer, außer ihnen liegender Umstände ihre Berechtigung verlieren, so muß die Zahlungsunfähigkeit in bestimmter Form sich geäußert haben, und die Grenze, mit welcher das Gebiet der criminellen Verantwortlichkeit beginnt, ist klar und scharf zu markiren.

Als solche Marksteine bieten zwei Thatsachen sich dar, welche in den meisten Gesetzen, auch im Entwurfe, ohnehin eine weittragende Bedeutung haben und hie und da bereits als Anfangs-Momente für die Strafbarkeit einzelner Begünstigungshandlungen hingestellt werden.

Dies sind:

1. Der Antrag (des Schuldners oder eines Gläubigers) auf Concurs-Eröffnung.
2. Die Zahlungseinstellung.

Auch die Zahlungseinstellung, wo sie überhaupt stattfinden kann, ist eine bestimmte wahrnehmbare Thatsache. Begriff und Bedeutung des Worts sind sowohl im allgemeinen, wie besonders im kaufmännischen Verkehr geläufig genug und bisher hat auch die gerichtliche Praxis in der Handhabung sich bewährt.

(Motive 323).

Wenn bei den Berathungen über die Bankerutt-Paragraphen im Reichstage eine Stimme sich geäußert hat (Stenographische Berichte 718), daß bei Zahlungseinstellungen täglich Gläubiger sich die Frage vorlegen müßten und sie ihren Rechtsverständigen vorlegten: bin ich im Stande, jetzt noch etwas anzunehmen, noch einen Vertrag mit dem Schuldner zu schließen, oder setze ich mich der Gefängnißstrafe aus? so ist dies Bedenken richtig bei der Zahlungsunfähigkeit, nicht bei der Zahlungseinstellung. Sollte in einem gegebenen Falle der Gläubiger wirklich im Unklaren sein, ob der kritische, das Erlaubte vom Strafbaren trennende Moment der Zahlungseinstellung gekommen sei, dann mag er im Zweifel es lieber vorziehen, sich auf dem sicheren Gebiete des Erlaubten zu halten, als auf der schmalen Grenzscheide umherzubalanciren und sich der Gefahr des Fallens auszusetzen.

Die fraglichen Handlungen des Gläubigers vor den kritischen Momenten sind lediglich nach den Grundsätzen über etwa sonst zutreffende Delicte zu beurtheilen.

Daß übrigens die civilrechtlichen Präsumtionen des Entwurfs nicht auf das Strafrecht übertragen werden dürfen, braucht wohl kaum erwähnt zu werden.

Hiernach ist, im öffentlichen Interesse der Sicherheit sowohl des Verkehrs als der Justiz die Strafbarkeit der Begünstigung beim Gläubiger auf die Zeit nach der Zahlungseinstellung oder dem Concurseröffnungs-Antrage zu beschränken. Dies gilt sowohl von der Theilnahme als von der etwaigen principalen Strafthat des Gläubigers.

Dagegen scheint eine gleiche Beschränkung beim Schuldner nicht als gerechtfertigt.

Der Schuldner steht mitten in seinen eigenen Vermögens- und Credit-Verhältnissen, ihm ist die Möglichkeit gegeben, den Urtheilsschluß der Solvenz oder Insolvenz zu ziehen, und die Erfahrung hat hinlänglich gezeigt, daß das Bewußtsein der Zahlungsunfähigkeit ohne große Schwierigkeit, wie in seinem Innern zur Klarheit gelangen, so auch ihm nachgewiesen werden kann. Das dolose Gebahren des Schuldners gefährdet den öffentlichen Credit und verletzt die Rechte der Gläubiger erfahrungsmäßig in der Zeit zwischen dem Erkennen und zwischen dem äußern Hervortreten seiner Zahlungsunfähigkeit ebenso sehr als später. Kurz vor der Zahlungseinstellung oder dem Concurseröffnungs-Antrage, sozusagen vor Thores-Schluß, benutzt der Schuldner oft die Frist, um direct oder indirect einen ihm nahestehenden Gläubiger zu befriedigen, und die Möglichkeit einer solchen willkürlichen Begünstigung ist um so mehr ihm gegeben, als gerade er in der Lage ist, die drohende Gefahr des Bankerutts zu übersehen. Mit Recht umfaßt daher der § 211 des Entwurfs den ganzen Zeitraum der Zahlungs-Unfähigkeit hinsichtlich der Strafbarkeit des Schuldners.

Hier mag es übrigens am Orte sein, auf die mehrfach[15]) ausgesprochene Mahnung hinzuweisen, daß die Gerichte bei der Beweisfrage wegen Annahme des dolus vorsichtig sein müssen, um nicht gleich bei jeder kurz vor Ausbruch des Bankerutts vorgekommenen Leistung an einen

---

[15]) Köstlin a. a. O. VI. 11, Blätter für Rechtsanw. XII. 361, 362.

Gläubiger, insbesondere bei Zahlung oder Sicherheitsbestellung, ein Delict zu wittern. Es muß der Schuldner mit dem Bewußtsein, daß er durch die Leistung die übrigen Gläubiger beschädige, gehandelt haben, also in der Absicht, den einzelnen Gläubiger auf Kosten der übrigen zu bevorzugen, und zwar im Hinblick auf den bevorstehenden Bankerutt („in contemplation of bankruptcy“). Ist dies aber der Fall, so haben mit Recht die meisten neuern Gesetze den Schuldner wegen Begünstigung für strafbar erklärt, ohne auf die Momente der Zahlungseinstellung oder des Concurseröffnungs-Antrages entscheidendes Gewicht zu legen.

VIII.

Was sodann die Frage nach dem objectiven Umfange der Strafvorschrift anbelangt: ob die dolose Begünstigung allgemein, ohne Beschränkung auf bestimmte Kategorieen von Handlungen, für strafbar zu erklären sei, so trage ich kein Bedenken, diese Frage zu bejahen.

Der § 211 des Entwurfs beschränkt die Strafbarkeit auf diejenigen Fälle, wo der Schuldner eine Sicherung oder Befriedigung gewährt, welche der Gläubiger nicht oder nicht in der Art oder nicht zu der Zeit zu beanspruchen hatte. Die Motive enthalten S. 461 lediglich folgende, angesichts der sonstigen ausgezeichneten Ausführlichkeit ziemlich dürftig zu nennende Begründung:

> „Der § 211 betrifft das strafbare Verhalten des Schuldners gegen einzelne seiner Gläubiger im Verhältniß zu anderen; die allgemeinen Bestimmungen des Strafrechts über Betrug und Unterschlagung reichen hier nicht aus. Die Vorschrift mußte dem § 23 Nr. 2 des Entwurfs gemäß gefaßt werden, entspricht im Uebrigen den §§ 308, 340 der Preußischen Concursordnung, sowie dem § 195 Nr. 2b. des Hamburger Criminalgesetzbuches.“

Bei Prüfung der Frage, ob solche Beschränkung gerechtfertigt sei, ist hier nun vor Allem ein bereits früher erwähnter Punkt zu erörtern: das Verhältniß der strafrechtlichen Bestimmungen zu den correspondirenden civilrechtlichen. Man hat vielfach in Praxis und Theorie geltend gemacht, daß eine Bestrafung nicht eintreten dürfe, wo civilrechtlich eine betreffende Klage nicht stattfinde oder wo von einem mala fides, einem dolus des Gläubigers keine Rede sei.[16])

Dies trifft keineswegs die Frage nach der Strafbarkeit der Begünstigung im Allgemeinen, da unzweifelhaft es solche Begünstigungshandlungen

---

[16]) v. Klencke a. a. O. 40, 48, Temme Betrug 36, Merkel in Holtzendorffs D. Str. R. 818.

giebt, welche eine Klage auf Wiederherstellung, beziehungsweise einen dolus des Gläubigers involviren. Vielmehr bezielt die ganze Argumentation nur die Beschränkung der Strafbarkeit auf bestimmte Handlungen, die Ausschließung der Strafbarkeit insbesondere bei Zahlungen (datio in solutum).

Bei allen Begünstigungshandlungen ist nun auch hier scharf zu unterscheiden zwischen dem Gebahren des Schuldners einerseits und des Gläubigers andererseits, indem Handlungen zweier Personen in Frage stehen, deren Moralität, deren Strafbarkeit eine ganz verschiedene sein kann.

Wenn es sich um den böswilligen Schuldner handelt, kommt offenbar die bona fides des Gläubigers nicht in Betracht, und dessen civilrechtliche Befugniß zur Annahme und zum Behalten der Leistung ist so sehr von einer Exculpation des Schuldners entfernt, daß sie vielmehr dessen Strafbarkeit objectiv erhöht, weil gerade in solchem Falle der Schaden der übrigen Gläubiger wegen mangelnden Rechtsmittels gar nicht mehr zu repariren ist.[17])

Dagegen läßt sich jener Argumentation bezüglich des Gläubigers eine richtige Seite nicht absprechen. Der Staat darf nicht zugleich mit der einen Hand dem Gläubiger das Recht zu einer That geben, mit der andern Hand ihn für dieselbe That zur Strafe ziehen. Soweit das Civilrecht die Annahme bestimmter Leistungen durch den Gläubiger für wirksam erklärt, muß das Criminalrecht ihn straffrei lassen. Mithin kann hier die civilrechtliche Frage als präjudiciell bezeichnet werden.

Bei der in Deutschland herrschenden unendlichen Mannigfaltigkeit der betreffenden civilrechtlichen Bestimmungen und bei der womöglich noch unendlicheren Mannigfaltigkeit der Ansichten über ihre Interpretation und Tragweite mochte bisher eine jede allgemeine strafrechtliche Bestimmung gegen den Gläubiger den schwersten Bedenken unterliegen, ebenso mochte mittelbar, wegen der unvermeidlichen den Gläubiger treffenden Wechselbeziehungen und Rückwirkungen nach den Grundsätzen über Theilnahme, auch jede Strafbestimmung gegen den Schuldner zu großen Unzuträglichkeiten führen. Jetzt aber, wo eine deutsche Conc.-Ordn. allumfassende civilrechtliche Bestimmungen geben und die bunte Musterkarte der Particulargesetze beseitigen wird, kann in dieser Beziehung die Lösung der criminalistischen Frage keine erheblichen Schwierigkeiten mehr bieten.

Während trotz des allumfassenden Wortlauts des Paulianischen Edicts unter den Römischen Juristen Streit über die Anfechtbarkeit von Zahlungen sich erhob und schließlich der bestechende Schein des „suum recepit" und die Berufung auf die unklare Phrase „jus civile vigilantibus scriptum

---

[17]) Köstlin a. a. O. VI. 8. 9.

est“ den Sieg davon trugen, entbrannte zufolge der sogenannten Gratificationstheorie, namentlich in Deutschland, der Streit später aufs neue, und jetzt sind in richtiger Würdigung der praktischen Verkehrs-Bedürfnisse bei weitem die meisten neuern Gesetzgebungen darüber einig, daß jedenfalls von einem bestimmten Momente an noch vor der Dispositionsentziehung die Zahlungen andern Rechtshandlungen gleich zu setzen und für unwirksam (nichtig oder anfechtbar) zu erklären sind. Auch unser Entwurf statuirt im § 23 Nr. 1 die Anfechtbarkeit aller Leistungen des Schuldners an den Gläubiger nach der Zahlungseinstellung oder dem Concurseröffnungs-Antrage, wenn diese Thatsachen dem Gläubiger bekannt waren. Von dem Augenblicke an, wo ein Gläubiger die in erkennbarer Weise zu Tage getretene Zahlungsunfähigkeit des Schuldners erfährt und damit der par conditio omnium, der Entstehung des Concurs-Anspruchs aller Gläubiger, sich bewußt werden muß, handelt er bei Annahme der Leistung nicht mehr bona fide, verletzt wissentlich das ihn beschränkende Recht der übrigen Gläubiger. Angesichts der bereits früher erörterten, auch in den Motiven mehrfach (S. 94, 119) anerkannten Gemeingefährlichkeit aller unredlichen Begünstigungshandlungen, ist nun schlechterdings ein genügender Grund nicht aufzufinden, auch bei der Motivirung der Strafbestimmung nicht angedeutet, weshalb die Strafvorschrift des § 211 gerade dem § 23 Nr. 2 allein gemäß gefaßt, d. h. auf eine bestimmte Kategorie beschränkt werden „mußte“, weshalb sie nicht auch dem § 23 Nr. 1 gemäß hätte gefaßt werden müssen.

Daß etwa bei den „objectiven Begünstigungen, durch welche dem einen Gläubiger, sei es durch Sicherstellung, sei es durch die Art oder die Zeit der Befriedigung, ein Vortheil zugeführt ist, auf welchen er keinen rechtlichen Anspruch gehabt hatte“

(Motive S. 122.)

eine größere Gefährlichkeit und zugleich eine stärkere Vermuthung für den dolus obwaltet als bei andern Begünstigungen, mag immerhin bis zu einem gewissen Grade wahr sein: daraus aber ergiebt sich offenbar noch nicht als logische Folge die Ausschließung der andern Begünstigungshandlungen von der Strafbarkeit. Gerade die Zahlungen sind in mehreren Gesetzgebungen, z. B. in der französischen und österreichischen, vorzugsweise mit Strafe bedroht, und in den deutschen Gesetzen wird durchgängig der Strafandrohung, wenigstens gegen den Schuldner, eine materielle Beschränkung nicht beigefügt. Der allerdings jetzt noch in der criminillen Gesetzgebung vorherrschende Gegensatz zwischen Zahlungen und besonderen Verträgen, zwischen objectiven und nichtobjectiven Begünstigungen, ist nichts weiter als ein Nachklang der alten Römischen Idee des „suum recepit“, steht und fällt mit dieser, verliert also sofort seine civilistische wie criminalistische Berechtigung, wenn die Gesetzgebung jetzt die Römische Idee verläßt und Zahlungen ebenfalls für unwirksam erklärt. Im Grunde genommen erhält regelmäßig bei objectiven Begünstigungen der Gläubiger auch objectiv dem letzten Erfolge nach nur das Seinige, und beispielsweise die Sicherheitsleistung ist sogar das minus gegenüber einer wirklichen Zahlung. Der jetzt entscheidende dolus (mala fides) sowohl des Gläubigers als des Schuldners hängt weniger mit der Natur des ursprünglichen Forderungsrechts und dessen Erfüllung zusammen als mit dem Entstehen des Concurs-Anspruchs aller Gläubiger, wodurch eben das Recht des einzelnen auf Befriedigung jeder Art, also auch auf Zahlung, beschränkt wird.

Wie daher legislatorisch alle Leistungen an den Gläubiger, inclusive Zahlungen, nach dem kritischen Momente für unwirksam zu erklären sind und erklärt werden (Entw. § 23, Nr. 1), so muß m. Er. ebensowohl beim Gläubiger als beim Schuldner die Strafandrohung objectiv sich auf Begünstigungshandlungen überhaupt erstrecken und darf sich nicht auf bestimmte Kategorieen beschränken.

Das Bedürfniß eines solchen Schutzes wird noch erhöht, wenn man den Gläubiger nur für die Zeit nach der Zahlungseinstellung oder dem Concurseröffnungs-Antrage criminell verantwortlich macht.

IX.

Schließlich sind noch einige Punkte kurz zu erwähnen:

1. Ganz dieselben Gründe, wie für die Strafbarkeit des Schuldners und des Gläubigers, lassen sich geltend machen für die Strafbarkeit ihrer Vertreter (Erben). Wenn z. B. ein Procurist doloser Weise Leistungen giebt oder annimmt, so wird ebenfalls der Concurs-Anspruch der Gläubiger verletzt und der öffentliche Credit gefährdet. Ueberall tritt — auch abgesehen von den Grundsätzen über Theilnahme — die gleiche ratio legis ein, ja hier liegt gerade die Gefahr am nächsten, daß durch Collusionen die Wirksamkeit des Gesetzes paralysirt werde. Die Strafvorschrift muß daher in gleicher Ausdehnung und in gleicher Beschränkung resp. auf die Vertreter nicht bloß des Schuldners, sondern auch des Gläubigers zutreffen.

Gegen Directoren und Liquidatoren von Gesellschaften und Genossenschaften will schon der Entwurf § 214 die Strafvorschrift des § 211 anwenden, und es ist kaum abzusehen, warum man so auf halbem Wege stehen bleiben soll.

2. Wenn hinsichtlich des Gläubigers einerseits die Zeit der Strafbarkeit und insofern die Anwendbarkeit der Grundsätze über Theilnahme

positiv beschränkt wird, andererseits für die freilich seltenen Fälle einer principalen Strafthat die Strafbarkeit besonders statuirt werden muß, so erscheint eventuell in beiden Beziehungen eine ausdrückliche Bestimmung im Gesetze als nothwendig.

3. Mit Rücksicht darauf, daß in gewissen Fällen die strafbaren Handlungen des Gläubigers in einem sehr milden Lichte erscheinen können, wird es sich empfehlen, statt der regelmäßigen Gefängnißstrafe unter mildernden Umständen Geldstrafe zuzulassen.

Andererseits ist es nicht erforderlich, nach dem Vorgange einzelner Gesetzgebungen (Bayern, Oldenburg) beim Schuldner mit Rücksicht auf dessen Motive eine specielle Abstufung der Strafsätze zu statuiren, sofern nur ein weiter Strafrahmen dem richterlichen Ermessen genügenden Spielraum gewährt.

4. In mehreren Gesetzgebungen, wie auch im Entwurf § 27, wird für Wechselzahlungen des Gemeinschuldners eine Ausnahme von der civilrechtlichen Anfechtbarkeit gemacht in dem Falle, daß nach Wechselrecht der Empfänger bei Verlust des Wechselanspruchs gegen andere Wechselverpflichtete zur Annahme der Zahlung verbunden war. Dies beruht bekanntlich auf der Erwägung, daß der zum Regreß nothwendige Protest Mangels Zahlung, eben wenn der Schuldner Zahlung anbiete, nicht erhoben werden könne, das Anfechtungsrecht also nicht bloß die Zahlung rückgängig machen, sondern dem Gläubiger auch andere Rechte nehmen, folgeweise eine bedenkliche Entwerthung der Wechsel, dieser wichtigsten Handelspapiere, herbeiführen würde.

Vielleicht mag die Gesetzgebung, mit Rücksicht auf die Bedenklichkeit einer solchen bloß aus formalen Bestimmungen des Wechselrechts hergeleiteten, sachlich nicht gerechtfertigten Ausnahmevorschrift und mit Rücksicht auf die jetzt zur Verhütung doloser Operationen nothwendig gewordenen, höchst verwickelten Cautelen, dereinst es vorziehen, durch eine entsprechende Abänderung des Wechselrechts die Regel einfach wiederherzustellen. So lange dies aber nicht der Fall ist, so lange man in der Gesetzgebung und in der Judicatur die Folgen des Angebots einer gültigen Wechselzahlung auch an das Angebot einer ungültigen Zahlung knüpft*), wird es aller-

*) M. Er. mit Unrecht: das Angebot einer ungültigen Zahlung ist wie überall, so auch im Wechselverkehr, kein Angebot der Erfüllung im rechtlichen Sinne, sonst würde man consequent auch z. B. den Wechselgläubiger entweder zum Verlieren seines Regreßanspruchs oder zur Theilnahme an einer Unterschlagung zwingen in dem Falle, daß etwa der Schuldner Zahlung aus einer fremden ihm anvertrauten Kasse anbietet. Obgleich und weil eine ungültige Zahlung offerirt wird, muß nach richtigen Grundsätzen der Gläubiger wirksam Mangels Zahlung protestiren können.

dings erforderlich sein, auch bei der Strafbestimmung gegen den Gläubiger eine Ausnahme zu statuiren. Hinsichtlich des Schuldners jedoch trifft dies nicht zu, weil ihm gegenüber die civilrechtliche Gültigkeit oder Ungültigkeit, beziehungsweise die Tragweite der Zahlung keinen Einfluß auf die strafrechtliche Verantwortlichkeit zu äußern hat. Uebrigens wird der Schuldner, wenn er mit Strafe bedroht ist, vor einem begünstigenden Angebot der Wechselzahlung sich wohl hüten, und es wird so jene bedenkliche civilrechtliche Ausnahmebestimmung nicht oft zur Anwendung gelangen.

5. Der strafrechtliche dolus besteht nach Obigem:

beim Schuldner in der Absicht, bei seiner Zahlungsunfähigkeit mit Rücksicht auf den bevorstehenden Bankerutt einen der Gläubiger zum Nachtheil der übrigen zu begünstigen,

beim Gläubiger in der zur Zeit der Leistungsannahme vorhandenen Kenntniß, daß die Zahlungseinstellung oder der Concurseröffnungsantrag bereits erfolgt ist.

6. Die Frage, ob und wie weit außer den Begünstigungshandlungen noch andere dolose, die Gläubiger benachtheiligende Rechtsgeschäfte des Schuldners mit Strafe zu bedrohen sind, gehört nicht in den Rahmen des hier gegebenen Gutachtens und war daher überall möglichst außer Berücksichtigung zu lassen.

X.

Das aus vorstehenden Erörterungen gewonnene Endresultat geht also dahin:

Die Frage, ob im Falle der Begünstigung von Gläubigern zwischen der Zahlungseinstellung und der Concurseröffnung eine Strafbarkeit des Cridars, beziehungsweise des begünstigten Gläubigers eintreten solle, wird bejaht,

und zwar unter folgenden, zum Theil über das Gebiet dieser Frage noch hinausgehenden näheren Bestimmungen:

1. die criminelle Strafbarkeit der (dolosen) Begünstigung eines Gläubigers durch den Schuldner ist legislatorisch gerechtfertigt,

und zwar sowohl hinsichtlich des Gläubigers als des Schuldners (resp. ihrer Vertreter).

2. Die dolosen Begünstigungshandlungen sind zu strafen:

a. an dem Schuldner, rücksichtlich der Zeit seiner Zahlungsunfähigkeit,

b. an dem Gläubiger, rücksichtlich der Zeit nach der Zah-

lungseinstellung oder nach dem Antrage auf Concurseröffnung.

3. Diese Strafbarkeit muß auf (dolose) Begünstigungshandlungen allgemein sich erstrecken, nicht auf bestimmte Kategorieen sich beschränken,

z. B. für den Gläubiger unbeschadet der Annahme von Wechselzahlungen im betr. Regreßfalle.

Wenn diese Resultate vielleicht manchen Juristen oder Laien als unbillig und zu hart erscheinen sollten, so schließe ich mit der Empfehlung, folgende Worte des bekannten Nationalökonomen Roscher[18]) zu beherzigen:

„Je strenger die Schuldgesetze jede Unredlichkeit des Schuldners verhindern, desto vortheilhafter sind sie für den redlichen Schuldner selbst . . . Strenge Schuldgesetze verringern für die ganze Volkswirthschaft den Betrag der „bösen Schulden", d. h. also einen bedeutenden Theil der Produktionskosten, sie erhöhen zugleich, soweit Gesetze dies überhaupt vermögen, die nationale Ehrlichkeit und das wechselseitige Vertrauen der Menschen. Die Vortrefflichkeit der Schuldgesetze, welche Athen und Rom während ihrer Blüthezeit besaßen, war ein Hauptelement zur welthistorischen Bedeutung dieser Staaten."

---

[18]) Grundl. der Nationalöcon. S. 163.

VII.

Gutachten des Herrn Dr. Felix Hecht in Mannheim

über die Frage:

„Durch welche Einrichtungen läßt sich das gerichtliche Hinterlegungswesen am Zweckmäßigsten ersetzen?

Für die Erörterung der Frage ist es zweckdienlich, daß wir uns den derzeitigen Zustand des gerichtlichen Hinterlegungswesens in den deutschen Staaten vergegenwärtigen. Um ein Bild des gerichtlichen Hinterlegungswesens zu entwerfen, hat der Verfasser mit bewährten Juristen und Verwaltungsbeamten der einzelnen Staaten sich in Beziehung gesetzt und durch die bereitwilligst ertheilte Auskunft seine eigenen Untersuchungen ergänzt. Da ein innerer Zusammenhang zwischen den Gesetzen, Verordnungen und Instructionen über das Hinterlegungswesen der einzelnen Staaten nicht besteht, so geben wir die rechtsstatistische Uebersicht für die einzelnen deutschen Staaten, soweit wir dieselbe herzustellen vermochten, in alphabetischer Reihenfolge.

I.

Der zeitige Rechtszustand.

Anhalt-Dessau. Für Anhalt-Dessau gibt es nur zwei Verordnungen über das Depositenwesen; die eine vom 23. März 1772, die zweite vom 13. Januar 1789, auf deren Inhalt einzugehen sich nicht lohnt. Beachtenswerth ist ein Reglement für die Behandlung der Asservate bei den herzoglichen Kreisgerichten und Kreisgerichtskommissionen vom 26. September 1874.

Baden. Durch Gesetz vom 3. August 1837 wurde die Amortisationskasse als Hinterlegungskasse für baares Geld, welches nach den Gesetzen zur öffentlichen Hinterlegung sich eignet, bestimmt. Die Obereinnehmereien sind beauftragt, Namens der Hinterlegungskasse die Zahlungen zu empfangen und die Rückzahlungen zu leisten. Die Hinterlegungskasse verzinst die hinterlegten Gelder mit 2 Procent, wenn die hinterlegten Summen über 50 fl. betragen, jedoch erst vom 91. Tag nach der Hinterlegung an; das Verfahren bei der Hinterlegung und der Rückzahlung ist eingehend geregelt.

Zu dem Gesetze trat eine Instruktion des Finanzministeriums vom 23. December 1837 über die Behandlung der Einnahmen und Ausgaben der Hinterlegungskasse und des Justizministeriums vom 28. December 1837. Aus den Eingangsworten der ebenfalls hierher gehörigen Justizministerialinstruktion vom 11. October 1839 über das Verfahren der Behörden, welche die Hinterlegung verfügen, ersieht man, daß die gesetzlichen Bestimmungen und Verordnungen „von den meisten Behörden, welche in den Fall kommen, Hinterlegungen zu verfügen oder zu beurkunden" nicht beachtet wurden. Unter dem 21. August 1850 erließ das Ministerium des Innern eine Verordnung, wonach die in gerichtlichen Untersuchungen zu Caution gegebenen Werthpapiere dem Generallandesarchiv zur Aufbewahrung zu übergeben seien. Unter dem 31. December 1856 erging eine Verordnung des Justizministeriums, die Ordnung des Depositenwesens bei den Bezirksämtern betreffend, welche die bestehenden Formalitäten zu vereinfachen bezweckte, „für diejenigen Gegenstände, welche zufolge einer gesetzlichen Vorschrift oder sonst im öffentlichen Interesse von Gerichts- oder Verwaltungsbehörden in Verwahrung genommen werden." Zu beachten ist auch das Gesetz über die Verwaltung der freiwilligen Gerichtsbarkeit und über das Notariat vom 28. Mai 1864 § 2, Z. 7 und § 47 Z. 3 verb. mit Geschäftsordnung für die Gerichtsnotareund Notare vom 7. Sept. 1864, Tit. I. § 1 Z. 1.

Bayern. Das gerichtliche Depositenwesen ist für Altbayern durch die Verordnung vom 28. Mai 1862, die Behandlung der Gerichtsdepositen in den Kreisen des Königreichs diesseits des Rheins betreffend, geregelt worden. Hiernach dürfen, wenn die Hinterlegung überhaupt gerechtfertigt ist, deponirt werden: Baares Geld, Staatsschuldscheine, Hypothekenbriefe, andere Schuldverschreibungen, sonstige dem Geld gleich zu achtende oder einen Geldbetrag darstellende Papiere, Pretiosen; andere Gegenstände nur unter der weiteren Voraussetzung, daß hier die sichere Aufbewahrung unter ordentlichem Verschluß ohne Gefahr des Verderbens stattfinden kann. Die Aufbewahrung geschieht unter doppeltem Verschluß. Die deponirten Gelder dürfen mit Amtsgeldern nicht vermengt werden. Die Gerichte, welchen die Fürsorge für die verzinsliche Anlage deponirter baarer Gelder obliegt, haben bis zur Ermittlung anderweiter Gelegenheit zur Ausleihung durch die Betheiligten, die Einsendung der in den einzelnen Massen verfügbaren Baarbestände an die königliche Bank, oder andere zur verzinslichen Annahme gerichtlicher Depositen ermächtigte Institute unverzüglich anzuordnen und sind von den Depositencommissären nöthigenfalls an die Erlassung desfallsiger Mandate zu erinnern. Die besonderen Bestimmungen der Verordnung beziehen sich auf das Verfahren bei der Annahme und Rückgabe von Depositen, sowie ferner auf die Asservate. Endlich sind in der Verordnung auch eingehende Vorschriften über die Buch- und Kassaführung enthalten und besondere Bestimmungen über die Aufbewahrung der Depositen und Ueberführungsstücke in Strafrechtssachen gegeben. Die Civilproceßordnung für das Königreich Bayern vom Jahre 1869 enthält in Bezug auf die gerichtliche Hinterlegung im Art. 132 einen Hinweis auf eine zu erlassende Verordnung für gerichtliche Hinterlegungen über die Art, wie diese Hinterlegungen stattzufinden haben, sowie über die Aufbewahrung und Wiederaushändigung der hinterlegten Gelder und Sachen. „Insbesondere kann durch Verordnung bestimmt werden, daß die Betheiligten die von ihnen zu hinterlegenden Gelder bei den in der Verordnung bezeichneten öffentlichen Kassen, Banken oder ähnlichen Anstalten einzuzahlen und bei Gericht nur die ihnen hierüber ertheilte Bescheinigung zu hinterlegen haben.“ Die in Aussicht gestellte Verordnung ist bis heute nicht erlassen worden.

Ueber einige gesetzliche Bestimmungen, welche in der Pfalz Geltung haben, s. Dr. Weis, Handbuch für Gerichtsvollzieher §§ 111, 112.

Für Braunschweig ist das Gesetz vom 27. December 1862, die im Besitz von Pflegbefohlenen befindlichen Werthpapiere betreffend, §§ 1, 3 4 und damit im Zusammenhang das Gesetz vom 20. August 1867 § 7, die Reform der herzoglichen Leihhausanstalt betreffend, von Wichtigkeit, ohne daß in denselben neue Gesichtspunkte enthalten wären.

Elsaß-Lothringen. Das gerichtliche Hinterlegungswesen hat mit der gesammten Depositenverwaltung in Elsaß-Lothringen unter deutscher Herrschaft eine durch die veränderten politischen Beziehungen des Landes und durch die Umgestaltung der Verwaltungseinrichtungen nothwendig gewordene Reorganisation erfahren. Die nachfolgende Darstellung verdanke ich der Güte des Herrn Advokatanwalt Dr. Carl Reinach zu Straßburg.

Das Gesetz vom 4. December 1872, betreffend die Depositenverwaltung, bestimmt in § 1:

„Alle Rechte und Verpflichtungen, welche bezüglich der Annahme, Verwaltung und Rückzahlung der Cautionen von Beamten, der gerichtlichen und administrativen Depositen und der verfügbaren Kapitalien von Bezirken, Kreisen, Gemeinden, öffentlichen Anstalten, Sparkassen und gegenseitigen Hilfsgenossenschaften nach bestehenden Gesetzen und Verordnungen dem trésor public und der caisse des dépôts et consignations beziehungsweise unter Verantwortlichkeit dieser Kassen den receveurs génerause und particuliers zukommen, werden auf die Landeskasse von Elsaß-Lothringen übertragen."

Die materiellen Bestimmungen über das gerichtliche Hinterlegungswesen sind durch dieses Gesetz nicht berührt worden; um daher den gegenwärtigen Zustand zu begreifen, wird es erforderlich sein, die französischen Einrichtungen einer kurzen Betrachtung zu unterwerfen.

Die französische Gesetzgebung hat erst seit der Revolution das gerichtliche Depositenwesen als einen Gegenstand staatlicher Fürsorge zu betrachten angefangen. Das ältere Institut der „receveurs des dépôt et consignations", welche das ausschließliche Recht der Aufbewahrung von Depositengeldern als ein käufliches, jeder staatlichen Aufsicht und Garantie ermangelndes Amt erworben hatte, wurde durch ein Gesetz vom 30. September 1791 beseitigt. Das Hinterlegungswesen fand zunächst in transitorischen Gesetzen eine vorläufige Organisation, bis der durch ein Gesetz vom 6 frimaire an VIII (27. November 1799) geschaffenen caisse d'amortissement de la dette publique durch ein weiteres Gesetz vom 28 nivôse an XIII (18. Januar 1805) durch die Consignationen übertragen wurden. Erst das Finanzgesetz vom 28. April 1816 schuf hierin eine Aenderung, und bildet zugleich die Grundlage des in Frankreich heute noch bestehenden Zustandes. Es verordnete die Liquidation der bestehenden und die Gründung einer neuen caisse d'amortissement und bestimmte im Art. 110:

„La caisse d'amortissement ne pourra recevoir aucun dépôt ni consignation, dé quelque espèce que ce soit. Les dépôts, les consigations, les services relatifs à la Legion d'honneur, à la compagnie des caraux, aux fonds de retraite et les autres attributions (l'amortissement excepté) confiées à la caisse actuellement existante, seront administrés par un établissement spécial sous le nom de caisse de dépôts et consignations.

Beide Kassen standen unter der Aufsicht einer Kommission, welche sich zusammensetzte aus einem Pair von Frankreich (ernannt vom Könige aus drei Kandidaten, welche die Pairskammer vorschlug); zwei Mitgliedern der Abgeordnetenkammer (ernannt vom Könige aus sechs Kandidaten auf Vorschlag der Abgeordnetenkammer); einem der drei Präsidenten des Rechnungshofes, welchen der König bezeichnete; dem gouverneur de la banque de France und dem Präsidenten der Handelskammer von Paris. Die Etablissements, heißt es in Art. 115, „sont placés, de la manière la plus spéciale, sous la surveillance et la garantie de l'autorité législative."

Eine königliche Ordonnanz vom 22. Mai 1816 sanctionirte den Grundsatz der strengen Trennung beider Kassen ungeachtet ihrer äußeren Vereinigung unter einer gemeinschaftlichen Verwaltung. Namentlich wurde eine separate Buchführung beider Kassen angeordnet und eine Reihe organisatorischer Bestimmungen getroffen, welche heute wenigstens für Elsaß-Lothringen antiquirt sind. Auch in Frankreich selbst haben die den innern Dienst regulirenden Bestimmungen vielfache nnd tiefgreifende Veränderungen erfahren (wie durch die Ordonnanzen vom 31. Mai 1838 und 13. Januar 1847), und namentlich die Aufsichtskommission wurde bei dem raschen Wechsel der Regierungsform häufig umgestaltet. Im Wesen aber ist die caisse des dépôts et consignations unverändert geblieben, wie sie das Gesetz vom 28. April 1816 geschaffen hatte.

Die Kasse war, wie schon aus dem Stiftungsgesetze hervorgeht, auf die Verwaltung gerichtlicher Depositen keineswegs beschränkt. Zu den verschiedenartigen Aufgaben, welche ihr von Anfang an zugetheilt waren, wurden durch spätere Gesetze zahlreiche neue und durchaus heterogene Bestimmungen zugefügt. —

Die wichtigste der gesetzlichen Anordnungen, welche das gerichtliche Hinterlegungswesen betreffen, ist die Ordonnanz vom 3. Juli 1816: „relative aux attributions de la caisse des dépôts et consignations." Die Kasse ist danach zur Empfangnahme von Depositengeldern (consignations judiciaires) allein und ausschließlich befugt, dergestalt, daß jede anderweite Hinterlegung nichtig und ohne liberatorische Wirkung ist, von richterlichen und Verwaltungsbehörden nicht verfügt wird und, wo sie Statt gefunden, als rechtsgültig nicht betrachtet werden kann. Ord. art. 1 und 3. Der Artikel 2 führt dann als Beispiele unter dreizehn Nummern eine große Anzahl von Fällen auf, in welchen die Hinterlegung bei der caisse des dépôts et consignations stattfinden müsse, und fügt in einer vierzehnten Nummer durch eine generelle Klausel auch diejenigen Fälle bei, welche eine ausdrückliche Erwähnung nicht gefunden. Die Einhaltung dieser gesetzlichen Anordnungen wird auf jede Art gesichert: der Nachweis der stattgehabten Hinterlegung bildet die Voraussetzung zur Eröffnung des Distributions- und des Rangordnungsverfahrens (art. 4), und in einem besondern Abschnitt (section II., art. 5—10) wird die Verpflichtung der „officiers ministériels ou autres, tenus de faire des versements à la caisse des dépôts et consignations“ geregelt, jede Zuwiderhandlung mit disciplinarer und gerichtlicher Bestrafung bedroht. Ein dritter Abschnitt endlich bestimmt die Verpflichtungen der Kasse und ihrer Beamten unter wiederholter Bezugnahme auf die materiellen Bestimmungen des Gesetzes vom 28 nivôse an XIII., namentlich bezüglich der Zinszahlung, welche nach Art. 2 des letzterwähnten Gesetzes mit dem 61. Tage nach der Hinterlegung zum Fuße von 3 % beginnt (Ord. art. 14), wie auch bezüglich der Rückzahlung der deponirten Summen und der Bedingungen, unter welchen sie stattzufinden oder zu unterbleiben hat (Gesetz vom 28. niv. an XIII. art. 4; Ord. art. 15 und 16).

Der materielle Inhalt der Ordonnance vom 3. Juli 1816 ist durch kein späteres Gesetz geändert worden. Nur wurde durch ein Gesetz vom 24. April 1833 (loi relative aux formes et au contrôle des récépissés et autres titres qui engagent le trésor public) für die caisse des dépôts et consignations ebenso wie für den trésor public bestimmt, daß eine bindende Verpflichtung abhängig sei von der Ausstellung einer Quittung mit Talon durch die hierzu ermächtigten Beamten (art. 1, 7).

Im Uebrigen bieten ein Interesse nur noch diejenigen Gesetze, welche bei Regelung anderweiter Materien mit der Aufbewahrung von Depositen sich zu befassen haben; die wichtigsten: die Expropriationsgesetze vom 30. März 1831 und vom 3. Mai 1841: das Gesetz über faillites und banqueroutes vom 28. Mai 1838, das Gesetz über die saisie immobilière vom 2. Juni 1841 (an dessen Stelle jetzt ein Gesetz vom 1. December 1873 getreten ist); das Gesetz vom 4. Juli 1865 über die provisorische Freilassung gegen Kaution.

Alle diese Rechte und Pflichten der caisse des dépôts et consignations sind nun auf die Landeskasse von Elsaß-Lothringen übergegangen. Die Prüfung der Verwaltung und die Abnahme der Rechnung erfolgt nach § 3 des Gesetzes vom 4. November 1872 alljährlich durch eine vom Oberpräsidenten zu berufende Kommission, bestehend aus einem höheren Beamten des Oberpräsidiums als Vorsitzenden, dem Vorstande der Landeshauptkasse und drei Mitgliedern der betheiligten Gemeinde- und Korporationsverwaltungen. Die Kommission reicht das Protokoll der Rechnungsabnahme mit Bericht dem Rechnungshofe des deutschen Reiches ein, welcher auf Grund einer nochmaligen Revision die Decharge ertheilt.

Nach § 2 des erwähnten Gesetzes ist der Oberpräsident ermächtigt, die Annahme, Verwaltung und Rückzahlung der eingehenden Gelder und den geschäftlichen Verkehr mit den Interessenten im Namen der Landeskasse unter seiner Oberaufsicht durch einen kündbaren Vertrag einem Bankinstitute gegen eine von diesem zu leistende Vergütung zu übertragen. An der Haftbarkeit der Landeskasse gegenüber den Interessenten wird durch solche Uebertragung nichts geändert.

Zufolge dieser ihm übertragenen Befugniß hat der Oberpräsident mit der Aktiengesellschaft für Boden- und Kommunalkredit in Elsaß-Lothringen unter dem 25. November 1872 einen von dem Aufsichtsrathe dieser Gesellschaft am 29. November 1872 genehmigten Vertrag geschlossen, wodurch die Gesellschaft gegen eine näher bestimmte Entschädigung die der Landeskasse obliegenden Funktionen, zunächst auf die Dauer von zehn Jahren, übernommen hat. In allen Städten von Elsaß-Lothringen, welche der Sitz eines Landgerichts sind, hat die Gesellschaft Agenturen zu errichten. Ueber die ihr anvertrauten Gelder führt die Gesellschaft eine von dem übrigen Geschäftsbetrieb gesonderte vollständige und klare doppelte Buchführung, welche jährlich auf den 31. December abzuschließen und längstens bis zum 15. Februar des folgenden Jahres der durch § 3 des Gesetzes vom 4. November 1872 eingerichteten Kommission vorzulegen ist. Ein auf die bestehenden Gesetze und Verordnungen sich gründendes Reglement ist von der Aufsichtsbehörde auszuarbeiten. Die Ausführung der Vertragsbestimmungen wird unter die specielle Aufsicht und Kontrole des nach § 57 der Statuten der Aktiengesellschaft beigegebenen Staatskommissars gestellt. [1])

Das ursprünglich provisorische Reglement wurde durch Erlaß des Oberpräsidenten vom 5. Januar 1875 durch ein definitives ersetzt. Danach wird bei der Gesellschaft eine besondere Staatsdepositenabtheilung unter der Bezeichnung „Abtheilung für die Verwaltung von öffentlichen Geldern" gebildet, welche unter der Aufsicht des Regierungskommissars durch das „Hauptbureau" in Straßburg, durch die am Sitz eines Landgerichts aufgestellten „Agenten", sowie durch die „Korrespondenten", deren

---

[1]) Das Statut der Gesellschaft datirt vom 8. Februar 1872 und wurde in Gemäßheit des mit Gesetzeskraft ausgestatteten Dekrets vom 28. Februar 1852 (décret sur le sociétés de crédit foncier) durch kaiserliches Dekret vom 18. März 1872 genehmigt Das Dekret vom 28. Februar 1852 unterstellte die société de crédit foncier der Aufsicht der Minister des Innern, des Ackerbaus und Handels und der Finanzen. Ueber die Aktiengesellschaft für Boden- und Kommunalkredit wird die Aufsicht der Staatsregierung nach Maßgabe der Art. 57—59 der Statuten durch einen Regierungskommissar ausgeübt

Zahl auf sämmtliche, nicht durch Agenten vertretene Kreisstädte in Elsaß-Lothringen ausgedehnt werden soll, und welche übrigens für die gerichtlichen Hinterlegungen nicht in Betracht kommen, die Depositenverwaltung übernimmt (§§ 1—10). Den „Gerichts- und Verwaltungsdepositen“ wird ein besonderer Titel C eingeräumt, und unter diesem Titel der Staatsdepositenabtheilung zugewiesen nicht nur „diejenigen baaren Gelder, welche auf Grund specieller Gesetzesvorschriften und richterlicher Anordnung oder auf Verfügung von Behörden hinterlegt werden müssen, sondern auch diejenigen Zahlungen, welche nach den bestehenden Gesetzen von einem Schuldner freiwillig gemacht werden, um sich von einer Schuld zu befreien (Realanerbieten)“.

Die Vereinnahmung von baaren Depositen erfolgt nur bei dem Hauptbureau in Straßburg oder bei den Agenten, gegen reglementmäßige Quittung, d. h. gegen Quittung mit Talon, welcher das Visum des Regierungskommissars trägt. Ohne dieses Visum wird eine Haftbarkeit der Landeskasse von Elsaß-Lothringen nach Maßgabe des Gesetzes vom 4. November 1872 nicht anerkannt (Gesetz vom 24. April 1833, Reglement §§ 27, 28, 106). Die §§ 108—110 des Reglements ordnen den Geschäftsgang für Einzahlungen, die §§ 111—117 denselben für Rückzahlungen. Die Prüfung über die Zulässigkeit der Rückzahlung steht ausschließlich dem Hauptbureau in Straßburg zu, an welches die Agenten alle bei ihnen einkommenden Anträge alsbald abzugeben haben.

Die §§ 118, 119 wiederholen die Zinsbestimmungen des Gesetzes vom 28. nivôse an XIII., die §§ 120—122 bestimmen den Inhalt der Quittungen über Rückzahlungen, § 123 endlich die Zeit und Art des Rechnungsabschlusses.

Für diesen wie für alle anderen Geschäftszweige wird eine gesonderte Rechnung geführt; die für den Dienst erforderlichen Formulare sind von dem Regierungskommissar festgestellt. —

Hessen-Darmstadt. In Hessen wurde unterm 20. October 1821 ein Gesetz über die Anlegung der Depositen bei der Staatsschuldentilgungskasse gegeben, welches sich lediglich auf die in umlaufenden baarem Gelde bestehenden Depositen bezieht. Das Gesetz wurde gegeben „um der Verwaltung von Geldern, welche im öffentlichen Gewahrsam hinterlegt sind, vollständige Sicherheit zu gewähren und solche Gelder für die Dauer ihrer Hinterlegung sowohl zum Vortheil der daran Betheiligten, als zum Vortheil des Staates (!) nutzbar zu machen“.

Es sollten hiernach alle, durch Verfügungen der Gerichte oder der Verwaltungsbehörden angeordneten, sowie alle bei einer öffentlichen, nach den Gesetzen zum Empfang beauftragten Behörden freiwillig hinterlegten

Depositen, welche in umlaufenden baaren Geldern bestehen, bei der Staatsschuldentilgungskasse angelegt und von derselben jährlich mit drei Prozent verzinst werden. Von jeder Behörde, welche eine solche nicht freiwillige Deposition anordnet, muß der Staatsschuldentilgungskasse Nachricht gegeben werden. Die Anlegung geschieht nach Wahl der Deponenten entweder durch Einzahlung in die Staatsschuldentilgungskasse selbst, oder durch Einzahlung für deren Rechnung in den Provinzen Starkenburg und Oberhessen an die Obereinnehmer der directen Steuern, in der Provinz Rheinhessen an die Centralkasse in Mainz. Die Verzinsung der Gelder beginnt nach Ablauf von 60 Tagen seit der Einzahlung an eine dieser Kassen und läuft bis zum Tag der Rückzahlung, bei welcher auch die Zinsen abgetragen werden. Von den ersten 60 Tagen seit der Einlage und von Depositengeldern, welche innerhalb derselben zurückgezahlt werden, werden keine Zinsen vergütet. Dieses Gesetz wurde durch eine Bekanntmachung des Staatsministeriums vom 25. Oktober 1821 ergänzt, betreffend die Rückzahlung der bei der Staatsschuldentilgungskasse angelegten Depositengelder, sowie ferner durch die Verordnung vom 6. December 1825, die Aufbewahrung der Depositen bei den Stadt- und Landgerichten betreffend. Diese Verordnung bezieht sich auf die Aufbewahrung von Werthgegenständen, abgesehen von baarem Geld, und will für dieselben gleichförmige Einrichtung und möglichste Sicherstellung der Deponenten bewirken. Endlich erging noch unterm 8. December 1847 ein gemeiner Bescheid, die Depositen bei Großh. Hofgerichte der Provinz Starkenburg betreffend.

In Rheinhessen gelten im Wesentlichen die Grundsätze des französischen Rechts. Das dépot judiciaire Code-civil art. 1961 ff. hat nur die Bedeutung, daß das Gericht in einzelnen Fällen, namentlich dann, wenn das Eigenthum oder der Besitz von beweglichen oder unbeweglichen Gegenständen zwischen mehreren Parteien streitig ist, eine Sequestration dieser Gegenstände anordnen kann. Mit dieser Anordnung hat dann aber die Thätigkeit des Gerichts ihr Ende erreicht; die Ausführung ist Sache der Parteien, und das Rechtsverhältniß, welches zwischen diesen und dem Sequester besteht, wird nach den Grundsätzen des Depotvertrages beurtheilt. Abgesehen von dieser gerichtlichen Sequestration kennt die Gesetzgebung eine Reihe von Fällen, in welchen eine Hinterlegung mit bestimmten rechtlichen Wirkungen theils gestattet, theils geboten ist. Was zunächst die freiwillige Hinterlegung betrifft, so bezieht sie sich auf die Fälle, in welchen der Schuldner sich von einer Rechtsverbindlichkeit gegen seine Gläubiger liberiren will und dies mittelst der Hinterlegung thun kann.

In dieser Hinsicht wird zwischen der Hinterlegung eines Geldbetrags und der Deponirung anderer Gegenstände unterschieden. Insbesondere bedarf es bei der Hinterlegung, welche nicht in baarem Gelde besteht, keines Realofferts, dagegen der gerichtlichen Autorisation zur Deponirung, und es gibt für sie nicht, wie bei der Hinterlegung von baarem Geld, eine gesetzliche Consignationsstelle.

Das Gesetz schreibt ferner in einzelnen Fällen die Hinterlegung vor, so im Falle einer succession vacante. Wenn der Erlös einer Mobiliar-Execution zur Befriedigung der exequirenden Gläubiger nicht ausreicht, und letztere nicht binnen Monatsfrist unter einander und mit dem Schuldner sich in Betreff der Vertheilung verständigen, so muß der Beamte, welcher die Veräußerung vorgenommen hat, den Erlös abzüglich seiner Kosten consigniren.

Bei der Expropriation im öffentlichen Interesse muß nach dem hessischen Gesetze vom 27. Mai 1821 die Verwaltungsbehörde, welche vor der richterlichen Entscheidung über die Höhe der Entschädigung in den Besitz des zu expropriirenden Terrains eingewiesen sein will, den von der Localcommission taxirten Entschädigungsbetrag vorerst consigniren.

Für Lippe-Detmold ist noch heute die Depositalordnung vom 12. März 1789 maßgebend.

Lübeck. Ein gerichtliches Hinterlegungswesen in der Weise, daß Vermögensmassen bei Gericht deponirt, und durch dasselbe verwaltet werden, besteht in Lübeck nicht, denn:

1. Concursmassen werden durch die gerichtlich aus der Zahl der Advokaten resp. bei handelsgerichtlichen Concursen von den Gläubigern aus ihrer Mitte gewählten Güterpfleger verwaltet, und führt das betreffende Concursgericht nur die Oberaufsicht.
2. Vermögen Minderjähriger werden von den Vormündern verwaltet, unter Oberaufsicht der Vormundschaftsbehörden (Verwaltungsbehörden, nicht Gerichte).
3. Erbschaftsmassen werden durch die betheiligten Erben, Testamentsvollstrecker oder Nachlaßcuratoren ohne Concurrenz der Gerichte regulirt.

Gerichtliche Deponirungen kommen nur in 3 Fällen vor:

a. Die Concursordnung vom 17. September 1862 schreibt im § 80 vor:

„Die für die Masse eingegangenen Gelder, soweit sie nicht zur Bestreitung laufender Verwaltungsausgaben erfordert und die etwa vorhandenen auf Inhaber lautenden Werthpapiere sind von den Güterpflegern in die gerichtliche Depositenlade niederzulegen. Es können jedoch solche Gelder auch . . . ganz oder theilweise bei öffentlichen Kassen, bei obrigkeitlich bestätigten Anstalten, sowie gegen pupillarische Sicherheit auch anderweitig zinsbar belegt werden. In solchem Falle sind die erlangten Schuldurkunden in die Depositenlade abzuliefern."

b. In Fällen, in welchen nicht die durch die Civilprozeßordnung festgesetzten Ausnahmen stattfinden, haben die Kläger in Civilprozessen, wenn die Beklagten es beantragen, eine Caution für die Prozeßkosten zu deponiren.

c. Wenn in einem Civilprozeß der Beklagte einen Theil der Forderung einräumt, so wird dieser Betrag nicht selten gerichtlich deponirt.

Gesetzliche Bestimmungen über die Verwaltung dieser Deposita gibt es nicht; dagegen enthalten die den Gerichts-Actuaren ertheilten, vom Senate erlassenen Instruktionen die in der Anmerkung enthaltene Bestimmung.[2])

Ueber alle zum Depositum gekommenen Gelder und Werthsachen mit Ausnahme der oben gedachten Cautionen und den Betrag von 100 Mark Courant (120 M.) nicht übersteigenden Deposita werden den Deponenten unaufgefordert und auch, wenn diese es nicht verlangen, Depositionsscheine ertheilt, in denen ausdrücklich bemerkt ist, daß eine Uebertragung etwaiger dem Deponenten an dem Deposito zustehenden Rechte an Dritte ohne besondere Erlaubniß des . . . . gerichts unzulässig sei.

In **Mecklenburg** gelten folgende Grundsätze:

1. Die Vormünder und Curatoren verwalten das Curatelvermögen durchaus selbständig; sie haben und behalten die betreffenden Werthpapiere, sowie das baare Geld bis zur Beendigung der Curatel und legen ähnlich Rechnung.
2. In Concursfällen haben die curatores bonorum die Masse selbständig in Händen und verwalten dieselbe.

Es kommen also im Gebiete der Vormundschaften, Curatelen und Concursen-Depositionen bei Gericht nicht vor.

---

[2]) Das Depositenwesen des . . . . gerichts ist ihm (dem Aktuar) übertragen. Deposita, welche 100 Mark Courant (120 Reichsmark) nicht übersteigen, sowie überhaupt die als Caution für die Prozeßkosten eingehenden Deposita darf er unter seinem alleinigen Verschlusse, jedoch nur im Gerichtshause aufbewahren; alle übrigen Deposita hingegen hat er unmittelbar nach deren Eingange in den Depositenschrank zu liefern, welcher sich unter Verschluß des Gerichtsvorsitzenden und des Aktuars im Gerichtshause befindet.

3. In den übrigen Depositionsfällen wird das baare Geld oder der betr. Werthgegenstand bei Gericht eingereicht und ein Depositionsschein darüber ertheilt. Siehe auch Depositenordnung für die Amtsgerichte vom 11. Febr. 1835.

Preußen. Innerhalb des Preußischen Staates gibt es derzeit noch nicht eine einheitliche Organisation des Hinterlegungswesens. Die Abtrennung desselben von den Gerichten ist noch nicht durchgeführt. Das Gesetz vom 19. Juli 1875 will beides lediglich vorbereiten. Es gibt im ersten Abschnitte Bestimmungen für die Landestheile, in welchen die Depositalordnung vom 15. September 1783 gilt, mit Einschluß der Gebietstheile der Provinz Hannover; im zweiten Abschnitte sind Bestimmungen für den Bezirk des A. G. zu Köln, im dritten Bestimmungen für den Bezirk des A. G. zu Wiesbaden enthalten. Die in den alten preußischen Landestheilen derzeit noch geltenden Grundsätze des gerichtlichen Hinterlegungswesens sind neuerdings so übersichtlich zusammengestellt, daß auf diese Zusammenstellung hier lediglich verwiesen werden kann.[3])

In der preußischen Rheinprovinz, soweit dieselbe den Bezirk des A. G. zu Köln umfaßt, waren nach Aufhören der französischen Herrschaft und nach Beseitigung provisorischer Bestimmungen folgende Einrichtungen in Betreff des Hinterlegungswesens getroffen worden:

1. Zufolge Justizministeral-Rescripts vom 19. April 1837 war das Bank-Comptoir zu Köln als diejenige Stelle bezeichnet worden, wo alle gerichtliche Hinterlegungen erfolgen sollten, und in diesem Rescripte ist auch das Verfahren, wie diese Hinterlegungen zu bewerkstelligen seien, geregelt.[4])

Durch ein Rescript vom 13. December 1837[5]) und durch eine C. O. vom 11. April 1843[6]) wurde verfügt, daß bei Bewerkstelligung dieser Hinterlegungen ausländische wie inländische Geldmünzen ausgeschlossen seien. Ferner hatte ein Regulativ vom 29. Mai 1841[7]) betreff. die Verwaltung vacanter Nachlassenschaften bestimmt, daß die Gelder aus solchen Nachlaßmassen bei der betreffenden Regierungshauptkasse hinterlegt werden sollen.

---

[3]) Siméon, das gerichtliche Hinterlegungswesen. Eine Zusammenstellung der dabei in Betracht kommenden Vorschriften, nebst Formularen und Sachregister. Berlin 1876 (Verl. der Geh. Oberhofbuchdruckerei). S. auch die Gesetze und Verordnungen über das Hinterlegungswesen (Depositalwesen), Berlin 1876 (Verl. von J. Guttentag), insbes. die Einleitnng.

[4]) Lottner'sche Sammlung von Gesetzen. V. 2c., herausgegeben vom Büreau des Justizm. Bd. 6, S. 174.

[5]) ibid. S. 361.

[6]) ibid. Bd. 9, S. 24.

[7]) ibid. Bd. 7, S. 300.

Allein unter Aufhebung dieses Regulativs verfügte ein neues, vom 8. Juni 1864 [8]), daß die fraglichen Hinterlegungen bei der inzwischen entstandenen Depositenkasse in Köln geschehen sollen. Sodann bestimmte das Gesetz vom 27. Mai 1857, [9]) welches das Verfahren von Expropriationen von Grundeigenthum in der Rheinprovinz regelte, und das dazu erlassene J. M. R. vom 29. December 1857, das Verfahren über die nöthig werdenden Hinterlegungen der Gelder für die vorläufig festgesetzten Entschädigungen bei der Bank, bezw. der Depositenkasse (s. Enteignungsgesetz vom 11. Juni 1874, § 37, Abs. 2). Endlich verfügte unter Beseitigung der frühern Vorschriften das Gesetz vom 24. Juni 1861, daß für alle Hinterlegungen die neu zu errichtende Depositenkasse in Köln eintreten sollte. Zu diesem Gesetze erschien Geschäftsanweisung für die Depositenkasse vom 20. Decbr. 1862, in deren § 2 die Fälle der Hinterlegungen aufgeführt sind. Siehe auch den Nachtrag zur Geschäftsanweisung vom 27. Juni 1863, welche den Verkehr der Depositenkasse mit der preußischen Bank regelt, an deren Stelle nun die Reichsbank getreten ist.

In Rücksicht auf die im Bezirk des A. G. zu Wiesbaden geltenden Bestimmungen, siehe auch die Guttentag'sche Ausgabe der Gesetze über das gerichtliche Hinterlegungswesen, S. 25 ff.

Ebendaselbst finden sich S. 154 ff. die Gesetze über das Depositalwesen in der Provinz Hannover.

In der Provinz Kurhessen besteht noch die Depositenordnung vom 29. September 1823.

Hiernach sollte bei jeder Civilgerichtsbehörde (mit Ausnahme des Oberappellationsgerichts) das Kassen- und Rechnungswesen über die bei dem Gerichte hinterlegten Gegenstände durch zwei Depositare besorgt werden. Für jede Provinz sollte unter der Aufsicht des Ministeriums des Innern eine Hauptdepositencommission bestehen. Der Hauptdepositenkasse waren insbesondere die baaren Gelder, deren Auszahlung innerhalb 4 Wochen nicht zu erwarten war, einzusenden. Die Hauptdepositencommission hatte die Anlegung dieser Gelder zu besorgen, „um den Deponenten oder den sonst Betheiligten eine baare Verzinsung zu gewähren und den durch außerordentliche Unfälle zurückgekommenen Landwirthen mit Darlehen zu mäßigen Zinsen Hülfe zu verschaffen.“

In Frankfurt a. Main war das Rechneirentamt bis zum Juli 1866 städtische und Staatskasse und fungirte zugleich als Depositalstelle. Deponirt wurden in Rechtstreitigkeiten diejenigen Beträge, deren Hinterlegung das

---

[8]) ibid. Bd. 12, S. 447.

[9]) Gesetzessammlung für Preußen vom Jahre 1857, S. 473.

Gericht verfügte, in Vormundschaftssachen die Werthpapiere mit Talons, in Nachlaßsachen, in welchen eine gerichtliche Erbschaftsregulirung stattfand, die Werthobjecte, jedoch nur bei bedeutenden Beträgen. Das Rechneirentamt vergütete niemals Zinsen, ließ sich vielmehr bei allen Depositen, außer den vormundschaftlichen, ein Drittel Prozent Leggebühr zahlen; dagegen nahm eine andere städtische Behörde, das Pfandamt, jetzt Pfandhaus, Gelder von Vormündern und Privaten mit 3 % Verzinsung an. Seit 1866 ist das Rechneirentamt, jetzt Rechneiamt, nur noch städtische Behörde. Eine Depositalstelle existirt nicht; indessen wird das Rechneiamt doch noch als solche benutzt. Neuerdings haben sich namentlich in Folge des neuen preußischen Entäußerungsgesetzes große Mißstände gezeigt.

Im Fürstenthum Reuß ä. L. gilt noch immer die Kursächsische Prozeßordnung von 1622, das sächsische gemeine Landrecht, die ersten drei Theile der edirten, von Carpzov commentirten Augusteischen Constitutionen, diese letztern jedoch nicht in vollem Umfange. Subsidiär gelten die gemeinrechtlichen civilprozessualischen Grundsätze, und diese kommen insbesondere auch für das depositum judiciale zur Anwendung.

Königreich Sachsen. Die Gesetze, durch welche die Einrichtung des Depositenwesens geregelt ist, beziehen sich theils auf die Königlichen Gerichte, theils auf die vormaligen Patrimonialgerichte. Auf die ersteren bezieht sich die General-V. 6, das Amtsdepositenwesen betr. vom 1. November 1814, auf die letzteren das Generale vom 20. Juni 1817. Ueber Sportel- und Taxordnung s. auch die Taxordnung vom 26. Novbr. 1840, Tit. III. Nr. 57—62. Auf der Basis dieser allgemeinen Grundlagen hat sich manches an der Hand des Gerichtsgebrauchs und der den individuellen Bedürfnissen entsprechenden Anforderungen, beziehungsweise im Verordnungswege ausgebildet. Die Generalverordnung vom 1. November 1814 besteht in der Hauptsache noch jetzt in Kraft. Siehe jedoch auch Regulativ für das Depositen- und Sportelwesen vom 15. September 1856, Abth. II. Ueber die Voraussetzung einer Erfüllung bestimmter Obligationen durch gerichtliche Hinterlegung sind die §§ 756 ff. des bürgerlichen Gesetzbuchs maßgebend, durch welche die Vorschriften des älteren Rechts (Münzmandat vom 21. Juli 1623, conf. Haubold, sächs. Privatrecht § 275) zum Theil aufgehoben sind. Die Frage, ob sich ein Gegenstand zur gerichtlichen Deposition eigne, ist Sache des richterlichen Ermessens, und es findet hier § 36 des Gesetzes, die höheren Justizbehörden rc. betr, vom 28. Januar 1835 Anwendung. Die Fälle der gerichtlichen Deposition und der Mechanismus der Hinterlegung bieten nichts Bemerkenswerthes.

Sachsen-Altenburg. Für das Depositenwesen bei den Untergerichten ist das Patent vom 18. December 1840 und für das Appellationsgericht die Depositalordnung vom 17. December 1875 maßgebend. Einzelne Bestimmungen des erstgenannten Patents haben inzwischen allerdings ihre praktische Geltung verloren. Das Patent beruht auf veralteten Principien, indem es eine Ausleihung der deponirten Gelder etwa bei einer Generaldepositenkasse nur als Ausnahme gestattet. Allein thatsächlich geschehen solche Ausleihungen bei irgend bedeutenderen Summen, die auf längere Zeit zu deponiren sind, jetzt in der Regel, und zwar meist bei der herzoglichen Landesbank, welche über die Einlage einen auf Namen lautenden Schuldschein ausstellt. Die Gelder werden von derselben mit 4% gegen halbjährige Kündigung verzinst, nach Uebereinkommen bei kurzer Kündigungsfrist mit 2½ oder 3%. Die ausgestellten Schuldscheine werden dann als Werthpapiere im Depositum niedergelegt. Außerhalb der Residenzstadt, dem Sitz der Landesbank, erfolgen solche Einlagen auch vielfach bei den Sparkassen. Die Einlagen bei der Landesbank haben das Unbequeme, daß dieselben nur in runder Summe von mindestens 100 Mark und darüber nur mit Summen, welche mit 50 theilbar sind, geschehen können. Ist das Depositum also eine ungerade Summe, so bleiben immer Theilsummen im Depositum zurück. Die Depositengebühren sind geregelt durch die Taxordnung vom 22. Mai 1841 und das Patent zur Erläuterung resp. Abänderung und Ergänzung des Gesetzes vom 22. Mai 1841, erlassen am 20. Januar 1855. Die mir abschriftlich vorliegende Depositalordnung des Appellationsgerichts zu Altenburg ist eine sehr sorgfältige Arbeit, auf welche wir jedoch hier nicht näher eingehen dürfen.

Sachsen-Coburg. Eine Verordnung vom 28. December 1809, die herzogliche Leihbank betreffend, wies die gerichtlichen Depositengelder dem Leihhaus zu, welches dieselben mit zwei Procent zu verzinsen hatte. Diese Anstalt wurde später aufgehoben, und ein Reskript vom 20. Februar 1813 befahl, daß die Depositalgelder unter denselben Bedingungen, wie es bisher bei der Leihbank geschehen, an die Landes- und Kriegskasse eingezahlt werden sollen. An Stelle der letztgenannten Kasse ist dann die Staatsschuldentilgungskasse getreten. Eine durchgreifende Aenderung trat mit dem Gesetze vom 22. Juni 1863 ein. Hiernach sind baare Geldbeträge von mindestens 25 fl., welche in das Depositum einer öffentlichen Behörde eingezahlt worden sind und voraussichtlich länger als vier Wochen in demselben verbleiben, sofort dergestalt verzinslich anzulegen, daß sie je nach der Größe des Betrags spätestens binnen 4 Wochen nach erfolgter Kündigung wieder erhoben werden können. Die verzinsliche Anlegung baarer Gelddeposita kann nur bei den Sparkassen zu Coburg und Rodach erfolgen. Die Schuldscheine dieser Kassen sind alsbald außer Cours zu setzen und von derjenigen Behörde, bei welcher die Deposition geschehen ist, in sichere Verwahrung zu nehmen Anfallende Jahreszinsen hat die Behörde rechtzeitig zu erheben oder nach Befinden zum Kapital schreiben zu lassen. Nach dem Gesetze vom 27. Juli 1865, die Errichtung einer Landrentenbank betreffend, Art. 6, kann die Anlegung baarer Gelddeposita auch bei der Landrentenbank erfolgen.

Ueber die Aufbewahrung solcher Deposita, welche nicht aus baarem Gelde bestehen, gibt es keine Gesetzesbestimmung, thatsächlich werden solche Deposita in den Gerichtsräumen unter Aufsicht des Beamtenpersonals verwahrt.

Sachsen-Gotha. Die Grundlage des gerichtlichen Depositalwesens bildet die Proceßordnung von 1776, p. IV., c. V., § 5, nebst dem dazu ergangenen Zusatz IV. von 1784, Z. 3,[10]) ferner Patent X. vom 23. Februar 1828, § 25. Dies verordnet unter Berufung auf die Unwirthschaftlichkeit des bisherigen Verfahrens, daß die Depositalbehörde baare Deposita von mehr als 50 Thlr., wenn die Depositalzeit voraussichtlich 3 Monate übersteigen wird, auf sichere Weise zinsbar anlegen soll, entweder unmittelbar oder durch die Verwalter der betreffenden Vermögensmassen (Vormünder, Kuratoren u. s. w.). Letztere sind jedenfalls zu hören, wenn die Anlage durch das Gericht selbst auf andere Weise als gegen Hypothek oder dieser gleichstehenden Sicherheit erfolgen soll. Zum Zweck nutzbarer Anlage dürfen mehrere Deposita zusammengezogen werden.

Das gerichtliche Depositenwesen liegt der Hauptsache nach in der Hand der Untergerichte: Stadtgericht zu Gotha und Justizämter für die übrigen Bezirke des Herzogthums. Von diesen ressortiren: die ganze freiwillige Gerichtsbarkeit (besonders Erb- und Vormundschaftswesen), alle Concurse, sowie die summarischen Streitsachen. Bei dem Kreisgericht zu Gotha können ausnahmsweise in solchen Sachen, für welche dasselbe erste Instanz ist, Depositen vorkommen, besonders also in Angelegenheiten der landesherrlichen Familie und Fideikommisse, Ehesachen, Ordinarprocessen.

Nach Gesetz Nr. 550 v. 21. September 1857, § 4, ist gegenwärtig das Kreisgericht Aufsichts- und Beschwerdeinstanz gegenüber dem Stadtgericht und den Justizämtern auch für Depositalsachen. Nach § 7 desselben Gesetzes steht die Oberaufsicht dem Appellationsgericht (jetzt zu Eisenach)

---

[10]) Danach sollen die Deposita unter gemeinschaftlichem Verschluß zweier Gerichtsbeamten stehen, welche solidarisch haften. Es sind über die gerichtlichen Depositen besondere Bücher zu führen; alle Einträge, sowie die über die einzelnen Deposita zu ertheilenden Depositenscheine müssen ebenfalls die Signatur resp. Unterschrift von zwei Beamten tragen. (Die wesentliche Garantie für eine geordnete und redliche Verwaltung wird hiernach in der Duplizität gesucht.) Nach der Proceßordnung sind auch baare Deposita in natura aufzubewahren.

zu; dasselbe ist auch vorkommenden Falls in kreisgerichtlichen Depositalsachen als 2. Instanz anzusehen.

Ein Gesetz vom 1. März 1855 ordnet das Ediktalverfahren außerhalb des Processes und u. A. auch dasjenige behufs Vereinigung gerichtlicher Deposita bei Unbekanntschaft oder Verschollenheit des Eigenthümers resp. Deponenten.

Nach der gegenwärtigen zum Theil ausdrücklich von der Staatsregierung gebilligten Praxis erfolgt die vorübergehende Anlegung gerichtlicher Depositalgelder (also abgesehen von deren dauernder Belegung auf Hypothek in Werthpapieren u. s. w.) vielfach bei der Privatbank zu Gotha, der Sparkasse daselbst und deren Filialen, sowie bei den verschiedenen Gewerbebanken.

Sachsen-Meiningen. Die Verordnung vom 29. März 1833, das Depositenwesen bei den landesherrlichen Gerichten betreffend, ist noch in Kraft. Bei dem Oberlandesgericht und bei jedem Kreis- und Landgericht soll das Depositenwesen durch zwei ständig damit beauftragte Depositare besorgt werden. Die Depositare sind solidarisch dafür verhaftet, daß das Depositum sicher aufbewahrt und seiner Zeit zurückgegeben wird. Besteht das Depositum in Geld, so haben die Beauftragten für die vorschriftsmäßige Verwaltung zu sorgen. In Ansehung der Haftung der Depositare bezw. der Staatskasse für den Schaden, welcher durch Vorsatz oder Vernachlässigung den Interessenten entsteht, gelten die allgemeinen Gesetze. Baare Depositen werden, wenn sie nicht unter fl. 25 betragen und nicht das Gericht deren Verwechslung ausdrücklich untersagt hat, auch die Rückzahlung in den nächsten drei Monaten nicht zu erwarten steht, gegen 2 Procent Zinsen an die Schuldentilgungskasse ausgeliehen. Dieser Kassaverwaltung ist die Nummer des Depositums im Depositenbuch anzugeben und dieselbe hat sie im Staatsschuldbuch zu bemerken und auf den Schuldschein zu setzen. Von solchen ausgeliehenen Depositen sind die Zinsen, sobald sie wenigstens fl. 25 betragen, zu erheben, im Depositenbuch in Einnahme zu stellen und wieder als Kapital verzinslich an die Schuldentilgungskasse auszuleihen. Concursgelder sind, so lange kein Güterpfleger bestellt ist und sofern die Gläubiger nicht ein Anderes bestimmen, wie Depositen zu behandeln. Sie werden jedoch, wenn sie mindestens fl. 50 betragen, als Kapital gegen vertragsmäßige Zinsen bis zu 4 Procent mit dreimonatlicher Kündigungsfrist an die Schuldentilgungskasse ausgeliehen. Gesetz vom 10. August 1832, Art. 2.

Sachsen-Weimar. Maßgebend ist das Gesetz vom 12. Februar 1840 über die Verwaltung der Depositen, und ferner sind zu berücksichtigen: Minist.-Bektm. vom 13. December 1852, Gesetz vom 1. März

1859, Appell.-Ger.-Bektm. vom 16. Mai 1863, Gesetz vom 28. September 1865, Minist.-Bektm. vom 16. November 1866, Gesetz vom 8. März 1869, Gesetz vom 29. März 1873, Minist.-Bektm. vom 14. December 1874. Die Deposita werden durchweg bei den Gerichten selbst unter der Haftbarkeit dreier Personen hinterlegt.

Waldeck. Das Gesetz vom 24. Oktober 1854 bestimmt: Alle aus einem Rechtsstreite oder zur Sicherung einer Forderung gerichtlich deponirten Gelder, sowie alle aus administrirten Vermögensmassen, Vormundschaften, Kuratelen 2c. 2c. eingehenden Gelder können von den Verwaltern, Kuratoren, oder falls sie von den Gerichten selbst verwaltet werden, von diesen in Waldeckschen, auf den Inhaber lautenden Obligationen, denen jedoch die zugehörigen Zinscoupons beigegeben sein müssen, angelegt werden, und müssen die Parteien, Mündel, Kuranden die Obligationen statt baar annehmen. Ferner enthält das Gesetz vom 4. November 1854 § 13 die Bestimmung, daß die Rentenbriefe behufs der Erlegung gerichtlicher oder vormundschaftlicher Depositalgelder angenommen werden können. Die Bestimmungen kommen in der Praxis selten zur Anwendung, weil derartige Papiere sehr schwer zu haben sind und weil sie keinen Börsencours haben. Deßhalb bleiben die Depositalgelder, wenn die Interessenten sich nicht über verzinsliche Anlegung einigen, im gerichtlichen Gewahrsam liegen. Man einigt sich zuweilen dahin, daß die Anlegung bei einer der Waldeckschen Sparkassen erfolgt.

Ueber die gerichtliche Verwahrung der Depositalgelder fehlt es an eingehenden Bestimmungen. Die Führung eines Buchs über die Depositen und die Trennung derselben von anderen Geldern ist in der Instruktion für die Sportelkasseverwaltung vom Jahre 1872 vorgeschrieben. Die Annahme und Aushändigung von Depositen darf nur gemäß richterlicher Verfügung erfolgen. Die Deposita werden unter doppeltem Verschluß des Richters und des Sportelnreceptors laut Instruktion verwahrt.

Württemberg. Für Württemberg ist noch die unter dem 30. December 1822 erlassene „provisorische Verordnung“ in Kraft. Die „Instruktionspunkte“ der Verordnung beschäftigen sich zunächst mit den Depositen bei den höheren Gerichten; die hinterlegten Gegenstände bleiben im gerichtlichem Gewahrsam; nur baare Gelder sollen, wenn sie voraussichtlich länger als drei Monate in dem Depositorium aufbewahrt bleiben, und 100 fl. oder darüber betragen, nicht müßig liegen bleiben, sondern bei der Hofbank, die solche anzunehmen verpflichtet ist, zinsbar angelegt werden. Sollte sich jedoch Gelegenheit finden, dergleichen Gelder anderwärts vortheilhafter und sicher unterzubringen, so kann dies ohne Anstand von dem Kollegium oder dem einzelnen Senat unter der Verantwortlichkeit seiner

Mitglieder angeordnet werden. Weitere eingehende Vorschriften sind für die Depositen bei den Untergerichten gegeben.

In den folgenden Jahren entstanden insbesondere darüber Zweifel, welche Gegenstände in die gerichtlichen Depositorien und Depositenverzeichnisse gehören, und es erging deswegen ein Erlaß des Justizministeriums an das Obertribunal vom 14. Februar 1825, die Uebergabe von Depositen von der einen an die andere Gerichtsstelle betreffend.

Ferner gehört hierher eine Bekanntmachung des Justizministeriums vom 14. Februar 1825, die Aufbewahrung der Zugangsinventarien der Exemten erster und zweiter Klasse in den Gerichtsdepositorien betr.[11]) Eine unwesentliche Aenderung ist im Jahre 1870 insofern eingetreten, als die Führung eines Duplicats der Depositenbücher abgeschafft wurde und der Sturz der Depositen nur einmal jährlich statthaben soll.

II.

Reformen.

Diesem Zustande des gerichtlichen Hinterlegungswesens in den einzelnen deutschen Staaten gegenüber entsteht nun zunächst die Frage, ob nicht eine Reform des gerichtlichen Hinterlegungswesens anzustreben sei. Die ständige Deputation des deutschen Juristentages hat die Frage durch die Art der Fragestellung verneint, denn die zur Begutachtung gestellte Frage lautet: durch welche Einrichtungen läßt sich das gerichtliche Hinterlegungswesen ersetzen?

Es erscheint bemerkenswerth, daß dem Verfasser aus den meisten deutschen Staaten auf die Frage, ob sich Mißstände in Bezug auf das gerichtliche Hinterlegungswesen ergeben haben, mitgetheilt wurde, daß solche Mißstände nicht zu Tage getreten sind und daß ein Reformbedürfniß nicht vorhanden sei. Diese Antwort ist selbst aus solchen Staaten mir geworden, in welchen meines Erachtens höchstens primitive Einrichtungen bestehen.

Wenn wir daran festhalten, daß die Thätigkeit des Richters sich prinzipiell auf die Rechtssprechung concentriren soll und alle anderen Obliegenheiten aus der richterlichen Thätigkeit auszuscheiden sind, so ergiebt sich schon hieraus, daß die Fragestellung der ständigen Deputation prinzipiell gerechtfertigt ist: es handelt sich um die Ersetzung, nicht um die Reform des gerichtlichen Hinterlegungswesens. Das gerichtliche Hinterlegungswesen,

---

[11]) S. das Organisationsedict über die Rechtspflege in den unteren Instanzen im Königr. Württemberg, II. Aufl., herausgegeben von F. Berner, Stuttg. 1847 S. 673—681.

wie es derzeit in den einzelnen deutschen Staaten besteht, bürdet dem Richter, beziehungsweise dem Gericht eine Thätigkeit und insbesondere eine Verantwortlichkeit auf, zu deren Uebernahme der Richter als solcher nicht qualificirt ist.

Sind wir sonach aus prinzipiellen Gründen veranlaßt, uns für die Ersetzung des gerichtlichen Hinterlegungswesens auszusprechen, so glauben wir doch, daß die Einrichtungen, durch welche die Ersetzung statthaben kann, derzeit definitiv noch nicht bezeichnet werden können.

In dieser Hinsicht verdient der Wink Beachtung, welcher durch den Gang der preußischen Gesetzgebung uns gegeben ist. Schon seit geraumer Zeit war in Preußen die Reformbedürftigkeit der Depositalordnung vom 15. September 1783 anerkannt. Die preußische Vormundschaftsordnung vom 5. Juli 1875 drängte zu einer gänzlichen Umgestaltung des Hinterlegungswesens.

Man hat sich indessen vorläufig mit dem Gesetze vom 19. Juli 1875 begnügt. Neben der sehr beachtenswerthen Organisation des Depositenwesens in den Reichslanden bilden dieses Gesetz zusammen mit dem Gesetz vom 24. Juni 1861, betreffend die Errichtung einer Depositenkasse für den Bezirk des Appellationsgerichtshofs zu Köln, m. E. die besten deutschen gesetzgeberischen Vorarbeiten für eine durchgreifende Reform, beziehungsweise Ersetzung des Hinterlegungswesens.

Wenn man den engen Rahmen des Gesetzes vom 19. Juli 1875 einhielt, so geschah dies in der Erwägung, daß derzeit eine Civil- und Strafprozeßordnung, sowie ein Gerichtsorganisationsgesetz in Aussicht steht, und die nicht unwesentlichen Einwirkungen der erst erlassenen Vormundschaftsordnung abzuwarten seien.

Die Fragen des gerichtlichen Hinterlegungswesens stehen aber ferner im engen Zusammenhang mit dem Gerichtskassenwesen und der Stempelgesetzgebung. Die letzteren bedürfen durchweg einer umfassenden Reform. Wir erinnern auch daran, daß in einzelnen deutschen Staaten das Institut des Notariats, dessen Vorhandensein für einzelne hier einschlägige Fragen nicht unwichtig ist, derzeit noch nicht besteht. Wir haben uns auch zu vergegenwärtigen, daß in den meisten deutschen Staaten eine Reform des Vormundschaftswesens, wie sie durch die preußische Vormundschaftsordnung in Preußen soeben sich vollzieht, vorläufig nicht zu erwarten ist, daß vielmehr voraussichtlich die Regelung dieser Materie bis zum Erlaß des deutschen Civilgesetzbuches sich verzögert. — Die bezeichneten gesetzgeberischen Reformen stehen einerseits zu unserer Materie in einem zu engen Zusammenhange, als daß die uns gestellte Frage losgetrennt und ohne Rücksicht auf sie behandelt werden könnte, und andererseits ist die gleichzeitige gemeinschaftliche Behandlung in einem einzigen Gutachten kaum denkbar.

Daher beschränken wir uns darauf, einige Hauptpunkte zu berühren, welche für die Organisation des Hinterlegungswesens zu berücksichtigen sein dürften.

Zunächst wird man zweckmäßig solche Gegenstände der Hinterlegung, welche man als Ueberführungsstücke bezeichnet, die Criminaldeposita im engeren Sinne, aus der Erörterung ausscheiden. Diese Gegenstände, welche in der Regel keinen erheblichen Werth repräsentiren, wird man innerhalb des Gerichtsgebäudes aufbewahren müssen.

Die anderen Deposita sind auf kürzere oder auf längere Zeit berechnet; sie geschehen entweder freiwillig seitens der Parteien, oder kraft richterlicher Anordnung, oder auf Grund allgemeiner gesetzlicher Bestimmungen; sie bestehen entweder in Urkunden oder in Werthgegenständen mit Einschluß von Effekten oder in baarem Geld. Die Hinterlegung findet entweder bei Gericht oder an einem von dem Gericht oder durch allgemeine gesetzliche Bestimmungen bezeichneten anderen Orte (einer Bank, einer Regierungskasse 2c.) statt. Für eine gerichtliche Hinterlegung gab es seither alternativ zwei Veranlassungen. Die eine besteht darin, daß eine Partei sich von gewissen Verbindlichkeiten entlasten will, die andere ist, daß Werthgegenstände und baares Geld zu Gunsten bestimmter Personen unzweifelhaft sicher angelegt, bezw. verwaltet werden sollen.

Die gesetzgeberischen Reformen werden sich nun zunächst darauf richten, daß das Gerichtslokal zum Mindesten für solche Hinterlegungen, welche auf längere Zeit stattfinden, nicht fernerhin ein Hinterlegungsort ist. Sodann wird dafür Sorge zu tragen sein, daß in allen Fällen, in welchen eine Hinterlegung statthat, dieselbe nicht unter einer Verantwortlichkeit und Gefahr für den Richter, sondern unter der Verantwortlichkeit und Gefahr einer Partei sich vollzieht. Die Ersetzung des gerichtlichen Hinterlegungswesens wird durch zwei Momente wesentlich erleichtert, deren Berücksichtigung bei unseren legislatorischen Arbeiten zu erwarten ist. Bekanntlich bestehen derzeit in allen größeren Städten und vielfach auch an kleineren Orten solche Kassen, bei welchen unbedenklich Werthgegenstände und baare Gelder deponirt werden können; ferner dürfen wir als unzweifelhaft betrachten, daß bei der neuen Gerichtsorganisation größere Gerichtssprengel gebildet werden, so daß durchgängig in den deutschen Staaten die Gerichte ihren Sitz an einem Orte erhalten, wo für Hinterlegungen geeignete Kassen bestehen. Wir haben auch allen Grund zu der Annahme, daß das Depositenwesen von Jahr zu Jahr sich mehr entwickeln wird. Für die Regel wird der Sitz eines Oberlandesgerichts an einem Orte sein, an welchem auch eine Reichsbankhauptstelle sich befindet, während die Gerichte der unteren Instanz an Orten domicilirt sein werden, an welchen sonstige Zweiganstalten der Reichsbank errichtet sind. Die Reichsbank ist befugt, verzinsliche und unverzinsliche Gelder im Depositengeschäft und im Giroverkehr anzunehmen; die Summen der verzinslichen Depositen ist allerdings beschränkt. Sie darf auch Werthgegenstände in Verwahrung und in Verwaltung nehmen.

Soweit wir sehen, kann schon bei der heutigen Entwicklung des Depositenbankwesens die Hinterlegung von Werthgegenständen mit Einschluß der Effekten durchweg ohne jede Schwierigkeit Instituten überwiesen werden, welche am Sitze der Gerichte sich befinden. Als solche betrachten wir in erster Reihe die Reichsbank mit allen ihren Zweiganstalten, ferner die anderen Notenbanken und deren Filialen, aber auch andere gut accredirte Depositenbanken, auch Kreis- oder Gemeindesparkassen und die Vorschußvereine. Was die Hinterlegung und Verwaltung von baaren Geldern betrifft, so ist zu beachten, daß baare Gelder nicht nur sicher, sondern auch zinsbringend, und doch so angelegt werden sollen, daß sie jederzeit ohne Coursverlust disponibel sind. Wir glauben, daß im Großen und Ganzen bei denselben oben bezeichneten Instituten die Hinterlegung solcher Gelder wird erfolgen können, daß es sonach der Schaffung neuer Kassen nicht bedarf. Im Geschäftsgang ist jedenfalls darauf zu sehen, daß die Hinterlegungsobjekte an dem Orte bleiben, wo der Sitz des betreffenden Gerichts ist und daß die Rückerstattung dieser Objekte ebendaselbst sich vollzieht. Wenn einzelne Depositenkassen durch die Vermittelung eines Girocontos bei der Reichsbank zu einer größeren Centralkasse sich zusammenschließen, so wird es möglich sein, die Vortheile einer centralisirten Verwaltung mit den Vortheilen der Decentralisation in Rücksicht auf baare Gelder zu vereinigen.

Das seitherige gerichtliche Hinterlegungswesen ist mit zahlreichen überflüssigen Formalitäten und großen Zinsverlusten für die Parteien verknüpft. Die Formalitäten gehen in einzelnen Staaten so weit, daß beispielsweise der zur Empfangnahme eines Depositums Berechtigte nicht ohne Mühe in den Besitz des Depositums gelangen kann, wenn der Grund der Hinterlegung weggefallen ist.

Wir möchten betonen, daß u. E. für die nächsten Jahre an eine Ersetzung des gerichtlichen Hinterlegungswesens durch andere Einrichtungen jedenfalls nur in Preußen gedacht werden kann. Die übrigen deutschen Staaten sind hierfür nicht genügend vorbereitet. In ihnen wird also nur eine Reform des gerichtlichen Hinterlegungswesens eintreten können, insolange, bis die großen gesetzgeberischen Arbeiten durch die Herstellung eines deutschen Civilgesetzbuches einen gewissen Abschluß gefunden haben. Die vorläufige Reform wird insbesondere auf folgende Punkte sich richten können:

1. Auf die Herstellung einer guten Asservatenordnung.

2. Auf den Modus und die generellen Bedingungen für die Hinterlegung und Verwaltung von Werthgegenständen einerseits, und baaren Geldern andererseits bei den lokalen Instituten, welche auch von Privaten für die Hinterlegungen benutzt werden.

Es erscheint uns noch der Gedanke erwägungswerth, daß alle Gerichte, an deren Sitz die deutsche Reichsbank einen Giroverkehr einrichtet, einen Giroconto bei der Reichsbank sich eröffnen lassen. Vielleicht könnten zu Gunsten des Gerichtskassenwesens, welches in nächster Zeit mit dem gerichtlichen Hinterlegungswesen noch in engem Zusammenhang sein wird, besondere Begünstigungen und Erleichterungen im Geschäftsverkehr seitens der Reichsbank hergestellt werden.

Wir glauben bei dem derzeitigen Rechtszustand der deutschen Staaten von eingehenderen organisatorischen Vorschlägen absehen zu sollen. Wenn der Juristentag über die Materie Beschlüsse fassen sollte, so werden sie sich u. E. in den obigen Grenzen halten müssen.

VIII.

Gutachten des Herrn Geheimen Justizrath Dr. Berner,
Professor an der Universität zu Berlin,

über die Frage:

Ist der beendigte Versuch im Strafgesetzbuche beizubehalten, und ist event. dabei die freiwillige Verhinderung der Vollendung als Strafaufhebungsgrund anzuerkennen?

---

§ 1.

Es kann auffallen, daß in dem Thema von Beibehaltung des beendigten Versuches die Rede ist. Viele werden der Meinung sein, daß es sich nicht um Beibehaltung, sondern um Aufnahme handle, da der beendigte Versuch in unserem Strafgesetzbuche gar nicht enthalten sei. Wir werden indeß später sehen, daß in einem gewissen Sinne allerdings von Beibehaltung gesprochen werden muß.

Den nächsten Anstoß zur Stellung der im Thema enthaltenen beiden Fragen hat wohl die unter dem 23. November 1875 dem Reichstage gemachte Vorlage gegeben, aus welcher die Strafrechtsnovelle vom 26. Februar 1876 hervorgegangen ist. Da der § 44 dieser Vorlage, welcher einen Begriff des beendigten Versuches aufstellt und den Unterschied des unbeendigten und des beendigten Versuches zur Grundlage verschiedener Strafsätze macht, im Reichstage eine Erledigung nicht gefunden hat, so ist sein Inhalt als eine legislatorische Zeitfrage stehen geblieben.

Mich aber scheint man vornehmlich deßhalb um ein Gutachten ersucht zu haben, weil ich durch eine frühere Arbeit dem Gegenstande jener beiden

Fragen besonders nahe getreten bin. Im Gerichtssaal von 1865 findet sich nämlich auf den Seiten 81 bis 112 ein von mir verfaßter Aufsatz unter der Ueberschrift: „Wie unterscheiden sich der beendigte und der unbeendigte Versuch, und ist auch bei dem beendigten Versuche noch ein Rücktritt möglich?“ Daß ich bei den in dieser Abhandlung begründeten Sätzen stehen geblieben bin, hat die achte Auflage meines Lehrbuches des deutschen Strafrechtes zur öffentlichen Kunde gebracht. Ich muß also voraussetzen, daß es den verehrten Herren, welche mich zum Gutachter gewählt haben, nicht unbekannt geblieben sei und daß man von mir hier keine von den dort ausgesprochenen abweichende Ansichten erwarten werde. Ich will mich jedoch bemühen, mir die volle Unbefangenheit zu bewahren, damit nicht eine etwaige Einseitigkeit in der früheren Behandlung der Sache den Nutzen verringere, welchen die gegenwärtige Untersuchung derselben, wenn sie vorurtheilsfrei geführt wird, stiften könnte.

§ 2.

Nachdem die Wissenschaft sich von einer alten Scholastik von Eintheilungen befreit hat, ist ihr auf unserem Gebiete nur eine Dreitheilung übrig geblieben: 1. Vorbereitungshandlungen, 2. unbeendigter Versuch, 3. beendigter Versuch. Hierin allein liegen die qualitativen Unterschiede. Innerhalb des unbeendigten Versuchs gibt es sodann unbestimmbar viele Stufen von nur quantitativer Bedeutung, die also ungeeignet sind besondere Strafsätze zu begründen und die somit ganz der Strafzumessung überlassen werden müssen. Bei dem beendigten Versuche sind dagegen Stufen nicht möglich, da der beendigte Versuch nur durch einen einzigen Punkt, nämlich durch den letzten Punkt der Ausführung, bezeichnet wird.

Schon Menochius (geb. 1532 in Pavia, gest. 1607) charakterisirt den beendigten Versuch als die höchste Spitze des Conatus proximus. Er nennt ihn Conatus multum proximus oder Delictum perfectum. Als „fehlgeschlagenes“ Verbrechen bezeichnen ihn aber die Italiener erst seit Romagnosi, dessen Genesis des Strafrechts im Jahre 1791 erschien. Romagnosi hat diesen Ausdruck den Franzosen entlehnt; von einem delitto mancato spricht er „nel senso della parola manqué dei Francesi“. Dies Wort und die damit verknüpfte Auffassung sind also nicht, wie Mittermaier glaubte, italienischen, sondern französischen Ursprungs.

Will man nun zu dem reinen Begriffe des beendigten Versuches gelangen, so muß man sich vor Allem klar machen, daß beendigter und fehlgeschlagener Versuch nicht gleichbedeutend sind. Aus der Verwechselung beider ist viel Verwirrung entstanden. Jeder fehlgeschlagene

Versuch ist beendigt, aber nicht jeder beendigte Versuch ist fehlgeschlagen. Der Vergifter, welcher das zur Tödtung bestimmte Gift eingegeben hat, hat den Versuch damit sofort beendigt; aber erst wenn das Gift die tödtliche Wirkung versagt hat, ist der beendigte Versuch zum fehlgeschlagenen geworden. Zwischen der Beendigung der menschlichen Thätigkeit, welche auf den Erfolg gerichtet ist, und dem Eintritt des Erfolges oder dem Fehlschlagen liegt mitunter ein längerer Zeitraum, innerhalb dessen der durch jene Thätigkeit angestoßene Naturkaussalismus fortarbeitet.

Ist man zu dieser Einsicht gelangt, so ergibt sich mit Leichtigkeit die Antwort auf die früher lebhaft ventilirte Streitfrage, ob bei dem beendigten Versuche ein Rücktritt überhaupt möglich sei? — Ein Rücktritt? Nein! Der ist weder möglich bei dem beendigten nicht fehlgeschlagenen, noch bei dem beendigten fehlgeschlagenen Versuche. Wer das Gift schon eingegeben hat, kann nicht mehr zurücktreten, denn die Naturgesetze tragen nun die Wirkung seiner Thätigkeit schon von selbst weiter. Noch weniger steht der Rücktritt offen, wenn das eingegebene Gift ausgewirkt hat, ohne den beabsichtigten Erfolg herbeizuführen. Aber was ein bloßer Rücktritt, ein bloßes Abstehen nicht mehr vermag, das vermag unter Umständen noch ein Vorspringen, ein Uebergang zu einer neuen Thätigkeit, vermöge deren man den bevorstehenden Erfolg verhindert. Dem eingegebenen Gifte könnte der Thäter durch ein Gegengift entgegenwirken. Freilich nur in dem Zwischenraume zwischen dem Zeitpunkte, wo das Gift eingegeben ward, bis zu dem Zeitpunkte, wo es ausgewirkt hat. Also zwar noch bei beendigtem nicht fehlgeschlagenem, aber nicht mehr bei beendigtem fehlgeschlagenem Versuche. In Summa: Ein Rücktritt ist bei keinem beendigten Versuche denkbar; Verhinderung des Erfolges hingegen ist zwar bei dem noch nicht fehlgeschlagenen, nicht aber bei dem fehlgeschlagenen denkbar.

Nachdem wir die in der Verwechselung des fehlgeschlagenen Versuches, der eine Species des beendigten ist, mit seinem Genus, dem beendigten Versuche schlechtweg, sprudelnde Quelle von Mißverständnissen verstopft haben, schreiten wir zur Formulirung des Begriffes des beendigten Versuches: denn wäre eine präcise Abgrenzung dieses Begriffes nicht möglich, so würde sich die Frage nach seiner Aufnahme in das Strafgesetzbuch gar nicht mehr aufwerfen lassen.

§ 3.

Unter einer präcisen Abgrenzung darf man freilich nicht die Ziehung einer die allmäligen Uebergänge, in denen sich das Leben bewegt, verleugnenden Linie verstehen. Wer den ethischen Boden so wenig kennt, daß er nur durchschneidende mathematische Linien als Begriffsgrenzen anerkennen will, wird sich mit der Rolle eines Kritikers begnügen und auf die produktive, begründende Thätigkeit verzichten müssen. Es wird ihm nicht schwer werden, die Bestimmung anzufechten, daß der Versuch erst mit dem Anfange der Ausführung beginne; denn wem wären nicht zahlreiche Fälle bekannt, wo Vorbereitungshandlungen so nahe an die Ausführung herankommen, daß sie nur mit Verleugnung alles gesunden Taktes straflos gelassen werden könnten? Es würde ihm aber noch viel leichter werden, die Bestimmung anzufechten, daß der Versuch schon mit den Vorbereitungshandlungen beginne. Statt sich dann zu der Ueberzeugung zu bekehren, daß hier mechanisch abschneidende Grenzen nicht möglich sind, würde er vielleicht die abschneidende Grenze innerhalb der Vorbereitungshandlungen selbst suchen, dabei aber gerade ebenso scheitern wie zuvor. Das Leben verträgt ebensowenig abstrakt durchgeführte Begriffsgrenzen, als es ohne Kenntniß dieser Grenzen verstanden und beurtheilt werden kann.

Sehen wir nun von den aus solcher Verkennung des Lebens entspringenden Streitigkeiten ab und betrachten wir als ausgemacht, daß der Versuch die Vollendung ausschließe und daß der Anfang des Versuches in dem Anfange der *ausführenden* Thätigkeit liege: so ist wohl Nichts natürlicher, als daß wir den beendigten Versuch in die Beendigung dieser ausführenden Thätigkeit setzen. Der beendigte Versuch wäre dann **die erfolglos gebliebene beendigte Ausführungsthätigkeit.**

Er ist in der That dies und nichts Anderes.

Daß sich für einen so einfachen Begriff eine Formel müsse finden lassen, scheint einleuchtend zu sein. Es fehlt aber dennoch nicht an mißglückten Experimenten, durch welche man den beendigten Versuch bald für die Wissenschaft bald für die Gesetzgebung zu formuliren gesucht hat. Wie so oft in der ganzen Lehre vom Thatbestande, hat auch hier das Mißglücken seinen Grund darin, daß man entweder einseitig die äußere Wirksamkeit, oder ebenso einseitig den Willen ins Auge gefaßt hat, statt das Entscheidende in der Handlung zu suchen. Wer meinen Standpunkt kennt, wie er durch meine Imputationslehre (1843) begründet und im Laufe von mehr als drei Decennien immer vollständiger und konsequenter durch die Lehre vom Thatbestande durchgeführt worden ist, wird nicht darüber zweifelhaft sein, in welcher Richtung für mich die Lösung liegen müsse.

1. Die *objektive* Formel würde lauten, der Thäter müsse Alles gethan haben, *was zur Herbeiführung des Erfolges nöthig war.*

Aber soll denn derjenige nicht wegen beendigten Tödtungsversuches gestraft werden, welcher auf den Andern zielte, schoß, jedoch fehlschoß?

Warum traf er nicht? Weil er nicht richtig zielte. Das richtige Zielen war aber „zur Herbeiführung des Erfolges nöthig".

Bei dieser Formel würde also, wenn dabei ein beendigter Versuch überhaupt noch denkbar bleibt, die Verwirklichung desselben in eine viel zu weite Ferne hinausgerückt werden.

2. Die subjektive Formel würde lauten, der Thäter müsse Alles gethan haben, was ihm zur Herbeiführung des Erfolges nöthig schien.

Aber dann würde es zum beendigten Versuche ja nicht einmal eines realen Anfanges der Ausführung bedürfen, ein bloßes Wahnverbrechen würde ausreichen.

Bei dieser Formel würde also, wenn dabei der beendigte Versuch nicht ganz aus dem Gebiete der realen Versuche verschwindet, die Verwirklichung desselben in eine viel zu große Nähe herangerückt werden.

3. Die dritte Formel würde lauten, der Thäter müsse die zur Ausführung erforderliche Handlung erfolglos beendigt haben.

Indem diese Formel nur eine Beendigung der Handlung fordert, entgeht sie den Absurditäten, welche entstehen, wenn man verlangt, daß die Handlung Alles geleistet haben soll, was zur Herbeiführung des Erfolges nöthig war. Indem sie die Handlung in die Ausführung setzt, hält sie die Auffassung auf dem juristischen Boden fest, so daß dieselbe am wenigsten in den Irrthum verfallen kann, bloße Wahnverbrechen für beendigte Versuche zu nehmen.

§ 4.

Bevor wir unsere Betrachtungen über die passendste Definition zum Abschlusse bringen, glauben wir die Frage beantworten zu müssen, ob auch die Anstiftung als beendigter Versuch des Verbrechens behandelt werden könne, wenn der Anstifter die anstiftende Thätigkeit fruchtlos beendigt, oder, falls man eine andere Formel vorzieht, wenn er Alles gethan hat, was von seiner Seite zur Bestimmung des Andern nothwendig war, ohne daß der Andere sich hat bestimmen lassen, oder wenigstens ohne daß der Andere, nachdem er sich hat bestimmen lassen, zur Ausführung des Verbrechens geschritten ist.

Diese Frage gewinnt an Wichtigkeit, wenn man die Bestimmungen der Strafrechtsnovelle von 1876 über die Bestrafung von Anstiftungen und die darüber gepflogenen Reichstagsverhandlungen mit in Betracht nimmt. Wir schweigen davon, daß selbst ein berühmter Abgeordneter, der sonst die Wissenschaft im Reichstage vortrefflich zu vertreten weiß, die bloße Aufforderung mit der Anstiftung, welche voraussetzt, daß der geistig Einwirkende dem Willen des Andern Beweggründe gegeben habe, verwechseln konnte: es ist ja hinreichend bekannt, daß man das Verhältniß des Anstifters zum Angestifteten nicht nach Analogie des Mandatsverhältnisses behandeln darf. Nun aber angenommen, daß eine in der That als Anstiftung charakterisirte Thätigkeit vorliege: kann man dieselbe jemals als Versuch des Verbrechens auffassen?

Der Abgeordnete Wolffson sprach bei der Berathung der Novelle von 1876 im Reichstage[1]) Folgendes aus:

„Mit der Anstiftung ist der volle Thatbestand Seitens des Anstifters erfüllt, wenn das Verbrechen geschehen ist. Nun, meine Herren, geschieht das Verbrechen nicht, wie dann? Ist nicht die Handlungsweise (des Anstifters) gerade dieselbe in dem einen wie in dem andern Falle? Ist nicht die Einwirkung auf diejenige Person, die sich bestimmen lassen soll oder bestimmen läßt, geradezu dieselbe Handlung, wenn das Verbrechen zur Ausführung kommt, als wenn das Verbrechen nicht zur Ausführung kommt? Wie soll man nun dazu kommen, aus einem allgemeinen Gesichtspunkte zu sagen: in dem einen Falle bestrafe ich, in dem andern Falle bestrafe ich nicht? Ja, meine Herren, das hat ja seine Richtigkeit, daß wir den verbrecherischen Erfolg wesentlich in die Betrachtungweise hereinziehen; es hat ja seine Richtigkeit, daß nur der Erfolg volle Strafbarkeit herbeiführt: es hat nach der anderen Seite hin seine Richtigkeit, daß der Wille allein, auch der erkennbare Wille, sobald er nicht irgendwie in die Aeußerlichkeit hineintritt, Gelegenheit zur Anwendung des Strafgesetzes nicht geben kann; aber, meine Herren, zwischen diesen beiden Fällen liegen die Fälle des Versuches, diejenigen Fälle, wo die Rechtsordnung schon durchbrochen wird, abgesehen von der That, durch die Manifestation des Willens. Wenn aber schon der manifestirte Wille ohne Vollendung der verbrecherischen That, also auch ohne den verbrecherischen Erfolg genügt, um den Thäter selbst schon der auf den Versuch gesetzten Strafe zu unterwerfen, dann sehe ich nicht ein, warum wir den Anstifter, der Alles gethan hat, was überhaupt zu thun ihm oblag, der seine Handlungsweise vielleicht schon vollendet hat, nicht mit denselben Rechte strafen wollen, wie denjenigen, der in Wahrheit die Rechtsordnung faktisch noch nicht durchbrochen hat, der aber durch Manifestation seines verbrecherischen Willens sich schon in gewissen Gegensatz zu der staatlichen Gesetzgebung gestellt hat. Ist denn die Anstiftung zum Verbrechen eine rein innerliche oder ist sie bloß ein etwa geäußerter Wille, ein geäußerter Wunsch? Ist sie nicht schon der Anfang der That, zu der hier der Anstifter drängt? Ja, ist sie nicht unter Umständen das Einzige, was

[1]) Sten. Ber. von 1875—1876, Seite 862.

überhaupt der Anstifter zu thun hat? Wo nun, meine Herren, der verbrecherische Erfolg allein über die Strafbarkeit einer Handlung nicht bestimmt, d. h. wo es nach dem Strafgesetz zur Strafvollziehung nicht erforderlich ist, daß das Verbrechen vollendet sei, sondern wo der noch nicht zum Schaden gereicht habende manifestirte Wille schon der Strafe unterworfen sein soll, also in denjenigen Fällen, wo der Versuch strafbar ist, da werden Sie mit demselben Rechte den Anstifter bestrafen, der das Seinige gethan hat, was ihm überhaupt zu thun oblag."

Der Abgeordnete Wolffson stand mit seiner Anschauung, in welcher sich die Grenze von Anstiftung und Versuch verwischt, nicht allein. Vom Abgeordneten Becker, der die Regierungsvorlage mit Gründen bekämpfte, welche großentheils schlagend waren, wurde doch die gelungene Anstiftung für sich schon als eine Handlung bezeichnet, die, weil der Anstifter bereits seinerseits Alles gethan habe, was er thun wollte, und es nicht mehr in seiner Macht stehe, jetzt die Ausführung des Verbrechens durch das Werkzeug, welches er bestimmt hat, den Angestifteten, zu hindern, dem beendigten Versuche an Strafbarkeit fast gleichkomme.[2]) Minder auffallend ist es, wenn der Abgeordnete v. Schwarze bei seinem bekannten Standpunkte sich in ähnlichem Sinne aussprach.[3])

Das Gewicht dieser Auffassung wird verstärkt, wenn wir finden, daß wissenschaftliche Denker aus rein theoretischen Erwägungen zu dem gleichen Ergebniß gelangt sind. So finden wir in einem der Hauptwerke des verehrungswürdigen H. A. Zachariä in seiner Lehre vom Versuche[4]) folgende Auseinandersetzung: „Unterscheiden wir nun, wie es in der Natur der Sache gegründet ist, zwischen gelungener und nicht gelungener Anstiftung, so ist es zunächst wohl klar, daß auf die gelungene Anstiftung der Begriff des beendigten Versuches paßt, und daß insoweit auch ein beendigter Versuch bei allen Arten von Verbrechen, selbst bei denjenigen, welche durch die bloße Handlung des Thäters (und nicht erst durch den Eintritt eines bestimmten Erfolges) vollendet wurden, möglich ist. Denn der Anstifter hat hiermit Alles gethan, was von seiner Seite zur Hervorbringung des Verbrechens erforderlich war, und wie wir schon in anderen Fällen gesehen haben, daß die Nothwendigkeit des Hinzukommens einer anderen menschlichen Thätigkeit auf Seiten des physischen Urhebers den Begriff des beendigten Versuches nicht ausschließt, so muß dasselbe

---

[2]) Sten. Ber. von 1875—1876, Seite 848.

[3]) Sten. Ber. S. 872.

[4]) Theil II., 1839, Seite 35.

auch vom Anstifter gelten. Ist aber die gelungene Anstiftung an sich unter den Begriff des beendigten Versuches des Verbrechens zu subsumiren, so kann begreiflicher Weise die größere oder geringere Thätigkeit des hinzutretenden physischen Urhebers, oder das gänzliche Unterbleiben derselben, sei es aus eigener Willensänderung des Thäters, oder wegen zufälliger Hindernisse, auf die Annahme eines beendigten Versuches des Verbrechens auf Seiten des Anstifters keinen Einfluß mehr ausüben. Denn der Angestiftete ist einem willenlosen Werkzeuge zu vergleichen, oder der Absendung eines tödtlichen Geschosses, zu dessen Wirksamkeit für die Hervorbringung des Verbrechens der Thäter alles von seiner Seite Erforderliche gethan hat, und es liegt also in der gelungenen Anstiftung nicht bloß eine in das Gebiet der Vorbereitungshandlungen fallende Anschaffung des zur Verübung des Verbrechens nöthigen Mittels, sondern die vollständige Anwendung desselben."

§ 5.

Der Abgeordnete Wolffson wurde bei der Berathung des Entwurfes zur Novelle von dem Bestreben geleitet, für die strafbaren Anstiftungen einen Grundsatz als abgrenzenden Rahmen aufzustellen. Er nimmt nun denselben Rahmen, innerhalb dessen unser Gesetzbuch die Versuche straft, und geht von dem Satze aus: Bei allen denjenigen Mißthaten, aber auch nur bei denjenigen, wo der Versuch strafbar ist, da ist es auch die Anstiftung.

In zweifacher Richtung lassen sich hiergegen Bedenken aufwerfen. Nach der einen Seite könnte man fragen, ob denn dieser Rahmen die Grenzen der strafbaren Anstiftungen nicht zu eng ziehe; denn manche und selbst erhebliche Mißthaten können in der Form des Versuches nicht vorkommen, weil gleich der erste Schritt der Ausführung, z. B. bei dem Zweikampfe der Beginn des Kampfes, die Vollendung begründet, und es könnte bei ihnen die Bedrohung der Anstiftung doch vielleicht passend sein. Nach der anderen Seite könnte man fragen, ob denn dieser Rahmen die Grenzen der strafbaren Anstiftungen nicht auch wieder zu weit ziehe; denn wenn man die Anstiftung in der Strafbarkeit dem Versuche nicht völlig gleich stellen will, so darf man auch den Kreis der strafbaren Anstiftungen nicht völlig so groß werden lassen, wie den Kreis der strafbaren Versuche.

Die Strafrechts-Novelle von 1876 wollte das Princip der Straflosigkeit derjenigen Anstiftungen, auf welche von Seiten des Angestifteten kein Anfang der Ausführung folgt, nicht aufheben. Sie wollte dasselbe als die Regel unseres Gesetzbuches stehen lassen und nur Ausnahmen von dieser

Regel einführen. Die Ausnahmen brauchten aber durchaus nicht aus regellos vereinzelten, des inneren Zusammenhanges ermangelnden Fällen zu bestehen, als ob Grundsätzlichkeit und Zusammenhang nur die Natur der Regel, Grundsatzlosigkeit und Zusammenhanglosigkeit aber die Natur der Ausnahmen sei. Es war im Gegentheil ein guter legislatorischer Gedanke des Abgeordneten Wolffson, auch für die zu wählenden Ausnahmen, damit die Wahl nicht willkürlich ausfalle, wieder einen Grundsatz aufzusuchen. Dieser Grundsatz mußte innerhalb des Gesetzbuches selbst, welches die Ausnahmen in sich aufnehmen sollte, gefunden werden, und der Anschluß an die gesetzlichen Bestimmungen über den Versuch lag dabei nahe. Nur durfte zweierlei nicht verkannt werden: einmal, daß der Kreis der strafbaren Anstiftungen, wie oben schon angedeutet war, unter allen Umständen enger sein muß, als der Kreis der strafbaren Versuche: sodann, daß es sich um Ausnahmen von einem gesetzlich anerkannten Principe handelte, und daß man also keine einzige derselben zulassen durfte, bevor für sie der Beweis der Nothwendigkeit einer Durchbrechung des Principes geführt war. Am sichersten wäre die Anlehnung an einen schon vorhandenen Paragraphen gewesen, in welchen das Strafgesetzbuch selbst schon gewisse Mißthaten unter dem Gesichtspunkte besonderer Gefährlichkeit zusammenfaßt, wie dies im § 139 geschieht, wo die unterlassene Anzeige bei dem Vorhaben eines Hochverrathes, Landesverrathes, Münzverbrechens, Mordes, Raubes, Menschenraubes, oder eines gemeingefährlichen Verbrechens unter Strafe gestellt ist.

Bemühen wir uns nun, das Verhältniß von Anstiftung und Versuch richtig zu stellen. Es handelt sich hier um eine Fundamentalfrage der Wissenschaft, auf die man nur dann eine bündige Antwort wird geben können, wenn man die Consequenzen der verschiedenen Standpunkte, aus denen argumentirt wird, vollständig durchdenkt.

Läßt man sich rückhaltslos von dem Gedanken leiten, daß die Anstiftung geradezu dieselbe Handlung sei, wenn das Verbrechen zur Ausführung kommt, als wenn es nicht zur Ausführung kommt, und daß die Anstiftung das Gebiet der Vorbereitungshandlungen überschreitet: so ist die unvermeidliche Consequenz die Gleichstellung der Anstiftung mit der Ausführung. Der Anfang der Anstiftung wäre dann gleich dem Anfange der Ausführung. Die mißlungene Anstiftung wäre schon als Versuch zu strafen; ja sie müßte, wenn der Anstiftende Alles, was an ihm lag, gethan hat, schon als beendigter Versuch geahndet werden. Die gelungene Anstiftung aber, bei welcher der Angestiftete nicht bis zur Ausführung kommt, wäre keineswegs nur gleich der mißlungenen

Ausführung, dem beendigten Versuche, sondern der gelungenen Ausführung, also der Vollendung des Verbrechens.

Bis zu dieser letzten Consequenz wagt nun aber Niemand zu gehen. Auch denjenigen, welche über die Grenze der rechtlichen und der moralischen Beurtheilung böser Handlungen ohne wissenschaftliches Bewußtsein sind, verkündet hier ein natürlicher Takt, daß für die bürgerliche Strafbarkeit des Anstifters die Ausführung des Verbrechens nicht ohne Einfluß sein kann. Alle begeben sich daher auf den Rückzug, der aber in Etappen vollzogen wird. Auf der ersten Etappe wird eingeräumt, daß wegen gelungener Anstiftung bei mangelnder Ausführung nicht die Strafe der Vollendung, sondern nur die des beendigten Versuches aufzuerlegen sei. Auf der zweiten Etappe ist man schon zufrieden, wenn die Anstiftung überhaupt noch als Versuch gestraft wird, kommt aber, bei der einmal zugestandenen Abhängigkeit der Strafbarkeit der Anstiftung von der Ausführung, zu einer Reihe von Widersprüchen, indem sich das Verhältniß von Anstiftung und Ausführung nun gar nicht mehr folgerecht regeln läßt. Wer aber einer vollen Unbefangenheit fähig ist, gelangt nun schließlich zu der Einsicht, daß es strafrechtlich nicht auf die Kundgebung des Willens, sondern auf die Ausführung desselben ankomme; daß es geboten sei, die Strafbarkeit auch des in der Anstiftung kundgegebenen Willens regelmäßig von der Ausführung abhängig zu machen; daß also die Strafbarkeit der Anstiftung mit dem Fortschreiten der Ausführung selbst wachsen müsse; daß zwar Anstiftungen keineswegs den unbedingten Anspruch auf Straflosigkeit haben, wie der rein innerlich gebliebene Wille, daß man daher ausnahmsweise bei besonders schweren und vornehmlich bei gemeingefährlichen Verbrechen, bloße Anstiftungen schon mit einer Strafe bedrohen dürfe, daß aber diese Strafe immer hinter der des Anfanges der Ausführung zurückbleiben müsse. Er begreift, weshalb die Strafbarkeit bloßer Anstiftungen, an welcher auf einer niedrigeren Entwickelungsstufe, wo Recht und Moral sich noch mischen und das Bedürfniß eines zu strenger Nothwendigkeit durchgebildeten Rechtssystemes noch nicht oder doch nicht lebhaft genug empfunden wird, Niemand zweifelt, auf einer höheren Entwickelungsstufe in gewisse Schranken zurücktritt. Er wird nun auch geneigt, sich die Frage vorzulegen, ob für die Straflosigkeit bloßer Anstiftungen nicht auch Gründe der Nützlichkeit sprechen. Sehr bald findet er, daß ganz dieselben Gründe, welche den Gesetzgeber bestimmen, nicht nur die Vorbereitungshandlungen der Regel nach nicht zu strafen, sondern auch den Versuchen, von welchen der Thäter freiwillig zurücktritt, die Straflosigkeit zuzusichern, auch für die Straflosigkeit bloßer Anstiftungen geltend gemacht werden können. Denn mit der bloßen Anstiftung ist die Wirklichkeit des Verbrechens noch nicht gesetzt, Alles ist noch bloße Möglichkeit, das Sein oder Nichtsein des Verbrechens steht noch ganz auf dem Boden des freien Willens. Mit Unrecht vergleicht Zachariä den Angestifteten einem willenlosen Werkzeuge, einem abgesendeten tödtlichen Geschoß; er ist ein wollendes, also immer noch freies Werkzeug, welches immer noch die Möglichkeit besitzt, sei es auf eigenen Antrieb sei es auf Grund fremder Einwirkung die Ausführung zu unterlassen. Diese Einwirkung darf insbesondere dem Anstifter, von welchem sie am wirksamsten ausgeübt werden kann, nicht abgeschnitten werden. Er weiß es bei seiner anstiftenden Thätigkeit, daß zwischen Anstiftung und Ausführung ein Zeitraum liegt, in welchem in der Regel noch Alles verhindert werden kann, und er ist insofern in einer anderen Lage als derjenige, der seinen verbrecherischen Willen nicht erst in einen fremden Willen, sondern sofort unwiderruflich durch die Ausführung in die Wirklichkeit überträgt. Wenn man an die bloße Anstiftung schon eine unausweichliche Strafe knüpft, so treibt man den Anstifter, welcher den Rettungskahn hinter sich verbrannt sieht, auf der Bahn des Verbrechens weiter, während man ihn durch die Aussicht auf Straflosigkeit bestimmen könnte, selbst noch den kleinsten Anfang der Ausführung zu verhindern.

So gelangt man, obwohl die Anstiftung ganz dieselbe Handlung zu sein scheint, wenn das Verbrechen zur Ausführung kommt, als wenn es nicht zur Ausführung kommt, doch dazu, aus einem „allgemeinen Gesichtssichtspunkte" zu sagen: In dem einen Falle strafe ich, in dem anderen strafe ich nicht. So gelangt man ferner zu dem Parallelismus bloßer Anstiftungen mit Vorbereitungshandlungen. Und wenn hiernach die bloße Anstiftung niemals als Versuch betrachtet werden darf, so noch viel weniger als beendigter Versuch.

Allein, wo Gründe fehlen, da stellt sehr oft ein Wort zur rechten Zeit sich ein. Solche Worte sind in unserer Zeit: Deutscher Standpunkt, Französischer Standpunkt. Die Behandlung der Anstiftungen als Versuche sei nicht nur sehr moralisch, sondern sei auch rein Deutsch, die gegentheilige Behandlung aber unmoralisch und, was das Schlimmste ist, Französisch. Gegen dies unmoralische Franzosenthum muß natürlich jeder gute Deutsche Front machen.

An dieser Stelle nun glaube ich, indem ich mich auch für einen guten Deutschen halte, berechtigt und verpflichtet zu sein, auf meine eigene wissenschaftliche Vergangenheit zurückzuweisen.

Als ich in den Jahren 1845 und 1846 meine unter der Jahreszahl 1847 erschienene Lehre von der Theilnahme verfaßte, waren mir die französischen Kriminalisten noch ganz unbekannt. Erst seit dem Jahre 1849, nachdem der französische Strafproceß für Deutschland eine praktische Bedeutung gewonnen hatte, und besonders seit dem Jahre 1851, wo das preußische Strafgesetzbuch zur Berücksichtigung des französischen Rechtes aufforderte, ging ich auf das Studium derselben ein. Bei der Abfassung jener Lehre von der Theilnahme aber war ich so vollständig erfüllt von den Theoremen der deutschen Philosophie, daß ich ganz und gar aus ihnen heraus konstruirte. Hier nun sah ich mich durch die reine Natur der Sache genöthigt, mit aller Entschiedenheit den Satz zu vertreten, daß die Anstiftung für sich allein, wenn der Angestiftete den Willen des Anstifters gar nicht objektivirt, nur als gefährliche Vorbereitungshandlung, niemals aber als Versuch betrachtet werden dürfe, und daß die Strafbarkeit des Anstifters regelmäßig erst mit der vom Thäter ausgehenden Ausführung beginne und mit ihr gleichen Schrittes fortschreite.[5]) Für mich war es also nicht etwas Fremdes, als das preußische Strafgesetzbuch diese Auffassung sanktionirte, und wenn meine ganz auf deutschem Boden gewachsene Arbeit einen Bestandtheil der deutschen Wissenschaft bildet, auch für diese nicht.

§ 6.

Daß der Begriff des beendigten Versuches die Anstiftung in keiner Gestalt in sich aufnehmen darf, liegt schon in der im § 3 aufgestellten, von uns als richtig angenommenen dritten Formel, welche sagt, daß der Thäter die zur Ausführung des Verbrechens erforderliche Handlung erfolglos beendigt haben müsse.

Es wird nun nicht schwer sein, mit der Definition des beendigten Versuches zu Stande zu kommen.

Auf den Standpunkt jener dritten Formel stellte sich der Entwurf zur Novelle vom 26. Februar 1876, indem er im § 44 Folgendes aussprach:

> „Das versuchte Verbrechen oder Vergehen ist milder zu bestrafen, als das vollendete.
>
> Ist das vollendete Verbrechen mit dem Tode oder mit lebenslänglichem Zuchthaus bedroht, so tritt Zuchthausstrafe nicht unter drei Jahren, wenn aber der Thäter seinerseits alle zur Begehung des Verbrechens erforderlichen Handluugen vorgenommen hat, und der zur Vollendung gehörige Erfolg nur infolge von Umständen, welche von dem Willen des Thäters unabhängig waren, nicht eingetreten ist (beendigter Versuch), Zuchthausstrafe nicht unter zehn

---

[5]) Vgl. z. B. die Seiten 308 ff. jenes Buches.

Jahren ein. Neben der Zuchthausstrafe kann auf Zulässigkeit von Polizeiaufsicht erkannt werden.

Ist das vollendete Verbrechen mit lebenslänglicher Festungshaft bedroht, so tritt Festungshaft nicht unter drei Jahren, wenn aber beendigter Versuch vorliegt, Festungshaft nicht unter zehn Jahren ein.

In den übrigen Fällen kann die Strafe bis auf ein Viertheil des Mindestbetrages der auf das vollendete Verbrechen oder Vergehen angedrohten Freiheits- und Geldstrafe, wenn aber beendigter Versuch vorliegt, bis auf drei Viertheile des Mindestbetrages der auf das vollendete Verbrechen oder Vergehen angedrohten Freiheits- oder Geldstrafe ermäßigt werden. Ist hiernach Zuchthausstrafe unter einem Jahre verwirkt, so ist dieselbe nach Maßgabe des § 21 in Gefängniß zu verwandeln."

Bei der legislatorischen Tendenz unseres Themas ist es passend, uns dieser Vorlage, welche schon einmal den gemeinsamen Gegenstand der Erwägung für viele kundige Männer gebildet hat und welche vielleicht später nochmals im Reichstage eingebracht werden wird, so eng als möglich anzuschließen und alles Annehmbare aus ihr bereitwillig anzunehmen.

Beurtheilen wir die in diesem Gesetzentwurfe enthaltene Definition des beendigten Versuches nach dem ersten Gesammteindrucke, den sie auf uns ausübt, so sagen wir: Nicht übel. Minder günstig ist freilich der Eindruck, welchen die dem Entwurfe beigegebenen Motive machen, wenn dieselben uns melden: „Der Entwurf hat kein Bedenken getragen, sich derjenigen Definition anzuschließen, welche die meisten deutschen Strafgesetzbücher adoptirt hatten und welche von der Mehrzahl der deutschen Schriftsteller vertheidigt wird. Ueberdies stimmt der von dem Entwurfe zu Grunde gelegte Begriff des beendigten Versuches mit derjenigen Auffassung überein, welche die neuere französische Wissenschaft (Ortolan, Eléments No. 990) mit dem delit manqué und der neueste italienische Entwurf, Artikel 72, mit dem reato mancato verbindet." Wir fragen: Soll man bei legislatorischen Vorarbeiten Gründe und Gegengründe wägen, oder soll man zählen, auf welcher Seite die meisten Schriftsteller und die meisten Gesetzbücher stehen, selbst ohne Rücksicht, ob die Schriftsteller und Gesetzbücher der Gegenwart oder vielleicht einer längst widerlegten Vergangenheit angehören? Und muß man nicht mindestens fordern, daß es mit der behaupteten Mehrzahl deutscher Gesetzbücher (die Motive führen nur vier Gesetzbücher an) und deutscher Schriftsteller (die Motive nennen keinen) seine Richtigkeit habe? Ist Ein Franzose die neuere französische Wissenschaft? Giebt der Entwurf wirklich eine Definition, welche deutsch, glücklicher Weise aber auch französisch und italienisch ist? Haben wir in der That eine Definition vor uns, welche das Ergebniß einer großen Harmonie der meisten deutschen Gesetzbücher, der meisten deutschen Schriftsteller, der französischen Wissenschaft, der italienischen Gesetzgebung und gleichzeitig noch die Vereinigung der Begriffe des fehlgeschlagenen und des beendigten Versuches ist? Sollte den Verfassern der Motive gar Nichts bekannt geworden sein von denjenigen wissenschaftlichen Bemühungen, welche die großen Verschiedenheiten dieser in den Motiven identisch gesetzten Dinge ins Licht zu stellen gesucht haben? Der Pegasus der Kritik bäumt sich zum schneidigen Kampfe, indem er diese Fragen vor sich aufmarschiren sieht. Wir führen ihn aber abseits unter sein friedliches Obdach, lassen das in der Scheide zuckende Schwert der Kritik an seinem Orte und beruhigen uns bei der erfreulichen Thatsache, daß der Gesetzentwurf selbst weit besser ist als seine Motive. Von den letzteren absehend, halten wir uns in den folgenden Erwägungen lediglich an den ersteren.

1. Wir billigen es, daß der Entwurf nur das Vorhandensein der zur Begehung des Verbrechens erforderlichen Handlungen fordert, ohne das Requisit beizufügen, daß durch diese Handlungen von Seiten des Thäters Alles geschehen sei, was zur Herbeiführung des Erfolges nöthig war oder ihm nöthig zu sein schien. Gerade hierdurch tritt die Definition unter die sachgemäße dritte Formel und unterscheidet sich vortheilhaft von denjenigen Gesetzbüchern, mit denen sie nach der irrigen Angabe der Motive übereinstimmen soll.

2. Daß „alle" zur Begehung erforderlichen Handlungen begangen sein sollen, ist uns dagegen bedenklich. Es muß allerdings, wenn überhaupt zur Begehung des Verbrechens eine Mehrzahl von Handlungen gehört, die ganze Reihe derselben durchlaufen sein und der letzte unmittelbar auf die Herbeiführung des Erfolges gerichtete Akt stattgefunden haben. Sagen wir aber ausdrücklich „alle", so schaffen wir wieder eine Handhabe zu verfehlten Interpretationen, wie sie unter der Herrschaft älterer Gesetzbücher durch das „Alles, was nöthig war" veranlaßt worden sind. Das Wesentliche ist, daß der Konsummationsakt stattgefunden hat. Carrara und seine Schüler legen freilich auch darauf Gewicht, daß die dem Konsummationsakt vorangehenden Akte stattgefunden haben. Wollen wir auf die Autorität dieser Schule, nach deren Auffassung der Begriff des beendigten Versuches enger wird, als wenn man nur den Konsummationsakt fordert, Rücksicht nehmen, so bleibt doch mein früher (im Gerichtssaal) dagegen gemachter Einwand beachtenswerth, daß das Verbrechen sich mitunter in eine kaum zählbare Menge einzelner Akte, von denen manche vielleicht nur in einer Handwendung bestehen, auflöset, und daß man den Richter durch die

gesetzliche Definition nicht verleiten darf, seine Untersuchung auf die Vollzähligkeit dieser kleinen und kleinsten Akte auszudehnen.

3. So würden wir denn die Worte des Entwurfes nur dahin abändern, daß wir, statt „alle zur Begehung des Verbrechens erforderlichen Handlungen", setzten: „die zur Begehung des Verbrechens erforderlichen Handlungen". Statt „Begehung" würden wir lieber sagen „Ausführung", halten aber diese Abänderung nicht für nothwendig.

4. Der Rest der in dem Entwurfe aufgestellten Definition wahrt die nothwendige Beziehung des Begriffes des beendigten Versuches auf den „Erfolg" und kann unverändert bleiben.

Mag man nun mit dieser Definition übereinstimmen oder nicht: so viel muß klar geworden sein, daß der beendigte Versuch sich definiren läßt, und daß der Gesetzgeber keinen Grund hat, wegen übergroßer Schwierigkeit der Definition den Begriff des beendigten Versuches fallen zu lassen. Die Lehre vom beendigten Versuche ist nicht ohne Streitigkeiten, aber wo gäbe es solche nicht? Sind Zurechnungsfähigkeit, Anfang der Ausführung, Beihilfe, Komplott, ideales und reales Zusammentreffen, Rückfall, ja ist irgend ein Begriff, der in das Gebiet des allgemeinen Thatbestandes fällt, ohne Kontroversen? Und, um bei dem Versuche stehen zu bleiben, hat man über die Bedeutung des Anfanges der Ausführung weniger diskutirt, als über die des beendigten Versuches? Die von Schwarze im Reichstage aufgestellte Behauptung, daß der beendigte Versuch von der Wissenschaft längst zurückgewiesen sei, ist ganz unbegründet, und hat wie im Inlande so im Auslande Verwunderung erregt; in Italien nahm man an, daß Schwarze bei dieser irrigen Behauptung den „deutschen Traditionen" gefolgt sei (seguendo le tradizioni tedesche): wir können dies aber nicht zugeben und dürfen Schwarze hier nicht als den Vertreter der ganzen deutschen Wissenschaft gelten lassen, so gern wir auch sonst seine hohen Verdienste anerkennen.[6])

§ 7.

Wir fragen nun weiter: Ist der Unterschied des beendigten und des unbeendigten Versuches für die Strafbarkeit erheblich, und zwar erheblich in dem Grade, daß der Gesetzgeber ihn durch zwei Strafstufen zum Ausdruck bringen soll, etwa in der Art, wie es der Entwurf in dem zuvor mitgetheilten § 44 gethan hat?

Daß der beendigte Versuch überhaupt strafbarer ist als der unbeendigte,

---

6) Vergl. den Bericht „Le novelle al codice penale germanico" in der Rivista penale, Febbraio e Marzo 1876, pag. 131.

bedarf keines langen Beweises; denn es folgt unmittelbar aus dem unbestrittenen Satze, daß die Strafbarkeit des Versuches mit der Annäherung an die Vollendung wächst. Aber ist die unzweifelhaft höhere Strafbarkeit des beendigten Versuches nicht auf das bloß Quantitative, sondern auf das Qualitative gegründet? Stellt die Beendigung des Versuches, vermöge ihrer Eigenthümlichkeit, den Handelnden sofort auf eine höhere Stufe der Strafbarkeit?

Das Charakteristische des unbeendigten Versuches ist die Möglichkeit des Rücktrittes. Der unbeendigte Versuch ist der in der Ausführung unterbrochene Versuch, mag nun die Unterbrechung mit dem Willen oder gegen den Willen des Thäters eingetreten sein. Wer noch innerhalb des unbeendigten Versuches steht, der steht noch innerhalb der Möglichkeit, das Verbrechen unvollendet zu lassen.

Könnte man nun von dem beendigten Versuche schlechtweg behaupten, daß der Thäter sich der Möglichkeit beraubt habe, das Verbrechen unvollendet zu lassen, so wäre die qualitative Verschiedenheit, welche eine höhere Strafstufe heischt, erwiesen. Allein es gibt ja Fälle des beendigten Versuches, wo der Thäter noch die Möglichkeit behält, den Erfolg zu verhindern, und da scheint denn doch der Unterschied in der Strafbarkeit bloß quantitativ zu sein, nur in der größeren Annäherung an die Vollendung zu bestehen, nicht aber sich darauf zu gründen, daß mit der Ausführung des Konsummationsaktes eine ganz neue Lage eintritt.

Aber während die Möglichkeit des Rücktrittes zum Begriffe des unbeendigten Versuches gehört, also bei demselben nothwendig ist, liegt die Möglichkeit der Verhinderung des Erfolges außerhalb des Begriffes des beendigten Versuches, ist also zufällig: in den meisten Fällen fehlt sie. Während ferner die Möglichkeit, das Verbrechen nicht zur Vollendung kommen zu lassen, bei dem unbeendigten Versuche eine ganz sichere ist, da der Thäter nur unthätig zu bleiben braucht, ist sie bei dem beendigten Versuche eine problematische, deren Verwirklichung von der Kraft und Geschicklichkeit des Thäters und von seinem Glücke abhängt.

Noch entscheidender ist folgende Erwägung. Diejenigen Fälle des beendigten Versuches, wo der Thäter den Erfolg wirklich noch hindert, scheiden nach unserer Auffassung, wie sie weiter unten dargestellt werden soll, aus dem Gebiete der strafbaren Versuche aus. Es bleiben also, wenn es sich um die Würdigung der Strafbarkeit handelt, überhaupt nur diejenigen beendigten Versuche übrig, bei denen entweder die Möglichkeit der Verhinderung des Erfolges auf Seiten des Thäters gar nicht vorhanden war, oder bei denen diese Möglichkeit von Seiten des Thäters nicht in Wirklichkeit umgesetzt worden ist: und das Letztere kommt offenbar mit dem Ersteren auf dasselbe heraus. Da mithin bei allen strafbaren beendigten Versuchen der Thäter Alles aus der Hand gegeben, Alles gethan und Nichts verhindert hat: so ist in der That seine Strafbarkeit eine ganz andere als die desjenigen, welcher, auf dem Wege der Ausführung stehen bleibend, nur einen unbeendigten Versuch begangen hat.

§ 8.

Auf diesem Punkte unseres Gedankenganges wird es uns auch klar, daß man mit vollem Rechte, wenn man ein Gesetz über die Strafbarkeit des beendigten Versuches aufstellt, nur von dem fehlgeschlagenen Versuche sprechen darf; denn, ist bei dem beendigten Versuche die Möglichkeit, den Erfolg zu verhindern, für den Thäter nicht vorhanden, oder verwirklicht der Thäter diese Möglichkeit nicht, so verwandelt sich in dem einen wie in dem anderen Falle sein Versuch in einen fehlgeschlagenen, d. h. in denjenigen Versuch, wo trotz der beendigten Ausführungsthätigkeit der Erfolg infolge von Umständen, welche von dem Willen des Thäters unabhängig sind, ausbleibt. Der § 44 des Entwurfes zur Novelle von 1876 ist in diesem Stücke zutreffend formulirt.

§ 9.

So scheinen denn unsere Ergebnisse uns ganz auf die Seite der Regierungsvorlage, welche besondere Straffätze für die Vollendung, für den beendigten und für den unbeendigten Versuch will, hinüber zu drängen.

Es fragt sich indeß noch: 1. ob eine solche Abstufung innerhalb des Versuches dem Charakter unseres deutschen Strafgesetzbuches entspreche und 2. ob sie bei uns Bedürfniß sei.

1. Während andere Gesetzbücher, und vornehmlich der italienische Entwurf, die bedeutenden innerhalb desselben Begriffes hervortretenden qualitativen Unterschiede in verschiedenen Strafstufen ausdrücken und den Spielraum der Strafzumessung nur für die fließenden quantitativen Unterschiede reserviren, überläßt unser Gesetzbuch selbst die allerwichtigsten qualitativen Unterschiede der bloßen Strafzumessung. Ein fein ausgebildetes System ist dies nicht. Ich habe es in meiner Kritik von 1869 als einen Mißbrauch des Spielraumes für die Strafzumessung bezeichnet, wenn der Gesetzgeber so wichtige und besonders zu regelnde Gegenstände, wie z. B. die Rückfälligkeit, in denselben hineinverlegt. Es ist aber einmal das System unseres Gesetzbuches. Der Spielraum geht deßhalb in unserem

ganzen Gesetzbuch meistens sehr weit hinauf und sehr weit herab, was insbesondere auch vom Versuche gilt.

2. Eine Durchbrechung dieses Systemes würde sich nur durch ein stark empfundenes und auf anderem Wege nicht zu befriedigendes praktisches Bedürfniß rechtfertigen lassen. Ist ein solches vorhanden?

Die Motive zum Entwurf der Novelle berufen sich auf Erfahrungen, welche seit der Geltung unseres Strafgesetzbuches gemacht worden seien. Indem das Strafgesetzbuch davon abgesehen habe, rücksichtlich der Strafbarkeit Grade des Versuches zu unterscheiden, sei es genöthigt gewesen, bei Feststellung der Versuchsstrafen sehr weit herabreichende Minima vorzuschreiben. Bei der mehrfach hervorgetretenen Neigung der Gerichte in verschiedenen Gebieten des deutschen Reiches, sich den Minimalgrenzen der Strafe nahe zu halten, hätten die Bestimmungen des § 44 des Strafgesetzbuches die Folge gehabt, daß die Strafbarkeit des Versuches von der Praxis unterschätzt werde. Es seien Fälle vorgekommen, in denen der Versuch von Verbrechen, welche mit dem Tode oder mit lebenslänglichem Zuchthause bedroht sind, mit dem im § 44 Absatz 2 bezeichneten Minimum von drei Jahren Zuchthaus oder mit einer Strafe belegt worden, welche das Minimum nur um ein Weniges überstieg, obgleich in diesen Fällen der Thäter seinerseits alle zur Begehung des Verbrechens erforderlichen Handlungen vorgenommen hatte und der zur Vollendung gehörige Erfolg nur infolge von Umständen, welche von dem Willen des Thäters unabhängig waren, nicht eingetreten war.

Wir glauben es nun den Motiven, daß die Strafbarkeit des Versuches infolge der in unserem Gesetzbuche aufgestellten Minimalgrenze, welche nach unserer wiederholt anderswo ausgesprochenen Ansicht zu weit herabgeht, überhaupt von der Praxis unterschätzt werde. Wir dürfen auch keinen Zweifel in die von den Motiven gemachte Mittheilung setzen, daß gerichtliche Entscheidungen vorgekommen sind, welche bei beendigtem Versuche auf das Minimum der Versuchsstrafe erkannt haben. Die Schuld dieser letzteren Verkehrtheit können wir aber nicht in unserem Gesetzbuche, sondern nur in den Richtern suchen, welche den klaren Sinn des vorhandenen Gesetzes nicht erkannt haben. Für jeden verständigen Richter liegt der Gedanke unseres Gesetzbuches, daß die Strafbarkeit des Versuches mit der Ausführung wächst, auf der Hand. Wenn daher in Fällen, wo der Thäter sich nicht am Anfange, sondern, gerade umgekehrt, am Ende der Ausführung befunden hat, auf das Minimum der Versuchsstrafe erkannt worden ist, so kann eine so große richterliche Albernheit für den Gesetzgeber nicht Grund zu einer Aenderung des Gesetzes werden.

Die Aufstellung einer besonderen Strafstufe für den beendigten Versuch stimmt also weder mit dem Charakter unseres Strafgesetzbuches überein, noch hat sie sich als Bedürfniß erwiesen.

Ob man in irgend einer Zukunft den ganzen Charakter unseres Gesetzbuches ändern und damit auch den adäquaten Boden für eine specielle Würdigung der Strafbarkeit des beendigten Versuches schaffen wird, das ist eine Frage, deren Beantwortung nicht von einem wissenschaftlichen Gutachter, sondern nur von einem Propheten erwartet werden könnte. Wir halten es aber für sehr wichtig, daß die nächste Zukunft, mit der allein es unsere Vorschläge zu thun haben, an den Grundlagen des Gesetzbuches so wenig als möglich rüttele und sich im Ganzen auf solche Aenderungen beschränke, zu denen starke praktische Bedürfnisse auffordern, damit in einer Zeit, die vor neuen Gesetzen kaum zur Besinnung kommen kann, der Wissenschaft und der Praxis nicht zu sehr die Unterlage, in welcher sie feste Wurzeln zu schlagen vermögen, entzogen werde.

§ 10.

Im Vorstehenden hat der Erste Theil unseres Themas seine Erörterung gefunden. Er lautete wörtlich: Ist der beendigte Versuch im Strafgesetzbuche beizubehalten? Sein voller Sinn konnte aber nur im Zusammenhange mit dem Zweiten Theile unseres Themas verstanden werden und war dann dahin aufzufassen: Soll eine Bestimmung wie die des § 44 des Entwurfes zur Novelle vom 26. Februar 1876 aufgenommen werden? oder, allgemeiner ausgedrückt:

Soll das Strafgesetzbuch einen Begriff des beendigten Versuches aufstellen, um für den beendigten Versuch eine besondere Strafstufe festzusetzen?

Daß dies im Thema nicht völliger ausgesprochen ist, hat seinen Grund theils darin, daß bei der Feststellung desselben mehrere Personen unabhängig von einander mitgewirkt haben, theils darin, daß ja das Thema Männern vorgelegt werden sollte, denen gegenüber man sich kurz ausdrücken durfte, weil ihnen der gegenwärtige Stand der Gesetzgebung und die durch ihn angezeigten Fragen bekannt sein mußten.

Unsere Antwort auf den Ersten Theil, wie er in den gesperrten Worten dieses Paragraphen unserer Arbeit seinen vollen Ausdruck gefunden hat, lautet für die Gegenwart wie für die nächste Zukunft: Nein.

Wir wenden uns gegenwärtig zu dem Zweiten Theile unserer Aufgabe, also zu der Frage:

Ist bei dem beendigten Versuche die freiwillige Verhinderung der Vollendung als Strafaufhebungsgrund anzuerkennen?

War nun bei dem Ersten Theile der Anschluß an den Entwurf zur Novelle von 1876 angemessen, so wird sich der Zweite Theil passend an den § 46 unseres Strafgesetzbuches anlehnen, welcher Folgendes anordnet:

„Der Versuch als solcher bleibt straflos, wenn der Thäter

1. die Ausführung der beabsichtigten Handlung aufgegeben hat, ohne daß er an dieser Ausführung durch Umstände gehindert worden ist, welche von seinem Willen unabhängig waren, oder
2. zu einer Zeit, zu welcher die Handlung noch nicht entdeckt war, den Eintritt des zur Vollendung gehörigen Erfolges durch eigene Thätigkeit abgewendet hat."

§ 11.

In meiner Abhandlung über beendigten und unbeendigten Versuch (Gerichtssaal 1865) sind die Anordnungen der deutschen Gesetzbücher über unseren Gegenstand ausführlich mitgetheilt. Einen Auszug hieraus liefert mein Lehrbuch, indem es Folgendes sagt: „Während nach französischem, nach preußischem und nach bayerischem Rechte[7]) das Verhindern des Erfolges bei dem beendigten Versuche ganz ebenso Straflosigkeit bewirkt, wie der Rücktritt bei dem unbeendigten Versuche, wollen Hannover 34 Nr. 3, Darmstadt 69, Baden 117, Thüringen 26 und Sachsen 42 Nr. 1 nur bei dem unbeendigten Versuche Straflosigkeit wegen Rücktrittes, nicht aber bei dem beendigten Versuche Straflosigkeit wegen verhinderten Erfolges. In diesem letzteren Falle will Baden Milderung, Thüringen wenigstens Minderung, Sachsen aber Herabsetzung auf die Strafe des nicht beendigten Versuches."

Meiner Angabe, daß nach französischem und nach preußischem Rechte das Verhindern des Erfolges bei dem beendigten Versuche Straflosigkeit bewirke, ist mehrfach in apodiktischer Weise widersprochen worden. Nach Schütze „verwirft" selbst noch unser Reichsstrafgesetzbuch schlechthin Grade oder Arten des Versuches, weiß auch von Arten des Versuches Nichts in seinen Bestimmungen über Straflosigkeit des Versuches, sondern kennt hier nur zwei Fälle der ausnahmsweisen Straflosigkeit, je nachdem der an sich strafbare Versuch „mehr oder minder weit vorgeschritten" war.[8])

---

[7]) Code pénal art. 2. Preußen 31. Bayern 1861, Art. 47.

[8]) Lehrbuch 2. Aufl. S. 139 und S. 142. Note 45.

Nach Schwarze ist die Abwendung des Erfolges der fertigen Thätigkeit weder im französischen noch im preußischen Gesetzbuche berücksichtigt.[9])

Die Strafgesetzbücher für Frankreich und Preußen geben nun aber folgende Anordnungen:

Code pénal art. 2: „Toute tentative de crime qui aura été manifestée par un commencement d'exécution, si elle n'a été suspendue ou si elle n'a manqué son effet que par des circonstances indépendantes de la volonté de son auteur, est considerée comme le crime même."

Preuß. Strafgesetzbuch § 31: „Der Versuch ist nur dann strafbar, wenn derselbe durch Handlungen, welche einen Anfang der Ausführung enthalten, an den Tag gelegt und nur durch äußere, von dem Willen des Thäters unabhängige Umstände gehindert oder ohne Erfolg geblieben ist."

Der genetische Zusammenhang der preußischen Bestimmung mit der französischen ist bekannt: suspendue ist übersetzt worden mit „gehindert"; manqué son effet mit „ohne Erfolg geblieben".

Ich verweise nun meine verehrten Kollegen Schwarze und Schütze auf die schon im Gerichtssaal von 1865 Seite 104 und 105 mitgetheilte Entstehungsgeschichte des Artikels 2 des Code pénal. Sie werden in derselben finden, daß der Code vom 22. Prairial des republikanischen Jahres IV nur die Worte enthielt „si elle n'a été suspendue", und daß die Worte „ou si elle n'a manqué son effet" erst später eingeschoben worden sind. Sie werden nicht minder finden, daß — wie aus den Mittheilungen von Nypels und von Hélie und Chauveau[10]) erhellt — gerade mit den letzteren Worten jener „Grad der Ausführung" gemeint sei, den die Franzosen délit manqué nennen. Ich kann jene beiden Herren Kollegen auch auf Ortolan verweisen, welcher im § 1025 seiner Eléments lehrt:

„Ces expressions suspendue, manqué son effet, comprennent les deux cas progressifs de la tentative inachevée et de la tentative achevée, autrement dite délit manqué."

Aber auch abgesehen von allen historischen Gründen können jene

---

[9]) Kommentar, 3. Aufl. S. 131. Schwarze beruft sich auf Goltdammer, Archiv VIII., S. 628.

[10]) Nypels, Droit pénal Français progressif et comparé, Paris 1864, S. 29 bis zu den Worten: „Cette addition consisterait à mettre après les mots: si elle n'a été suspendue, ceuxci: ou n'a manqué son effet." Ganz gleichlautend: Chauveau und Hélie, Théorie du Code pénal, 3me éd. Paris 1852, T. I. p. 351.

beiden Ausdrucksweisen nur auf die beiden Arten des Versuches bezogen werden; denn nur bei dem unbeendigten Versuche ist Suspension der Ausführung denkbar, bei dem beendigten nur noch Verhinderung des Effekts.

So war es denn gewiß nicht leichtsinnig, wenn ich in meinen Grundsätzen des preußischen Strafrechts § 16 im Jahre 1861 zu den Worten des preußischen Gesetzes „nur durch äußere, von dem Willen des Thäters unabhängige Umstände gehindert worden oder ohne Erfolg geblieben“ erläuternd beifügte: „Diese Worte enthalten eine Angabe der beiden Arten des Versuches.“ So waren denn auch wohl Zachariä, Schwarzes und mein hochgeehrter Freund, in seiner gründlichen Abhandlung im Archiv für preußisches Strafrecht Band V., und ich selbst in meiner durch meines gleichfalls hochverehrten Freundes Schwarze Hände gegangenen Abhandlung im Gerichtssaal von 1865, im vollen und erwiesenen Rechte, wenn wir annahmen, daß diejenigen Fälle, wo der Handelnde den Erfolg nach beendigtem Konsummationsakt noch abgewendet hat, nach preußischem Rechte ganz ebenso straflos seien wie nach französischem, und ich kann in den kategorischen Behauptungen des Gegentheils nur Behauptungen erblicken, welche weder in der Geschichte der Gesetze, noch in der begrifflichen Beschaffenheit der beiden Arten des Versuches eine Stütze zu finden vermögen.

§ 12.

In dem Ersten Entwurfe zum Norddeutschen Strafgesetzbuch (Juli 1869) trat an die Stelle des Preußischen § 31 folgender § 37:

„Ein strafbarer Versuch liegt vor, wenn der Entschluß zur Verübung eines Verbrechens oder Vergehens durch Handlungen, welche einen Anfang der Ausführung enthalten, an den Tag gelegt und die Vollendung nur durch äußere, von dem Willen des Thäters unabhängige Umstände gehindert oder unterblieben ist.“

Die letzten Worte dieses projektirten Gesetzesparagraphen verdunkelten die nothwendige Beziehung auf die beiden Arten des Versuches. Ich hob dies in meiner Anfangs Oktober 1869 erschienenen Kritik auf Seite 73 hervor und gab der preußischen Fassung, welche nicht vom unterbliebenen, sondern von dem ohne Erfolg gebliebenen Versuche spricht, den Vorzug. Ob meine kritische Bemerkung zu der ihr entsprechenden Aenderung, welche sich im § 46 unseres geltenden Strafgesetzbuches findet, den Anlaß gegeben hat, weiß ich nicht; diese Aenderung ist aber in der That schon im Zweiten Entwurfe zum Norddeutschen Strafgesetzbuch (1. December 1869) vorgenommen worden.

Unser deutsches Strafgesetzbuch endlich enthält im § 46 noch

Wort für Wort denselben Text, den der Zweite Entwurf dem § 44, welcher denselben Gegenstand behandelte, gegeben hatte. Der § 46 des Strafgesetzbuches unterscheidet in seinen zwei Nummern den aufgegebenen Versuch, und denjenigen Versuch, bei welchem der Erfolg abgewendet worden ist. Den beendigten Versuch kann man nicht mehr „aufgeben“, bei dem unbeendigten aber bedarf es keiner Thätigkeit zur „Abwendung des Erfolges“: die Beziehung jener beiden Worte auf die beiden Arten des Versuches steht also fest.

Zutreffend sagen daher die Motive zur Novelle von 1876 Seite 23 von der Nr. 2 dieses § 46 unseres Strafgesetzbuches, daß in derselben „bereits der beendigte Versuch anerkannt und berücksichtigt ist.“

§ 13.

Unser § 12 zeigte uns so eben, daß unser Strafgesetzbuch im § 46 Nr. 2 den beendigten Versuch schon enthält, und rechtfertigte damit die Themafrage, sofern sie von der Beibehaltung des beendigten Versuchs spricht.

Jetzt nun kommt es auf die Beantwortung folgender drei Fragen an:

1. Wie weit ist die freiwillige Verhinderung der Vollendung im Strafgesetzbuche als Strafaufhebungsgrund anerkannt?
2. Soll sie überhaupt anerkannt werden?
3. In welchem Umfange soll sie anerkannt werden?

§ 14.

Ad. 1.

Der § 46 unseres Gesetzbuches läßt in Nr. 2 den Versuch als solchen straflos, wenn der Thäter zu einer Zeit, zu welcher die Handlung noch nicht entdeckt war, den Eintritt des zur Vollendung des Verbrechens oder Vergehens gehörigen Erfolges durch eigene Thätigkeit abgewendet hat.

a. Diese Anordnung geht in der That auf den beendigten, nicht aber auf den fehlgeschlagenen Versuch. Gerade hier zeigt sich der Unterschied des letzteren vom ersteren besonders deutlich und muß vom Gesetzgeber festgehalten werden. Die beendigten Versuche zerfallen in drei Klassen: 1) in solche, wo der Versuch fehlschlägt, indem dem Thäter nach beendigter Ausführungsthätigkeit gleich die Möglichkeit den Erfolg zu verhindern abgeschnitten ist; 2) in solche, wo der Versuch fehlschlägt, indem der Thäter, obwohl er noch die Möglichkeit zur Verhinderung des Erfolges besitzt, von dieser Möglichkeit nicht wirksamen Gebrauch macht; 3) in solche, wo der Versuch nicht fehlschlägt, indem der Thäter dem

Naturkaussalismus nicht gestattet abzulaufen, sondern in denselben hindernd eingreift und dadurch den Erfolg noch abwendet. Nur mit den beendigten Versuchen dieser dritten Klasse hat es § 46 Nr. 2 zu thun.

Der Ausdruck „aufgegebener" Versuch, dessen sich die Nr. 1 des § 46 bedient, deckt alle Fälle des unbeendigten Versuches und ist nichts Anderes als die positive Bezeichnung, welche man ohne Weiteres an die Stelle der negativen Bezeichnung „unbeendigter Versuch" als mit ihr gleichbedeutend setzen kann; wenn also die Fälle, wo der Thäter „den Erfolg abgewendet hat", nicht Fälle des beendigten Versuches wären, so wären sie Nichts, d. h. der Gesetzgeber hätte objektlos gesprochen.

b. Die Anordnung der Nr. 2 des § 46 verlangt zur Straflosigkeit, daß der Thäter den Erfolg nicht nur wirklich abgewendet, sondern daß er dies auch freiwillig gethan habe.

Dieses Erforderniß der Freiwilligkeit macht auf unsere besondere Aufmerksamkeit Anspruch. Direkt tritt es im Gesetze nicht hervor, so daß es von einem oberflächlichen Leser übersehen und seine Anwesenheit geleugnet werden könnte. Indirekt tritt es allerdings auf, allein in einer Weise, daß die Freiwilligkeit zur Begründung der Straflosigkeit nicht ohne Weiteres, sondern nur unter gewissen Umständen auszureichen scheint; und es wird zu prüfen sein, ob diese Einschränkung des Gebietes der Straflosigkeit einmal in der That in unserem Gesetze vorhanden, sodann aber, ob sie legislativ berechtigt sei.

Direkte Ausdrücke zur Bezeichnung des auf der subjektiven Seite liegenden Requisites würden sein: thätige Reue, Freiwilligkeit; das Gesetz bedient sich aber weder des einen noch des anderen.

Das Wort „thätige Reue" würde Vielen willkommen sein; wird es ja häufig genug wie ein technischer Terminus des Strafrechtes behandelt! Es wäre aber in Wahrheit das allerunpassendste, weil es die Straflosigkeit nicht von der Freiwilligkeit allein abhängig machen, sondern überdies verlangen würde, daß die letztere sich auf ein bestimmtes moralisches Motiv gründe. Von den Motiven darf man die Entscheidung über Strafbarkeit oder Straflosigkeit nicht abhängig machen, wie sehr man auch berechtigt und verpflichtet ist, bei der Strafzumessung die Motive des Thäters mit in Anschlag zu bringen. Wie das Gesetz von thätiger Reue schweigt, so sollten auch Wissenschaft und Praxis aufhören, da von thätiger Reue zu reden, wo es sich entweder um die Straflosigkeit des unbeendigten Versuches wegen freiwilligen Rücktrittes, oder um die Straflosigkeit des beendigten Versuches wegen freiwilliger Verhinderung des Erfolges, oder endlich auch in vereinzelten Fällen um die Straflosigkeit eines vollendeten

Verbrechens wegen freiwilligen Wiedergutmachens handelt: denn daß die Freiwilligkeit in Reue wurzele, ist in keinem dieser Fälle nöthig und der beliebte Ausdruck „thätige Reue" daher nur geeignet Verwirrung anzurichten.

Das Wort „Freiwilligkeit" würde den wahren Sinn der Sache aussprechen. Es würde nur sagen, daß der Thäter aus eigener Bewegung gehandelt haben müsse, ohne dem Richter den Beweis abzufordern, daß diese eigene Bewegung aus diesem oder jenem Motive hervorgegangen sei. Der Beweis der Freiwilligkeit behält aber doch große Schwierigkeiten, wenn er aus der Beschaffenheit der Subjektivität des Thäters geführt werden soll; man kommt dabei doch immer wieder auf die Motive.

Aus diesen Gründen umkleidet das Gesetz das Erforderniß der Freiwilligkeit mit einer indirekten, auf die Objektivität gerichteten Form. Es gewinnt so eine schärfere Grenze gegen das blos moralische Gebiet und erleichtert zugleich den Beweis. Darum verwandelt sich in der Sprache des Gesetzgebers der freiwillig aufgegebene unbeendigte Versuch in einen Versuch, dessen Ausführung nicht durch äußere Umstände gehindert worden ist, der beendigte Versuch mit freiwillig verhindertem Erfolge aber in einen Versuch, bei welchem der Thäter den Erfolg verhindert hat zu einer Zeit, wo die Handlung noch nicht entdeckt war.

Das Streben des Gesetzgebers nach einer auf das Objektive gerichteten Formulirung der Freiwilligkeit verdient bei dem beendigten Versuche nicht minder als bei dem unbeendigten unsere volle Zustimmung. Aber ist es bei dem ersteren zu einem ebenso zutreffenden Ausdrucke gelangt als bei dem letzteren? In Bezug auf den unbeendigten Versuch kann man aufstellen: Ist die Ausführung durch äußere Umstände gehindert worden, so ist das Aufgeben des Versuches nicht mehr freiwillig. Kann man etwa in Bezug auf den beendigten Versuch aufstellen: Ist die Abwendung des Erfolges zu einer Zeit erfolgt, wo die Handlung schon entdeckt war, so ist sie gleichfalls nicht mehr freiwillig? Mit nichten! Den Widerstand der hindernden Umstände erfährt der Thäter bei dem unbeendigten Versuche, das Entdecktsein bei dem beendigten Versuche braucht er nicht zu erfahren, während es doch nur dann seine Freiwilligkeit aufheben kann, wenn er es erfährt. Und selbst wenn dem Thäter das Entdecktsein bekannt wäre, ließe sich immer noch Freiwilligkeit bei der Verhinderung des Erfolges denken; denn er könnte sich ja gegen Verfolgung und Bestrafung gesichert wissen, einen zuverlässigen Schlupfwinkel zur Verfügung haben oder die Thür zur sicheren Flucht offen stehen sehen.

Erwiesen ist hiermit die Thatsache, daß unser Gesetz die freiwillige Verhinderung der Vollendung zwar in den meisten, nicht aber in allen Fällen des beendigten Versuches als Strafaufhebungsgrund anerkennt.

Ob diese Einschränkung des Feldes strafloser beendigter Versuche berechtigt sei, behalten wir den folgenden Abschnitten dieses Gutachtens zur Beantwortung vor. Es fragt sich erst noch, ob wir der Straflosigkeit beendigter Versuche überhaupt und irgendwann das Wort reden dürfen.

§ 15.

Ad 2.

Daß der unbeendigte Versuch wegen freiwilligen Rücktrittes straflos bleiben soll, ist ein Satz, welcher nicht mehr bestritten wird.

Dieser Satz ruht auf zwei Gründen. Indem der freiwillige Rücktritt die Richtung der Handlung auf die Vollendung aufhebt, nimmt er der Handlung den Charakter des Versuches. Dieser Charakter besteht darin, daß der Wille die That überragt. Durch den freiwilligen Rücktritt wird aber der Wille auf die gleiche Höhe mit der That herabgesetzt, so daß die Handlung nicht mehr als Versuch gestraft werden kann, sondern nur noch insofern strafbar bleiben würde, als sie an sich schon ein anderweitiges vollendetes Verbrechen enthielte. Dies der erste Grund. Sodann aber gebietet dem Gesetzgeber die Klugheit, den Verbrecher, welcher sich in der Ausführung eines Verbrechens befindet, jedoch noch über den Eintritt oder Nichteintritt der Vollendung verfügen kann, durch die Hoffnung auf Straflosigkeit zum Abstehen zu ermuntern. Dies der zweite Grund.

Lassen sich diese beiden Gründe auch für den Satz geltend machen, daß der beendigte Versuch wegen freiwilliger Verhinderung des Erfolges straflos bleiben soll?

Allerdings. Denn die freiwillige Verhinderung des Erfolges hebt gleichfalls die Richtung der Handlung auf die Vollendung auf und raubt ihr damit den Charakter des Versuches. Nicht minder räth gleichfalls die Klugheit, den Verbrecher, welcher noch über den Eintritt oder Nichteintritt des Erfolges verfügen kann, zum Abwenden des Erfolges zu ermuntern.

Ist nun insofern der Parallelismus beider Arten des Versuches vollkommen, so können die Gründe, welche man gegen die Straflosigkeit des beendigten Versuches, bei eingeräumter Straflosigkeit des unbeendigten Versuches, zu erheben sucht, nur noch darauf fußen, daß der Thäter doch bei dem beendigten Versuche ja schon weiter, und zwar gemeiniglich viel weiter vorgeschritten sei, als bei dem unbeendigten Versuche. Diese Gründe lassen sich aber darauf zurückführen, daß durch das Weiter-Vorgeschrittensein

a. der angerichtete Schade größer geworden ist,
b. die herbeigeführte Gefahr zugenommen hat,
c. die Lage des Thäters eine andere geworden ist, als bei dem unbeendigten Versuche.

a. Soweit indeß durch den beendigten Versuch wirklich ein größerer Schade angerichtet ist, hat ja der Thäter auch einen größeren Schaden zu ersetzen und, falls durch die Anrichtung dieses Schadens auch eine strafbare Handlung begründet sein sollte, die der verbrecherischen Schwere dieser Handlung gemäße Strafe zu tragen, da ja bei dem beendigten Versuche ganz ebenso, wie bei dem unbeendigten, die Rechtsregel stehen bleibt, daß die durch die Versuchsthätigkeit schon verwirklichte Verletzung an der Straflosigkeit nicht Theil nimmt.

b. Soweit ferner durch den beendigten Versuch eine größere Gefahr herbeigeführt wird, ist ja auch das Verdienst des Thäters, welcher dieselbe abwendet, und das Bedürfniß der Gesellschaft, zu dieser Abwendung zu ermuntern, ein größeres.

c. Damit scheint denn aber in der That die Lage des Thäters, aus dem Gesichtspunkte der Frage nach der zu gewährenden Straflosigkeit aufgefaßt, bei dem beendigten Versuche, obwohl hier der Thäter weiter vorgeschritten ist, wieder ganz dieselbe geworden zu sein, wie bei dem unbeendigten Versuche.

Allein wird nicht durch Ausdehnung der Straflosigkeit auf den beendigten Versuch der Grundsatz der Verhältnißmäßigkeit verletzt, welcher verlangt, daß bei gleicher Schuld gleiche Strafe, bei höherer Schuld höhere und bei niedrigerer Schuld niedrigere Strafe eintrete? Würde es nicht mit diesem Grundsatze im stärksten Widerspruche stehen, wenn unter zwei Thätern dem einen, welcher die gleiche oder wohl gar eine größere Schuld trägt als der andere, nicht die gleiche oder eine größere Strafe, sondern gar keine Strafe auferlegt, vielmehr Straflosigkeit gewährt würde?

Und zu solchen ungleichen richterlichen Urtheilen scheint der Grundsatz der Straflosigkeit des beendigten Versuches bei Verhinderung des Erfolges führen zu können.

Denken wir uns folgende zwei Fälle nebeneinander. Gaius zielt in tödtlicher Absicht auf den Sejus und schießt vorbei, Titius zielt in tödtlicher Absicht auf den Sempronius und trifft. Hier hat Gaius unwiderruflich die Strafe des beendigten Tödtungsversuches verwirkt. Sejus aber, welcher durch sein Treffen vielleicht einen festeren Willen offenbart und jedenfalls einen wirklichen Schaden angerichtet hat, könnte die Kugel aus dem Fleische des Getroffenen noch herausziehen, dadurch den Tod des Getroffenen abwenden und so, wenn auch nicht der Strafe der Körperverletzung, doch der schwereren Strafe des Mordversuches entgehen.

Wenn man indeß hieraus die Unzulässigkeit der Straflosigkeit des beendigten Versuches folgern wollte, so würde man zu viel und darum Nichts beweisen. Solche Ungleichheiten treten nämlich bei dem unbeendigten Versuche nicht minder ein, als bei dem beendigten. Derjenige Thäter, welcher bei unbeendigtem Versuche überrascht und dadurch am freiwilligen Rücktritt gehindert wird, verfällt der Strafe des Versuches. Ein anderer geht, ohne überrascht zu werden, in seiner verbrecherischen Thätigkeit viel weiter, vielleicht bis zum äußersten Punkte des unbeendigten Versuches: so kann er immer noch freiwillig zurücktreten und sich damit die Straflosigkeit sichern.

Die Lage des Thäters ist also auch in dieser Hinsicht bei dem beendigten Versuche ganz und gar keine andere, als bei dem unbeendigten Versuche. Jene Ungleichheiten aber, welche in den angeführten Beispielen hervortraten, müssen mit in den Kauf genommen werden, wenn man das als richtig und heilsam erkannte Princip der Straflosigkeit nicht bei beiden Arten des Versuches wieder aufheben will.

Mit denjenigen Gesetzbüchern, welche zwar bei dem unbeendigten Versuche Straflosigkeit, bei dem beendigten Versuche hingegen statt der Straflosigkeit eine Strafmilderung oder gar nur eine Strafminderung wollen, haben wir gar nicht mehr abzurechnen, da in dem Vorstehenden die Berechtigung der Straflosigkeit für den beendigten Versuch bewiesen worden ist. Eines indeß möchten wir hier noch zu bedenken geben

Oft ist ausgesprochen worden, daß die abschreckende Kraft der Strafen weniger von der Größe der letzteren, als von der Sicherheit ihres Eintretens abhänge. Es komme weniger darauf an, wie hoch, als darauf, daß überhaupt gestraft werde.

Die Nutzanwendung der hierin liegenden psychologischen Wahrheit auf unseren Fall ergiebt sich von selbst. Die Aussicht auf eine Strafe, wenn letztere auch eine geminderte oder gemilderte sein sollte, wird für den Verbrecher wenig Verlockendes haben, und nur die Aussicht auf Straflosigkeit wird im Stande sein, ihn zum Rücktritte oder zur Verhinderung des Erfolges zu bewegen.

§ 16.

Ad 3.

Unser § 14 zeigte uns, daß unser Strafgesetzbuch die freiwillige Verhinderung des Erfolges bei dem beendigten Versuche zwar als Srafaufhebungsgrund anerkenne, aber sie doch nicht allen Fällen als solchen anerkenne. Unser § 15 legte dar, daß die Straflosigkeit, nach der Natur der Sache, in allen Fällen gerechtfertigt sei.

Hieraus folgt nun zunächst, als Antwort auf unsere Themafrage, daß die freiwillige Verhinderung des Erfolges bei dem beendigten Versuche in denjenigen Fällen als Strafaufhebungsgrund beizubehalten ist, wo das Gesetz sie schon als solchen anerkennt. Er fragt sich aber weiter, ob sie auch in den übrigen Fällen vom Gesetze als solcher anzuerkennen sei? Diese Frage löset sich uns in zwei Fragen auf, nämlich:

a. Läßt sich für die erweiterte Anerkennung der Straflosigkeit eine passende gesetzliche Formel finden? und

b. ist es an der Zeit, das Gesetz in diesem Stücke zu reformiren, also die verallgemeinernde Formel, wenn eine solche gefunden werden kann, an die Stelle der bisherigen einschränkenden Formel zu setzen?

a. An deutschen Gesetzbüchern, welche eine verallgemeinernde Formel schon enthalten, fehlt es nicht. Ob sie dieselbe aufgestellt haben, um die Verhinderung des Erfolges als Strafaufhebungsgrund, oder nur um sie als Strafmilderungs- oder als Strafminderungsgrund anzuerkennen, ist für die Beschaffenheit der Formel selbst ohne Einfluß.

Wir beschränken uns zunächst auf die Mittheilung und Prüfung der Strafgesetzbücher Badens, Thüringens und Sachsens.

Baden § 117: „(Freiwilliges Aufgeben des versuchten Verbrechens.) Hat der Thäter nach einem nicht beendigten Versuche das Verbrechen freiwillig wieder aufgegeben, so sind die Versuchshandlungen als solche straflos.“ § 118: „(Abwendung des Erfolges durch den Thäter.) Hat der Thäter nach beendigtem Versuche das Eintreten des strafbaren Erfolges selbst abgewendet und das Verbrechen freiwillig wieder aufgegeben, so gilt dies als Stafmilderungsgrund.“

Thüringen Art. 26: „Wer von einer bereits angefangenen verbrecherischen Unternehmung, ohne durch äußere Umstände gehindert worden zu sein, freiwillig wieder absteht, ist straflos, —. Hat der Thäter dagegen Alles gethan, was von seiner Seite zur Vollendung des beabsichtigten Verbrechens nothwendig war, und hat das Verbrechen dadurch freiwillig wieder aufgegeben, daß er selbst das Eintreten des zur Vollendung des Verbrechens gehörigen Erfolges abgewendet hat, so soll ihm dieses nur zur Minderung der Strafe des Versuches gereichen.“

Sachsen Art. 40: „Der Versuch ist ein beendigter, sobald der Thäter Alles gethan hat, was er zu thun für nöthig hielt, um die von ihm beabsichtigte Rechtsverletzung herbeizuführen. In allen anderen Fällen ist der Versuch ein nicht beendigter." Art. 42: „Auch der beendigte Versuch ist nur wie der nicht beendigte zu bestrafen 1) wenn der Verbrecher durch seine eigene Thätigkeit den Erfolg, der ohne dieselbe eingetreten sein würde, noch abgewendet hat; 2) wenn er zur Ausführung des Verbrechens aus Unkenntniß oder Irrthum ein Mittel gewählt hat" 2c. Art. 44: „Der nicht beendigte Versuch eines Verbrechens ist straflos zu lassen, wenn der Verbrecher sein Vorhaben, ohne an der Ausführung desselben durch äußere Umstände gehindert worden zu sein, gänzlich wieder aufgegeben hat."

In der Ausdrucksweise dieser Gesetzbücher zeigen sich Mängel, welche, bei der immer noch nicht überwundenen Neigung der deutschen Sprache zu Pleonasmen, im gemeinen Leben bei uns nicht auffallen, in der Wissenschaft und in der Gesetzgebung aber vermieden werden müssen. Statt „einen Versuch aufgeben" heißt es bei Baden und Thüringen „ihn wieder aufgeben", als ob man ihn schon einmal aufgegeben hätte; bei Sachsen aber gar „ihn gänzlich wieder aufgeben", als ob das Aufgeben nicht schon das „gänzlich" in sich schlösse, einer Steigerung fähig wäre und sich nicht schon von selbst dem bloßen Aufschieben entgegensetzte. Die Karolina strotzt von solchen Häufungen, welche Nichts als Reste sprachlicher Barbarei sind.

Zu diesen sprachlichen Mängeln gesellt sich der Mangel an Schärfe des Gedankens. Baden und Thüringen sprechen von einem Abwenden des Erfolges und nennen dies zugleich ein Aufgeben des Verbrechens. Hierin liegt mehr als ein bloßer Pleonasmus, nämlich eine Verwischung der Merkmale, welche den beendigten Versuch von dem unbeendigten Versuche unterscheiden; denn der Ausdruck Abwenden ist bei dem beendigten, der Ausdruck Aufgeben hingegen bei dem unbeendigten Versuche charakterisirend.

Sehen wir aber von solchen sprachlichen und begrifflichen Ungenauigkeiten ab. Fassen wir die Art ins Auge, wie diese Gesetze bei der Verhinderung des Erfolges eines beendigten Versuches die Freiwilligkeit des Thäters kennzeichnen. Baden und Thüringen sagen hier direkt „freiwillig", welchen selbigen Ausdruck sie auch bei dem unbeendigten Versuche anwenden. Sachsen aber verlangt, daß der Thäter den Erfolg „durch seine eigene Thätigkeit" abgewendet habe, während es bei dem unbeendigten Versuche die Forderung stellt, daß der Thäter nicht durch äußere Umstände gehindert worden sei, — eine Forderung, welche Thüringen bei dem unbeendigten Versuche zum Ueberfluß mit der Forderung der Freiwilligkeit verbindet.

Allein schon in unserem § 14 wurde darauf hingewiesen, daß die direkte Bezeichnung der Freiwilligkeit zu Uebelständen führe. Fordert man geradezu Freiwilligkeit, so wird der Richter immer geneigt bleiben, nach den Motiven des Thäters zu unterscheiden, ob des Thäters Wille frei oder unfrei gewesen sei. Diese Neigung würde bei der Würdigung des beendigten Versuches viel stärker hervortreten und weit mehr Verwirrung stiften, als bei der Beurtheilung des unbeendigten Versuches; denn während es sich bei dem freiwillig aufgegebenen, also unbeendigten Versuche, nur um eine Unthätigkeit des Thäters handelt, bei der sich leicht entscheiden läßt, ob sie durch äußere Hindernisse oder durch den freien Entschluß des Thäters bewirkt worden ist, handelt es sich bei dem beendigten Versuche mit freiwillig abgewendetem Erfolge um eine Thätigkeit, welche durch äußere Umstände unmittelbar gar nicht, sondern nur mittelbar, und zwar nur dadurch hervorgerufen werden kann, daß diese Umstände sich in Motive verwandeln.

Dies ist es eben, was für die vom Reichsgesetzbuche gewählte indirekte, objektive Bezeichnung der Freiwilligkeit spricht. Das Streben des deutschen Gesetzgebers ist zu billigen. Er hat nur mit den Worten „noch nicht entdeckt war" das Ziel seines Strebens nicht erreicht.

Aber besitzen wir denn nicht auch schon Gesetzbücher, welche bei dem beendigten Versuche in umfassender Weise die Straflosigkeit wegen freiwilliger Verhinderung des Erfolges anerkennen und dabei zugleich die Freiwilligkeit objektiv formuliren? Wurde nicht in diesem Sinne von uns selbst auf das preußische und das französische Strafgesetzbuch verwiesen, von denen das letztere, welches dem ersteren zum Muster gedient hat, für die Freiwilligkeit bei beiden Arten des Versuches nur Eine Formel anwendend, Alles in die Worte zusammenfaßt: si elle n'a été suspendue ou si elle n'a manqué son effet que par des circonstances indépendantes de la volonté de son auteur —? Hier ist ja Beides in gleicher Weise angeordnet, nämlich: erstens, Strafe nur dann, wenn die Fortsetzung der Ausführung unterblieb infolge von Umständen, welche von dem Willen des Thäters unabhängig waren (unbeendigter Versuch); zweitens, Strafe nur dann, wenn der Erfolg ausblieb infolge von Unständen, welche von dem Willen des Thäters unabhängig waren (beendigter Versuch).

Das französische Gesetzbuch spricht jedoch hier nicht von Straflosigkeit, sondern von Strafbarkeit. Die Straflosigkeit tritt nur als eine Folge davon auf, daß die konstituirenden Elemente des strafbaren Versuches nicht vorhanden sind. Mit gutem Grunde hat unser Reichsgesetzbuch bekanntlich eine andere Methode befolgt; bei uns stehen die Gründe der Straflosigkeit des Versuches in einem besonderen Paragraphen, der ausdrücklich von Straflosigkeit handelt. Wollten wir uns also der französischen Bestimmung anschließen, so müßten wir sie umgestalten. Die Nr. 2 im § 46 des Reichsgesetzbuches würde dann sagen müssen, der Versuch als solcher bleibe straflos, wenn der Thäter den Eintritt des zur Vollendung des Verbrechens oder Vergehens gehörigen Erfolges abgewendet hat, ohne hierzu durch Umstände bestimmt worden zu sein, welche von seinem Willen unabhängig waren.

Nur auf einige Augenblicke könnte diese Formulirung, in welcher die Schwächen des französischen Gesetzes recht deutlich hervortreten, täuschen. In dieser Umgestaltung zeigt sich gerade, weshalb es überhaupt möglich war, daß Streitigkeiten enstanden, ob der französische Gesetzgeber Straflosigkeit des beendigten Versuches wolle. Es hat einen ganz klaren Sinn, wenn bei dem unbeendigten Versuche die Straflosigkeit angeordnet wird für den Fall, wo der Thäter die Handlung aufgegeben hat, ohne daß er an der Ausführung durch Umstände gehindert worden ist, welche von seinem Willen unabhängig waren; es heißt dies einfach, die Ausführung ist nicht auf äußere Hindernisse gestoßen. Aber wäre es noch ebenso klar, wenn das Gesetz Straflosigkeit bei dem beendigten Versuche vorschriebe für den Fall, wo der Thäter den Eintritt des Erfolges abgewendet hat, ohne hierzu durch Umstände bestimmt worden zu sein, welche von seinem Willen unabhängig waren? Der Wille fährt nicht wie ein Blitz vom Himmel herab. Er braucht Beweggründe. Diese sind immer von ihm selbst mehr oder weniger unabhängig. Wohin kämen wir also mit einer solchen Anordnung?!

Es giebt einen viel bequemeren Weg, der zugleich viel sicherer zum Ziele führt.

Erinnern wir uns, daß unser Reichsgesetzbuch sagt, der Versuch bleibe straflos, wenn der Thäter

> „zu einer Zeit, zu welcher die Handlung noch nicht entdeckt war, den Eintritt des zur Vollendung des Verbrechens oder Vergehens gehörigen Erfolges durch eigene Thätigkeit abgewendet hat."

Die ungehörige Einschränkung liegt hier nur in den Anfangsworten „zu einer Zeit, zu welcher die Handlung noch nicht entdeckt war." Streicht man sie, so steht sofort die erweiterte Formel da: der Versuch bleibt straflos, wenn der Thäter den Eintritt des Erfolges durch eigene Thätigkeit abgewendet hat.

Der Ausdruck „durch eigene Thätigkeit“ enthält einerseits die Forderung der Freiwilligkeit und weiset andererseits die Forderung ab, daß die Freiwilligkeit auf gewissen moralischen Motiven ruhe. Eigene Thätigkeit steht, als eigene, fremder Thätigkeit, als Thätigkeit aber der Wirksamkeit der Naturkräfte gegenüber: damit ist die Freiwilligkeit richtig bezeichnet. Eigene Thätigkeit bleibt die Thätigkeit aber auch dann, wenn sie nicht gerade aus moralischen Beweggründen und insbesondere aus Reue entsprang: damit ist die Freiwilligkeit mit scharfem Schnitte von den Motiven losgelöst.

Wir sahen oben, daß das sächsische Strafgesetzbuch mit diesen Worten ausreichen zu können glaubt. Wir überzeugen uns jetzt, daß sie ausreichend sind.

Dagegen sind die vom Reichsgesetzbuche beigefügten Worten „zu einer Zeit, zu welcher die Handlung noch nicht entdeckt war“ nicht etwa nur entbehrlich, auch nicht etwa nur ungerecht einengend, sondern geradezu im Widerspruche mit einer wesentlichen ratio legis.

Warum denn darf die That noch nicht entdeckt sein? Weil, wenn sie schon entdeckt ist, der Thäter den Erfolg nur noch aus Furcht vor Strafe, also nicht mehr freiwillig, abwendet. Aber: 1) Er braucht ja, wie schon früher erwähnt wurde, die Entdeckung gar nicht erfahren zu haben; dann hebt die Entdeckung die Freiwilligkeit des Thäters nicht nur nicht auf, sondern kommt mit seinem Willen nicht einmal in Berührung. 2) Wenn er die Entdeckung erfahren hat, kann er ja doch noch aus den verschiedensten Motiven, aus Mitleid, aus Reue, und braucht nicht aus Furcht vor der Strafe zu handeln. 3) Selbst wenn er ausschließlich aus Furcht vor der Strafe handelte, so wäre dies ja doch auch nur ein Motiv, welches die Freiwilligkeit nicht aufhöbe; und dieser dritte Punkt giebt uns noch über das Verhältniß der ganzen Bestimmung zu der Grundlage, auf welcher die Gesetze über Straflosigkeit des Versuches ruhen, zu denken.

Von den beiden Gründen, auf welche sich die Straflosigkeit des Versuches stützt, erfreut sich gerade derjenige der allgemeinsten Anerkennung, daß der Thäter durch die Hoffnung auf Straflosigkeit zum Rücktritte oder zur Abwendung des Erfolges bewogen werden soll. Daß aber der Thäter gestraft werde, wenn er erst nach der Entdeckung den Erfolg abgewendet hat, gründet man darauf, daß er nur noch aus Furcht vor der Strafe gehandelt habe. Aber handelt denn nicht Jeder aus Furcht vor der Strafe, welcher aus Hoffnung auf Straflosigkeit handelt? Die Straflosigkeit ist ja gar nichts Positives! Und verhängt man also über den schon Entdeckten nicht gerade deshalb eine Strafe, weil bei ihm derjenige Antrieb waltete, auf dessen Wirksamkeit der Gesetzgeber bei der Anordnung der Straflosigkeit rechnete? Beharrt man dennoch darauf, daß ein wesentlicher Unterschied sei zwischen demjenigen, welcher aus Furcht vor Strafe, und demjenigen, welcher aus Hoffnung auf Straflosigkeit handelt, so übersieht man, daß dieser Unterschied nicht aus der Subjektivität des Verbrechers, sondern aus der Gesetzgebung selbst stammt: das Gesetz gebe nur dem Entdeckten die Hoffnung auf Straflosigkeit und er wird gerade so wie der Unentdeckte aus Hoffnung auf Straflosigkeit handeln. Wenn aber unter der Herrschaft des jetzigen Gesetzes, welches jedem Entdeckten die Hoffnung auf Straflosigkeit abschneidet, ein Entdeckter den Erfolg noch abwendete, so würde dies bei ihm auf eine so große Reinheit der Motive deuten, daß er der Straflosigkeit am allerwürdigsten wäre.

Hiermit glauben wir die Unhaltbarkeit des „noch nicht entdeckt" überzeugend nachgewiesen zu haben.

Wir sehen indeß noch einen Einwand kommen, der ein letzter Rettungsversuch für die gesetzliche Bestimmung sein könnte. „Fehlgeschossen mit der ganzen Polemik!" möchte vielleicht Jemand uns entgegenrufen: „das noch nicht entdeckt ist gar nicht dazu bestimmt, die Freiwilligkeit objektiv zu kennzeichnen, sondern der Gesetzgeber nimmt nur an, daß die Entdeckung des beendigten Versuches ein öffentliches Aergerniß herbeiführt, welches die Straflosigkeit als unstatthaft erscheinen läßt."

Wäre dem wirklich so, dann hätten wir den Gesetzgeber zu hoch gestellt. Wir dachten ihn uns auf einem erhabenen Standorte stehend, von welchem herab er die Gesammtheit der Bestimmungen über Straflosigkeit des Versuches mit Einem Blicke erfaßte und sie für beide Arten des Versuches einheitlich zu ordnen bemüht war. Wir erkannten zwar, daß die rein objektive Formulirung der Freiwilligkeit bei dem beendigten Versuche sich nicht durchführen läßt, mußten jedoch anerkennen, daß das Streben sie durchzuführen auf wohlerwogenen Gründen ruhe. Nun aber würden wir dahin belehrt werden, daß es mit dieser vermutheten gesetzgeberischen Weisheit überhaupt Nichts sei, sondern daß ein von außen in unsere Materie hereingekommener Gelegenheitsgrund den Gesetzgeber bestimmt habe. Lassen wir uns indeß die Prüfung auch noch dieses Grundes nicht verdrießen.

Das Gesetz nimmt nicht an, daß der trotz der Abwendung des Erfolges strafbar bleibende beendigte Versuch in einer Weise verübt worden sei, welche öffentliches Aergerniß erregte. Die Strafe würde also eintreten wegen des von der Handlung des Thäters unabhängigen und zufälligen Umstandes, daß vor der Abwendung des Erfolges die Entdeckung eintrat und letztere ein öffentliches Aergerniß bewirkte. Den reinen Zufall ausdrücklich zum Richter über Strafe oder Straflosigkeit einzusetzen, entspricht der Weisheit eines Gesetzgebers nicht.

Aber wie steht es denn mit dem öffentlichen Aergerniß selbst? Führt wirklich jede Entdeckung eines beendigten Versuches zu einem öffentlichen Aergernisse?

Zunächst braucht doch der Versuch durch die Entdeckung gar nicht in die Oeffentlichkeit zu gelangen. Entdeckt kann der Versuch durch einen einzelnen Menschen werden. Es beobachtet z. B. Jemand durch ein Schlüsselloch, wie ein Anderer eine verbrecherische Thätigkeit bis zu Ende führt, dann aber durch sein eifriges Bemühen den Erfolg noch abwendet.

So wird man denn also auf die Oeffentlichkeit des Aergnisses verzichten und damit fürlieb nehmen müssen, daß ein Einzelner sich geärgert hat.

Nun aber, ist denn das Aergerniß dieses Einzelnen so sicher? Ist überhaupt ein Aergerniß wahrscheinlich, wo der Erfolg abgewendet, vom Thäter selbst, vielleicht mit großen Anstrengungen abgewendet wurde?

Nach unserer Ueberzeugung ist es gerade der Eintritt des Erfolges, welcher Aergerniß zu erregen pflegt, und eben daher auch Nichts in höherem Grade geeignet Aergerniß abzuwenden, als die vom Thäter selbst ausgehende Abwendung des Erfolges. Denken wir uns, es stürzt Jemand einen Anderen, um ihn zu tödten, von einer Brücke herab ins Wasser. Die Qualen des Ertrinkenden wecken aber sein Mitleid: er springt ihm nach und rettet ihn mit Gefahr seines eigenen Lebens. Ein solcher Mordversuch erregt gewiß weniger Aergerniß als mancher andere, dem wegen freiwilligen Rücktritts ohne Weiteres die Straflosigkeit zugestanden wird.

Doch genug über diesen winzigen Einwand.

Wir haben den Beweis geliefert, daß sich für die erweiterte Anerkennung der Straflosigkeit eine passende Formel finden läßt, ja daß sie schon gefunden ist, sobald man die ganz verkehrten Anfangsworte in der Nr. 2 des § 46 unseres Gesetzbuches löscht.

§ 17.

b. Ist es an der Zeit, die so eben als berechtigt erwiesene Aenderung vorzunehmen?

Berechtigung mußten wir auch dem Vorschlage einräumen, für den beendigten Versuch eine besondere Strafstufe anzuordnen. Dennoch entschieden wir uns gegen eine solche Neuerung, weil sie noch nicht an der

Zeit sei, — weil sie mit dem gegenwärtigen Systeme unseres Gesetzbuches nicht übereinstimme und insbesondere, weil sie nicht Bedürfniß sei, wenigstens nicht erwiesenes Bedürfniß. Ein Bedürfniß würden wir aber ohne Weiteres, ohne Befragung der Statistik und der Erfahrung überhaupt, angenommen haben, wenn das Gesetz, welches das Maß der Strafe für den unbeendigten und für den beendigten Versuch zugleich bestimmt, der § 44 unseres Strafgesetzbuches, dem Gedanken der Gerechtigkeit nicht genügte. Allein dies ist nicht der Fall. Wenn der Gesetzgeber sagt: „Das versuchte Verbrechen oder Vergehen ist milder zu strafen, als das vollendete", so bestimmt er ein Maximum der Versuchsstrafe, welches bis in die unmittelbare Nähe der Strafe der Vollendung hinaufreicht, also auch in den schlimmsten Fällen des beendigten Versuches hinreichende Strenge ermöglicht; und wenn er gestattet, bei dem Versuche bis auf ein Viertel des Mindestbetrages der auf das vollendete Verbrechen oder Vergehen gesetzten Freiheits- oder Geldstrafe herabzugehen, so ordnet er ein Minimum an, welches selbst in den mindest strafwürdigen Fällen des unbeendigten Versuches hinreichende Milde gestattet: es ist mithin vom Gesetze zu voller Gerechtigkeit Spielraum gegeben und es kommt nur darauf an, daß der Richter diesen Spielraum verständig benutze. Der Gesetzgeber hat dadurch, daß er diesen Spielraum nicht theilte, um jede der beiden Arten des Versuches auf eine besondere Stufe der Strafbarkeit zu stellen, ganz und gar nicht einen Fehler gemacht, sondern sich nur einer speciellen Unterscheidung enthalten.

Ganz anders steht es in unserem gegenwärtigen Falle. Hier liegt ein offenbarer Fehler vor. Die vielbesprochenen Worte „zu einer Zeit, zu welcher die Handlung noch nicht entdeckt war", sind die Frucht eines unklaren Gedankenganges, denn sie leisten das nicht, was der Gesetzgeber durch sie zur Geltung bringen wollte. Sie sind eine sachwidrige, unpolitische und ungerechte Einschränkung des Grundsatzes der Straflosigkeit. Es genügt, diese Worte wegzulassen, um zu einer befriedigenden Anordnung zu gelangen. Bei dieser offenbaren Fehlerhaftigkeit des Gesetzes und Leichtigkeit es zu verbessern, kann man sich nur dahin entscheiden, daß die Verbesserung so bald als möglich erfolgen möge; also: **fort mit den Worten: „zu einer Zeit, zu welcher die Handlung noch nicht entdeckt war".**

IX.

Gutachten des Herrn Oberappellationsgerichtsrath Lamm zu Dresden

über die Fragen:

I. Ist der Unterschied des beendigten und unbeendigten Versuches im Strafgesetzbuche aufzunehmen?

II. Ist eventuell dabei die freiwillige Verhinderung der Vollendung als Strafaufhebungsgrund anzuerkennen?

I.

Die erste Frage hat unlängst auf der Tagesordnung des Reichstages gestanden (Verhandlungen des deutschen Reichstages, 27. Sitzung vom 14. December 1875, stenogr. Ber. S. 629), indem der Entwurf des Gesetzes, betreffend die Abänderung von Bestimmungen des Strafgesetzbuchs für das deutsche Reich vom 15. Mai 1871 und die Ergänzung desselben, den § 44 des letzteren dahin umgestalten wollte, daß der beendigte Versuch eines Verbrechens als ein besonderer, mit erhöhter Strafe bedrohter Grad des Versuchs hervorgehoben wurde. Dieser Vorschlag hat die Zustimmung des Reichstages nicht gefunden und wohl mit Recht.

Die zur Vollendung eines Verbrechens, das Wort im weiteren Sinne genommen, erforderliche Thätigkeit ist vom Beginn der Ausführung bis zur Erfüllung der gesetzlichen Merkmale in einer stets fortschreitenden Bewegung begriffen. Zwischen dem Ausgangspunkte und dem Endpunkte liegt oft ein weiter Weg, auf welchem an jedem beliebigen Punkte ein die weitere Verfolgung der Bahn aufgebender Stillstand eintreten kann. Ist aber einmal diejenige Grenzlinie, welche den Anfang der Ausführung bezeichnet, überschritten, so wird der Charakter eines strafbaren Versuchs, welchen hierdurch das Handeln angenommen hat, durch einen das weitere Vorschreiten abbrechenden Stillstand vor der Ankunft am Ziele, gleichviel an welchem Punkte derselbe erfolge, nicht wieder aufgehoben. Dennoch ist die größere oder geringere Annäherung an das Ziel für den Anfang der strafbaren Thätigkeit und die Größe der Verschuldung von nicht zu verkennender Bedeutung. Diese in der Natur des strafbaren Versuchs liegende Eigenthümlichkeit hat zu wissenschaftlichen Eintheilungen des Versuchs in nahen und entfernten oder auch in nächsten, nahen und entfernten geführt, wodurch man die verschiedenen Stadien des Versuchs abgrenzen zu können geglaubt hat, ohne jedoch bestimmte Grenzlinien zu gewinnen. Nur die höchste Stufe des Versuchs bietet unter gewissen Umständen eine fixirbare äußere Erscheinung, welche zuerst Klein, Grundsätze des peinlichen Rechts § 145, als das in Rücksicht auf die That, aber nicht in Ansehung der Wirkung vollendete Verbrechen unter dem Namen des delictum perfectum hervorgehoben und die spätere Wissenschaft zu dem Begriff des beendigten Versuchs ausgebildet hat.

Es giebt nämlich eine Klasse von strafbaren Handlungen, bei welchen durch das bloße eigene Handeln des Thäters die von ihm beabsichtigte Rechtsverletzung überhaupt nicht erreicht werden kann, sondern zur Erfüllung dieses Zweckes noch eine Wirkung des eigenen Handelns hinzutreten muß, deren Eintritt, wenn auch derselbe durch jenes Handeln hervorgerufen wird, doch eine mitwirkende Zwischenursache voraussetzt und insofern zugleich noch von anderen, der Beherrschung des Thäters sich entziehenden Umständen abhängt. Den Gegensatz zu strafbaren Unternehmungen dieser Art bilden andere, bei welchen die Vollendung des Unternehmens ausschließlich von dem Handeln des Thäters abhängt und durch bloßes Handeln dergestalt erreichbar ist und erreicht wird, daß das Ziel der Thätigkeit mit ihrer Beendigung zusammenfällt und die Handlung fortdauert, bis sie unmittelbar in die Vollendung der gewollten Rechtsverletzung überschlägt, dafern nicht äußere, von dem Willen des Thäters unabhängige Umstände hindernd dazwischen treten, welche die Thätigkeit wider den Willen des Thäters unterbrechen. In beiden Fällen bildet der Eintritt der gewollten Rechtsverletzung die Folge der Handlung; es besteht aber der Unterschied, daß in Fällen der letzteren Art diese Folge mit der Handlung selbst unmittelbar zusammenhängt, während sie in Fällen der ersteren Art sich von der Handlung ablöst und nach Beendigung derselben als Erfolg hinzutritt. (Wächter, das k. sächs. und thüringische Strafrecht, S. 316 fg. unter II. und III.) Die aus Handlung und Erfolg zusammengesetzten Verbrechensfiguren lassen sich mit Anspruch auf Vollständigkeit nicht einzeln aufzählen, sondern nur in Beispielen nachweisen und auf eine gewisse Gleichartigkeit ihrer Grundlagen zurückführen. Die Trennbarkeit des Erfolges von der Handlung beruht vorzüglich darauf, daß bei einer Reihe von Verbrechen zu Erfüllung ihres gesetzlichen Thatbestands das Mitwirken von Naturkräften erforderlich ist, welche durch das Handeln des Thäters in Bewegung gesetzt werden, wie z. B. bei den Verbrechen wider das Leben (Mord, Todtschlag, Abtreibung der Leibesfrucht), Körperverletzung, Brandstiftung. Jene Trennbarkeit tritt ferner ein bei allen denjenigen Delicten, welche auf Täuschung beruhen und zu ihrer Vollendung erfordern, daß Jemand getäuscht worden ist, z. B. Inverkehrbringen nachgemachten oder gefälschten Geldes (§ 148 des Reichs-Str. G. B.) vorsätzliche Veränderung oder Unterdrückung des Personenstandes (§ 169), Verleitung einer Frauensperson zur Gestattung des Beischlafs in Fällen des § 179, und namentlich Betrug (§ 263). Von ähnlicher Beschaffenheit sind einige Delicte, bei welchen das Ziel der verbrecherischen Absicht in einer fremden Handlung, Duldung oder Unterlassung dergestalt liegt, daß diese fremde Willensthätigkeit in einem durch den Thäter selbst hervorgebrachten Zustande der Willensunfreiheit sich äußert oder als das Ergebniß einer von dem Thäter unternommenen vorsätzlichen Einwirkung auf die fremde Willensbestimmung sich darstellt. Dahin gehören: Verleitung zum Meineide (§ 161), Nöthigung (§ 240), Erpressung (§ 253). Beispiele solcher Fälle hingegen, in welchen die Folge der Handlung mit deren Beendigung zusammenfällt, bieten: Diebstahl (§ 242), Raub (§ 249), Meineid (§ 153).

Auf der hiernach bei gewissen Verbrechensformen eintretenden Ablösbarkeit des Erfolges von der Handlung beruht der Begriff des beendigten Versuchs. Unter der angegebenen Voraussetzung tritt in der Entwickelung des Verbrechens ein äußerlich erkennbarer Abschnitt ein, wenn der Verbrecher auf demjenigen Punkte angekommen ist, wo er seinerseits Alles gethan hat, was zur Herbeiführung der beabsichtigten Rechtsverletzung erforderlich war, und nun den Eintritt dieser Rechtsverletzung in Gestalt des Erfolgs dem Walten des Zufalls und dem Wirken der Kräfte, welche er durch sein Handeln in Bewegung gesetzt hat, überläßt. Dieser Abschnitt bezeichnet in sichtbarer Weise die Grenzlinie des beendigten Versuchs. Man ist aber bei der äußeren Erscheinung der Dinge nicht stehen geblieben, sondern hat durch Hereinziehen des subjektiven Standpunktes den Begriff noch weiter ausgestaltet, indem man die Dinge nimmt, nicht wie sie an sich sind, sondern wie sie sich nach der Vorstellung des Thäters gestalten. Hieraus entspringt diejenige Definition des beendigten Versuchs, welche denselben als vorhanden betrachtet, sobald der Verbrecher Alles gethan hat, was er zu thun für nöthig hielt, um die von ihm beabsichtigte Rechtsverletzung herbeizuführen. Diese von Köstlin, System des deutschen Srafrechts I. S. 243 empfohlene und in die k. sächsischen Strafgesetzbücher von 1855 und 1868 übergegangene Definition ist zu weit (vergl. Berner im Gerichtssaal, Jahrgang 1865 S. 90, Lehrbuch des deutschen Strafrechts § 104 S. 178 der 6. Aufl.) und bringt in Gefahr, den Thäter für dasjenige zu strafen, was er zu thun sich eingebildet, nicht für dasjenige, was er wirklich gethan hat. Dieser Definition folgt die berühmte Controverse über den Versuch mit untauglichen Mitteln und am untauglichen Objekt auf dem Fuße. Eine Gesetzgebung, welche diesen Weg einschlägt, ist genöthigt, den hierauf bezüglichen Streitfragen gegenüber Stellung zu nehmen und, will sie nicht auf das Gebiet der Wahnverbrechen gerathen, wenigstens den Versuch mit absolut untauglichen Mitteln und am untauglichen Objekt, wie z. B. in Art. 42 [2] und 43 der angezogenen sächsischen Strafgesetzbücher geschehen, von dem Begriff des beendigten Versuchs auszuscheiden.

Andererseits wird aber diejenige Definition, welche den objektiven Standpunkt einhält und verlangt, daß der Handelnde Alles gethan habe, was zur Vollendung des beabsichtigten Verbrechens nöthig war, leicht zu eng, wenn man die Objektivität auf die Spitze treibt und das Verhältniß der Handlung zu dem Eintritt des Erfolgs in die mathematische Nothwendigkeit der Aufeinanderfolge setzt. Dann wird es, wie Berner im Gerichtssaal a. a. O. S. 91 und Lehrbuch § 104 mit Recht hervorhebt, wenige Fälle des beendigten Versuchs geben, indem fast immer Vollendung eintreten muß, wenn der Handelnde die äußeren Umstände und den darin wirkenden Causalzusammenhang richtig berechnet und geleitet hat.

Es muß vielmehr zur Annahme eines beendigten Versuchs genügen, wenn der Thäter die auf Herbeiführung des beabsichtigten Erfolgs berechneten Handlungen vollständig und in solcher Weise vorgenommen hat, daß der bezweckte Erfolg, wennschon dessen Eintritt vom Zufalle abhängt, doch nach dem gewöhnlichen Laufe der Dinge eintreten konnte. Man hat daher (vgl. namentlich Berner, Lehrbuch § 179 und im Gerichtssaal 1865, S. 96) noch eine dritte Formel aufgestellt, welche so definirt: ein beendigter Versuch sei vorhanden, wenn der Thäter die auf den Erfolg unmittelbar gerichtete Handlung (die s. g. Haupthandlung) erfolglos vollzogen habe. Dieser letzteren, zwischen dem objektiven und subjektiven Standpunkte die Mitte haltenden Auffassung hat sich auch der Entwurf der Novelle zum Reichsstrafgesetzbuch angeschlossen, welcher einen beendigten Versuch dann angenommen wissen wollte: „wenn der Thäter seinerseits alle zur Begehung des Verbrechens erforderlichen Handlungen vorgenommen hat und der zur Vollendung gehörige Erfolg nur in Folge von Umständen, welche von dem Willen des Thäters unabhängig waren, nicht eingetreten ist."

Mag man nun aber aus dem Standpunkte der Theorie für die eine oder die andere Auffassung sich entscheiden, immerhin bleibt der Begriff des beendigten Versuchs nach den Ergebnissen der Wissenschaft ein schwankender, welcher, wenn auch an sich definirbar, doch von einer Gesetzgebung, welche davon praktischen Nutzen ziehen will, erst definirt werden muß. Liegt es nun schon im Allgemeinen nicht im Berufe der Gesetzgebung, sich mit Definitionen zu beschäftigen und Rechtsbegriffen eine gesetzliche Sanction zu geben, über deren Feststellung die Wissenschaft noch zu keinem sicheren Abschlusse gelangt ist, so steht der Gesetzgeber, insofern es darauf ankommt, den Begriff des beendigten Versuchs zur allgemeinen Anerkennung zu bringen, auch nicht einer Zwangslage gegenüber, welche dazu nöthigen könnte, denselben durch Gesetzesworte zu bestimmen. Denn der wissenschaftliche Werth des Begriffs des beendigten Versuchs ist, obschon ihm eine berechtigte und auf realen Verhältnissen beruhende Idee zum Grunde liegt, doch insofern ein geringer, als er zur Klarstellung des Begriffs des Verbrechensversuchs überhaupt Nichts beiträgt, letzteren vielmehr als gegeben voraussetzt und nur den Umfang der verbrecherischen Thätigkeit innerhalb der Grenzen des Versuchs bezeichnet. Zwischen dem beendigten und nicht beendigten Versuch besteht kein qualitativer Unterschied, sondern nur ein quantitativer, so daß es nur einen Begriff des Versuchs giebt, unter welchen beide Arten fallen (Häberlin im Gerichtssaal 1872 S. 260). Dies gilt namentlich dann, wenn man den Umstand, daß der Versuch nur durch äußere, von dem Willen des Thäters unabhängige Umstände gehindert worden oder ohne Erfolg geblieben ist (§ 31 des preußischen Strafgesetzbuchs), als Begriffsmerkmal des Versuchs fallen läßt. Ist der Begriff des beendigten Versuchs einmal gewonnen, so ergibt sich zwar der Begriff des nicht beendigten Versuchs von selbst, indem letzterer nur eine Negation des beendigten Versuchs enthält, und wo dieser nicht vorliegt, der nicht beendigte Versuch von selbst übrig bleibt. Die hieraus entspringende Eintheilung des Versuchs in den beendigten und nicht beendigten ist aber auch keine durchgreifende, auf alle Verbrechensgattungen anwendbare, indem der beendigte Versuch, mag man denselben im Uebrigen bestimmen, wie man will, nur bei solchen Verbrechen vorkommen kann, welche zur Erfüllung ihrer gesetzlichen Merkmale einen gewissen, von menschlicher Thätigkeit nicht ausschließlich abhängigen Erfolg erfordern, während der Versuch aller anderen strafbaren Handlungen, welche zu ihrer Vollendung einen solchen Erfolg nicht voraussetzen, jener Eintheilung sich entzieht. Will man dieselbe über ihre natürlichen Grenzen erweitern, so ist man genöthigt, zu Fictionen zu greifen, wie z. B. das sächsische Strafgesetzbuch in Art. 179 bei dem Verbrechen des Raubes schon die Anwendung von Gewalt oder Drohungen mit gegenwärtiger Gefahr für Leib oder Leben als beendigten Versuch dieses Verbrechens beurtheilte und nach Art. 323 den Versuch des Falschmünzens, dessen Vollendung erst mit der Ausgabe des in hierauf gerichteter Absicht nachgemachten Geldes eintrat, für beendigt erklärte, wenn Geld mit der Absicht der Ausgabe nachgemacht oder verfälscht worden ist. Weil aber der Unterschied zwischen beendigtem und nicht beendigtem Versuch nur dazu dient, den Umfang der zur Vollendung des Verbrechens angewendeten Thätigkeit zu bezeichnen, so beschränkt sich der Werth desselben auf die Bedeutung eines Strafabmessungsgrundes. Und selbst dieser Werth geht verloren für solche Gesetzgebungen, welche (vgl. z. B. §§ 32, 33 des preußischen Strafgesetzbuchs) den Versuch dem vollendeten Verbrechen an Strafbarkeit gleichstellen. Jener Unterschied gewinnt die ihm hiernach zukommende Bedeutung erst dann, wenn man sich zu dem im § 44 des Reichs-Str. G. B. anerkannten Principe bekennt, daß das versuchte Verbrechen oder Vergehen milder zu bestrafen sei, als das vollendete, indem unter dieser Voraussetzung der in dem beendigten Versuche hervortretende Grad der verbrecherischen Thätigkeit durch Aufstellung eines besonderen Strafmaßes für denselben dazu benutzt werden kann, für die Abmessung der Versuchsstrafe einen festen Anhalt zu gewähren.

Geht nun aber der in dem Unterschiede zwischen beendigtem und nicht beendigtem Versuche liegende Werth für die Strafzumessung verloren, wenn aus diesem Gesichtspunkte der angegebene Unterschied in das Strafgesetzbuch nicht aufgenommen wird?

Gewiß nicht; denn es ist eine anerkannte Rechtswahrheit, daß der Versuch um so strafbarer ist, je mehr er sich der Vollendung nähert, und die Berücksichtigung derselben bei Festsetzung der Strafe für den beendigten Versuch, als die höchste Stufe des Versuchs, innerhalb der für den Versuch im Allgemeinen vorgeschriebenen Strafgrenzen nicht nur thunlich, sondern auch im concreten Falle so selbstverständlich, daß es einer gesetzlichen Formulirung jenes Grundsatzes nicht bedarf. Aus diesem Grunde wurde die im ersten Entwurfe des Strafgesetzbuchs für den norddeutschen Bund § 38 Abs. 5 vorgeschlagene Bestimmung: „Für die Strafzumessung ist der Grad maßgebend, in welchem der Versuch sich der Vollendung genähert hat“ (vgl. Schwarze, Commentar ed. II. S. 153, 162) gestrichen und hierdurch anerkannt, daß der höheren Strafbarkeit des beendigten Versuchs auch schon innerhalb des allgemeinen Strafrahmens der Versuchsstrafe Rechnung getragen werden könne.

Oder wird das Bedürfniß einer strengeren Bestrafung des beendigten Versuchs besser gewahrt, wenn der Gesetzgeber die Strafen des Versuchs mit Rücksicht darauf, ob derselbe ein beendigter oder nicht beendigter sei, besonders feststellt?

Dies zu bejahen, möchte bedenklich fallen. Es kann hierbei von der Gesetzgebung ein doppelter Weg eingeschlagen werden, indem entweder sowohl für den beendigten Versuch, als auch für den nicht beendigten Versuch, oder **nur** für den beendigten Versuch gesonderte Strafrahmen aufgestellt werden. Die erstere Methode ist deßhalb nicht zu empfehlen, weil die Eintheilung des Versuchs in den beendigten und nicht beendigten nicht auf alle Verbrechen paßt und deshalb solche Verbrechen, welche ihrer Natur nach keinen beendigten Versuch zulassen, das Vorrecht genießen würden, in Versuchsfällen nur mit der Strafe des nicht beendigten Versucht belegt zu werden, obwohl unter Umständen ein solcher Versuch ebenso strafbar sein kann, als ein beendigter. Diesem Uebelstande kann nur dadurch einigermaßen abgeholfen werden, daß man, wie z. B. das sächsische Strafgesetzbuch gethan hat, um die höhere Strafe des beendigten Versuchs zu gewinnen, bei schwereren Verbrechensgattungen, deren Vollendung nicht durch den Hinzutritt eines äußeren Erfolgs bedingt wird, im Wege der Fiction den an sich nicht beendigten Versuch, sobald derselbe bei gewissen Thatbestandshandlungen angelangt ist, für einen beendigten erklärt. Andererseits würde eine besondere Abstufung der Strafe des beendigten Versuchs innerhalb der allgemeinen Strafgrenzen des Versuchs, welchen Weg der Entwurf der Strafgesetzbuchsnovelle betrat, indem er neben den Minimalbeträgen der Versuchsstrafe überhaupt besondere Strafminima für den beendigten Versuch festsetzte, für eine angemessene Bestrafung des beendigten Versuchs nur dann Gewähr bieten, wenn die aus dem Grundsatze, daß die Strafbarkeit des Versuchs mit der Annäherung desselben an die Vollendung wächst, gezogene Konsequenz richtig wäre, daß der beendigte Versuch **stets** strafbarer sei, als der nicht beendigte: hiergegen möchten jedoch Bedenken zu erheben sein. Denn so richtig jener Grundsatz an sich ist, so bietet er doch nicht den allein entscheidenden Maßstab für die größere oder geringere Strafbarkeit des Versuchs. Vielmehr kommt es gerade bei Auffindung einer gerechten Strafe für den Versuch im einzelnen Falle darauf an, nicht bloß die Außenseite der Handlung, sondern auch den Grad der gezeigten Böswilligkeit in das Auge zu fassen, in welcher Hinsicht nicht selten die Planmäßigkeit der Vorbereitung schwerer wiegt, als der Fortschritt in der Ausführung. Mit Recht erklärt sich daher auch **Meyer**, Lehrbuch des deutschen Strafrechts S. 213, dagegen, den beendigten Versuch als die grundsätzlich schwerere Art des Versuchs zu betrachten, indem in vielen Fällen nicht so sehr die Handlung des Thäters entscheidend sei für den Erfolg, als vielmehr das Abwarten oder Nichtabwenden des Erfolgs, und es durchaus nur nach den Umständen sich richte, ob die Haupthandlung einen in höherem oder geringerem Grade strafbaren Versuch darstelle. Die in Art. 178 der Carolina gegebene Vorschrift, daß die unterstandene Missethat „in dem einen Fall härter denn in dem andern angesehen, Gelegenheit und Gestalt der Sache" zu strafen sei, ist noch heute richtig, und der Entwurf eines Strafgesetzbuchs für den norddeutschen Bund (Motive S. 62) schlug den richtigen Weg ein, wenn er von jeglicher Unterscheidung des Versuchs nach Graden in der Erwägung absah, daß theils zwischen den Abstufungen des Versuchs scharfe Grenzlinien sich überhaupt nicht ziehen lassen, theils in der Wissenschaft sowohl als in der Gesetzgebung keinerlei Uebereinstimmung darüber bestehe, in welche verschiedene Grade die Eintheilung zu erfolgen habe.

Worauf beruht demnach die Nothwendigkeit, in dem Strafgesetzbuche rücksichtlich der Strafbarkeit Grade des Versuchs zu unterscheiden?

Die Motive der Novelle zum Reichsstrafgesetzbuch, welche eine solche Unterscheidung beabsichtigte, lassen darüber keinen Zweifel, indem sie offen aussprechen, daß man dieser Unterscheidung als eines Correctivs gegen die richterliche Thätigkeit bedürfe, um der hier und da vorgekommenen zu milden Bestrafung des Versuchs entgegenzutreten. Diese Erwägung fällt in das Gebiet der Gesetzgebungspolitik und entzieht sich der wissenschaftlichen Discussion. Aus dem Standpunkte der Wissenschaft aber muß aus vorstehend entwickelten Gründen behauptet werden, daß bei Festsetzung der Versuchsstrafen die Unterscheidung zwischen beendigtem und nicht beendigtem Versuch dem Gesetzgeber nicht zu empfehlen sei.

II.

Die zweite, in der Ueberschrift bezeichnete Frage ist als eine Eventualfrage gestellt worden. Sie ist es aber nur dann, wenn man annimmt, daß dem Gesetzgeber nur die Wahl bleibe, den Unterschied zwischen beendigtem und nicht beendigtem Versuch entweder in das Strafgesetzbuch aufzunehmen oder gänzlich bei Seite zu setzen. Der Gesetzgeber kann jedoch dieser Alternative gegenüber auch einen Mittelweg einschlagen, indem er davon absieht, auf jenen Unterschied eine feststehende Abstufung des Strafmaßes zu gründen, dagegen bei Feststellung der Bedingungen, unter welchen der Versuch straflos zu lassen, auf den gedachten Unterschied Rücksicht nimmt. Bei diesem Verhalten des Gesetzgebers, welches z. B. das Reichsstrafgesetzbuch befolgt, indem es zwar bei Festsetzung der Versuchsstrafen des Unterschiedes zwischen beendigtem und nicht beendigtem Versuch nicht gedenkt, jedoch bei den im § 46 gegebenen Vorschriften über die Straflosigkeit des Versuchs den Begriff des beendigten Versuchs voraussetzt, verliert die Frage, welche den zweiten Gegenstand dieses Gutachtens bildet, den Charakter der Eventualität und gestattet auch eine selbständige Beantwortung.

Um aus diesem Gesichtspunkte die gestellte Frage theils in ihren thatsächlichen Voraussetzungen zu begrenzen, theis gegen verwandte Fragen abzugrenzen, müssen wir einige allgemeinere Betrachtungen vorausschicken.

Die Vollendung eines angefangenen Verbrechens kann unterbleiben, weil der Thäter dasselbe vollenden entweder nicht konnte oder nicht wollte. Das Unvermögen der Vollendung kann den Thäter nur vor der Strafe des vollendeten Verbrechens schützen, indem er dadurch in den Grenzen des Versuchs zurückgehalten wird. Ob aber, wenn der Grund der mangelnden Vollendung darin liegt, daß der Verbrecher bei einer an sich strafbaren Versuchshandlung vermöge eigener Willensänderung und aus eigenem freien Antriebe, ohne durch Dazwischentreten äußerer, von seinem Willen unabhängiger Umstände daran gehindert worden zu sein, von der Vollendung abstand, gänzliche Straflosigkeit oder nur eine Milderung oder Minderung der Strafe eintreten solle, ist eine alte Controverse, welche durch die gestellte Frage, wenn nicht in vollem Umfange, doch wenigstens in der Beschränkung auf den Rücktritt vom beendigten Versuch angeregt wird. Man hat darüber gestritten, ob bei dem beendigten Versuch ein freiwilliger Rücktritt überhaupt möglich sei. (Zachariä, Lehre vom Versuch II. § 263 S. 255, Berner im Gerichtssaal 1865 S. 97 flg.) Dieser Streit wird indessen gehoben durch eine bloße Richtigstellung der Streitfrage, sobald man nur die Ausdrücke: Rücktritt oder Abstehen vom Versuche mit: thätige Reue oder Abwendung des Erfolgs vertauscht. Allerdings besteht nämlich in Ansehung der Möglichkeit, durch Aufgeben des verbrecherischen Willens die Vollendung des Verbrechens aufzuhalten, ein wesentlicher Unterschied zwischen dem beendigten und dem nicht beendigten Versuch. Bei dem letzteren, und zwar sowohl in der Richtung auf solche Verbrechen, welche durch die bloße Handlung vollendet werden, als auch auf solche Verbrechen, welche zu Erfüllung ihres gesetzlichen Thatbestandes den Eintritt eines gewissen Erfolgs erfordern, so lange die zu Hervorbringung des beabsichtigten Erfolgs erforderliche Thätigkeit noch nicht abgeschlossen ist, genügt ein negatives Verhalten des Thäters, indem er durch Aufgeben des verbrecherischen Willens das in Folge dieser Sinnesänderung Gewollte erreicht, sobald er nur nicht weiter handelt. Ist aber bei Verbrechen der letzteren Gattung einmal diejenige Grenzlinie erreicht, wo das Handeln aufhört und das Abwarten des Erfolges beginnt und hierdurch der Versuch ein beendigter geworden, so vermag der bloße Umstand, daß der Thäter nun nicht mehr will, was er bis dahin gewollt hat und zu dessen Verwirklichung er die seinerseits erforderliche Thätigkeit bereits vollständig angewendet hat, an der hierdurch geschaffenen Sachlage Nichts zu ändern. Vielmehr ist nach dem Eintritt jenes entscheidenden Wendepunktes in der Entwickelung des Verbrechens der bloß unthätige Verbrecher dem Zufalle preisgegeben, nach dessen Walten der ursprünglich beabsichtigte Erfolg entweder fehlschlagen oder eintreten wird. In dem ersteren Falle (délit manqué) liegt eine in sich und nach außen abgeschlossene Erscheinung vor, deren Gestaltung dem Einflusse einer Willensänderung unzugänglich ist. In dem letzteren Falle ist das Verbrechen vollendet, und dann verliert der unthätige Wille gegenüber der Unerbittlichkeit der Thatsachen ebenfalls seine Macht, während der thätige Wille sich nur noch in der Wiederaufhebung des eingetretenen Erfolgs, soweit eine solche möglich ist, äußern kann. Nur so lange noch darüber Ungewißheit schwebt, ob der Anfangs beabsichtigte Erfolg eintreten werde oder nicht, ist dem Urheber eines beendigten Versuchs die Möglichkeit gegeben, seinem nachträglich gefaßten, auf den Nichteintritt des Erfolgs gerichteten Willen dadurch Geltung zu verschaffen, daß er in das Rad der Kräfte, welches er durch seine vorausgegangene, von dem entgegengesetzten Willen durchdrungene Thätigkeit in Umschwung gesetzt hat, handelnd eingreift, um den Eintritt des Erfolgs abzuwenden. Ob ihm dies gelingen werde, ist wiederum von der durch diese neue Thätigkeit veranlaßten, von dem menschlichen Willen nicht beherrschten Verkettung zwischen Ursache und Folge abhängig. Gelingt es nicht, den Erfolg der früheren verbrecherischen Thätigkeit abzuwenden, so wird der Thäter für die Folgen seines Handelns einzustehen haben und ihm die bewiesene thätige Reue nach Befinden als Milderungsgrund innerhalb des gesetzlichen Strafmaßes zu Statten kommen. (Zachariä a. a. O. II. S. 257, 264, Luden, Handbuch des Strafrechts I. S. 429, Schwarze in der allgemeinen Gerichtszeitung, Jahrgang 1863, S. 402.) Nur wenn die Abwendung des Erfolgs gelingt und hierdurch die Vollendung des Verbrechens gehindert wird, kann in Frage kommen, ob dieser erfolgreichen thätigen Reue eine solche Bedeutung beizulegen sei, daß sie die verwirkte Strafe des beendigten Versuchs aufzuheben vermöge. Und selbst dann muß die Berechtigung zu Stellung dieser Frage davon abhängig gemacht werden, daß die Thätigkeit, welche zur Abwendung des Erfolgs geführt hat, theils auf einer dies bezweckenden Absicht beruht und nicht etwa bei Verfolgung eines anderen Zweckes nur durch Zufall den Erfolg abgewendet habe (Schwarze a. a. O., S. 404, Luden, Handbuch I. § 70, S. 424), theils aus eigener Bewegung des Handelnden entsprungen und nicht etwa durch den Druck äußerer Hindernisse veranlaßt worden sei, welche als Ueberzeugungsgrund für das Nichtkönnen erst das Nichtwollen hervorgerufen haben (Meyer, Lehrbuch des deutschen Strafrechts § 41, S. 210). Dagegen ist auf den moralischen Beweggrund zu der, dem Eintritt des Erfolgs entgegenwirkenden Thätigkeit, dafern sie nur sonst als eine freiwillige sich darstellt, kein entscheidendes Gewicht zu legen und daher gleichgültig, ob sie aus Furcht vor der Strafe, Mitleid oder aus wahrer innerer Reue entsprungen sei, weshalb auch die von der neueren Wissenschaft gewählte Bezeichnung des freiwilligen Abstehens vom Versuche als thätige Reue streng genommen nicht ganz zutreffend erscheint.

Wird nun demgemäß die zur Begutachtung vorliegende Frage dahin aufgefaßt, ob der beendigte Versuch straflos zu lassen sei, wenn der Thäter den Erfolg, welcher durch die in den Versuchshandlungen begriffene Thätigkeit herbeigeführt werden sollte und konnte, durch freiwillige anderweite Thätigkeitsäußerung wirklich abgewendet hat, so ist zunächst der Fall des s. g. qualificirten Versuchs auszuscheiden, welcher dann vorliegt, wenn der Versuch des beabsichtigten Verbrechens schon die Vollendung eines andern enthält, welches nicht mit Nothwendigkeit in dem Thatbestande des versuchten Verbrechens aufgeht, sondern selbständig neben dem letzteren bestehen kann. (Zachariä, Lehre vom Versuch I. § 141, Berner, Lehrbuch § 106, Meyer, Lehrbuch § 42.) Hier würde bei Straflosigkeit der Versuchshandlung mindestens das damit zusammentreffende vollendete Verbrechen zu strafen sein. (Zachariä a. a. O. II. § 263 S. 256, Meyer, Lehrbuch § 42 S. 214, Berner im Gerichtssaal 1865 S. 111.) Auch kann der freiwilligen Verhinderung der Vollendung des beabsichtigten Verbrechens die Bedeutung eines Strafaufhebungsgrundes überhaupt nur dann beigelegt werden, wenn man den Mangel der freiwilligen Verhinderung, wie das Reichs-St. G. B. in § 43 gethan hat, nicht als ein Merkmal des Versuchsbegriffs bezeichnet. Denn sobald, wie z. B. in § 31 des preußischen Strafgesetzbuchs, zum Begriff des Versuchs erfordert wird, daß die Vollendung nur durch äußere, von dem Willen des Thäters unabhängige Umstände gehindert worden oder die Versuchshandlung nur durch solche Umstände ohne Erfolg geblieben sei, so wird durch das freiwillige Abstehen vom Versuche und durch die freiwillige Abwendung des Erfolgs ein Begriffsmerkmal des Versuchs aufgehoben, wodurch von selbst die Straflosigkeit herbeigeführt wird. Wenn daher gefragt wird, ob die freiwillige Verhinderung der Vollendung als Strafaufhebungsgrund anzuerkennen sei, so wird hierbei die zuerst erwähnte Bestimmung des Versuchsbegriffs vorausgesetzt. So aufgefaßt bietet die Frage verschiedene

Seiten, je nachdem man dieselbe aus dem Gesichtspunkte der Strafrechtswissenschaft oder der Rechtsphilosophie oder der Strafpolitik in das Auge faßt. Für das Ergebniß ist es aber nach allen diesen Richtungen gleichgültig, ob man die Frage, insofern unter freiwilliger Verhinderung der Vollendung auch das bloße Abstehen von der begangenen Versuchsthätigkeit, wodurch der Eintritt der Vollendung, nicht bloß des Erfolgs, gehindert wird, verstanden werden könnte, auf den nicht beendigten Versuch mit ausdehnt, oder auf beendigten Versuch beschränkt.

Sucht man nach einem Rechtsgrunde für den gegen die Straflosigkeit des freiwillig aufgegebenen Versuchs, so ist auf den Rechtsgrund der Versuchsstrafe zurückzugehen. Der böse Wille in der Beziehung auf eine beabsichtigte Rechtsverletzung erlangt für das Strafrecht erst dann Bedeutung, wenn er in das äußere Dasein übergeht und durch Handlungen, welche einen Anfang der Ausführung der beabsichtigten Rechtsverletzung enthalten, bethätigt wird. Diese Handlungen tragen als Bestandtheile des Versuchs eines strafbaren Unternehmens, so lange sie nicht eine selbständige Gesetzesübertretung enthalten, den Charakter des Unerlaubten nicht zur Schau, sondern erhalten ihre Signatur erst durch den Willen, welcher sie leitet und als Mittel zur Erreichung eines strafbaren Zweckes kennzeichnet. Der strafbare Versuch setzt sich daher zusammen aus dem Willensmoment und dem Thatmoment (Köstlin, Strafrecht § 82 gg.), welche erst in ihrer Vereinigung dem strafbaren Versuche seine rechtliche Gestalt geben. Der Grund für die Strafbarkeit des Versuchs liegt aber in dem Uebergange des Willens in die Ausführungshandlung (von Osenbrüggen, Abhandlungen S. 34, „Objektivirung der Absicht" genannt) und ist in dem Augenblicke gegeben, wo dieser Uebergang sich vollzieht. Man hat nun geglaubt, die Straflosigkeit des freiwillig aufgegebenen Versuchs damit begründen zu können, daß dieser Grund der Strafbarkeit wegfalle, sobald der Thäter die Beziehung des Willens auf die Vollendung des beabsichtigten Verbrechens durch freiwilliges Aufgeben des hierauf gerichteten Willens wieder aufhebe und noch Nichts gethan habe, was als eine Uebertretung des Gesetzes für sich betrachtet werden könnte, indem solchenfalls der böse Wille rückwärts annullirt oder doch bedeutungslos werde (Zachariä, Lehre vom Versuch II. S. 240, Hälschner, System I. § 49 S. 200); das Thun verliere seinen Charakter als Versuch, sobald der Thäter die das Wesen darin ausmachende Absicht freiwillig wieder aufgebe und hierdurch die Verbindung des Thatmoments mit dem Willensmoment wieder gelöst werde. (Köstlin, Strafrecht § 84 S. 231, 238.) Mit anderen Worten dasselbe lehrt auch Luden, Handbuch des

Strafrechts § 69, 70, welcher die Untheilbarkeit des Willens der Vollendung betont (S. 420) und daraus ableitet (S. 427), daß im Falle des freiwilligen Abstehens vom Versuche dasjenige, was der Thäter bereits gethan habe, straflos sein müsse, weil es keine für sich bestehende Handlung sei, sondern nur ein Bestandtheil der Handlung, welche zu begehen er den Entschluß aufgegeben habe. Bei dieser Argumentation wird jedoch dem subjektiven Moment über das objektive Moment eine Macht eingeräumt, welche dasselbe in der That nicht besitzt. Mit Recht ist daher von Anderen (Hepp, Versuche über einzelne Lehren der Strafrechtswissenschaft, S. 308, Kleinschrod, peinliches Recht § 42, Bauer, Abhandlungen aus dem Strafrecht I. S. 356, Osenbrüggen, Abhandlungen S. 37) entgegnet worden: der aufgegebene Versuch bleibe Versuch; wer seine Absicht in einem äußerlichen Thun geoffenbaret habe, könne nimmermehr diese objektivirte Absicht wieder annulliren; die geschehene Aeußerung des bösen Willens, welche den Grund der Strafbarkeit ausmache, könne durch das Abstehen von weiterem gesetzwidrigem Handeln nicht ungeschehen gemacht werden, vielmehr habe der böse Wille sich durch eine äußere, auf Hervorbringung des Verbrechens gerichtete Handlung an den Tag gelegt und der Handelnde hierdurch die Strafe verwirkt, womit das Gesetz den Versuch bedrohe; die Willensänderung habe nur das weitere Fortschreiten der verbrecherischen Thätigkeit gehindert und zeige nur von einer geringeren Gefährlichkeit des Thäters, welches nur einen Strafzumessungsgrund ausmache. Die Anhänger der ersteren Meinung machen auch in Ansehung der Straflosigkeit, welche sie für den freiwilligen Rücktritt des Thäters vom Versuche in Anspruch nehmen, keinen Unterschied zwischen dem beendigten und nicht beendigten Versuche (Zachariä II. § 263, 264 S. 255 fg.). Nur Köstlin (Strafrecht S. 239 unter 2.) nimmt in Folge seiner subjektiven Begriffsbestimmung des beendigten Versuchs diesen von der Straflosigkeit des freiwillig aufgegebenen Versuches aus, weil der beendigte Versuch für des Thäters Bewußtsein das vollendete Verbrechen selbst sei. Allein die Strafbarkeit des beendigten Versuchs kann durch freiwillige Verhinderung des Erfolgs auch dann nicht getilgt werden, wenn man den Begriff in seiner zweifellos berechtigten objektiven Bedeutung auffaßt, indem das Axiom: das Geschehene kann nicht ungeschehen gemacht werden, dann bei dem beendigten Versuche mit weit größerer Schärfe hervortritt, als bei dem nicht beendigten Versuche. Denn bei dem beendigten Versuche hat auch nach seiner objektiven Erscheinung der auf Hervorbringung der That gerichtete Wille, soweit das Ziel durch bloßes Handeln erstrebt werden konnte, seinen vollständigen Ausdruck gefunden, welchem gegenüber ein Nichtwollen dessen, was man bereits gethan hat, undenkbar ist.

Rechtsgründe für die Straflosigkeit des Versuchs im Falle der freiwilligen Verhinderung der Vollendung lassen sich daher schwerlich auffinden.

Ebensowenig möchte gewonnen sein, wenn man es unternimmt (vgl. z. B. Zachariä a. a. O. II. § 257, Hepp, Versuche S. 314), die Straflosigkeit des freiwillig aufgegebenen Versuchs aus dem Grundwesen der Strafe überhaupt nach den einzelnen Strafrechtstheorien abzuleiten, da dieselben bei ihrer großen Mannigfaltigkeit (Berner, Lehrbuch § 6 fg.) keine zuverlässige Grundlage gewähren und nicht alle zu gleichem Ergebniß führen, indem z. B. die Vergeltungstheorie Bestrafung erfordert.

Man hat endlich die in Rede stehende Frage auf das Gebiet der Strafpolitik gezogen. Die auf diesem Felde für die Straflosigkeit des freiwillig aufgegebenen Versuchs vorgeführten Gründe sind zum Theil zweischneidiger Natur. Insbesondere kann die Aussicht auf Straflosigkeit des freiwillig aufgegebenen Versuchs den Verbrecher ebensowohl zur Umkehr aufmuntern, als zur Uebung in Versuchshandlungen anreizen, und auf diese Weise die goldene Brücke des Rückzugs den Feind auch in das Land führen. (Schütze, Lehrbuch des deutschen Strafrechts § 37 nota 35.) Am meisten spricht noch die im Falle der freiwilligen Aufgabe des Versuchs vorliegende Geringfügigkeit der objektiven Rechtsverletzung für die Zusicherung der Straflosigkeit, indem selbst bei dem beendigten Versuche der Thäter durch freiwillige Abwendung des Erfolgs das Geschehene unschädlich gemacht hat, so daß der Staat kein hervorragendes Interesse hat, derartige Aeußerungen des zurückgenommenen bösen Willens, welche in Wirklichkeit zu einer Störung der Rechtsordnung nicht geführt haben, zu verfolgen. (Meyer, Lehrbuch § 41 S. 210 bei nota 6.)

Im Allgemeinen ist daher die Bejahung oder Verneinung der in Rede stehenden Frage davon abhängig, ob und inwieweit man strafpolitischen Rücksichten über die Forderung der abstracten Gerechtigkeit, welche Bestrafung auch des freiwillig aufgegebenen Versuchs in allen Graden verlangt (vgl. auch Meyer, Lehrbuch § 41 S. 209), das Uebergewicht einräumen will. Dieser Zwiespalt zeigt sich auch in den neueren Strafgesetzbüchern der deutschen Einzelstaaten. Denn während darin beinahe Einstimmigkeit darüber herrschte, daß bei freiwilliger Aufgabe des nicht beendigten Versuchs Straflosigkeit einzutreten habe, gingen sie doch in der strafrechtlichen Behandlung der freiwilligen Verhinderung des Erfolgs bei dem beendigten Versuche erheblich auseinander, indem eine Mehrzahl von Gesetzbüchern (vgl. die Nachweise in Berners Lehrbuch § 105) in diesem Falle Bestrafung, wenn auch in geringerem Maaße, vorschrieb. Auch die sächsischen Strafgesetzbücher von 1855 und 1868, denen man wenigstens das Verdienst nicht absprechen kann, daß sie den Unterschied zwischen beendigtem und nicht beendigtem Versuch in allen seinen Consequenzen durchführten und daher einen guten Maßstab für die Beurtheilung der Vorzüge und Nachtheile dieser Unterscheidung abgeben, erklärten in Art. 44 verbunden mit Art. 42 [1] zwar den nicht beendigten Versuch eines Verbrechens für straflos, wenn der Verbrecher sein Vorhaben, ohne an der Ausführung desselben durch äußere Umstände behindert worden zu sein, gänzlich wieder aufgegeben hat, strafte aber den beendigten Versuch, auch wenn der Verbrecher durch seine eigene Thätigkeit den Erfolg, der ohne dieselbe eingetreten sein würde, noch abgewendet hat, wenigstens wie einen nicht beendigten, indem man davon ausging, daß bei dem nicht beendigten Versuche zur Zeit des Abstehens eine Rechtsverletzung noch nicht eingetreten sei, das Abstehen selbst aber einen weniger beharrlichen bösen Willen zeige, während bei dem beendigten Versuche der Thäter den bereits durch und mit der That gedeckten und erschöpften dolus nicht wieder aufgeben könne. (Schwarze in der sächs. Gerichtszeitung VII. S. 397 fg.)

Auf dem Gebiete der deutschen Strafgesetzgebung hat die Frage in § 46 des Reichsstrafgesetzbuchs ihren Abschluß gefunden, welches für den Versuch als solchen, d. h. mit Ausnahme des qualificirten Versuchs, einen Ausschließungsgrund rücksichtlich der an und für sich verwirkten Strafe sowohl dann annimmt, wenn der Thäter die Ausführung der beabsichtigten Handlung aufgegeben hat, ohne daß er an dieser Ausführung durch Umstände gehindert worden ist, welche von seinem Willen unabhängig waren, als auch dann, wenn der Thäter den Eintritt des zur Vollendung des Verbrechens oder Vergehens gehörigen Erfolgs durch eigene Thätigkeit abgewendet hat, im letzteren Falle jedoch die Straflosigkeit an die Voraussetzung knüpft, daß dieses zu einer Zeit geschehe, zu welcher die Handlung noch nicht entdeckt war. (Häberlin, im Gerichtssaal 1872, S. 269 fg.)

Es dürfte kein Anlaß vorhanden sein, eine Aenderung dieser gesetzlichen Bestimmungen anzustreben. Denn obwohl hierbei der Unterschied zwischen beendigtem und nicht beendigtem Versuch zu Tage tritt, so erscheint er doch hierbei in einem ganz anderen Lichte, als bei der Abstufung der Versuchsstrafe. Dort entbehrlich, ist er bei Feststellung der Bedingungen, unter welchen der Versuch straflos bleiben soll, nothwendig und unbedenklich, weil dabei der beendigte Versuch nur in seiner zweifellos berechtigten objektiven Bedeutung in Betracht kommt. Ebensowenig kann es gegründeten Anstoß erregen, daß in § 46 unter 1. die Straflosigkeit des beendigten Versuchs mit abgewendetem Erfolge an die Bedingung der noch nicht erfolgten Entdeckung der bisherigen Handlung des Thäters geknüpft wird (Möves im Gerichtssaal 1872 S. 167), gleichviel, ob der Thäter zur Zeit der Abwendung des Erfolgs davon Kenntniß erlangt hatte oder nicht. Denn obwohl hierdurch im letzteren Falle die Berücksichtigung der thätigen Reue von einem rein zufälligen Umstande abhängig gemacht wird, so ist es doch aus dem Standpunkte der Criminalpolitik etwas Anderes, ob dem Strafrichter zugemuthet wird, gegen gesetzwidrige Handlungen, welche er wahrnimmt, die Augen zu verschließen, oder wenn er sie nicht gesehen hat, darum sich nicht zu kümmern. Endlich mag wohl das den fraglichen Vorschriften zum Grunde liegende Princip der Straflosigkeit des freiwillig aufgegebenen Versuchs aus dem Standpunkte der strengen Theorie nicht zu rechtfertigen sein. Indessen sind die hieraus abzuleitenden Bedenken doch nicht so gewichtig, daß sie gegenüber den strafpolitischen Erwägungen, mit welchen ein den Bedürfnissen des praktischen Lebens im Staate anzupassendes Strafgesetzbuch ebenfalls zu rechnen hat, den Ausschlag geben müßten.

Aus diesen Gründen glauben wir die zweite zur Begutachtung gestellte Frage **bejahen** zu müssen.

X.

Gutachten des Herrn Bezirksgerichtsdirector Stöckel in Freiberg in Sachsen

über die Frage:

„Soll der Spruch der Geschworenen wegen falscher Rechtsbelehrung des Präsidenten angefochten werden können? und wie?"

Die gestellte Frage läßt zunächst die Auffassung zu, daß es sich darum handele, ob im Laufe der schwurgerichtlichen Verhandlung nach Verkündigung des Wahrspruchs der Geschworenen und noch vor Fällung des Urtheils durch den Schwurgerichtshof bereits eine Anfechtung des Verdicts wegen falscher Rechtsbelehrung des Präsidenten für zulässig zu erachten sei, dergestalt, daß irgend ein für diesen Fall zulässiges Rechtsmittel zur Aussetzung des Urtheils des Schwurgerichtshofs führen könnte.

Hierfür würde sich eine Analogie im englischen Verfahren finden lassen in dem Falle, wo die Rechtseinwendung nach gefälltem Verdicte erfolgt, um die Aussetzung des Urtheils zu bewirken (Plea in arrest of judgement), wenn der Angeklagte behauptet, die Thatsache, welche die Anklage formulirt, begründe das von der Anklage verfolgte Verbrechen nicht.

Bei der Voraussetzung, daß eine solche Rechtseinwendung nach englischem Rechte aus der Anklageschrift oder dem Wahrspruche sofort den Nachweis des gerügten Mangels führen, oder denselben sonst erweislich machen muß, mittels einer bill of exceptions, durch welche der Richter die von der Vertheidigung gerügte und schriftlich festgestellte Unregelmäßigkeit des Verfahrens amtlich bestätigt, ist es bekanntlich zweifelhaft, ob dieses Rechtsmittel auch in dem Falle Platz greift, wenn nach Ansicht der Vertheidigung der Richter den Geschworenen über die Rechtsfrage eine falsche Belehrung ertheilt hat, zumal für einen solchen Fall wohl eine bill of exceptions kaum unter amtlicher Mitwirkung des Richters erreichbar sein würde.

Allerdings kann sich solchenfalls der Vertheidiger, sobald der Richter die Rechtsbelehrung der Geschworenen (Charge) vollendet hat, mit Einwendungen bezüglich der Rechtsfrage an den Richter wenden und ihn um Berichtigung einzelner Punkte ersuchen; es steht indessen lediglich im Ermessen des Richters, ob er bei seiner Ansicht beharren will oder nicht, und die Jury ist an seine Ansicht gebunden; auch pflegt die englische Praxis nur in geringeren Fällen wegen einer falschen Rechtsbelehrung seitens des Richters den Wahrspruch zu kassiren und eine neue Verhandlung zu bewilligen.

Die gestellte Frage könnte in Anlehnung an diese Einrichtung dahin zielen, zu erörtern, ob? und beziehentlich wie? der Vertheidigung, beziehentlich der Anklage, im Schwurgerichtsverfahren eine ähnliche Waffe gegen einen auf unrichtiger Rechtsbelehrung des Präsidenten beruhenden Wahrspruch der Geschworenen zum Gebrauche noch vor Fällung des schwurgerichtlichen Urtheils und behufs der Aussetzung desselben in die Hand zu geben sei?

Dies würde indeß die Einführung eines neugearteten Rechtsmittels sein, welches bei der, vom englischen Verfahren abweichenden Zusammensetzung des deutschen Schwurgerichtshofes auch zu einer abweichenden Gestaltung kommen müßte und auch offenbar eine minder bedeutsame Wirkung erzielen könnte; die Frage würde daher, wenn es sich um Erwägungen in dieser Richtung handeln sollte, sicherlich anders formulirt worden sein.

Sie betrifft daher wohl nur die, gerade bei den Vorarbeiten zur Schaffung der deutschen Strafproceßordnung wieder in den Vordergrund getretene Frage der Zulässigkeit der Anfechtung des schwurgerichtlichen Erkenntnisses mittels der Nichtigkeitsbeschwerde wegen irriger Rechtsanwendung seitens des Präsidenten bei der Rechtsbelehrung der Geschworenen.

Der letzte Entwurf der deutschen Strafproceßordnung enthält im § 301 die Fälle, in welchen das Rechtsmittel der Revision zulässig ist, durch welches das Rechtsmittel der Nichtigkeitsbeschwerde ersetzt werden soll, deren Namen man aufgeben will, „weil er zu sehr an den „Cassationsrecurs" des französischen Rechts erinnere, mit dem, der Sache und den Formen nach vollständig gebrochen werden soll".

Unter den Fällen, in welchen Revision zulässig (§ 301, 1—7), enthielt nun der gedachte Entwurf denjenigen nicht, in welchem eine Gesetzverletzung mittels irriger Rechtsanwendung seitens des Präsidenten bei der Belehrung der Geschworenen behauptet wird.

Im ersten Entwurfe zur deutschen Strafproceßordnung konnte dies überhaupt nicht der Fall sein, weil derselbe nur das Rechtsmittel der Revision gegen Urtheile der Schöffengerichte im Auge hatte (§ 255) und demnach eine solche Rechtsverletzung durch irrige Rechtsbelehrung der Geschworenen seitens des Präsidenten des Schwurgerichtshofes nicht vorkommen konnte.

Jener zweite Entwurf der Strafproceßordnung aber hatte, nach der Beseitigung der Schöffengerichte überhaupt und bei dem Zurückgreifen auf die Geschwornengerichte, dieselben Gründe für die Zulässigkeit des Rechtsmittels der Revision gegen ein schwurgerichtliches Urtheil bestehen lassen, welche der erste Entwurf enthielt, zu denselben aber die irrige Rechtsanwendung seitens des Präsidenten bei der Rechtsbelehrung der Geschworenen nicht hinzugefügt.

Das Rechtsmittel der Revision ist danach nur dann zulässig, wenn das Urtheil auf einer Verletzung des Gesetzes beruht; dies aber sollte anzunehmen sein in den in § 301 Nr. 1—7 speciell aufgeführten Fällen, welche sich nur auf Besetzung und Zuständigkeit des Schwurgerichtshofs, Theilnahme der Staatsanwaltschaft 2c. an der Verhandlung, Nothwendigkeit der Vertheidigung und dergleichen mehr beziehen.

Offenbar hatte demnach aus wohlerwogenen Gründen die Revision hier für den Fall der Rechtsverletzung durch irrige Rechtsbelehrung der Geschworenen seitens des Präsidenten nicht zugelassen werden sollen. Der maßgebende Factor der Gesetzgebung war daher von einer Verneinung der gestellten Frage ausgegangen.

Nach den Beschlüssen der Reichsjustizcommission aber hat die Bejahung der Frage obgesiegt; denn dieselben haben dem § 301 (unter 8) die weitere Rechtsverletzung als Revisionsgrund hinzugefügt,

> wenn die durch das Protokoll festgestellte Rechtsbelehrung des Vorsitzenden einen Rechtsirrthum enthält und nach Lage der Sache nicht ausgeschlossen ist, daß sie auf den Inhalt des Urtheils zum Nachtheil des Beschwerdeführers Einfluß geäußert hat.

In § 301a. ist dann noch besonders der Satz aufgestellt,

> daß eine Verletzung der Rechtsnormen, welche lediglich zu Gunsten des Angeklagten gegeben sind, von dem Staatsanwalte nicht zu dem Zwecke geltend gemacht werden kann, um eine Vernichtung des Urtheils zum Nachtheil des Angeklagten herbeizuführen.

Seitens des zweiten gesetzgebenden Factors ist somit die Bejahung der gestellten Frage erfolgt und zugleich für das von derselben zu erörternde Wie? eine bestimmte Andeutung gegeben worden.

Eine der schwierigsten Fragen bei Organisation der Schwurgerichte ist hier offenbar zur Lösung zu bringen. Die Reichs-Justizcommission hat dieselbe im Anschluß an gemachte Erfahrungen in der obenangegebenen Weise zum Austrag zu bringen gesucht, da mehrere deutsche Strafproceßordnungen bereits ähnliche Bestimmungen enthalten.

Die österreichische Strafproceßordnung vom 25. Mai 1873, § 344, 8 führt z. B. ausdrücklich als Grund zur Nichtigkeitsbeschwerde auf: „wenn der Vorsitzende eine unrichtige Rechtsbelehrung ertheilt hat" (§ 325, 327) und ordnet bezüglich der Letzteren (§ 325) an, daß der die Erklärung der gesetzlichen Merkmale der strafbaren Handlung und die Bedeutung der in den Fragen vorkommenden gesetzlichen Ausdrücke für die Geschworenen enthaltende Vortrag des Vorsitzenden von Niemand unterbrochen oder einer Erörterung unterzogen werden dürfe, daß es dagegen jeder Partei freistehe, zu verlangen, daß die den Geschworenen ertheilte Rechtsbelehrung im Protokoll ersichtlich gemacht werde.

Das königlich sächsische Gesetz vom 1. October 1868, das Verfahren in den vor die Geschworenengerichte gewiesenen Untersuchungen betreffend, enthält ebenfalls in § 69 hinsichtlich der Rechtsbelehrung der Geschworenen durch den Präsidenten die Vorschrift, daß der Vortrag des Präsidenten keinesfalls unterbrochen werden dürfe, daß es aber dem Staatsanwalte und dem Vertheidiger unbenommen sei, Einwendungen gegen die Rechtsbelehrung vorzubringen und, dafern der Präsident dieselben als unrichtig bezeichnet, die streitigen Punkte durch das Protokoll feststellen zu lassen, auch unter Bezugnahme auf Letzteres sodann das Erkenntniß selbst wegen irriger Rechtsanwendung seitens des Präsidenten bei der Rechtsbelehrung der Geschworenen als nichtig anzufechten.

Der zweite Entwurf der deutschen Strafproceßordnung schien sich dagegen an die königl. preuß. Strafproceßordnung von 1867 angelehnt zu haben, welche in § 329 wegen der Rechtsbelehrung der Geschworenen seitens des Präsidenten die nähere Vorschrift giebt, dabei jedoch kategorisch vorschreibt, daß dieser Vortrag des Präsidenten von der Staatsanwaltschaft und von dem Angeklagten weder unterbrochen, noch zum Gegenstande irgend einer Aeußerung oder eines Antrags in der Sitzung gemacht werden dürfe. Damit würde eine Nichtigkeitsbeschwerde von vornherein ausgeschlossen sein, weil nach § 258 derselben Strafproceßordnung bei Beurtheilung des Verfahrens in der Hauptverhandlung, falls dasselbe in der Rechtsmittelinstanz in Frage kommt, der Inhalt des Sitzungsprotokolles dergestalt maßgebend sein soll, daß ein Gegenbeweis nicht stattfindet und daher in der Regel, dafern in der Hauptverhandlung die Beobachtung der vorgeschriebenen Förmlichkeiten nach Ansicht der Staatsanwaltschaft oder des Angeklagten in mangelhafter oder ungenügender Weise erfolgt ist, dieselben berechtigt sind, die Feststellung des näheren Vorgangs und dessen Aufnahme im Protokoll zu verlangen.

Auch findet sich im § 390 ders. Strafproceßordnung unter den Nichtigkeitsgründen in Bezug auf das Verfahren die mangelhafte, bez. irrige Rechtsbelehrung der Geschworenen seitens des Präsidenten nicht mit angeführt.

Bei der Prüfung dieser entgegengesetzten Anschauungen tritt nun das Material zur Beantwortung der gestellten Frage deutlich zu Tage. Allem Anschein nach ist die practische Unzuträglichkeit der Anfechtbarkeit des Wahrspruchs der Geschworenen wegen falscher Rechtsbelehrung auf der Seite maßgebend, welche die Frage verneint und jeden Zweifel an der Richtigkeit der Rechtsbelehrung des Präsidenten gewissermaßen von vornherein ausschließt; auf der anderen Seite überwiegt zweifellos die theoretische Nothwendigkeit, welche in der Anfechtbarkeit des Wahrspruchs der Geschworenen ein Mittel erblickt, Irrthum und Einseitigkeit auszuschließen, deshalb aber die Frage bejaht.

Für die Geltendmachung der praktischen Unzuträglichkeit sind gewichtige Gründe vorhanden.

Die Rechtsbelehrung der Geschworenen seitens des Präsidenten kann nur dann ihren Zweck erfüllen, wenn sie für den einzelnen Fall so eingehend, gemeinverständlich und faßlich für den Laien erfolgt, daß derselbe in den Stand gesetzt wird, der Rechtsbelehrung zu folgen und dieselbe sich einzuprägen, bez. von ihr sich in seinem Urtheil bestimmen zu lassen.

Es ist ein großer Irrthum, in den Viele verfallen, anzunehmen, daß die Rechtsbelehrung des Präsidenten in alle Wege und unter allen Umständen sofort den Erfolg habe, die Geschworenen in den Stand zu setzen, nach Anleitung derselben den Fall vom Rechtsstandpunkte aus richtig aufzufassen. Jeder Praktiker, dem längere eigene Erfahrungen aus Schwurgerichtsverhandlungen zu Gebote stehen, wird bestätigen müssen, daß manche Rechtsbelehrung unverstanden bleibt, daß von mancher Rechtsbelehrung nichts mehr vorhanden ist, sobald der Wahrspruch verkündet worden, und daß in gar vielen Fällen die beste Rechtsbelehrung mißverstanden worden ist.

Solcher Erfahrungen, für welche der Raum hier fehlt, ließen sich gar viele nachweisen, namentlich in Fällen, in denen ein augenscheinlich abnormer Wahrspruch Gelegenheit gegeben hat, der Auffassung der Rechtsfrage seitens der Geschworenen nach der Rechtsbelehrung des Präsidenten im Stillen nachzuforschen.

Soll die Rechtsbelehrung ihrem Zwecke wirklich genügen, dann muß sie unter allen Umständen durch keine Befangenheit, keine Rücksicht auf formale Einengung, keine Scheu vor Anfechtung und bez. Möglichkeit einer Nichtigkeitsbeschwerde verkümmert werden; sie muß als ein Institut bestehen, bei welchem richterliche Gewissenhaftigkeit, Gesetzkenntniß und Bereitwilligkeit, den Geschworenen ihr Amt zu erleichtern, völlig freie Hand haben.

Dies kann aber nur der Fall sein, wenn der Vorsitzende nicht zu befürchten hat, daß seine Rechtsbelehrung zum Gegenstande von Einwendungen gemacht werde, welche nicht allein den Erfolg der Rechtsbelehrung zu nichte machen können, sondern auch, und dies ist die Hauptsache, bedingen, daß der Vorsitzende Wort für Wort in seiner Rechtsbelehrung vorbereite, erwäge und bez. zur Feststellung der streitigen Punkte im Protokolle im Voraus fixire, womit, wie es keines weiteren Beweises bedarf, jede freiere, dem Bedürfnisse des Standes der Verhandlung angepaßte Behandlung der Rechtsbelehrung ausgeschlossen wird. Es ist sicher den Zwecken der Rechtsbelehrung der Geschworenen nicht förderlich, wenn der dieselbe ertheilende Präsident sich durch Rücksichten auf etwaige Einwendungen von Vertheidigung und Staatsanwaltschaft in die Nothwendigkeit versetzt findet, sich Selbstbeschränkung und Zurückhaltung aufzuerlegen, um Einwendungen abzuschneiden, ganz abgesehen von der dem Präsidenten nothwendigen Selbstverläugnung bei solchen Angriffen auf die von ihm ertheilte Rechtsbelehrung der Geschwornen.

Dazu kommt, als weitere praktische Unzuträglichkeit, die Schwierigkeit, die angefochtenen Punkte der Rechtsbelehrung und die dagegen erhobenen Einwendungen im Protokolle erschöpfend festzustellen, da ohne die Grundlage stenographischer Aufzeichnung, an deren Verwendung im öffentlich-mündlichen Gerichtsverfahren sich die Gesetzgebung noch nicht gewagt hat, es bei der besten Vorbereitung oft nicht gelingen wird, den wahren Ausdruck und Sinn der Rechtsbelehrung protokollarisch so weit festzustellen, um die dagegen erhobenen Einwendungen noch allen Seiten hin ungehindert prüfen zu können.

Endlich dürfte auch vom Standpunkte der Praxis aus die Verminderung von Anlässen zu Nichtigkeitsbeschwerden um so mehr für zweckmäßig erachtet werden müssen, als die Schwierigkeiten, welche die Wiederholung einer mündlichen Gerichtsverhandlung bieten, bekanntlich sehr groß sind, die Gefahr aber, welche aus einer mangelhaften, bez. irrigen Rechtsbelehrung der Geschworenen seitens des Präsidenten für den Wahrspruch der Geschworenen entstehen kann, wesentlich dadurch gemindert wird, daß sowohl die Vertheidigung, als auch die Staatsanwaltschaft bei ihrer beiderseits berechtigten Mitwirkung zu Erreichung eines gerechten Wahrspruchs und eines darauf gestützten gesetzmäßigen Urtheils mit ausreichenden Mitteln ausgestattet sind, wirklichen Rechtsirrthum in der Rechtsbelehrung der Geschworenen rechtzeitig zu beseitigen und unwirksam zu machen, übrigens aber auch die Thätigkeit der dem Präsidenten zur Seite befindlichen rechtsgelehrten Richter Garantie dafür bietet, daß der Präsident nicht in einem wirklichen, schädlichen Einfluß auf die Entscheidung der Sache ausübenden Rechtsirrthum beharre.

Vom Standpunkt der Praxis hat daher das Streben, gegen die Rechtsbelehrung der Geschworenen seiten des Schwurgerichtspräsidenten Einwendungen behufs Substantiirung einer Nichtigkeitsbeschwerde nicht zuzulassen und ein Rechtsmittel überhaupt wegen mangelhafter oder irriger Rechtsbelehrung nicht zu gewähren, ziemliche Berechtigung.

Hinzu tritt hier noch, bei strenger Festhaltung an jenem Princip, welches in dem Wahrspruch der Geschworenen das zum Ausdruck kommende Rechtsbewußtsein des Volkes erblickt und ja so sorgsam bemüht ist, jede Beeinflussung desselben „durch das Juristenrecht der Beamten" ängstlich zu überwachen, die allerdings nicht zu verkennende Anomalie, daß ein juristisches Beamtencollegium ohne Mitwirkung von Laien zur Controle und Entscheidung darüber berufen sein soll, ob im Fall einer behaupteten irrigen Rechtsbelehrung der Geschworenen durch den Präsidenten der Wahrspruch der Geschworenen aufrecht zu erhalten sei, — eine Procedur, die bei dem völligen Mangel aller Unterlagen und Gründe, welche bei dem Zustandekommen des Wahrspruchs inmitten der Geschworenen s. Zt. zusammengewirkt haben, und bei der völligen Ungewißheit, ob die Geschworenen wirklich der Rechtsbelehrung des Präsidenten nachgegangen sind, oder ob sie nicht vielleicht die entgegenstehenden Ansichten der Vertheidigung zur Grundlage bei ihrem Wahrspruch genommen haben, augenfällig etwas Bedenkliches hat! Die Controle des Wahrspruchs der Geschworenen und der ihm zur Grundlage dienenden Rechtsbelehrung durch eine zweite Instanz, welcher die Resultate der Beweisaufnahme nicht unmittelbar zuströmen, ist eine Prüfung des Ursprungs einer Thatsache ohne den Besitz der zur Erkenntniß der Ursachen nöthigen Quellen.

Wenn, ungeachtet dieser gewichtigen Gründe und unbeschadet des praktischen Interesse, dennoch die Bejahung der gestellten Frage vorgezogen wird, so beruht dies namentlich auf der Erwägung, daß bei einer möglichst gerechten Rechtspflege auch dafür Garantien gegeben sein müssen, daß die Möglichkeit eines Rechtsirrthums da ausgeschlossen erscheint, wo derselbe am Schädlichsten wirken kann, und daß es gerathener ist, eine Inconsequenz bei Handhabung des Princips zu begehen, als einem denkbaren unrichtigen Wahrspruche der Geschworenen und einem darauf gegründeten ungerechten richterlichen Erkenntnisse gegenüber den in seinem Rechte Verletzten wehrlos zu lassen.

Die Anfechtbarkeit des Wahrspruchs der Geschworenen wegen unrichtiger Rechtsbelehrung durch den Präsidenten wird zumeist auf den Satz gegründet, daß die Vermuthung dafür spreche, daß die Geschworenen sich nach der Rechtsbelehrung des Präsidenten gerichtet haben, durch welche sie gezwungen werden, auf dem Gebiete des Rechts zu bleiben, und daß deshalb die Anfechtbarkeit der Rechtsbelehrung eine nothwendige Folge sei.

Diese Vermuthung ist bekanntlich dem englischen Rechte entsprungen, besage dessen die Geschworenen über die Thatfrage nach den Beweisregeln, welche der Richter ihnen vorträgt, und über die Rechtsfrage gebunden an die Belehrung, welche der Richter ihnen ertheilt, entscheiden. Die englischen Geschworenen haben kein moralisches Recht, die doppelte Belehrung des Richters über die Evidenz und über den Rechtspunkt zu umgehen, sie sind in ihrem Gewissen gebunden, diese Belehrung heilig zu achten; es würde als eine Gewissensverletzung ihrerseits angesehen werden, wenn die Geschworenen dieser Belehrung entgegenhandeln wollten. Dabei steht den englischen Geschworenen im Specialverdikt ein Mittel zu Gebote, ihre Antwort auf das Thatsächliche zu beschränken und die Entscheidung der Rechtsfrage dem Richter zu überlassen.

Bei einem Rechtsinstitute, das, wie die englische Jury, auf Jahrhunderte langer Uebung beruht und mit der Seele des Volkes verwachsen ist, erscheint eine solche Vermuthung völlig am Orte. Wo der Geschworene bei der von den Vätern ererbten Erkenntniß und Heilighaltung seiner Pflichten und Rechte genau weiß, was er dem Worte des Richters schuldet und was seiner eigenen Entscheidung überlassen bleibt, da ist es nothwendig, anzunehmen, daß die Rechtsbelehrung des Richters die Basis für den Wahrspruch der Geschworenen abgegeben habe, und dies um so mehr, als der englische Richter eine ungleich einflußreichere Stellung einnimmt, als die Berufsrichter anderer Staaten.

Wo eine solche Vermuthung ihre auf historischer Grundlage und praktischer Handhabung ruhende Berechtigung hat, da ist es in der That theoretische Nothwendigkeit, die Anfechtbarkeit eines auf unrichtiger Rechtsbelehrung beruhenden Wahrspruchs der Geschworenen zuzulassen.

Für die, bei Beantwortung der gestellten Frage ins Auge zu fassenden deutschen Verhältnisse aber, bei denen das Institut der Jury noch als eine neue Einrichtung zu betrachten ist, der noch keineswegs eine so lange Erfahrung zur Seite steht, und welche insbesondere noch kein von den Vorfahren überkommenes Eigenthum des Volkes ist, an dessen Handhabung sich Ueberlieferungen knüpfen, wie die englischen, ist für diese Vermuthung bei Weitem weniger Veranlassung vorhanden. Wenn auch die Theorie an derselben festhält, weil sie nach der Natur der Sache gerechtfertigt befunden wird, so ist doch nicht zu bestreiten, daß nach den Erfahrungen der Praxis im deutschen Geschworenengerichtsverfahren die Anhaltepunkte für sie fehlen, welche die angegebene Selbstbeschränkung des englischen Geschworenen innerhalb der ihm gesteckten Gränzen so sicher darbietet.

Es ist wahr, daß auch der deutsche Geschworene der Rechtsbelehrung des Vorsitzenden folgt, derselben sich unterordnet und der Autorität des ihn belehrenden Präsidenten dieselbe Ehrerbietung zollt, wie der englische Geschworene. Es soll auch nicht behauptet werden, daß der deutsche Geschworene im Gefühle seiner Souveränität, die er so gern dem französischen Verfahren entnimmt, dessen Kenntniß ihm zugänglicher ist, als das englische, sich über die ihm vom Präsidenten zu Theil werdende Rechtsbelehrung bewußt und absichtlich hinwegsetze. Gewiß ist, daß auch der deutsche Geschworene es sich zur Gewissenspflicht machen will, in der ihm vom Präsidenten gewordenen Rechtsbelehrung eine Richtschnur zu erblicken, welcher er, soweit er sie zu verstehen vermocht hat, zu folgen habe.

Aber dennoch ist dies keineswegs immer der Fall und nach den Erfahrungen aller unbefangenen Praktiker erfolgen nicht zu selten, trotz aller Rechtsbelehrungen der Präsidenten, Wahrsprüche, denen auf den ersten Blick anzusehen ist, daß die Rechtsbelehrungen des Präsidenten haben zurückstehen müssen gegen die von der Vertheidigung vorgetragenen und mit allen Künsten bestechender Dialektik für den Geschworenen in der ausgedehntesten Weise verführend entwickelten Rechtsanschauungen. Die Ursache liegt nur zum Theile in der minder bedeutenden Kraft der Rechtsbelehrung des Präsidenten, und bez. in dem geringeren Einflusse der Autorität desselben, obschon auch in dieser Richtung nicht verkannt werden darf, daß die vor Einführung des Geschworeneninstituts gemachten Erfahrungen bei Handhabung der Rechtspflege nicht ohne einige Nachwirkung geblieben sein mögen für die richterliche Autorität, für deren Hochstellung im mündlich-öffentlichen Verfahren erst neue Gelegenheit hat gesucht werden müssen.

Hauptsächlich ist die Ursache darin zu suchen, daß es den Geschworenen an einer, durch das Herkommen geheiligten Erfahrung und sicheren Erkenntniß fehlt und daß eine große Anzahl von Geschworenen, obwohl mit dem besten Willen beseelt, nicht im Stande ist, der Rechtsbelehrung des Richters sich unterzuordnen und die von der Vertheidigung geltend gemachten, oft ganz entgegengesetzten, sehr oft irreleitenden Auseinandersetzungen, gleich dem englischen Geschworenen, erst in zweiter Linie zu beachten. Diese Schwäche der deutschen Geschworenen, bez. eine theilweis allerdings vorhandene Neigung derselben, von der richterlichen Autorität sich ganz frei zu machen, um so einem freien Volksinstitute seine vermeintliche ganze Freiheit zu wahren, hat zur Folge gehabt, daß man im deutschen Geschworenengerichtsverfahren nicht mehr ausreichende thatsächliche Unterlagen für die Vermuthung findet, daß sich die Geschworenen bei Fällung ihres Wahrspruchs nur nach der Rechtsbelehrung des Präsidenten gerichtet haben, vielmehr sind, wenn schon in der Mehrheit der Fälle die Vermuthung noch gerechtfertigt bleiben wird, diejenigen Fälle keineswegs undenkbar und ungewöhnlich, in denen die Geschworenen, trotz der richtigen Rechtsbelehrung des Präsidenten, sich doch nach derselben nicht gerichtet haben, vielmehr bei ihrem Wahrspruch von den Anschauungen der Vertheidigung geleitet worden sind, indem sie sich durch deren anscheinende Richtigkeit haben bestechen lassen.

Es dürfte daher wohl die Vorfrage nicht ohne alle Berechtigung erscheinen, ob es nicht auch im Interesse der Gerechtigkeit sei, wenn einmal eine Anfechtung des Verdicts der Geschworenen wegen mangelhafter Rechtsbelehrung für statthaft erachtet wird, eine solche auch für den Fall zuzulassen, daß erweislichermaßen die Geschworenen bei Fällung des Wahrspruchs von einer falschen Rechtsanschauung der Vertheidigung sich haben leiten lassen.

Hiergegen sprechen indeß doch gewichtige Gründe.

Die Rechtsbelehrung des Präsidenten und die Vertheidigung haben einen wesentlich verschiedenen Charakter. Die Erstere, ohne zugleich die Eigenschaften des Resumé zu besitzen, wird stets vorwiegend als objektive Erläuterung des Gesetzes aus dem Munde des unbefangenen Richters sich darstellen, während die Letztere meist und fast ohne Ausnahme den Parteistandpunkt festhält. Es würde auf eine unstatthafte Beschränkung der Vertheidigung hinauslaufen, wollte man die bewußten oder unbewußten Rechtsirrthümer derselben einer Controle unterwerfen. Das gesetzliche Heilmittel hiergegen ist ja auch in die Hände der Staatsanwaltschaft gelegt, welche mit gleicher Berechtigung, wie die Vertheidigung, ausgestattet, so lange ihr das Wort noch zu Gebote steht, stets in der Lage sein wird, den von der Vertheidigung vertretenen Rechtsirrthum zu bekämpfen. Gegen dessen Erscheinen beim letzten Wort der Vertheidigung muß sie freilich wehrlos bleiben.

Ueberdies würde es bei Weitem schwieriger sein, die auf Rechtsirrthum beruhenden Behauptungen der Vertheidigung thatsächlich festzustellen, als die irrigen Theile der Rechtsbelehrung des Vorsitzenden, welche sich, im Gegensatze von der Vertheidigung, von der Prüfung der Beweismomente gänzlich fern zu halten hat.

Endlich dürfte, da ein diesfallsiges Rechtsmittel gegen die Wirkung irriger Rechtsanschauung seiten der Vertheidigung doch nur der Staatsanwaltschaft zu Ungunsten des Angeklagten einzuräumen wäre, die unüberwindliche Schwierigkeit in Betracht kommen, bei Prüfung eines ganz oder theilweise auf Nichtschuldig lautenden Wahrspruchs zu ermitteln, ob derselbe auf der falschen Rechtsanschauung, welche die Vertheidigung den Geschworenen beigebracht hat, auch wirklich beruhe.

Wenn daher auch nach dem jetzigen Stande der Erfahrungen im deutschen Schwurgerichtsverfahren die Vermuthung, daß die Geschworenen bei ihrem Wahrspruche sich nach der Rechtsbelehrung des Präsidenten gerichtet haben, nicht allenthalben mehr auf der sichern thatsächlichen Grundlage ruht, auf welcher sie entstanden ist, so ist doch auch jetzt noch nur bezüglich der Rechtsbelehrung der Geschworenen durch den Präsidenten ein unmittelbarer Zusammenhang mit dem Wahrspruch der Geschworenen bestimmt dergestalt nachweisbar, daß Letzterer als auf der Ersteren beruhend erkannt werden kann, und es ist demgemäß nach Ansicht des Verfassers dieses Gutachtens die Frage:

> Soll der Spruch der Geschworenen wegen falscher Rechtsbelehrung des Präsidenten angefochten werden können?

in dem gestellten Umfange zu bejahen.

Die weitere Erörterung des Wie? der zulässigen Anfechtung wird nun zunächst davon auszugehen haben, aus welchen Gründen jetzt diese Anfechtung des Spruchs der Geschworenen noch zulässig erscheint.

Wie bereits erwähnt, ist dies lediglich aus dem Grunde zuzugestehen, weil es den Anforderungen der Gerechtigkeit entspricht, die Wirkungen eines Rechtsirrthums des Richters, auf welchem ein Wahrspruch der Geschworenen beruht, zu beseitigen. Nicht die bloße Vermuthung also, daß dies nach Lage der Sache der Fall sein werde, sondern die wirklich erwiesene Thatsache, daß die irrige Rechtsbelehrung des Präsidenten wirklich einen Wahrspruch der Geschworenen herbeigeführt hat, welcher zum Nachtheil des Beschwerdeführers gereiche, ist für ausreichend zu erachten, um ein Urtheil, bez. den dasselbe stützenden Wahrspruch der Geschworenen wegen dieser irrigen Rechtsbelehrung anzufechten.

Die Reichsjustizkommission hat in § 301 d. 2. Strafproceßordnungsentwurfes bezüglich der Revision, welche als Rechtsmittel zulässig ist, dafern ein Urtheil auf einer Verletzung des Gesetzes beruht, bei Aufzählung der Fälle, in denen das Letztere anzunehmen ist, unter Nr. 8 für den hier in Frage kommenden Fall die allgemeine Vermuthung aufgestellt:

das Urtheil sei als auf einer Verletzung des Gesetzes beruhend anzusehen, wenn die durch das Protokoll festgestellte Rechtsbelehrung des Vorsitzenden einen Rechtsirrthum enthalte,

jedoch dabei den besonderen Zusatz für unentbehrlich erachtet:

und nach Lage der Sache nicht ausgeschlossen sei, daß sie auf den Inhalt des Urtheils zum Nachtheil des Beschwerdeführers Einfluß geäußert habe.

Dem oben aufgestellten Erfordernisse ist hiermit nicht vollständig genügt. Die Reichsjustizkommission hält zur Erreichung des Zwecks an der Vermuthung fest, daß der Wahrspruch der Geschworenen auf der Rechtsbelehrung des Präsidenten beruhe, läßt aber den dieser Rechtsbelehrung unterliegenden Irrthum stets dann hinfällig werden, sobald klar erkennbar ist, es habe dieser Rechtsirrthum auf den Inhalt des Urtheils zum Nachtheil des Beschwerdeführers keinen Einfluß geäußert.

Es ist demnach unter die in § 301 aufgeführten übrigen praesumtiones violentae für diesen Fall nur eine einfache praesumtio juris eingereiht worden.

Dies ist nun allerdings der, nach dem oben Dargethanen für erforderlich erachteten Erweislichmachung der Thatsache, daß auf der irrigen Rechtsbelehrung des Präsidenten der Wahrspruch der Geschworenen beruhe, selbstverständlich nicht gleichzustellen.

An sich würde aber eine solche Erweislichmachung wohl nicht unerreichbar sein.

Es dürfte keiner besonderen Schwierigkeit unterliegen, eine gesetzliche Norm dahin zu richten, daß im Falle einer durch das Protokoll festgestellten Anfechtung der Rechtsbelehrung der Geschworenen seitens des Präsidenten wegen eines darin enthaltenen Rechtsirrthums, den Geschworenen obliege, bei Ankündigung des Wahrspruchs und vor Verkündung des Inhalts desselben durch den Obmann, den Worten:

rc. der Wahrspruch — der Geschworenen ist folgender:

einen Zusatz einzufügen, wie etwa:

Der Wahrspruch der Geschworenen, — „beruhend auf der Rechtsbelehrung des Vorsitzenden,"

oder:

„sich stützend auf die Rechtsanschauung der Vertheidigung"

— ist folgender.

Praktischen Bedenken würde eine solche Procedur kaum unterliegen; denn wenn auch die Berathung im Geschworenenzimmer die dunkelste Seite des ganzen Instituts ist und ohne sachverständige Leitung und Hilfe (die ja bekanntlich von den Geschworenen sehr gern wissenschaftlich gebildeten Mitgeschworenen übertragen zu werden pflegt) oft zu eigenthümlichen Wahrsprüchen führt, so dürfte doch auch bei der einfachsten Leitung der Berathung keinem Obmann es schwer fallen, festzustellen, welche von den beiden streitigen Rechtsansichten für die Beantwortung der gestellten Fragen von der Mehrheit der Geschworenen als maßgebend erachtet worden ist. Im Uebrigen würde auch für die Klarheit und Einheit des Wahrspruchs sicher es nur von wesentlichem Vortheil sein, wenn die Geschworenen sich darüber schlüssig machen müßten, auf welche Rechtsanschauung sie ihre Ueberzeugung stützen wollen.

Könnte dann eine solche Feststellung sich nicht ermöglichen lassen, so würde damit um so mehr eine Veranlassung gegeben sein, daß die Geschworenen sich über die noch vorhandenen Zweifel, bez. Bedenken alsbald und noch vor Fällung des Wahrspruchs fernere Rechtsbelehrung zu erbitten hätten.

Vom theoretischen Standpunkte wird hier allerdings eingewendet werden, daß den Geschworenen, indem sie die Subsumtion der That unter das Gesetz vollziehen, diese Obliegenheit nicht durch Trennung der That- und Rechtsfrage, welche in dieser Procedur doch einigermaßen zu Tage treten würde, erschwert werden dürfe, und daß ihnen nicht zuzumuthen sei, das Verdikt zu motiviren oder demselben irgendwie Gründe beizufügen, da sie ja, ohne sich der Gründe klar bewußt zu werden, über die Totalität des ihnen vorgeführten Kriminalfalles, lediglich nach dessen unmittelbarem Eindrucke auf ihr Gewissen, ihre Ueberzeugung zu Stande kommen lassen sollen.

Allein wie schon die Garantie der Wahrheit einer Entscheidung nicht in der Thatsache der Ueberzeugung von dieser Wahrheit allein ruht, sondern vielmehr auch in der Art, *wie diese Entscheidung* im Entscheidenden *zu Stande gekommen ist*, so muß insbesondere noch darauf hingewiesen werden, daß es im Interesse eines geordneten Gerichtsverfahrens liegen muß, den Geschworenen zwar die Lösung der Thatfrage nach der Ueberzeugung ihres Gewissens allein zu überlassen, nicht aber die Lösung der Rechtsfrage ihrer conviction intime auf gleiche Weise ganz allein anheim zu geben. Ist die Anfechtbarkeit des Verdikts unumgängliche Nothwendigkeit, so muß auch, selbst auf die Gefahr hin, die unbegrenzte Freiheit der Geschworenen bei Fällung des Verdikts einigermaßen abzugrenzen, die Möglichkeit erzielt werden, hierfür geeignete Grundlagen zu erhalten.

Zudem trifft auch der Einwand nicht völlig zu. Den Geschworenen würde damit immerhin noch nicht zugemuthet werden, *Gründe für ihren Wahrspruch* anzugeben, der ja immerhin noch sich lediglich auf die gewissenhafte Ueberzeugung der Geschworenen stützen würde, sondern es würde nur behufs der Beurtheilung der Rechtsfrage, insbesondere der Wirkungen der über einzelne Theile derselben in der Verhandlung vorgekommenen Streitigkeiten, ausnahmsweise die Angabe der Erkenntnißquelle sich nöthig machen, aus der heraus die gewissenhafte Ueberzeugung der Geschworenen bei Beurtheilung der Thatsachen die Anhaltepunkte zur Subsumtion unter das Strafgesetz unter den verschiedenen ihnen vorgeführten Anschauungen ausgewählt hat.

Ein weiteres Bedenken könnte noch darin zu finden sein, daß die Vorgänge im Geschworenenzimmer niemals Gegenstand eines Angriffs in der Nichtigkeitsinstanz sind, weil sie nicht legal festgestellt werden können. Allein darum handelt es sich doch im vorliegenden Falle nicht; gleichwie über die anderen Fragen, würden sich die Geschworenen hier nur durch Abstimmung schlüssig zu machen haben, welche Wahl sie unter verschiedenen Rechtsanschauungen getroffen, nicht aber, wie sie zu dieser Wahl gelangt seien, und es würde demnach nicht mehr hier verlangt werden, als die Beantwortung einer bestimmten Frage, die ja erforderlichen Falls neben den übrigen, von den Geschworenen zu beantwortenden, ausdrücklich gestellt werden könnte.

Jedenfalls würde auf diese Weise eine Anzahl von Rechtsmitteln, welche wegen der irrigen Rechtsbelehrung der Geschworenen durch den Vorsitzenden eingewendet werden könnten, entweder sofort im Laufe des Verfahrens Erledigung finden oder zu ganz bestimmter Grundlage gelangen, ganz abgesehen davon, daß dann auch ein Rechtsirrthum der Geschworenen, welcher nicht auf irriger Rechtsbelehrung des Präsidenten zurückzuführen sein würde, auf diese Weise durch Anfechtung des Wahrspruchs beseitigt werden könnte, — ein Postulat, das Diejenigen, die nicht den Geschworenen eine völlig uncontrolirbare, absolute Gewalt verleihen, vielmehr auch für jeden einseitigen Rechtsirrthum der Geschworenen Abhülfe durch ein Rechtsmittel schaffen wollen, zur Vergrößerung der Garantie für die Richtigkeit eines Geschworenenwahrspruchs für unentbehrlich erachten müssen.

Für diesen Zweck gewährt die bloße, mit der Praxis oft im Widerspruch stehende Vermuthung, daß die Geschworenen sich nach der Rechtsbelehrung des Präsidenten gerichtet haben, ausreichende Hülfe durchaus nicht.

Für das Wie? der Anfechtung des Wahrspruchs der Geschworenen wegen irriger Rechtsbelehrung des Präsidenten dürfte ferner noch einiges Andere näher ins Auge zu fassen sein, was die Feststellung der angeblich falschen Rechtsbelehrung im Protokolle betrifft.

Die bloße Vorschrift, daß das Protokoll „die Rechtsbelehrung des

Präsidenten festzustellen habe", damit aus ihm ermittelt werden kann, ob dieselbe einen Rechtsirrthum enthält?, möchte für eine umfassende Anfechtbarkeit des Wahrspruchs und bezw. des darauf beruhenden Urtheils kaum ausreichen, denn es würde die Feststellung der ganzen Rechtsbelehrung selbst theils ganz unausführbar sein (wenn nicht geradezu die Stenographie zu Hülfe genommen und der ganze Tenor der Rechtsbelehrung sofort bei deren Ertheilung Wort für Wort fixirt wird), theils in sehr vielen Fällen große formelle Weitläufigkeiten hervorrufen, theils die freie Bewegung des, die Rechtsbelehrung ertheilenden Präsidenten einengen.

Vielmehr erfordern nachstehende Gesichtspunkte Beachtung.

Die Rechtsbelehrung des Präsidenten darf zunächst auf keinen Fall durch Einwendungen oder Anträge oder Bemerkungen seiten eines Betheiligten unterbrochen werden.

Damit ist die freie, unbefangene, dem Bedürfnisse des Falls sich anpassende Rechtsbelehrung des Vorsitzenden gewährleistet, der dann nicht ängstlich und vorsichtig Wort für Wort abzuwägen und abzumessen hat.

Der Gang, Inhalt und die Ergebnisse dieser Rechtsbelehrung sind im Protokolle vorerst **nicht** festzustellen, vielmehr muß es genügen, wenn nur die Thatsache der Ertheilung der Rechtsbelehrung allein im Protokolle konstatirt wird.

Erfolgen dann Einwendungen gegen die Rechtsbelehrungen von keiner Seite, so bedarf es auch der Feststellung dieser Negative keinenfalls; der Mangel von Einwendungen im Protokoll ist an sich genugsamer Nachweis des Nichtvorhandenseins derselben.

Werden dagegen Einwendungen von irgend einer Seite erhoben, so muß eine Substantiirung der **streitigen Punkte** eintreten und **deren Feststellung im Protokolle erfolgen.** Zu diesem Zwecke wird abzuwarten sein, daß der, die Einwendungen erhebende Betheiligte die von ihm geltend gemachten vermeintlichen Unrichtigkeiten in der Rechtsbelehrung des Präsidenten bestimmt formulirt und behufs der Aufnahme in das Protokoll zum Ausdruck bringt, dergestalt, daß nun der, die Rechtsbelehrung ertheilende Vorsitzende sich in der Lage befindet, diese Einwendungen zunächst genau zu prüfen und seinerseits eine bestimmte, in die Sache eingehende Erklärung abzugeben, aus welcher entweder sofort hervorgeht, daß die erhobene Einwendung für begründet anerkannt wird, worauf eine Verbesserung, Aenderung, bezw. Erweiterung der ertheilten Rechtsbelehrung noch zu erfolgen hat, welche dann weiteren Anfechtungen nicht unterliegt, oder welche dahin ausläuft, die erhobenen Einwendungen als **unrichtig zu bezeichnen.**

Auch die erste Alternative wird, falls nicht ein besonderer Antrag darauf ausdrücklich gerichtet wird, kaum die Feststellung im Protokolle erheischen, denn es sind dann keine streitigen Punkte mehr vorhanden und die Geschworenen sind durch das hergestellte Einverständniß aller Betheiligten über die Rechtsbelehrung und deren Tragweite vollständig in den Stand gesetzt, bei Ertheilung des Wahrspruchs das richtige letzte Wort der Subsumtion unter das Gesetz auszusprechen.

Für die zweite Alternative aber bedarf es der ganz genauen, eingehenden und speciellen Feststellung der Streitpunkte im Protokolle, dergestalt, daß derjenige, welcher die Einwendungen gegen die Rechtsbelehrung erhoben hat, zunächst dieselben, wie er sie bereits formell zu Gestalt und Ausdruck gebracht hat, in das Protokoll aufnehmen läßt, seitens des Präsidenten aber ausdrücklich speciell und im Anschlusse an diese Einwendungen Erklärung zu Protokoll abgegeben wird, daß, und bezw. inwieweit er diese Einwendungen als unrichtig bezeichne und bei seiner Rechtsbelehrung allenthalben stehen bleibe.

Nur eine solche genaue und wörtliche Feststellung der streitigen Punkte der Rechtsbelehrung kann zur geeigneten Grundlage für Einwendung eines Rechtsmittels dienen und es muß demnach als unabweisbare Bedingung zur Anfechtbarkeit eines Wahrspruchs rc. wegen irriger Rechtsbelehrung der Geschworenen seiten des Präsidenten erfordert werden, daß das Protokoll nicht blos die „Rechtsbelehrung des Präsidenten feststelle", sondern vielmehr die streitigen Punkte derselben in der eben näher bezeichneten Weise genau ermittele und dergestalt hervorhebe, daß festgestellt wird, was als unrichtig angezweifelt und was dagegen als richtig vom Präsidenten festgehalten wird.

Insbesondere könnte es nicht für ausländlich zu erachten sein, wenn das Protokoll z. B. zwar feststellen würde, daß seitens der Vertheidigung die im Protokolle nicht niedergeschriebene Rechtsbelehrung des Präsidenten im Allgemeinen als unrichtig bezeichnet, vom Präsidenten aber darauf nichts erwidert und nun nur „die Rechtsbelehrung zu Protokoll festgestellt würde", ohne gleichzeitige Feststellung der streitigen Punkte derselben. Ein solcher Fall würde allerdings auch die „Feststellung der Rechtsbelehrung des Vorsitzenden" durch das Protokoll enthalten, aber zur Begründung eines Rechtsmittels schwerlich ausreichen, weil die mangelnde Feststellung der streitigen Punkte nicht allein die sofortige Berichtigung, bezw. Klarstellung der Rechtsbelehrung des Präsidenten verhindern, also den Rechtsirrthum nicht erkennbar machen, sondern auch dem Rechtsmittel selbst die Unterlage entziehen würde, vermöge deren allein in der Nichtigkeits-, bezw. Revisionsinstanz beurtheilt zu werden vermag, ob? und bez. inwieweit? auf den Inhalt des angegriffenen Urtheils, bez. des demselben zu Grunde liegenden Wahrspruchs der Geschworenen, die irrige Rechtsbelehrnng der Geschworenen Einfluß gehabt hat.

Auch ist nicht zu übersehen, daß eine solche genaue Feststellung der streitigen Punkte der Rechtsbelehrung des Präsidenten lediglich die Unrichtigkeit der Rechtsbelehrung, nicht aber deren Ausdehnung oder Einschränkung betreffen darf, und daß ein Rechtsirrthum des Vorsitzenden aus einer zu engen oder zu weit ausgedehnten Rechtsbelehrung allein schwerlich würde gefolgert werden können.

Der erste Theil der gestellten Frage wird somit bejaht, in Beantwortung des Schlusses derselben aber als Erforderniß der Zulässigkeit eines Rechtsmittels gegen das Urtheil (sei es nun Nichtigkeitsbeschwerde oder Revision oder Cassationsrecurs genannt), welches auf einem Wahrspruche der Geschworenen beruht, dem eine irrige Rechtsbelehrung des Präsidenten zu Grunde liegt, nach der Ansicht des Verfassers dieses Gutachtens hinzustellen sein, daß

> aus dem Spruche der Geschworenen selbst hervorgehe, inwieweit sich ihr Wahrspruch auf eine irrige Rechtsbelehrung des Präsidenten 2c. stütze (also dies nicht bloß zu vermuthen sei),

sowie

> daß nicht die Feststellung der angefochtenen Rechtsbelehrung des Präsidenten, sondern vielmehr die Feststellung der streitigen Punkte derselben durch Specialisirung der erhobenen Einwendungen gegen die Rechtsbelehrung des Präsidenten und durch die hierauf erfolgte Erklärung des Letzteren über die entgegengesetzte Festhaltung der von ihm ertheilten Rechtsbelehrung der Anfechtung des Wahrspruchs der Geschworenen wegen irriger Rechtsbelehrung des Präsidenten zur Grundlage gegeben und deshalb speciell durch das Protokoll nachgewiesen sein müsse.

XI.

Gutachten des Herrn Ministerialsecretär Dr. Leuthold in Dresden

über die Frage:

„Ist der Unterschied des beendigten und des unbeendigten Versuchs im Strafgesetzbuche aufzunehmen? und ist dabei eventuell die freiwillige Verhinderung der Vollendung als Strafaufhebungsgrund anzuerkennen?"

Der dem vorjährigen Reichstage vorgelegte Entwurf eines Gesetzes, betreffend die Abänderung von Bestimmungen des Strafgesetzbuchs für das deutsche Reich v. 15. Mai 1871 und die Ergänzung desselben, brachte folgende veränderte Fassung für § 44 des Strafgesetzbuchs in Vorschlag:

„Das versuchte Verbrechen oder Vergehen ist milder zu bestrafen, als das vollendete.

Ist das vollendete Verbrechen mit dem Tode oder mit lebenslänglichem Zuchthaus bedroht, so tritt Zuchthausstrafe nicht unter drei Jahren, wenn aber der Thäter seinerseits alle zur Begehung des Verbrechens erforderlichen Handlungen vorgenommen hat und der zur Vollendung gehörige Erfolg nur in Folge von Umständen, welche von dem Willen des Thäters unabhängig waren, nicht eingetreten ist (beendigter Versuch), Zuchthausstrafe nicht unter zehn Jahren ein.

Ist das vollendete Verbrechen mit lebenslänglicher Festungshaft bedroht, so tritt Festungshaft nicht unter drei Jahren, wenn aber beendigter Versuch vorliegt, Festungshaft nicht unter zehn Jahren ein.

In den übrigen Fällen kann die Strafe bis auf ein Viertheil

des Mindestbetrages der auf das vollendete Verbrechen oder Vergehen angedrohten Freiheits- und Geldstrafe; **wenn aber beendigter Versuch vorliegt, bis auf drei Viertheile** des Mindestbetrages der auf das vollendete Verbrechen oder Vergehen angedrohten Freiheits- und Geldstrafe ermäßigt werden. Ist hiernach Zuchthausstrafe unter Einem Jahre verwirkt, so ist dieselbe nach Maßgabe des § 21 in Gefängniß zu verwandeln."

Der Entwurf beabsichtigte also, in das Strafgesetzbuch den demselben bisher fremden Begriff des beendigten Versuches als eines, durch eine besondere höhere Strafandrohung ausgezeichneten Versuchsgrades einzuführen. Der Grund hierfür war einer praktischen Erwägung entnommen. Die Motive sagen nämlich: „Bei der mehrfach hervorgetretenen Neigung der Gerichte in verschiedenen Gebieten des deutschen Reiches, sich den Minimalgrenzen der Strafe nahe zu halten, haben die Bestimmungen des § 44 die Folge gehabt, daß die Strafbarkeit des Versuchs von der Praxis unterschätzt wird. . . Durch die Bestimmungen des Entwurfs ist dem richterlichen Ermessen bei Feststellung der Versuchsstrafe der ausreichende Spielraum gewahrt, anderseits aber Vorkehr getroffen, den Richter zu einer, die Schwere der einzelnen Versuchsfälle würdigenden Ausmessung der Strafe zu nöthigen."

Daß der Unterschied zwischen beendigtem und nicht beendigtem Versuche bestimmbar sei, erachten die Motive für eben so zweifellos, als die Richtigkeit des Grundsatzes, daß der beendigte Versuch stets strafbarer sei, wie der nicht beendigte; sie sind daher der Ansicht, daß den gegen die Unterscheidung aufgestellten Bedenken jede praktische Bedeutung genommen sei, wenn das Maximum der Strafe für den beendigten Versuch richtig fixirt werde.

Bei den Berathungen des Entwurfs im Reichstage wurde dagegen (von den Abgeordneten DDr. Lasker und v. Schwarze) nicht nur das praktische Bedürfniß nach Aufnahme der fraglichen Unterscheidung in das Strafgesetzbuch bestritten, sondern zugleich auf theoretische Bedenken hingewiesen, welche namentlich in Betreff der Bestimmung des Begriffs „beendigter Versuch" überhaupt, sowie bezüglich der Anwendbarkeit dieses Begriffes bei zahlreichen Arten von strafbaren Handlungen insbesondere bestehen müßten, Bedenken, welche auch der Vertreter der Reichsregierung nicht gänzlich in Abrede stellte. Der Reichstag lehnte bekanntlich hierauf den § 44 des Entwurfes ab. —

Die vorgedachten, in den Motiven und Reichstagsverhandlungen enthaltenen Gründe und Gegengründe für die Beantwortung der zu begutachtenden Frage zeichnen im Wesentlichen den Gang vor, welchen die gegenwärtige Erörterung zu nehmen haben wird.

Zunächst werden wir zu untersuchen haben, ob und inwieweit der Aufnahme der fraglichen Unterscheidung einmal vom allgemeinen wissenschaftlichen Standpunkte aus (§ I). und zweitens mit Rücksicht auf das System unseres Strafgesetzbuches im besonderen (§ II) Bedenken entgegenstehen, um sodann der Frage näher zu treten, ob und inwieweit sich die praktische Nothwendigkeit oder Zweckmäßigkeit der Einführung jenes Unterschiedes in das Strafgesetzbuch anerkennen läßt (§ III).

Zuvor sei es jedoch noch gestattet, ausdrücklich darauf hinzuweisen, daß für unser Gutachten diejenige Bestimmung des Versuchsbegriffs maßgebend sein mußte, welche das Strafgesetzbuch in § 43 aufstellt. Die Fälle des § 46 werden demnach im Folgenden als an sich (nach § 43) strafbare Versuchsfälle betrachtet, bei denen lediglich infolge besonderer Gesetzesvorschrift die laut der allgemeinen Bestimmung verwirkte Strafe aus gewissen Gründen wegfällt.

§ I.

Drei **allgemeine theoretische Bedenken** sind es vornehmlich, welche gegen die Scheidung zwischen beendigtem und nicht beendigtem Versuche ins Feld geführt werden. Es wird bestritten:

A. die Bestimmbarkeit der Begriffe „beendigter“ und „nicht beendigter Versuch“,

B. die Anwendbarkeit der Unterscheidung auf alle Verbrechensgattungen,

C. die größere Strafbarkeit des beendigten Versuchs gegenüber dem nicht beendigten.

Nach unsrem Erachten sind nun alle diese Bedenken zwar keineswegs völlig unbegründet, doch aber anderseits auch nicht ausreichend, um die fragliche Scheidung schon aus dem allgemeinen rechtswissenschaftlichen Gesichtspunkte als verwerflich erscheinen zu lassen.

A. **Ueber den Begriff des beendigten Versuches** — aus welchem derjenige des nicht beendigten sich von selbst ergiebt — bestehen im Wesentlichen zwei verschiedene Ansichten, welche beide ebensowohl in den Gesetzbüchern, als in der Rechtswissenschaft Vertreter gefunden haben.

Die eine, von dem sächsischen Strafgesetzbuche (1855) adoptirte, in der Wissenschaft u. a. von Köstlin und Hälschner vertretene Auffassung erklärt den Versuch für einen beendigten, sobald der Verbrecher Alles gethan hat, was er zu thun **für nöthig hielt**, um die von ihm beabsichtigte Rechtsverletzung herbeizuführen, alle anderen Versuchsfälle aber für nicht beendigten Versuch. Die andere, in neuerer Zeit mehr verbreitete Ansicht vermeidet die subjective Fassung der Definition und nimmt beendigten Versuch an, wenn der Thäter Alles gethan hat, was von seiner Seite zur Vollendung (Ausführung, Vollführung) eines Verbrechens nöthig war (Gesetzbücher von Hannover, Württemberg 1839, Baden, Braunschweig, Hamburg, Italien; Geib) oder „wenn der Thäter die auf den Erfolg gerichtete Handlung erfolglos vollzogen hat" (Berner), oder „seinerseits alle zur Begehung des Verbrechens erforderlichen Handlungen vorgenommen hat" (Entwurf der Reichsnovelle). Bei einzelnen Anhängern der objectiven Definition finden sich dann noch weitere Nüancirungen des Begriffes. So setzte z. B. das badische Gesetzbuch (§ 107) ähnlich dem Novellen-Entwurfe dem Begriffe des beendigten Versuches selbst noch das weitere Erforderniß hinzu, daß der Nichteintritt des Erfolges „durch andere, dazwischen getretene Umstände, welche ihren Grund nicht im Willen, noch in der eigenen Handlungsweise des Thäters hatten", (vergl. unten § II B.) veranlaßt worden sein müsse. Berner hinwieder (Gerichtssaal Bd. 17 S. 96) macht darauf aufmerksam, daß beendigter Versuch stets vorliege, wenn der Consummationsakt vollzogen sei, möge auch ein mittlerer Akt der verbrecherischen Thätigkeit fehlen.

Bei Feststellung der subjectiven Definition hat man offenbar hauptsächlich im Auge gehabt, daß das Zurückbleiben der beendigter Versuchshandlung hinter dem vollendeten Verbrechen in zahlreichen Fällen durch einen Irrthum des Verbrechers — z. B. hinsichtlich der anzuwendenden Kräfte und Mittel oder hinsichtlich des Verbrechensobjectes — veranlaßt wird, und hat aus diesem Grunde die Wendung „für nöthig hält" gewählt. Diejenigen Fälle, wo die Vollendung lediglich durch fremde Gegenthätigkeit (Vertheidigung u. dergl.) abgewendet worden ist, lassen sich selbstverständlich unter die subjective Definition auch unterordnen, würden aber wenigstens keinen besonderen Anlaß zu derselben haben geben können. Umgekehrt erscheinen bei der objectiven Definition grade die letzteren Fälle durch den Wortlaut besonders getroffen, während man an ein Fehlgehen des Verbrechens infolge Irrthums bei Begriffsbestimmungen, wie „Alles gethan hat, was nothwendig war," „die auf den Erfolg gerichtete Handlung erfolglos vollzogen hat," zunächst nicht denkt, und die Irrthumsfälle unter die objective Definition sonach eigentlich nur mittelst besonderer Interpretation subsumiren kann, indem man sich vergegenwärtigt, daß diese Definition nur die formelle Beendigung der verbrecherischen Thätigkeit, ganz abgesehen von deren zur Herbeiführung des Erfolges erforderlichen materiellen Tüchtigkeit und von der Beschaffenheit des Objectes, zum Begriffe des beendigten Versuches verlange.

Daß die eine von den beiden Definitionen etwas wesentlich Anderes habe treffen wollen, als die zweite, läßt sich aber von vornherein nicht behaupten, und in der That dürften auch beide wirklich in der Regel die nämlichen Fälle treffen. Zwar sind Fälle denkbar, wo der Verbrecher die letzte der nach der Gestaltung des betreffenden Verbrechens zur Vollendung des Verbrechens von seiner Seite erforderlichen Handlungen deßhalb unterließ, weil er sie zur Herbeiführung des Erfolges nicht für nöthig hielt (— A. will den B. mit einem, nach seiner Meinung durch Verdunstung, in Wirklichkeit nur durch den Genuß, wirkenden Gifte tödten und bringt das letztere lediglich in das Zimmer des B., ohne es demselben zum Genusse darzubieten —), oder wo er umgekehrt, obgleich er bereits alle Akte vollzogen hatte, welche zur Vollendung der Handlung nöthig waren, noch eine weitere Konsummationshandlung für nöthig erachtete (— A. will den B. mit einem nach seiner Meinung erst mit zwei Dosen, in Wirklichkeit schon mit einer Dose tödtlich wirkenden Gifte ermorden, und hat dem B. erst eine Dose verabreicht, worauf derselbe die Vergiftung bemerkt und den Tod durch Gegenmittel abwendet). In solchen Fällen führt allerdings jede Definition zu einem andern Ergebnisse. Doch dürften derartige Vorkommnisse verhältnißmäßig äußerst selten sein; in der Mehrzahl der Fälle beendigten Versuchs wird nicht sowohl ein Irrthum des Verbrechers bezüglich des letzten seinerseits vorzunehmenden Aktes, als in Betreff der eigenen Kraft und Geschicklichkeit und der Tauglichkeit des Mittels und Objektes, oder eine Gegenthätigkeit den Grund für den Nichteintritt des Erfolges bilden, und in diesen Fällen gelangt man bei subjektiver wie bei objektiver Auffassung zu demselben Resultate.

Selbst die nach dem Vorbemerkten vorhandene Differenz zwischen beiden Ansichten wird sich aber dann beseitigen lassen, wenn ein von beiden gleichmäßig anerkanntes Merkmal des beendigten Versuches ausschließlich zur Definition des letzteren verwendet wird. Beide Ansichten stimmen darin überein, daß sie beendigten Versuch nur dann als vorhanden annehmen, wenn das Zurückbleiben der Handlung hinter der Vollendung nicht mehr durch den bloßen Entschluß des Thäters herbeigeführt werden kann. Gerade hierin dürfte auch der wirklich charakteristische Unterschied der Fälle des beendigten und des nicht beendigten Versuches liegen. Denn von den Gründen für das Zurückbleiben der Handlung hinter der Vollendung, welche je nach Beschaffenheit des Falles entweder 1. in dem Aufgeben des verbrecherischen Entschlusses oder 2. in Mängeln der eigenen Thätigkeit des Handelnden, 3. in der Untauglichkeit der Mittel und Werkzeuge, 4. in der Beschaffenheit des Objektes oder 5. in der Vereitelung durch (eigene oder fremde) Gegenthätigkeit bestehen, kann der erste nur beim nicht beendigten Versuche vorkommen, mag man nun der objektiven oder der subjektiven Ansicht folgen, während alle übrigen Gründe [1]) bei beiden Gattungen von Versuchsfällen eintreten können. Würde man daher bei Bestimmung des Begriffes des beendigten Versuches lediglich jenen wesentlichen Unterschied zwischen den Fällen beendigten und nicht beendigten Versuches hervorheben, also den Versuch dann als beendigt ansehen, wenn die verbrecherische Handlung soweit vorgeschritten ist, daß die Vollendung nicht mehr durch den bloßen Entschluß des Thäters abgewendet werden kann, [2]) dagegen als nicht beendigt, wenn die Handlung noch nicht bis zu diesem Punkte vorgeschritten ist, so würde sowohl denjenigen, welche die — unseres Erachtens an sich berechtigte [3]) — subjektive Auffassung vertreten, als denjenigen, welche der objektiven Anschauung folgen, Genüge geleistet sein. Zwar weist die hiernach sich ergebende Definition des beendigten Versuches nur auf eine bestimmte Eigenschaft der betreffenden Versuchsfälle hin, ohne die Begriffsmerkmale der letzteren erschöpfend anzugeben. Allein Gleiches gilt auch von den gegenwärtig üblichen Definitionen, und bei der Verschiedenheit der in Betracht kommenden Fälle läßt sich ein anderer Weg gar nicht einschlagen. Wenn ferner allerdings die hier vorgeschlagene Begriffsbestimmung negativ gefaßt ist, während die

---

[1]) Vereitelung durch eigene Gegenthätigkeit kann auch beim nicht beendigten Versuche vorkommen: A. will den B., welcher ein Möbelstück von besonders kostbarer Holzart und gewissem Alter sucht, zum Kaufe eines beide Eigenschaften nicht besitzenden gewöhnlichen Stückes durch Vorspiegelung des Vorhandenseins der gesuchten Eigenschaften bewegen und hat bereits bezüglich der einen Eigenschaft die erforderlichen falschen Angaben gemacht, gibt aber seinen verbrecherischen Entschluß alsbald wieder auf und widerruft, ohne überhaupt auf die zweite Eigenschaft einzugehen, seine Angaben bezüglich der ersten als irrthümliche. — Träte nicht der ausdrückliche Widerruf hinzu, sondern schwiege A. in diesem Stadium der verbrecherischen Handlungsweise lediglich still, so würde Aufgeben des Entschlusses ([1]) vorliegen.

[2]) Die Unmöglichkeit des Aufgebens des verbrecherischen Entschlusses muß also in dem erreichten Stadium der Handlung ihren Grund haben; liegt dagegen der letztere lediglich in fremder Gegenthätigkeit, so kann der Versuchsfall auch ein nicht beendigter sein. (A. legt auf den B. an, um ihn zu tödten, C. schlägt ihm, ehe er abfeuert, das Gewehr aus der Hand.) — Vergl. auch Rossi und Chauveau bei Zachariä vom Versuche. Band II. S. 42 Anm. 21 und Schwarze in Holtzendorffs Handb. des deutschen Strafrechts Bd. II. S. 283.

[3]) Das Strafgesetz bestimmt nur die essentialia des Verbrechens; die Art der Ausführung im Einzelnen, die Mittel und Wege zur Erreichung des Erfolges können bei vielen Verbrechen von der größten Verschiedenheit sein. Was im einen Falle Vorbereitungshandlung ist, kann bei abweichendem Plane des Verbrechers im anderen Falle als beendigter Versuch erscheinen. (A setzt den Giftwein beim Tischdecken auf den Tisch des B.: a. um ihm denselben beim Essen zu reichen, — b. in der Ueberzeugung und Erwartung, daß sich B. selbst davon einschenkt). Es kommt also Alles auf den subjektiven Plan des Verbrechers an.

gegenwärtig in Gebrauch befindliche positiv lautet, so tritt dafür umgekehrt an die Stelle der gegenwärtigen negativen Definition des nicht beendigten Versuches eine positive.

Unter diesen Umständen liegt unseres Erachtens kein ausreichender Grund vor, die Bestimmbarkeit der Begriffe „beendigter“ und „nicht beendigter“ Versuch zu bestreiten.

B. Soll der beendigte Versuch eines Verbrechens möglich sein, so muß sich, wie aus dem unter A. Angeführten hervorgeht, der Fall denken lassen, daß, obgleich das Verbrechen nicht zur Vollendung gediehen, doch die Handlung soweit vorgeschritten war, daß ein Rücktritt des Thäters mittelst bloßer Willensänderung (Aufgeben der Vollführung der Handlung) nicht mehr stattfinden konnte. Ein beendigter Versuch ist also nur bei solchen Verbrechen denkbar, deren Thatbestand nicht mit der Handlung des Verbrechers abschließt, sondern den Hinzutritt eines durch die letztere hervorgerufenen Erfolges erfordert, mag nun der letztere in einer Handlung eines Dritten (z. B. beim Betruge) oder in einem sich zufolge des Naturgesetzes von selbst weiter abspielenden Kräfteprocesse (z. B. in vielen Tödtungsfällen) oder auch in einer Verbindung beider bestehen.

Zu den eines strafbaren beendigten Versuches fähigen Handlungen lassen sich (nach den Thatbestandsbestimmungen des Reichsstrafgesetzbuches) insbesondere rechnen: Alle Arten vorsätzliche Tödtungen, Vergiftung, Erpressung, Nöthigung (einschließlich §§ 106, 107), Betrug, Sachbeschädigung, Brandstiftung und die übrigen gemeingefährlichen Verbrechen, mehrere Amtsverbrechen (namentlich §§ 345, 347), Entziehung von der Militärpflicht (§§ 140, 141), Befreiung von Gefangenen (§ 120). Dagegen ist ein nach jetzigem deutschen Rechte strafbarer beendigter Versuch beim Diebstahle und Raube, bei der Unterschlagung, beim Meineide, bei den Unzuchts- und bei den Münzverbrechen in der Regel nicht denkbar. Umgekehrt wird wiederum von einzelnen strafbaren Handlungen (z. B. bezüglich des § 140 von Lasker, stenogr. Ber. über die Reichstagsverh. v. 3. Dec. 1875 S. 398) nicht mit Unrecht angenommen, daß bei ihnen vermöge der Einfachheit der zu ihrer Ausführung erforderlichen Veranstaltungen nur ein beendigter, nicht aber ein nicht beendigter Versuch vorkommen könne.

Daß nun der Entwurf der Reichsnovelle, obwohl nach dem Vorbemerkten die Unmöglichkeit der Durchführung des Unterschiedes zwischen beendigtem und nicht beendigtem Versuche bei allen Verbrechensgattungen nicht bezweifelt werden kann, dennoch jene Unterscheidung ganz allgemein aufstellte, ist, wie bereits in der Einleitung erwähnt, im Reichstage zum Gegenstande von Ausstellungen gegen den Entwurf gemacht worden. Wir glauben jedoch nicht, daß es gerechtfertigt gewesen sein würde, aus diesem

Grunde die Bestimmung des Entwurfes zu beanstanden. Denn ebensowenig als man es für bedenklich erachtet hat, die Bestimmung über den Versuch in § 43 des Reichsstrafgesetzbuches ganz allgemein zu fassen, obgleich darüber Einverständniß herrscht, daß ein Versuch keineswegs bei allen Verbrechensgattungen vorkommen kann[4]) — z. B. nicht in den Fällen, wo das verbrecherische Unternehmen als solches unter besondere Verbrechensstrafe gestellt wird, wo Gewerbmäßigkeit oder Rückfall besonders harte Strafe erfährt, wo der schwerer zu strafende Erfolg nicht beabsichtigt zu sein braucht, und in gewissen Fällen der Unterlassungsverbrechen, §§ 221, 281, 3.), 346 —, ebensowenig wird man daran Anstoß nehmen können, daß die Unterscheidung zwischen Versuchsgraden im allgemeinen Theile ganz generell aufgestellt werden sollte, obgleich sie sich zweifellos ebenfalls nicht auf alle Verbrechen anwenden läßt. Vielmehr würde, so wie die Frage, ob ein Versuch des betreffenden einzelnen Verbrechens überhaupt denkbar sei, nöthigenfalls auch die Frage im concreten Falle zu entscheiden sein, ob ein beendigter, bezw. ein nicht beendigter Versuch angenommen werden könne. In dieser Weise ist denn auch in denjenigen Rechtsgebieten verfahren worden, deren Strafrecht eine Unterscheidnng zwischen beendigtem und nicht beendigtem Versuche kannte.[5])

C. Bei Erörterung der Frage, ob der beendigte Versuch stets strafbarer sei, als der nicht beendigte, ist es zunächst von Wichtigkeit, daß der Einfluß der sog. thätigen Reue auf die Strafbarkeit des Versuches außer Betracht gelassen wird. Denn zieht man diesen Einfluß trotz des am Schlusse der Einleitung Bemerkten mit in den Bereich der Erörterung, so wird der Gesichtspunkt, von welchem die letztere auszugehen hat, — nämlich der im Strafgesetzbuche angenommene Versuchsbegriff — verwischt, und man gelangt zu schiefen Resultaten. So würde man z. B., wenn man die Handlung des A., welcher den B. tödten will und in dieser Absicht auf ihn anlegt, aber, bevor er losdrückt, von dritter Seite gewaltsam am Schießen verhindert wird, mit der Handlung des C., welcher auf den D. in Tödtungsabsicht schoß und denselben streifte, dann aber schnell hinzulief, Reue zeigte und die kleine Wunde heilte, — vergleicht, den beendigten Versuch des C. für minder strafbar, als den nicht beendigten des A., bez. sogar für straflos erklären müssen, weil man in dem einen Falle den Einfluß der thätigen Reue mitberücksichtigt hat. Läßt man den letzteren aber in

[4]) Gleiches gilt ja auch von den Grundsätzen über die Theilnahme.

[5]) Das hannöversche Criminalgesetzbuch vom 8. Aug. 1840 allein beschränkte den Begriff des beendigten Versuchs ausdrücklich auf diejenigen Verbrechen, „zu deren gesetzlichen Merkmalen es gehört, daß die Handlung eine bestimmte Wirkung gehabt habe“ (Art. 33).

vorliegender Frage folgerichtig außer Betracht, so kann es nicht zweifelhaft sein, daß — wo überhaupt relative Versuchsstrafe besteht — bei einer und derselben concreten Verbrechenshandlung der beendigte Versuch stets härtere Ahndung verdient, als der nicht beendigte. Denn der in der Ausführung des Verbrechens sich äußernde verbrecherische Wille ist beim beendigten Versuche dessen Begriffe nach weiter vorgeschritten und der Vollendung des Verbrechens unbedingt näher gekommen, als beim nicht beendigten Versuche derselben Handlung.

Zweifelhafter dagegen und in der That verschieden beantwortet wird die Frage dann, wenn man mehrere verschieden gestaltete, aber derselben Verbrechensgattung angehörige Verbrechensfälle in den Kreis der Betrachtung zieht und erwägt, ob der nämliche Versuchsgrad bei dem einen Verbrechen stets eben so strafbar sei, wie beim anderen derselben Gattung angehörigen Verbrechen, oder m. a. W., ob das Verhältniß der Strafbarkeit des beendigten zur Strafbarkeit des nicht beendigten Versuches des einen Verbrechens stets gleich sei dem nämlichen Verhältnisse der Versuchsgrade des anderen Verbrechens gleicher Gattung. Allen Fällen des beendigten Versuchs ist es begrifflich eigenthümlich, daß der Verbrecher nicht mehr im Stande ist, durch seinen bloßen Entschluß den Erfolg seiner Handlungsweise abzuwenden. Und selbst, wenn er unmittelbar nach der Beendigung des Versuches die That rückgängig machen wollte, so hängt es von außer ihm liegenden Umständen und Kräften ab, ob er dann noch im Stande ist, den Erfolg abzuwenden. Mit dem Augenblicke der Beendigung des Versuches gehört die That nicht mehr dem Verbrecher, sondern dem Schicksale. Dieses Moment — man kann es das subjective des beendigten Versuches nennen — trifft beim beendigten Versuche jeden Verbrechens zu und insoweit kann also davon nicht die Rede sein, daß die Höhe der Strafe für den beendigten Versuch bei den verschiedenen Verbrechen derselben Gattung verschieden sein müßte. Anders verhält es sich mit der anderen, der objectiven Seite des beendigten Versuches. Wie bereits oben bemerkt wurde, kann nämlich eine und dieselbe Handlung je nach dem vom Thäter seinem Verbrechen zu Grunde gelegten Plane eben so gut in das Stadium der Vorbereitungshandlung, als in dasjenige der Ausführung gehören, und in letzterem Falle wieder eben so gut den letzten vom Verbrecher zu vollziehenden Act, als einen weiter zurückliegenden Theil der Action bilden, oder m. a. W. kann die Schlußhandlung des Thäters bei verschiedenen Verbrechen in sehr verschiedener Entfernung von dem (erwarteten) Eintritte des Erfolges stehen. Je näher dem letzteren nun die Schlußhandlung objectiv — ursachlich, bez. zeitlich und räumlich — tritt, desto näher erscheint auch die Gefahr des wirklichen Eintrittes des Erfolges und für desto strafbarer wird man den beendigten Versuch, was dessen objective Seite anlangt, halten müssen. Wenn A., welcher den bettlägerigen B. mit vergifteter Arznei tödten will und weiß, daß dieser nach ärztlicher Vorschrift um 10 Uhr die Arznei nehmen soll und sie selbst einzunehmen beabsichtigt, demselben die letztere vergiftet um 7 Uhr an das Bett setzt, damit B. selbst das Gift 3 Stunden nachher einnehme, so liegt ebenso beendigter Versuch des Giftmordes vor, wie wenn er dem C., welcher die Arznei nicht selbst einzunehmen pflegt, eigenhändig die letztere vergiftet gereicht hat, und doch wird man nicht in Zweifel sein können, daß die Gefahr der objectiven Rechtsverletzung im zweiten Falle bei weitem größer war, als im ersten, und die Möglichkeit einer Vereitelung des Erfolges durch irgend welche Umstände im ersten Falle viel näher lag, als im zweiten.[6]) Geht man nun aber hiervon aus, so wird man zugeben müssen, daß der beendigte Versuch des einen Verbrechens — ganz abgesehen von dem Einflusse der Untauglichkeit des Mittels oder Objectes, welcher weiter unten in § II. berührt werden wird, und von der bei unserer Frage selbstverständlich nicht in Betracht kommenden Verschiedenheit der Motive — nicht immer völlig auf der gleichen Stufe der Strafbarkeit steht, wie der beendigte Versuch eines anders geplanten Verbrechens gleicher Gattung. Hieraus folgt von selbst, daß man nicht mit voller Sicherheit behaupten kann, der beendigte Versuch eines Verbrechens sei stets strafbarer, als der nicht beendigte Versuch eines anderen Verbrechens gleicher Gattung, daß vielmehr der beendigte Versuch des einen Verbrechens unter Umständen der gleichen oder selbst einer geringeren Strafe würdig erscheinen kann, wie der nicht beendigte Versuch eines anderen Verbrechens gleicher Gattung, dessen beendigter Versuch wiederum sich als strafwürdiger darstellt, wie derjenige des ersteren Verbrechens. Es würde deshalb jedenfalls bedenklich sein, wenn man das Strafminimum für den beendigten Versuch höher bemessen wollte, als das Strafmaximum des nicht beendigten. Hinwieder wird sich dagegen, daß man die Mindeststrafen beider Versuchsgrade verschieden bemißt, deshalb nichts einwenden lassen, weil das oben charakterisirte subjective Moment beim beendigten Versuche jedenfalls eine härtere Ahndung verdient, als beim nicht beendigten.[7]) Ist der Strafrahmen für

---

[6]) Im ersten Falle kann u. a. C. von A.'s That Kenntniß erlangen, bevor er das Gift genossen hat, oder es kann durch irgend einen Zufall — Umwerfen des Gefäßes, Verflüchtigung des Giftes und dergl. — das Einnehmen verhindert werden.

[7]) Es ist neuerdings (von Meyer) darauf hingewiesen worden, daß für den Erfolg nicht so sehr die Handlung des Thäters, als das Abwarten oder Nichtabwenden des Erfolges von Bedeutung sei. Uns scheint es jedoch, als spreche diese, an sich wohl zuzugebende Thatsache nicht für die Verwerflichkeit der Unterscheidung zwischen beendigtem

beide Versuchsgrade unter Berücksichtigung dieser Erwägungen, also dergestalt bemessen, daß das Strafmaximum des nicht beendigten Versuchs das Strafminimum des beendigten Versuchs entsprechend übersteigt, so wird man auch in dieser Beziehung die Unterscheidung zwischen beendigtem und nicht beendigtem Versuche als Versuchsgraden von verschiedener Strafwürdigkeit vom allgemeinen theoretischen Standpunkte aus nicht als unbedingt verwerflich und bedenklich bezeichnen können.

Zum Schlusse dieser Betrachtung sei es uns gestattet, noch auf die Nichtbeachtlichkeit eines letzten, dem vorgedachten Bedenken nahe verwandten theoretischen Einwandes gegen die Annahme verschiedener Strafmaße für beendigten und für nicht beendigten Versuch hinzuweisen, welcher aus dem Ergebnisse unserer Erörterung zu B. hergeleitet werden könnte. Wie unter B. ausgeführt wurde, giebt es Verbrechen, bei denen ihrem Begriffe oder doch wenigstens ihrer regelmäßigen concreten Gestaltung nach ein beendigter, bez. ein nicht beendigter Versuch nicht vorkommen kann. Nimmt man nun für den beendigten und den nicht beendigten Versuch ganz allgemein verschiedene Strafmaße an, so muß mit dem Strafmaße des nicht beendigten Versuchs bei den nur eines solchen fähigen Verbrechen selbst diejenige Versuchshandlung beurtheilt werden, welche dem vollendeten Verbrechen ganz nahe steht, und umgekehrt müßte bei einem Verbrechen, bei welchem nur beendigter Versuch möglich wäre, auch der Beginn der Ausführung schon nach dem Strafmaße für den beendigten Versuch gemessen werden. Dies giebt den Anschein, als läge eine Inconsequenz, eine vortheilhaftere Stellung der Versuchsfälle bei Verbrechen mit stets nicht beendigtem, eine ungünstigere der Verbrechen mit stets beendigtem Versuche vor. In Wirklichkeit wird man jedoch hieran nicht Anstoß nehmen dürfen. Denn hat das Strafgesetz den Thatbestand des vollendeten Verbrechens so bestimmt, daß schon die Beendigung der Ausführungshandlung ohne Hinzutritt eines weiteren Erfolges die ganze Strafe der consummirten Strafhandlung verdient (Hälschner: daß der beendigte Versuch mit dem vollendeten Verbrechen zusammenfällt) so steht das vollendete Verbrechen dem nicht beendigten Ver-

---

und nicht beendigtem Versuche. Denn das „Abwarten" kann nur dann von Einfluß auf den Erfolg sein, wenn es kein passives ist, sondern eine thätige Fortsetzung oder Erneuerung der Versuchshandlung (Inbrandsteckung!) in sich schließt. Dann liegt aber eben gerade eine neue „Handlung des Thäters" vor, und zwar je nach dem ursprünglichen dolus die Beendigung der bis dahin noch unbeendigten Versuchshandlung oder der Beginn einer neuen Ausführungshandlung nach bereits erfolgter Beendigung der früheren. Das „Abwenden" des Versuchs hingegen fällt unter den Begriff der thätigen Reue, deren Einfluß auf die Strafbarkeit des beendigten Versuchs bei Erörterung der vorliegenden Frage nach unserer, bereits oben ausgeführten Meinung außer Betracht zu lassen ist.

suche eben begrifflich näher, als bei den beider Versuchsgrade fähigen Verbrechen der Fall ist, und dadurch erscheint jene vermeintlich vortheilhaftere Stellung der einschlagenden Versuchsfälle vollkommen gerechtfertigt; Gleiches gilt aber auch umgekehrt bei denjenigen Verbrechen, wo die Ausführungshandlung so einfacher Natur ist, daß man das Unternehmen des Verbrechers schon mit ihrem Beginn als beendigt ansehen kann, von dem Verhältnisse dieser Versuchsfälle zur Vollendung und ihrer Strafe.

§ II.

Wenn wir sonach vom allgemeinen theoretischen Standpunkte keinen ausreichenden Grund finden würden, die zu begutachtende Frage zu verneinen, so gelangen wir zu einer für die letztere weniger günstigen Anschauung bei der Erörterung derjenigen Bedenken, welche vom Standpunkte des in Deutschland gegenwärtig geltenden Strafrechtes der Unterscheidung zwischen beendigtem und nicht beendigtem Versuche entgegengesetzt werden. Man kann in dieser Richtung insbesondere geltend machen und hat bez. geltend gemacht:

A. daß durch die Annahme der fraglichen Unterscheidung die vom Strafgesetzbuche absichtlich unerledigt gelassene Streitfrage von der Strafbarkeit des Versuchs mit untauglichem Mittel und am untauglichen Objecte mit erneuter Heftigkeit werde heraufbeschworen werden; und daß ferner

B. die Grundsätze unseres Strafgesetzbuchs über den Einfluß der thätigen Reue auf die Strafbarkeit des Versuchs, sowie

C. über das Strafmaß für die Beihülfe

mit jener Unterscheidung nicht im Einklange stehen würden.

Unseres Erachtens verdienen nun wenigstens die beiden zuletzt erwähnten Bedenken, und namentlich das unter C. aufgeführte, wohl Berücksichtigung.

A. Der Grund dafür, daß eine verbrecherische Handlung, obgleich der Verbrecher seine Thätigkeit beendigt hat, nicht zur Vollendung gediehen ist, kann, wie wir oben sahen, u. a. in einem Irrthume des Thäters bezüglich der Tauglichkeit des angewandten Mittels, bez. des angegriffenen Objectes liegen. Es ist aber das Vorkommen eines derartigen Irrthums keineswegs charakteristisch für den beendigten Versuch, vielmehr kann ersterer selbstverständlich auch beim nicht beendigten Versuche vorkommen und unter Umständen der Anlaß sein, daß der Verbrecher seine Thätigkeit nicht weiter fortsetzte.[8]) Steht sonach die Frage der Untauglichkeit des Mittels oder

---

[8]) A. will den B. in das Wasser eines Flüßchens werfen, damit derselbe darin

Objects keineswegs in Wechselwirkung mit dem Grade des Versuchs, so kann man auch nicht sagen, daß durch die Einführung von Versuchsgraden jener Controverse eine größere Bedeutung vindicirt würde, als sie nach jetzigem Strafrechte besitzt. Unserer Meinung nach läßt sich auch nicht annehmen, daß gerade die von dem Entwurfe der Strafgesetznovelle gewählte Fassung für den Begriff des beendigten Versuchs mehr Anlaß gäbe, die Frage über den Einfluß der Untauglichkeit des Mittels oder Objectes in den Bereich der richterlichen Erörterung zu ziehen, als irgend eine andere der oben in § I. unter A. erwähnten und bereits an jener Stelle analysirten Begriffsbestimmungen.

Endlich wird zwar vielleicht in einzelnen Fällen von Untauglichkeit des Mittels oder Objectes bei solchen, eines beendigten Versuches fähigen Verbrechen, welche mit absoluter Strafe bedroht sind oder deren untere Strafgrenze wenigstens eine hohe ist (Mord — Brandstiftung), vielleicht die Unterscheidung von Versuchsgraden, welche den Richter nöthigt, für den beendigten Versuch einen höheren Strafsatz, als das Minimum der Versuchsstrafe überhaupt zu wählen, gegenüber dem gegenwärtigen Rechte als anscheinende Härte empfunden werden, namentlich wenn ein Irrthum des Thäters vorlag, welcher den Eintritt des Erfolges von vorn herein als objectiv nicht oder doch kaum möglich erscheinen lassen mußte. Man wolle aber nicht außer Acht lassen, daß eine solche Härte keineswegs regelmäßig, oder auch nur häufig vorliegen dürfte. Denn ganz abgesehen davon, daß das Strafgesetzbuch die Bestrafung des Versuches mit untauglichem Mittel oder an untauglichem Objecte nirgends ausdrücklich gebietet, beruht die Anwendung eines solchen Mittels, bez. der Angriff gegen ein solches Object keineswegs immer auf einem Irrthume; vielmehr kann irgend ein zufällig eingetretener Umstand, welchen der Thäter nicht vorhersehen konnte, das an sich ganz taugliche Mittel oder Object in ein untaugliches — selbst nach Beginn der Ausführungshandlung — verwandelt haben. Anderseits ist auch in den Fällen, in welchen von Anfang an ein solcher Irrthum vorgelegen hat, derselbe meist kein so grober, daß die Untauglichkeit des Mittels oder Objectes absolut und zweifellos vorgelegen hätte und man in derselben ein Moment erblicken müßte, welches in subjectiver oder objectiver Richtung die Verschuldung wesentlich abschwächte. In den allermeisten Fällen wird also die Unterscheidung zwischen beendigtem und nicht beendigtem Versuche auch aus diesem Gesichtspunkte nicht für bedenklich erachtet werden können.

---

ertrinkt. Er hat ihn bereits in dieser Absicht angefaßt, als er wahrnimmt, daß über Nacht der Wasserstand des Flüßchens derartig gesunken ist, daß ein Mensch nicht darin ertrinken kann. Er läßt deshalb von Beendigung seiner That ab.

B. Während das Reichsstrafgesetzbuch beim vollendeten Verbrechen der eigenen Gegenthätigkeit des Verbrechers grundsätzlich nicht, sondern nur in wenigen Ausnahmsfällen (§§ 158, 163, 310) strafaufhebende, bez. strafmildernde Wirkung beilegt, hat dasselbe für den freiwilligen Rücktritt[9]) vom Versuche sowohl dann, wenn die Ausführung der beabsichtigten Handlung vom Thäter aufgegeben wurde, als auch selbst dann, wenn der Versuch bereits beendigt war, Straflosigkeit festgesetzt. Da das Gesetzbuch keine Versuchsgrade kennt, also den beendigten Versuch unter dieselbe Strafandrohung gestellt hat, wie den nicht beendigten, so läßt sich aus jener gleichmäßigen Behandlung des beendigten und des nicht beendigten Versuches bezüglich der Einwirkung des freiwilligen Rücktrittes für die Strafbarkeit kaum ein Einwand geltend machen. Anders verhält es sich dann, wenn, wie der Entwurf der Strafgesetznovelle beabsichtigte, der beendigte Versuch unter eine besondere höhere Strafandrohung gestellt wird. Dann muß es bedenklich erscheinen, bei dem schweren Versuchsgrade im Falle freiwilligen Rücktrittes des Thäters ebenso Straflosigkeit eintreten zu lassen, wie bei dem nicht beendigten Versuche. Denn dies würde kaum mit der zu Grunde gelegten Ansicht, daß der beendigte Versuch stets schwerere Strafe verdiene, als der nicht beendigte, in Einklang zu bringen sein, und in der That haben alle Strafgesetzbücher der deutschen Einzelstaaten, welche rücksichtlich der Strafbarkeit unserer beiden Versuchsgrade unterscheiden, mit alleiniger Ausnahme des württembergischen v. 1. März 1839, nur den nicht beendigten Versuch im Falle freiwilligen Rücktrittes für gänzlich straffrei erklärt, hingegen beim beendigten Versuche nur mildere Strafe in Aussicht gestellt. Daß durch strafpolitische Rücksichten, im Interesse möglichster Verhütung der Vollendung versuchter Verbrechen, die gänzliche Straflosigkeit des beendigten Versuches empfohlen wird, läßt sich natürlich auch vom Standpunkte dieser Strafgesetzbücher nicht verkennen. Allein falls man, wie sie und die im deutschen Strafrechte überhaupt herrschende Ansicht, das vollendete Verbrechen wenigstens principiell auch dann mit der vollen Strafe belegt wissen will, wenn der Verbrecher den reellen Schaden voll-

---

[9]) Der Ausdruck „freiwilliger Rücktritt" ist hier, um eine einheitliche Bezeichnung beider in Betracht kommenden Kategorien zu gewinnen, auch für die Verhinderung des Erfolges beim beendigten Versuche mitgebraucht worden, obwohl von einem bloß passiven Rücktritte vom Unternehmen beim beendigten Versuche selbstverständlich nicht die Rede sein kann. Der Ausdruck „thätige Reue", welcher sonst wohl für beide Kategorien gebraucht wird, paßt weder ganz für das (passive) Aufgeben der Fortsetzung der verbrecherischen Handlung beim nicht beendigten Versuche, noch auch für die Verhinderung des Erfolges des beendigten, bei welcher es auf das Motiv nicht ankommt.

ständig getilgt — Ersatz geleistet — hat, obwohl doch gewiß auch hier gewichtige Zweckmäßigkeitsgründe für einen Strafnachlaß vorhanden sind, so wird man es nicht für berechtigt ansehen können, auf der nächsten niederen Stufe des Delictes, beim beendigten Versuche, im Falle freiwilligen Rücktrittes grundsätzlich völlige Straflosigkeit zu gewähren. Letztere dürfte aber auch bei Berücksichtigung der subjectiven Seite der That kaum geboten erscheinen. Denn, wie wir bereits an einer früheren Stelle bemerkten, besteht zwischen dem beendigten und dem nicht beendigten Versuche der große Unterschied, daß bei letzterem das Aufgeben der Handlung infolge Abänderung des Entschlusses begrifflich stets möglich, bei ersterem hingegen es völlig vom Zufalle abhängig ist, ob ein freiwilliger Rücktritt stattfinden kann: Schlägt also der beendigte Versuch zufällig fehl, so ist ein Rücktritt nicht möglich und die gewöhnliche volle Strafe auszusprechen; wird dagegen der beabsichtigte Erfolg erreicht, aber die Vollendung des Verbrechens durch die freiwillige Thätigkeit des Verbrechers noch abgewendet, so tritt volle Straflosigkeit ein!

Hierzu kommt endlich, daß, wenn man mit Rücksicht auf den Wortlaut der Bestimmung in § 46 Nr. 21 des Reichsstrafgesetzbuchs im Falle der bereits erfolgten Entdeckung des Versuches nicht unterscheidet, ob der Thäter von der letzteren gewußt hatte oder nicht, dem Thäter nicht selten die Möglichkeit genommen sein muß, zu beurtheilen, ob ihm sein Rücktritt überhaupt noch als ein freiwilliger angerechnet werden darf oder ihn von der — vollen — Strafe nicht befreien wird.

Wiewohl wir also an und für sich die Behandlung des freiwilligen Rücktritts als Strafaufhebungsgrund in allen Versuchsfällen aus dem strafpolitischen Gesichtspunkte für ebenso zweckmäßig halten würden, als selbst die Zusicherung der Straflosigkeit oder wenigstens milderen Strafe im Falle der Schadentilgung bei manchen vollendeten Verbrechen, so würden wir doch, wenn in dem Systeme unseres geltenden Strafrechts die Unterscheidung zwischen beendigtem und nicht beendigtem Versuche als zwei verschieden strafbare Versuchsgrade eingefügt werden sollte, aus den angegebenen Gründen die Behandlung des freiwilligen Rücktrittes vom beendigten Versuche als Strafaufhebungsgrund nicht für richtig, sondern nur die Anwendung einer milderen als der gewöhnlichen Strafe für angezeigt halten. Umgekehrt aber scheint uns, da das Strafgesetzbuch bei allen Versuchsfällen Straflosigkeit infolge freiwilligen Rücktrittes annimmt, die Unterscheidung zwischen Versuchsgraden dem Geiste der Versuchslehre unsers Gesetzbuches nicht zu entsprechen.

Im Uebrigen würde, wenn man sich für die gegentheilige Meinung und sonach für die Aufnahme jenes Gradunterschiedes in das Gesetzbuch ausſprechen ſollte, jedenfalls der zweite Theil der von dem Entwurfe der Reichsnovelle beliebten Definition des beendigten Verſuchs, die Worte: „und der zur Vollendung gehörige Erfolg nur in Folge von Umſtänden, welche von dem Willen des Thäters unabhängig waren, nicht eingetreten iſt“ aus der Definition zu entfernen ſein, da das Reichsſtrafgeſetzbuch abweichend von den preußiſchen u. a. Geſetzbüchern, den Begriff des an ſich ſtrafbaren Verſuches überhaupt nicht auf diejenigen Fälle beſchränkt hat, in welchen äußere, von dem Willen des Thäters unabhängige Umſtände die Vollendung hinderten. Es würde daher der gedachte Theil der Definition wohl ganz wegfallen können, da § 46 Nr. 2 des Geſetzbuchs bereits im Weſentlichen die entſprechende Vorſchrift enthält. Auf dieſe Weiſe würde auch der Zweifel beſeitigt werden, zu welchem die Faſſung von § 44 Abſatz 2 des Entwurfes der Novelle Veranlaſſung geben konnte: ob ein beendigter Verſuch, bei welchem der zur Vollendung gehörige Erfolg nur in Folge von Umſtänden nicht eingetreten iſt, welche von dem Willen des Thäters unabhängig waren, ganz ſtraflos bleiben oder ob etwa ein ſolcher beendigter Verſuch, inſoweit nicht auch die Vorausſetzungen im zweiten Abſatz des § 46 vollſtändig [10]) gedeckt waren, mit der Strafe des nicht beendigten Verſuches belegt werden ſollte?

C. Nach § 49 des Reichsſtrafgeſetzbuches iſt die Strafe des Gehülfen nach demjenigen Geſetze feſtzuſetzen, welches auf die Handlung Anwendung findet, zu welcher er wiſſentlich Hülfe geleiſtet hat, jedoch nach den über die Beſtrafung des Verſuchs aufgeſtellten Grundſätzen zu ermäßigen. Verſchiedene Grade der Strafbarkeit der Beihülfe — nahe und entfernte, weſentliche und nicht weſentliche — kennt das Geſetzbuch nicht. Wie würde ſich nun bei der Einführung von Verſuchsgraden die Anwendung der ſoeben wiedergegebenen Beſtimmung in § 49 geſtalten? Soll der Richter die Beihülfe, wie nach gegenwärtigem Rechte, unter Zugrundelegung des für den Verſuch überhaupt ohne Rückſicht auf die Grade feſtgeſetzten Strafmaßes (Strafmaß des nicht beendigten Verſuchs) ſtrafen, oder iſt er verpflichtet, bei gewiſſen Fällen der Beihülfe nicht unter das Strafminimum für den beendigten Verſuch zu gehen? Welche Fälle ſind dies, und hat er letztere Grenze auch bei Verbrechen zu beobachten, welche einen beendigten Verſuch nicht zulaſſen? Man würde kaum im Stande ſein, dieſe

[10]) Mit der Wendung: „Umſtände, welche von dem Willen des Thäters abhängig waren“, ſoll zwar jedenfalls das Gleiche getroffen werden, was unter der „eigenen Thätigkeit des Verbrechers vor Entdeckung der Handlung“ begriffen wird. Dennoch möchten Fälle, wie z. B. die oben erwähnte freiwillige Verhinderung des Erfolgs ohne Kenntniß von der bereits erfolgten Entdeckung nicht unter die letztere, wohl aber unter die erſtere Begriffsbeſtimmung ſich einordnen laſſen.

Fragen in zweifelloser Weise zu beantworten, falls die vom Novellenentwurfe beabsichtigte Aenderung des § 44 ohne entsprechende Erläuterung des § 49 erfolgt wäre. Zwar hat der Commissar der Reichsregierung bei der Berathung der Novelle zu § 44 im Reichstage eine solche Erläuterung als unnöthig bezeichnet und ausgesprochen, daß aus dem Gesetze sich mit voller Klarheit ergebe, wie der Richter sich im einzelnen Falle zu verhalten habe. Allein eine nähere Begründung dieser Aufstellung ist nicht erfolgt.[11])

Daher würden unseres Erachtens durch die Aufnahme der Unterscheidung zwischen beendigtem und nicht beendigtem Versuche in das Strafgesetzbuch mannigfache Zweifel bezüglich der Auslegung des § 49 hervorgerufen werden, und es würde auch aus diesem Grunde die Aufnahme jener Unterscheidung mit Rücksicht auf das System des Strafgesetzbuchs bedenklich erscheinen.

§ III.

Besonderes Gewicht haben die Motive der Novelle auf die praktische Nothwendigkeit gelegt, welche für die Aufnahme der Unterscheidung zwischen beendigtem und nicht beendigtem Versuche in das Strafgesetzbuch um deswillen bestehe, weil bei den Gerichten in verschiedenen Theilen des deutschen Reiches sich die Neigung gezeigt habe, den Minimalgrenzen der Strafe möglichst nahe zu bleiben. Bereits bei der Berathung des Entwurfes der Novelle im Reichstage wurde jedoch aus der Mitte des letztern darauf hingewiesen, daß jene Tendenz mancher Richter sich lediglich als Rückwirkung früher bestandener Bestimmungen kennzeichne und deren Ueberwindung mit der Zeit sicher zu erwarten sei. In der That wird die Annahme gerechtfertigt sein, daß durch die Milde, welche dem deutschen Strafgesetzbuche im Verhältnisse zu den vorher in Geltung gewesenen Strafgesetzen der deutschen Einzelstaaten innewohnt, die Gerichte zunächst vielfach veranlaßt worden sind, die Strafe etwas niedriger zu greifen, als es der Absicht des Gesetzgebers entspricht. Allein einmal ist diese Erscheinung keineswegs bloß bei der Bestrafung von Versuchsfällen zu Tage getreten, sondern ebenso bei der Bestrafung vollendeter Verbrechen, und sodann liegt auch kein Grund vor, zu erwarten, daß dieselbe ein gewisses Uebergangsstadium überdauern werde. Es hat denn auch der Commissar der Reichsregierung selbst bei

---

[11]) Für die Beantwortung der Frage, welches Gesetz auf den Gehülfen anzuwenden sei, wenn die That, zu welcher er Beihülfe leistete, im Stadium des Versuchs geblieben, würden allerdings durch die Einführung des Gradunterschiedes beim Versuche in keiner Weise Schwierigkeiten bereitet werden. Allein von der Beihülfe zum vollendeten Verbrechen gilt dies nicht.

der zweiten Lesung der Novelle nicht verkannt, daß schon unter dem Einflusse der den staatsanwaltschaftlichen Beamten Preußens von dem Herrn Justizminister unter dem 8. Januar 1873 und 12. Januar 1874 gegebenen Directiven (k. preuß. Justiz-Min. Bl. 1874 S. 31) — welche sich übrigens ebenfalls keineswegs ausschließlich oder nur besonders mit den Versuchsfällen beschäftigen, sondern ganz allgemein die strafbaren Handlungen ins Auge fassen — die Hebung des wahrgenommenen Uebelstandes begonnen haben möge. Seiten Preußens ausschließlich war aber der Antrag auf die fragliche Abänderung des § 44 an die Reichsregierung gerichtet worden. Dagegen hatten diejenigen Länder, deren Strafrecht den Unterschied zwischen beendigtem und nicht beendigtem Versuche bis zum Inkrafttreten des neuen gemeinen Strafrechts kannte und welche übrigens nur einen verhältnißmäßig kleinen Theil des Reichsgebietes ausmachen (Sachsen, Baden, Hessen, Braunschweig, Hamburg), keinen Anlaß gefunden, die Wiedereinführung jenes Unterschiedes in Anregung zu bringen, vielmehr wurde von der badischen Regierung im Bundesrathe sogar die Streichung des Versuchsparagraphen aus dem Entwurfe der Novelle beantragt.

Man wird unter solchen Umständen kaum sagen können, daß die Nothwendigkeit, auf die Auswerfung höherer Versuchsstrafen im Wege der Gesetzgebung hinzuwirken, hinlänglich außer Zweifel gesetzt sei. Allein selbst wenn man der gegentheiligen Anschauung huldigen sollte, würde man — und hiermit kommen wir zum letzten Punkte unserer Erörterung — sich in der gedachten Beziehung von der Aufnahme der Unterscheidung zwischen beendigtem und nicht beendigtem Versuche kaum den beabsichtigten Erfolg versprechen dürfen. Denn da unser Strafgesetzbuch grundsätzlich relative Strafen androht, so liegt die Bestimmung des im einzelnen Falle für das vollendete Verbrechen auszuwerfenden Strafsatzes innerhalb des gegebenen Strafrahmens in der Hand des Richters. Da nun wiederum die Versuchsstrafe nach dem Strafmaße sich richtet, mit welchem das vollendete Verbrechen zu belegen gewesen wäre, so ergibt sich hieraus, daß bei der Ausmessung der im concreten Versuchsfalle festzusetzenden Strafe das richterliche Ermessen durch die Einführung der Unterscheidung zwischen beendigtem und nicht beendigtem Versuche kaum wesentlich und erfolgreich beschränkt werden kann, und zwar um so weniger, als auch die für die Versuchsgrade festzusetzenden Strafandrohungen durchaus relativen Charakters sind. Man könnte zwar einhalten, daß der Richter nach wie vor in einem ganz gleichen Falle vollendeten Verbrechens auch die gleiche Strafe einzusetzen habe und demzufolge bei Einführung einer besonderen Strafandrohung für den beendigten Versuch im Falle des letzeren eine höhere Strafe als zeither zu erkennen genöthigt sein würde. Allein wann läßt sich gegenüber dem Principe einer in subjektiver wie objektiver Beziehung freien Beweiswürdiung mit Erfolg geltend machen, daß zwei Fälle vollendeten Verbrechens, welche der Richter als verschieden strafbar behandelt hat, von völlig gleicher Strafwürdigkeit gewesen seien? Die Praxis wird und muß bei aller Gewissenhaftigkeit und pflichtmäßigen Gesetzesbelehrung doch immer bestrebt sein, das nach dem richterlichen Ermessen zutreffende Strafmaß nach Kräften zur Geltung zu bringen.

Nun kennt zwar das Reichsstrafgesetzbuch eine, wenn auch nur geringe, Anzahl Verbrechen, welche unbedingt unter absolute Strafe gestellt sind, und zwar sind dies gerade die schwersten Verbrechen. Allein nur eine sehr kleine Anzahl dieser Verbrechensgattungen kommt, da die Hoch- und Landesverrathsfälle der §§ 80, 81, 87, 88 begrifflich keinen Versuch zulassen dürften, für unsere Frage in Betracht, nämlich nur Mord, Thätlichkeit gegen den Landesherrn im schweren Falle (§ 94) und — militärischer — Landesverrath im Falle des § 90. Bei den beiden zuletzt gedachten Kategorien macht aber wieder die Zulässigkeit der Annahme mildernder Umstände den Erfolg der Einführung der Unterscheidung zwischen Versuchsgraden problematisch. Nur für die Bestrafung des Mordversuchs bietet also letztere Unterscheidung zuverlässig die Basis einer strengeren Strafe schwerer Versuchsfälle. Unseres Erachtens möchte es jedoch, wie schon oben angedeutet wurde, wiederum kaum zu empfehlen sein, die Unterscheidung zwischen beendigtem und nicht beendigtem Versuche auf eine oder mehrere bestimmte Verbrechensgattungen gesetzlich zu beschränken, weil dadurch einerseits bewirkt werden würde, daß der beendigte Versuch dieser Verbrechen unverhältnißmäßig strenger bestraft werden müßte, als derjenige anderer, und weil andererseits kaum bei irgend einer Verbrechensgattung mit voller Bestimmtheit angenommen werden kann, daß jedes Verbrechen dieser Gattung beider Versuchsgrade fähig sei. [12])

Hierzu kommt endlich, daß, soweit die Mitwirkung von Laien bei der Aburtheilung von Verbrechen eintritt, durch die Einführung des fraglichen, subtilen Gradunterschiedes sicher ohne Noth mannigfacher Anlaß zu Zweifeln und mißverständlichen Auffassungen geboten werden würde.

Fassen wir daher das Ergebniß unserer Erörterung zusammen, so haben wir uns gegen die Aufnahme der Unterscheidung zwischen beendigtem und nicht beendigtem Versuche in das Strafgesetzbuch auszusprechen, nicht so sehr auf Grund theoretischer Bedenken, als deßhalb, weil einmal

---

[12]) Dies gilt selbst von Mordanfällen, z. B. wenn der Tod durch Erwürgen des Opfers mit der Hand herbeigeführt werden soll. Hier fällt der Erfolg mit der Thätigkeit des Mörders unmittelbar zusammen. Uebrigens vergl. oben § I. B.

jene Unterscheidung mit dem Systeme des Strafgesetzbuchs in wichtigen Punkten — Einfluß des freiwilligen Rücktrittes vom Versuche auf die Strafbarkeit; Strafe der Beihülfe — nicht im Einklange steht, und weil sodann die Einführung derselben in unser Strafrecht weder als wirklich nothwendig, noch als zweckentsprechend angesehen werden kann.

Hiernach erledigt sich das weitere Eingehen auf die — übrigens in § II. unter B. erörterte — Eventualfrage.

XII.

Gutachten des Herrn Professor Dr. Randa zu Prag

über die Frage:

„Soll der Erbschaftserwerb im gemeinsamen bürgerlichen Gesetzbuch für Deutschland ipso jure stattfinden?"

(Revidirter Abdruck aus der Monographie des Professor Randa: „Der Erwerb der Erbschaft nach österr. Rechte auf Grundlage des gemeinen Rechtes.")

Zwei Systeme sind es, welche in Ansehung der Frage, wie die Erbschaft erworben wird, in der Rechtsentwicklung der Culturvölker um die Herrschaft ringen, einerseits der Grundsatz des römischen Rechtes: daß zum Erbschaftserwerbe der erklärte Wille des berufenen Erben erforderlich sei; anderseits der Grundsatz des altdeutschen Rechtes: daß die Erbschaft dem Erben von Rechtswegen (ohne Antretung der Erbschaft) zufalle. (Indeß war der letztere Grundsatz auch im römischen Rechte in Ansehung der Sui anerkannt.) Von den neueren Codificationen hat das österr. B. G. B. (§ 799), das sächs. B. G. B. (§ 2250) und das italien. G. B. (art. 934 und 939) das römische Princip angenommen. (Doch gilt nach sächs. Rechte die unterlassene Erklärung über den Antritt binnen Jahresfrist von der erlangten Kenntniß als stillschweigender Antritt § 2265). Dagegen hat das preuß. L. R. § 389 I. 9 und der franz. Code civ. (art. 724 und 1006) den germanischen Grundsatz adoptirt. Das Züricher G. B. (§§ 1986. 2082. 2123) hält bei der Intestaterbfolge das deutschrechtliche, bei der testamentarischen und Vertragserbfolge das römischrechtliche Princip fest. Auch der österr. Entwurf eines Gesetzes über den Erbschaftserwerb (die sog. Nachlaßabhandlung) vom J. 1866 (§§ 1. 7. 39. 44) nimmt im Gegensatze zu dem bisher geltenden

Rechte das deutschrechtliche Princip des Erbanfalls von Rechtswegen zum Ausgangspunkte, schließt sich übrigens in der Durchführung desselben mehr dem französischen als dem preußischen Rechte an, indem die Unterlassung jedweder Erklärung als Verzicht nicht nur auf das Ausschlagsrecht, sondern auch auf die Rechtswohlthat des Inventars gilt, (art. 793, 800 C. c.), während nach preuß. Rechte der Delat in diesem Falle lediglich als Beneficiarerbe angesehen wird (§§ 412. 413. 420 I. 9), sofern er nur binnen einer gewissen Frist das Nachlaßinventar gerichtlich deponirt (§ 423 I. eod.), ja nach dem sächs. bürgerl. G. B. (2328) der Erbe überhaupt nie ultra vires hereditatis haftet[1]). Auch in der Durchführung jenes Grundsatzes schließt sich der österr. Entwurf, jedoch mit wesentlichen Modificationen, dem franz. Rechte (art. 793—800) an. Nach § 39 dieses Entwurfes hat nämlich das Gericht diejenigen, welche nach Inhalt der Acten als erbberechtigt erscheinen, unter angemessener Belehrung aufzufordern, die Erklärung: „ob sie sich der Erbschaft entschlagen, oder ob sie dieselbe behalten, und in letzterem Falle, ob sie die erbschaftlichen Verbindlichkeiten mit oder ohne Beschränkung auf den Werth des Nachlasses übernehmen wollen" — in einer ihnen zu setzenden angemessenen Frist, welche zwar erstreckbar ist, aber im Ganzen den Zeitraum von 6 Monaten nicht überschreiten soll (§ 43), abzugeben. Indeß treten die eben gedachten Rechtsfolgen (unbedingter und unwiderruflicher Eintritt des Erben in die Rechtssphäre des Erblassers und daher unbeschränkte Haftung des Ersteren) nicht schon mit dem erfolglosen Ablauf der in der gerichtl. Aufforderung gesetzten Frist, sondern erst dann ein, wenn das Eintreten derselben durch einen Beschluß des Erbschaftsgerichtes ausgesprochen worden ist. Dieser Beschluß darf aber nur über Ansuchen einer Partei gefaßt werden, die ein rechtliches Interesse hat und die zugleich dem Gerichte die Belege, welche zum Nachweise der Rechtsfolge des Erbberechtigten nöthig sind, vorzulegen hat, falls dieselben nicht schon in den Erbschaftsacten vorliegen. Bis zu dem wirklich erfolgten rechtskräftigen Ausspruch kann die Erklärung, daß der Delat die Erbschaft ausschlage oder mit Vorbehalt annehme,

---

[1]) Nach französ. Rechte genügt nämlich nicht — wie nach preuß. Rechte — die Niederlegung des Inventars innerhalb der gesetzlichen Frist ohne Rücksicht darauf, ob der Erbe ausdrücklich oder stillschweigend angenommen hat, sondern der Erbe hat die Erklärung, daß er die Rechtswohlthat des Inventars beanspruche, noch vor der ausdrücklichen oder stillschweigenden Annahme (resp. gleichzeitig mit derselben) in der Kanzlei des Erbschaftsgerichtes abzugeben. Hat er einmal die Erbschaft angenommen oder ist er als unbedingter Erbe verurtheilt worden, so kann er das Beneficium nicht mehr geltend machen. Vgl. art. 793, 800, dazu Zachariä IV. S. 79 flg. im Vergleich mit §§ 420—424 I. 9 des preuß. L. R., dazu Koch Privatr. II. § 864, besonders Förster, Theorie und Praxis d. preuß. Pr. R. § 270. Note 51 flg.

noch immer giltig eingebracht werden. Einer anderweitigen Beurkundung des Erbrechtes (außer jenem Ausspruch) bedarf es in diesem Falle nicht[2]).

Die Abweichungen des österr. Entwurfes vom franz. Rechte bestehen hauptsächlich darin, daß nach ersterem die Erben zur Erbserklärung vom Gerichte von Amtswegen aufgefordert, daß denselben zur Abgabe derselben durchweg richterliche Fristen gesetzt werden, daß die factische Gerirung als Erbe die Möglichkeit des Erbverzichtes oder des bedingten Antrittes nicht ausschließt, daß nach erfolgtem gerichtlichen Ausspruche der Erbe jederzeit und Jedermann gegenüber als unbedingter Erbe erscheint, daß endlich auch für Frauen und pflegebefohlenen Personen der oben angeführte Weg vorbehaltsloser und unwiderruflicher Erbfolge nicht ausgeschlossen wird, während es sich in allen diesen Punkten nach französ. Recht (art. 794, 795, 798, 800, 801, 776 dazu art. 461) anders verhält[3]).

Der Besitz übergeht selbst nach dem germanischen Systeme des Erbanfalls nicht von Rechtswegen auf den Erben, vielmehr ist zu dessen Erwerbung nach preußischem und sächsischem ebenso wie nach römischem

---

[2]) Man muß wohl annehmen, daß die Wirkung dieses Erkenntnisses nicht auf den impetrirenden Interessenten beschränkt ist, sondern der über Ansuchen Eines betheiligten als unbedingter Erbe Erkannte gegenüber allen Interessenten als solcher zu gelten habe. Nach franz. Rechte ist diese Frage sehr streitig. Vgl. Zachariä VI. § 612 Note 14. — Nach preuß. R. bedarf es überhaupt keines Erkenntnisses; wird es ausnahmsweise gefällt (wegen Verkürzung der Erklärungsfrist), so wirkt es allgemein. Vgl. §§ 428, 429 I. 9, dazu Gruchot Erbr. S. 15.

[3]) Man vgl. über das französ. Recht besonders Zachariä, IV., §§ 609 bis 611, Marcadé und Mourlon I. S. 268—270, Frey III, § 695. Der gesetzliche Erbe behält nämlich das Wahlrecht, die Erbschaft anzunehmen, oder darauf Verzicht zu leisten durch 30 Jahre (Art. 789, 2262). Erst nach Ablauf dieses Zeitraumes gilt er als definitiver Erbe. Vgl. Anschütz, Zusatz zu Note 4, § 611 cit. Jedoch ist diese Regel der Beschränkung unterworfen, daß Jeder, der bei der Annahme oder dem Ausschlagen der Erbschaft interessirt ist (der Erbschaftsgläubiger, Legatar, Nach- oder Miterbe), das Recht hat, dem Erben nach Ablauf der auf Fertigung des Inventars bezüglichen Fristen (von 3 Monaten und 40 Tagen, Art. 795) zur Erklärung über die Annahme oder Aufgabe der Erbschaft zu zwingen. Die Verlängerung der Fristen ist zulässig, Art. 788, 789. Sind die vom Gerichte bewilligten Fristen abgelaufen, ohne daß der Erbe ein Inventar überreicht oder sich über die Annahme oder den Verzicht der Erbschaft erklärt hat, so kann derselbe dennoch, so lange bis er durch rechtskräftiges Urtheil zum unbedingten Erben erklärt worden ist, immer noch ein Inventarium machen, mit Vorbehalt autreten, oder auch ausschlagen — vorausgesetzt, daß er nicht mittlerweile (vor der Verurtheilung) ausdrücklich oder stillschweigend angenommen hat. Art. 800. Die vorsichtsweise Annahme von Minderjährigen und Entmündigten kann erzwungen werden. Art. 461, 776.

und österr. Rechte (L. 23. D. 41. 2, § 2228 sächs. § 797 und 797. 1493 öst. G. B.) Apprehension des Erben erforderlich ist[4]).

In Ansehung der legislativen Frage, ob dem Principe des römischen oder des germanischen Rechtes der Vorzug einzuräumen sei, bin ich der Ansicht, daß durchaus keine entscheidenden Gründe dafür vorliegen, das natürliche und juristisch unanfechtbare Princip des römischen, sächsischen und bisherigen österr. Rechtes: daß die Erbschaft nur durch den erklärten Willen des Berufenen erworben wird, dem im Allgemeinen vielfach bedenklichen Princip der Erbfolge von Rechtswegen zu opfern. Durch die Erbfolge werden eben nicht bloß Rechte erworben, sondern auch Verbindlichkeiten übernommen, und vergeblich würde man nach zwingenden Gründen suchen, warum gerade die Succession in einen fremden Vermögenskreis (universum jus) ohne Rücksicht auf den Willen des Betreffenden erfolgen soll. (Vergl. nun auch Friedr. Mommsen, Entwurf eines deutschen Reichsgesetzes über Erbrecht S. 284.) Noch weniger ist ein innerer Grund erfindlich, in dieser Frage zwischen den einzelnen Berufungsarten zu unterscheiden. Zwar wird der Grundsatz: kein Erbschaftserwerb ohne den Willen des Berufenen auch hier indirect durch die zugleich gebotene Möglichkeit, die Erbschaft auszuschlagen, wieder zur Geltung gebracht. — Indeß gerade die Wiedereinführung jenes Grundsatzes auf einem Umwege beweist die Unnatürlichkeit des entgegengesetzten Principes[5]).

---

[4]) Vergl. hierüber Randa, Besitz § 15. Nach preuß. R. ist die Frage bestritten. Neuere Präjudicien vertheidigen die im Texte ausgesprochene Ansicht, so auch Koch, Besitz S. 157, Erbr. § 7; Gruchot, I. S. 49. Förster, Preuß. P. R. § 162. N. 54. Nach franz. R. wird zwar der Uebergang des Besitzes von Rechtswegen als Folge des Satzes: Le vive etc. oft behauptet, vgl. Zachariä IV. § 609, 6. Frey III. § 603. So auch in den Motiven zum hessischen Entw. art. 240. Allein diese Folgerung ist wohl nicht richtig. Vgl. Gerber, D. Privatr. § 248 N. 11. und meinen Besitz § 15 N. 11. Auch der oft berufene a. 724 C. c. enthält kein Wort darüber. Nach dem hessischen Entwurf a. 240 und dem ital. Rechte (art. 925) setzt jeder Erbe, nach § 493 Züricher G. B. nur der Intestaterbe den Besitz des Erblassers ipso jure fort. (Neuerlich behauptet Heusler, Gewere §§ 12, 14 Uebergang des Besitzes durch Erbgang.) — Ueber die Vererbung der Besitzklagen vgl. meinen Besitz § 7 d.

[5]) Bemerkenswerth ist, daß die slavischen Volksrechte ursprünglich ein Erbrecht im Sinne röm. Rechtes als Regel nicht kennen. Dieselben anerkennen ursprünglich nur Familiengut, welches ungetheilt allen Familiengliedern gleichmäßig gehört und dessen Verwaltung dem Vater, beziehentlich dem gewählten Oberhaupte zukommt. Starb ein Familienglied, so accrescirte dessen Antheil von Rechtswegen den übrigen. Eine Theilung war zulässig; der Antheil wurde ipso jure wieder Familiengut. Starb der mit einem selbständigen Antheil Abgefundene ohne Familie, so fiel sein Nachlaß nach böhmischem Rechte an den Fürsten, nach polnischem Rechte an die Ver-

Auch ist bezüglich des deutschrechtlichen Grundsatzes: „der Todte erbt den Lebendigen,“ „le vif saisit le mort“ zweierlei, nicht zu übersehen: einmal, daß derselbe ursprünglich nur bei der gesetzlichen (Familien-) Erbfolge, welche allein dem deutschen Recht bekannt war, gegolten hat; sodann, daß nach deutschem Recht die Haftung des Erben (wie noch heute nach sächs. Rechte) von Rechtswegen eine auf die Kräfte der Erbschaft beschränkte war. In dieser Gestalt verliert jener Grundsatz freilich mancherlei Bedenkliches. Vgl. Bluntschli (Dahn) deutsches Privatr., 3. Aufl., §§ 234—249 (Irrig ist daselbst Nr. 3 die Berufung auf das österr. b. G. B.). Auch hängt jener Grundsatz wesentlich mit dem Umstande zusammen, daß das deutsche Recht eine Universalsuccession in das Vermögen eines Verstorbenen gar nicht kennt. (Vgl. besonders Gerber, D. Privatr. § 248, auch Bluntschli, §§ 233, 250, Walter, P. R., § 412, 413 Beseler § 149 und C. A. Schmidt, der princ. Untersch. zwisch. d. röm. u. germ. R. S. 308.) Nach allen diesen Richtungen hin ist es aber nach heutigem gemeinen, preußischen, französischen, italienischen, österreichischen, und — vom zweiten Punkte abgesehen — auch nach sächsischem Rechte anders. Ueberall hat sich das römischrechtliche Princip siegreich Bahn gebrochen. (Vgl. über die Tragweite des Principes der Erbfolge von Rechtswegen auch Gruchot, Glossen I., S. 37 flg.)

Auch die geringe praktische Eignung desselben zeigt sich darin, daß die Erbschaft trotz des sich von Rechtswegen vollziehenden Uebergangs der vermögensrechtlichen Persönlichkeit des Erblassers auf den Erben dennoch bis zum wirklichen oder stillschweigenden, oder mit Ablauf der Frist fingirten Antritte des Erbberechtigten noch immer als selbständiges Vermögen, als sog. juristische Person angesehen wird und nicht anders angesehen werden kann. Das Recht des Erben ist bis dahin ein schlummerndes und es äußert sich daher auch bis dahin nicht die Wirksamkeit der aus der Erwerbung der Erbschaft entstehenden Verbindlichkeiten. Die Erbschaftsgläubiger können bis dahin nicht den Erben, sondern höchstens die Nachlaßmasse belangen. Man vgl. den § 811 a. b. G. B., § 14 des österr. Entwurfes; dann die §§ 386—388 I. 9 des preußischen Landrechts, ferner Art. 797—799 des franz. Code civil. Aehnlich 262 des hes-

wandten. Vgl. F. E. Wocel's fleißige Schrift über Erbrecht: Ueber altböhmisches Erbrecht (1861) S. 1—8. 20. Jireček, das Recht in Böhmen und Mähren § 10. Wohl erinnert auch das röm. R. an eine ähnliche Auffassung. Vgl. L. 11. D. 28. 2., L. 1. § 12. D. 38. 9, § 3. J. 3. 1. Sui .... statim morte parentis quasi continuantur dominium. L. 11. cit. Qui etiam vivo patre quodammodo domini existimantur. Doch ist wohl hier gewiß nur an eine sittliche Berechtigung gedacht. Vgl. Köppen, Erbrecht (862) S. 4. Note 11.

sischen Entw. Es wird also der Erbe (von Rechtswegen) in dieser Zwischenzeit, trotzdem er Erbe ist, doch nicht als solcher behandelt, mit anderen Worten: das richtige Princip des römischen Rechtes, daß die Erbschaft bis zum Antritte des Erben ein selbständiges Vermögen bildet, wird trotz der theoretischen Verläugnung praktisch doch wieder zur Geltung gebracht. (Vgl auch Förster, § 269. S. 272.) Aus dem Gesagten ergibt sich zugleich, daß die Behauptung, daß es nach dem Grundsatze der Beerbung von Rechtswegen gar keine hereditas jacens gebe, allerdings auf einer theoretisch richtigen Consequenz beruht, daß aber diese logische Folgerung für jene Zwischenzeit mit dem wirklichen Sachverhalt nicht im Einklange steht. Oder wird nicht thatsächlich die Selbständigkeit des Erbvermögens anerkannt, wenn der Erbe während der Deliberationsfrist einerseits keine Verfügung über den Nachlaß pro herede treffen darf, anderseits auch nicht von den Erbschaftsgläubigern mit Erfolg belangt werden kann? Repudiirt der Erbe hinterher, so wird die Sache so angesehen, als wenn er nie Erbe gewesen wäre. (Vgl. in Betreff der Sui: Sintenis, prakt. Civilr. III., § 202, bezüglich der neueren Gesetzbücher Art. 785 Code c. und Gruchot I., S. 119.) Und muß nicht die Erbschaft jedenfalls als selbständiges Vermögen (sog. juristische Person) gedacht werden, wenn der Erbe unter einer Suspensivbedingung berufen wird, oder wenn der Erbe ganz unbekannt ist? Nicht anders verhält es sich nach französ. Rechte, wenn bloße Erbnehmer vorhanden sind. (Art. 756—773 C. c., dazu Zachariä IV., § 638—640, Frey III., § 694.) Wir wissen in der That nicht, wo mehr sog. Fiction liegt, ob in der hereditas jacens des röm. R. oder in der formellen Verläugnung derselben durch die oben bezogenen Legislationen?

Allerdings läßt sich die Annahme des deutschrechtlichen Princips mindestens in praktischer Beziehung mit dem Hinweise auf die Beseitigung mancher Nachtheile motiviren, welche aus der Verzögerung der Erbserklärung zu entstehen pflegen.[6]) Abgesehen jedoch davon, daß diese Nachtheile auch in anderer Weise leicht zu vermeiden sind, trifft diese Begründung nur bei jenen Gesetzgebungen zu, welche die Rechtswirkung der bedingten oder unbedingten Rechtsnachfolge schon mit dem bloßen Ab-

---

[6]) Ungenügend sind die Ausführungen der Motive zum hessischen Entwurfe S. 139. 3. Abth. Der Ausschluß der controversen Theorien über die hered. jacens und über die Transmission des Erbrechtes werden daselbst als Vortheile des gedachten Princips hervorgehoben. Der erstere Punkt wurde soeben behandelt. Die röm. Transmissionslehre ist aber sehr einfach durch den allgemeinen Grundsatz zu beseitigen, daß auch die erst angefallene Erbschaft transmittirt wird. Vgl. § 809 des österr. b. G. B.

laufe der gesetzlichen Fristen (ipso jure) eintreten lassen, (vgl. §§ 420, 421 I. 9. des preuß. L. R. und § 2265 des sächs. b. G. B.), nicht aber bei jenen legislatorischen Systemen, welche (wie das franz. Recht Art. 800 und der österr. Entwurf §§ 39, 44) den Eintritt jener Rechtswirkungen von der Einleitung eines nicht immer einfachen gerichtlichen Verfahrens und einem förmlichen gerichtlichen Erkenntnisse abhängig machen.[7]) Das Verfahren kann hiernach leicht complicirter und langwieriger werden, als bei Festhaltung des römischen Princips. Noch bedenklicher erscheint die Procedur des österr. Entwurfes. Bis zu dem nur über Antrag erfolgten Ausspruche des Gerichtes über die unbedingte Haftung des Erben kann dieser nämlich immer noch die Erbschaft ausschlagen oder mit Vorbehalt annehmen (vgl. §§ 44 und 7), und dies selbst dann noch, wenn er sich als Erbe gerirt, etwa sogar Erbschaftssachen veräußert hat. Denn der Entwurf hat auffallender Weise die gewiß nur zu billigende, ja im Interesse der Erbschaftsgläubiger unerläßliche Bestimmung des französ. R. (art. 792, 800) welches nicht nur die außergerichtliche unbedingte Erbeserklärung zuläßt, sondern auch die Führung von Erbschaftsangelegenheiten (actes d'héritier, art. 778) und ebenso die Entwendung oder Verheimlichung von Nachlaßgegenständen der unbedingten Annahme gleichstellt (art. 792) nicht aufgenommen.[8]) Bis zu dem erfolgten gerichtlichen Ausspruch bleibt es also thatsächlich vollkommen ungewiß, ob der Erbberechtigte trotz der Gestion als Erbe wirklich Erbe sei, beziehentlich bleiben werde oder nicht. Das Saumsal des Erben wird durch den Vorbehalt der entscheidenden Erklärung in einer unbestimmt fernen Zeit förmlich prämiirt. Dieser ungewisse Rechtszustand ist um so bedauerlicher, als sich die Fällung des gerichtlichen Erkenntnisses regelmäßig geraume Zeit verziehen dürfte. Denn die zur Antragstellung berechtigten Erbschafts-

---

[7]) Nach § 44 des Entwurfs wird nämlich der diesfällige Beschluß nur über Ansuchen einer Partei, die ein rechtliches Interesse hat, nur nach Verständigung des Erbberechtigten und nur gegen Nachweis der Belege der Rechtsnachfolge gefaßt.

[8]) Man vgl. hierüber Frey III. § 698, Marcardé S. 267, Zachariä IV. S. 74, 75. Diese Bestimmungen des Code sind dem röm. Rechte und speciell den Vorschriften desselben über den Erbschaftserwerb der Sui (vgl. bes. Sintenis III. § 202) nachgebildet. Das Princip des röm. Rechtes, daß die Annahme der Erbschaft auch stillschweigend durch concludente Handlungen (sog. gestio pro herede, § 2. J. 2. 19.) erfolgen könne, hat auch das preuß. Landrecht § 420. I. 9 (dazu Gruchot, I. S. 142, S. 83), sowie das sächs. b. G. B. § 2252 (auch der hessische Entw. Art. 229—231) angenommen. Doch hat dasselbe nach preuß. Rechte, wie Gruchot S. 143 richtig bemerkt, fast alle Bedeutung durch die Vorschrift des § 421 I. 9. verloren, der zufolge schon die bloße Unthätigkeit des Erben während der Deliberationsfrist die Wirkung der gestio p. h. hat. Vgl. neuestens besonders Förster § 269 S. 274.

gläubiger, Legatare, Notherben werden wo möglich den einfacheren, ihnen im § 14 des Entwurfs gebotenen Weg einschlagen, d. i. gegen den zur Vertretung der Erbschaft bestellten Curator ihre Ansprüche ausführen.[9]) — Tragen dieselben aber etwa nach Jahren auf Fällung des im § 44 erwähnten Erkenntnisses an, so wird häufig nicht nur der Nachweis der Erbberechtigung erschwert, bei inzwischen eingetretenen Todesfällen der Erben und Erbeserben auch complicirt, sondern die Errichtung eines genauen Inventars bei allenfälliger bedingter Erbserklärung des Erben geradezu unmöglich. Daß hiebei der nachlässige Erbe möglicher Weise auf Kosten der Erbschaftsgläubiger grundlos begünstigt werde, läßt sich kaum verkennen.[10]) — Der Erbe endlich hat außer denjenigen Fällen, wo die Verfügung über die ererbten Immobilien seine Legitimirung vor der Tabularbehörde erfordert, kein treibendes Interesse, sich mit der Erklärung, ob er die Erbschaft antrete oder ausschlage, sonderlich zu beeilen.

Unter allen Umständen wird also durch das im österr. Entwurfe beantragte Verfahren die definitive Regelung der Erbfolge häufig, sehr häufig verzögert und auf langwierigen Wegen ein Erfolg angestrebt, der in anderer Weise rascher und sicher zu erreichen wäre. Belehrend ist gerade in diesem Punkte der Entwicklungsgang der preuß. Gesetzgebung. Das Erbschaftsedict vom 30. April 1765 verordnete nämlich im Wesen dasselbe Verfahren, welches später der Code c. (art. 795—800) größtentheils nach der Ordonance von 1667 angenommen hat. Dagegen bestimmt nun der § 429 I. 9. des L. R., daß der Erbe schon mit dem Ablaufe der gesetzlichen Fristen zur Legung des Inventars (d. i. nach 6 Monaten nach Ablauf der Entsagungsfrist von 6 Wochen, resp. 3 Monaten, von der erlangten Wissenschaft von dem Erbanfalle gerechnet, vgl. §§ 384, 385, 424, I. 9.) kraft des Gesetzes — also ohne daß es eines richterlichen Ausspruches darüber bedarf, der Rechtswohlthat des Inventars verlustig, oder richtiger gesagt, nicht theilhaftig wird, und daher als unbedingter Erbe anzusehen ist. Suarez motivirte diese Aenderung des Erbschaftsedictes folgender Maßen: „Der Grund der Abweichung ist, die Verdunkelung des Nachlasses zu verhüten

---

[9]) Sie werden dies stets so lange thun, als ihnen die Execution auf das Erbschaftsvermögen die rasche Realisirung ihrer Forderungen in gewisse Aussicht stellt. Noch weniger haben die eventuell berufenen Nacherben ein Interesse daran, das Verfahren des § 44 einzuleiten, wie in der Folge gezeigt werden soll.

[10]) Allerdings kann der Erbschaftsgläubiger rechtzeitig auf Fällung des Erkenntnisses antragen. Allein man bedenke, daß man an den Erben, der sich um die Wohlthat der bedingten Haftung bewirbt, doch viel strengere Anforderungen stellen darf, als an den Erbschaftsgläubiger, der lediglich sein gutes Recht geltend macht.

und die weitläufigen und kostbaren Processe zu vermeiden, welche zu entstehen pflegen, wenn oft viele Jahre nach dem Tode auf das Beneficium provocirt wird und alsdann ein Inventarium angefertigt werden muß, von dem so wenig Zuverlässigkeit als Vollständigkeit zu erwarten ist." (S. Gruchot I. S. 155.)

Allein auch die Annahme des Principes des heutigen preußischen Rechtes vermögen wir nicht zu empfehlen. Der Grundsatz nämlich, daß der Erbe mit dem Ablauf der gesetzlichen Frist ipso jure als unbedingter Erbe zu betrachten ist, auch wenn er gar nicht den Willen hat, Erbe zu sein und daher jede Verfügung über den Nachlaß sorgfältig vermeidet (§ 421 u. 427 I. 9.), enthält, wie Gruchot I. S. 155 sehr richtig bemerkt, eine ungerechtfertigte Härte gegen den Erben im Interesse der vielleicht ebenso unthätig gebliebenen Erbschaftsgläubiger — eine Härte, die sich in ihrer vollen Blöße in dem Falle zeigt, wenn der Verstorbene nichts hinterlassen hat, hiermit nach volksthümlicher Auffassung ein Anlaß zur Inventarsvorlegung gar nicht vorliegt. Denn daß auch in diesen Fällen die unterlassene Inventarslegung die oben angeführten Rechtsfolgen ohne Weiteres nach sich zieht, ist mit Recht in mehreren Präjudicien des O. Trib. anerkannt worden. (Vgl. Gruchot a. a. O., u. Koch II. § 866, Note 12.) [11])

Um diese Härten zu vermeiden, traf das Züricher G. B. im § 1993 den Ausweg, daß es die Ausschlagung der Erbschaft als sich von selbstverstehend annimmt, wenn der Erblasser „im falliten Zustande oder almosengenößig oder als Bettler oder Vagabund" gestorben ist, welche Vorschrift Bluntschli damit motivirt, „daß das Recht die Sitte des Landes beachten müsse und die Erfahrung zeige, daß die Erben in derartigen Fällen es für überflüssig halten, eine Erklärung abzugeben, die sich nach ihrer Anschauungsweise von selbst versteht. Hier bedürften also die Erben des gesetzlichen Schutzes gegen allfällige Gläubiger des Verstorbenen, welche auf den Grundsatz des Erbüberganges auf das Vermögen der Erben ihre Speculation zu gründen Lust hätten."

Auch der hessische Entwurf sucht die mit dem Erbschaftserwerbe

---

[11]) Treffend bemerkt Koch, Erbrecht S. 135: „Das Volk hat kein Verständniß dafür, daß es nicht genüge, von einer eröffneten schlechten Erbschaft seine Hände zu lassen, um keine Verbindlichkeit auf sich zu laden; es meint, daß hiezu Einmischung nothwendig sei. . . Wenn es dann zu spät erfährt, daß es gerade dadurch in die Falle gegangen sei, . . . so darf es nicht Wunder nehmen, wenn harmlose Leute an der menschlichen Gerechtigkeit ihren Glauben verlieren. Das Princip der Erbschaftserwerbung von Rechtswegen . . . ist nur mit der deutschen Nachlaßspecification, die an keine Frist gebunden ist, vereinbar."

von Rechtswegen für die Erben verbundenen Gefahren dadurch abzuwehren, daß er denselben die Errichtung des Inventars so lange gestattet, als nicht die vollständige Ermittlung des Nachlasses durch Verschulden des Erben unmöglich gemacht wurde, was damit begründet wird, daß durch die Erbfolge die Lage der Gläubiger nicht verbessert, sondern denselben nur möglich gemacht werden soll, ihre Forderungen wie vordem zu verfolgen.

Allein gegen die Vorschrift des Züricher G. B. ist zu bemerken, daß der auf Umwegen gewährte „gesetzliche Schutz des Erben" gegen die Folgen des von Rechtswegen sich vollziehenden Ueberganges des Erbvermögens wohl am natürlichsten direct in der Weise zu erzielen ist, daß der Erwerb der Erbschaft überhaupt in den erklärten Willen des Erben gestellt wird; — ein Princip, welches das Züricher G. B. selbst bei der testamentarischen und vertragsmäßigen Erbfolge angenommen hat. Was hingegen die Bestimmung des hessischen Entw. betrifft, so passen auf dieselbe auch h. z. T. alle Einwürfe, welche Suarez gegen das Erbschaftsedict von 1765 erhoben hat.[12])

So können wir denn weder den Grundsatz des französischen Rechtes, nach welchem die mit der Erbfolge verknüpften Rechtswirkungen erst mit der Verurtheilung des Erben wirksam werden, noch das Princip des preußischen Rechtes, welches dieselben schon mit dem Ablaufe der gesetzlichen Fristen ohne Weiteres eintreten läßt, empfehlen. Der österr. Entwurf, welcher die Mängel des französischen Systems durch die Nichtanerkennung der stillschweigenden Erbsantretung noch erhöht hat, giebt jedoch auch noch in anderer Beziehung zu großen Bedenken Anlaß, nämlich soweit es sich um die Anwendung jenes Systems auf pflegebefohlene Erben handelt. Denn nach § 44 Entw. treten die Rechtsfolgen des § 7 Entw. auch dann ein, wenn der Vertreter der pflegebohlenen Erbberechtigten die daselbst geforderte Erklärung abzugeben versäumt. Letztere müssen daher eventuell für die Folgen der Nachlässigkeit ihres Vertreters büßen. Dies wäre nach österr. Rechte — trotz aller Regreßrechte gegen den Säumigen — um so härter, als dagegen keinerlei Restitution zulässig ist. Warum der Entwurf die Vorschrift des franz. G. B. (art. 776, 461) und des preuß. L. R (I. 9. § 430, 431), welchen zufolge Pflegebefohlene der Rechtswohlthat des Inventars durch die Nachlässigkeit ihres Vertreters nicht verlustig werden, nicht aufgenommen hat, ist für uns unerfindlich.[13])

---

[12]) Das sächsische G. B. bleibt hier darum außer Betracht, weil nach demselben (§ 2328) der Erbe von Rechtswegen nie über den Bestand der Erbschaft haftet.

[13]) Das römische Recht gewährt Pflegebefohlenen wegen versäumter Rechtswohlthat des Inventars das Rechtsmittel der Restitution und die Entschädigungsklage

Ein Hauptmangel des preuß. und franz. Rechtes, ebenso des österr. Entwurfes, ist wohl der, daß die Rechte der nachberufenen Erben dem saumseligen nächstberufenen Delaten gegenüber nicht gehörig geschützt sind. Wir vermissen nämlich eine Deliberationsfrist, welche dem Erben über Antrag rechtlich interessirter Personen mit der Wirkung gestellt werden kann, daß die Unterlassung einer Erklärung innerhalb derselben den Verlust des Erbrechts zur Folge haben soll. Es ist zwar richtig, daß die Erbschaftsgläubiger dieses Rechtsmittels soweit entbehren können, als sie (wie z. B. nach § 14 des österr. Entw.) ihre Ansprüche gegen den Nachlaßvertreter geltend machen dürfen.[14]) Dagegen leiden unter diesem Mangel alle jene Personen, denen die Erbschaft eventuell zufällt, insbesondere der Nacherbe gegenüber dem erstberufenen Vorerben, der gesetzliche Erbe gegenüber dem Testamentserben, die im Falle der Nichterfüllung der Potestativbedingung berufenen Erben, die entfernteren Intestaterben gegenüber den näheren, die beim Hinwegfallen der gesetzlichen Erben zur Erbschaft berufenen Legatare (§ 726[15]). Allerdings können

---

gegen den säumigen Vormund. Vgl. Nov. I. cap. 4, § 1. Der hessische Entw. III. § 250, gibt denselben die Rechtswohlthat des Inventars von Rechtswegen, was damit motivirt wird, daß dieselben durch die Fehler ihrer Vormünder nicht leiden dürfen. Daß dies nicht der richtige Weg sei, das Interesse Pflegebefohlener zu schützen, bedarf keiner Erörterung. Nach sächs. Recht ist ein besonderer Schutz der Pflegebefohlenen wegen der gesetzlich beschränkten Haftpflicht des Erben nicht nöthig. Vgl. über das röm. Recht bes. Windscheid III. § 595.

[14]) Nicht nachahmenswerth finden wir die bezüglichen Vorschriften des Code c. Art. 795—800, welche den saumseligen Erben auf Kosten des Gläubigers begünstigen. Vgl. hierüber Zachariä IV., § 614. — Strenger und passender sind schon die Bestimmungen des preuß. L. R. (§§ 386, 387 I., 9); dazu Förster § 269, Nr. 25, 26. Am entsprechendsten scheint uns die Vorschrift des § 811 österr. G. B. (§ 14 Entw.) zu sein, da durch die Bestellung eines Curators einerseits die Rechte der Gläubiger keinen Augenblick gehemmt werden, andererseits den Erben kein Nachtheil dadurch erwächst.

[15]. Man vergleiche hierüber bes. Unger, Verlaßabh. S. 128 und Erbr. § 36, Note 14. Leist, Bonorum possessio II. S. 459 flg Das röm. Recht gibt a) den Nachlaßgläubigern (und Legataren?) das Recht, durch Setzung einer Deliberationsfrist (von höchstens 9—12 Monaten) den Berufenen zur Entscheidung über die Annahme zu zwingen. Mit dem erfolglosen Ablauf derselben wird der Erbe als antretend angesehen (c. 22 § 14 C. 6 30). b) Auch die nachberufenen Erben, insbesondere die Substituten, können auf eine solche Fristbestimmung antragen, nach deren fruchtlosem Ablauf der Erbe als ausschlagend zu betrachten ist. (Vgl. L. 69, 70, D. 29, 2 und c. 22, § 14, C. 6, 30). c) Ist der Erbe unter einer Potestativbedingung eingesetzt, so können Gläubiger unter dem Präjudiz der Antretung, Nachberufene unter dem Präjudiz der Ausschlagung eine Fristbestimmung zur Erfüllung derselben beantragen (L. 23, § 1, 2, D. 28, 5). d) Auch der verkürzte Pflichttheilsbe-

diese Personen, welche offenbar das größte Interesse haben, sich bald Gewißheit über den Antritt oder den Verzicht des Erben zu verschaffen, das im § 44 des Entw. gebotene Verfahren einschlagen und durch den provocirten gerichtlichen Ausspruch eine Entscheidung über den Antritt des nächstberufenen säumigen Erben herbeiführen. Indeß gerade das auf die Säumniß des Erben gesetzte und durch richterlichen Spruch in Wirksamkeit tretende Präjudiz: die Behandlung des nachlässigen Erben als (unbedingten) definitiven Erben wird für die oben gedachten Personen Beweggrund genug sein, dieses Verfahren nicht einzuleiten. Die Provocation wäre für sie wahrlich ein Schritt der Verzweiflung. So wird denn der saumselige Erbe auf Kosten der nachberufenen Erbinteressenten geschützt! In dieser Beziehung sind die eventuellen Erben selbst nach dem bisherigen österr. Rechte dem säumigen Erben gegenüber weitaus besser daran, indem dieselben nach den §§ 78, 120, 128 des Ges. vom 9. August 1854 vom Gerichte ohne Rücksicht auf die Rechte des Säumigen in den Besitz und Genuß der Erbschaft gesetzt werden, wenn gleich dem Letzteren die Geltendmachung seiner Ansprüche im Rechtswege durch die ganze Verjährungszeit hindurch vorbehalten ist.[16]) Das Interesse der

---

rechtigte kann die Setzung einer solchen Frist (unter Präjudiz des Antritts) verlangen (c. 36, § 2, C. 3, 28). Vgl. über diese nach allen Richtungen controversen Fragen besonders Arndts, § 509, Leist a. a. O., Note 5, Sintenis § 184, bes. Note 4, die abweichenden Ansichten Mühlenbruchs 41 B., S. 280, 283, 392 flg., Windscheid § 598, ferner Bruns, Jahrb. f. gem. R. I. S. 119 flg., der den Nacherben und Brinz, P. § 193, welcher den Nacherben und Legataren jenes Recht bestreitet. Gegen Bruns und Brinz s. aber Windscheid § 598, N. 5. Eine Verständigung ist bei der vagen Fassung der Quellen kaum je zu erwarten. Doch wird wohl de lege ferenda über die Zweckmäßigkeit der im Text befürworteten Rechtsmittel kaum viel Streit sein. Vgl. bes. Leist und Unger a. a. O. — Nach preuß. Rechte ist allerdings das Bedürfniß weniger fühlbar, weil der Erbe schon mit dem bloßen Ablauf der gesetzlichen Fristen als unbedingter Erbe erscheint. Das Gleiche gilt vom französ. Rechte, wo derselbe Erfolg mit der Verurtheilung des Erben eintritt. Vgl. S. 12. Allein es liegt auf der Hand, daß durch diese Bestimmung der säumige Intestat-, Testamentserbe, nähere Intestaterbe u. s. f. zum Nachtheile des eventuell berufenen Erben ohne Grund begünstigt wird. Für den Fall lit. c. hat übrigens auch das preuß. L. R. § 495 I. 12 durch Fristsetzung vorgesorgt. Vgl. dazu Förster § 269, N. 11 G.

[16]) Vgl. Unger, Erbrecht § 36, Note 14 und Verl. Abh. S. 128 flg., der selbst bei dem diesfälligen ziemlich günstigen Stande der gegenwärtigen Gesetzgebung den Mangel eines ausreichenden Schutzes der eventuell berufenen Erben beklagt, insofern der Erbschaftsbesitz der letzteren bis zum Ablauf der Verjährungsfrist kein definitiver ist. — Ueber die Tendenz des höchst unklar gefaßten § 128 gibt die zum § 76 des Pat. v 28. Juni 1850 erlassene Erläuterung des Just. Min. v. 11. März 1852 Z. 64, Aufklärung.

nachberufenen Erbinteressenten fordert indeß einen ausgiebigen Schutz; es fordert dringend, daß ihnen das Gesetz die Möglichkeit biete, den nächstberufenen Erben unter Androhung des Verlustes des Erbrechtes zur Erklärung über die Annahme der Erbschaft innerhalb einer bestimmten Frist zu zwingen. In der Stellung eines solchen Präclusivtermins kann keine Beeinträchtigung des Erben gefunden werden, da derselbe innerhalb der selbstverständlich billig auszumessenden Frist gründlich genug untersuchen und erwägen kann, ob er die Erbschaft annehmen oder ausschlagen solle.[17])

Mit Recht verordnet daher das sächs. bürgerl. Gesetzbuch im § 2266, daß das Erbschaftsgericht auf Antrag der Erbschaftsgläubiger und der Vermächtnißnehmer, ingleichen derjenigen, welche nach dem Wegfalle des Erben zur Erbfolge berechtigt sind, insbesondere der Nacherben und Anwärter dem Erben aufzulegen habe, innerhalb einer angemessenen, jedoch nicht unter zwei Monaten zu bestimmenden, nach Umständen zu verlängernden Frist bei Verlust seines Erbrechtes sich über die Antretung der Erbschaft zu erklären, auch wenn derselbe unter einer auf sein Handeln gestellten Bedingung eingesetzt ist, diese Bedingung zu erfüllen.[18]) Und dasselbe bestimmt der Art. 951 des italienischen Civ. G. B., welches überhaupt in diesem Gebiete einen wesentlichen Fortschritt gegen sein französisches Vorbild erkennen läßt.

Insofern als nach österr. Rechte (vgl. § 684 bürg. G. B., dazu § 10 des Entwurfes) auch der Erwerb des Vermächtnisses durch die Annahme desselben bedingt sein soll, ergäbe sich die Nothwendigkeit, auch den Legatsinteressenten die Möglichkeit zu bieten, den Legatar unter Androhung des Verlustes des Vermächtnisses zur Erklärung über die Annahme zu zwingen.

So gelangen wir denn in Ansehung des im österr. Entwurfe beantragten Grundsatzes über den Erwerb der Erbschaft zu der Ueberzeugung, daß mit der übrigens sehr verkümmerten Nachahmung und Einführung des Principes des Erbschaftserwerbs von Rechtswegen und des französischen Verfahrens nicht nur ein richtiger Grundsatz des bisherigen Rechtes unnöthiger Weise geopfert, sondern auch der Rechtszustand

---

[17]) Das gleiche Präjudiz gegenüber den Erbschaftsgläubigern und den übrigen Erbinteressenten läßt sich durch das Bedürfniß einer thunlichst einfachen Regelung wohl begründen. Die Erbschaftsgläubiger leiden keinesfalls unter den Folgen der Ausschließung des Erben. A. A. zum Theil Mühlenbruch, 41, S. 392 flg.

[18]) Die Motive bezeichnen die gedachte, auf einer Erweiterung des Mandates vom 20. December 1766 beruhende Vorschrift für unbedingt nöthig. Vgl. Siebenhaar III. S. 298. Vgl. auch Unger a. O.

im Vergleich mit dem bisherigen auf eine weitaus schwankendere und mangelhaftere Basis gestellt wird. Statt unter Beibehaltung des bisherigen Principes nur durch ein rascheres und einfacheres Verfahren und sachgemäße Ergänzung des bisherigen Rechtes sofort nach dem Erbanfall nach Thunlichkeit eine definitive Ordnung der Erbfolge anzustreben, wird ein in seiner Allgemeinheit juristisch bedenkliches, ohne Gefährdung berechtigter Interessen kaum durchführbares Princip adoptirt, die Herstellung einer definitiven Ordnung von dem Einschreiten von Personen abhängig gemacht, welche entweder zumeist gar kein Interesse an der Sache haben, oder welche den formellen Eintritt der dem Erben bereits richterlicher Seits in Aussicht gestellten Rechtswirkungen des unwiderruflichen und unbedingten Erbschaftserwerbes herbei zu wünschen, durchaus keinen Grund haben können. Das Mißliche der Procedur wird noch dadurch erhöht, daß der österr. Entwurf — minder vorsorglich, als sein französisches Vorbild — weder für pflegebefohlene Erben, deren Vertreter säumig sind, besondere Vorsorge getroffen hat, noch den bedingten Erbschaftsantritt und den Verzicht auf die Erbschaft in dem Falle ausschließt, wenn der Erbe außergerichtlich solche Handlungen vorgenommen hat, welche als eine ausdrückliche oder stillschweigende Annahme der Erbschaft angesehen werden müssen.

Unseres Erachtens sollte der Entwurf eines neuen Gesetzbuches unter Festhaltung des bisherigen (römischen) Principes der Erbeserklärung diesen Punkt der Erbsverhandlung in nachstehender Weise regeln: Die Erbschaft kann gerichtlich oder außergerichtlich, ausdrücklich oder stillschweigend angetreten werden. Der Vorbehalt der Rechtswohlthat des Inventars kann nur in der gerichtlichen Erbserklärung geschehen. Die gerichtliche Aufforderung zur Erbserklärung und Ausweisung des Erbrechtes hat an den Berufenen unter Setzung einer angemessenen, nicht längeren als dreimonatlichen Frist und mit dem Beisatze zu erfolgen, daß — seine Erbberechtigung überhaupt vorausgesetzt — die Unterlassung der Erklärung binnen Jahresfrist vom Zeitpunkte der Verständigung als unbedingter (vorbehaltsloser) Antritt der Erbschaft angesehen werden würde. Die Aufforderung hat an den wahrscheinlichen Erben, also an denjenigen zu geschehen, der nach der Todfallsaufnahme oder deren Ergänzung als der nächste gesetzliche Erbe erscheint oder in einem formgerechten und nicht offenbar ungiltigen letzten Willen oder Erbvertrage zum Erben eingesetzt ist.[19]) Die Aufforderung kann nach Ermessen des Gerichtes wiederholt er-

[19]) Zu weit geht wohl der § 123, Gesetz von 1854, wenn er ganz allgemein die Berücksichtigung auch des Inhaltes des letzten Willens verordnet. Anders wenn

lassen werden. Aeußert sich der Erbe nicht innerhalb der ersten ihm gesetzten Frist, so soll ihm das Erbschaftsgericht über Antrag aller Erbinteressenten oder doch mindestens der nachberufenen Erben und Anwärter auferlegen, sich binnen einer angemessenen erstreckbaren Frist (nicht unter drei Monaten) bei Verlust des Erbrechtes über die Antretung der Erbschaft zu erklären, auch wenn derselbe unter einer Potestativbedingung eingesetzt ist, diese Bedingung zu erfüllen.[20]) Die Vertreter pflegebefohlener Personen sollen in beiden Fällen zur ausdrücklichen Erklärung vom Gerichte durch Zwangsmittel angehalten werden. Mit der Erberklärung kann der Erbe unter Einem die Ausfertigung der Beurkundung seines Erbrechtes verlangen, unbeschadet der vor- oder nachher etwa vorzunehmenden Inventur. Wir brauchen nicht zu bemerken, daß der Impetrant in diesem sowie in allen übrigen Fällen, in denen um die Beurkundung eingeschritten wird, dem Gerichte die Belege der Erbberechtigung vorzulegen hat.

Zur Motivirung dieser Anträge bemerken wir Folgendes. Die gerichtliche Aufforderung zur Erbeserklärung halten wir darum für sehr zweckmäßig, weil es im allgemeinen Interesse ist, daß die durch den Erbgang neu hervorgerufenen, mitunter verwickelten Rechtsverhältnisse möglichst rasch und in thunlichst offenkundiger und verläßlicher Weise geordnet werden. Dies ist bei einer sofort nach dem Todesfalle eintretenden gerichtlichen Intervention regelmäßig leicht und ohne Beschwerung der Parteien zu erreichen, zumal in Ländern, wo man, wie in Oesterreich, nahezu Jahrhunderte lang gewohnt ist, den Nachlaß aus den Händen des Abhandlungsrichters zu empfangen. Wird hingegen von der gerichtlichen Intervention ganz abgesehen, so liegt bei der Unbeholfenheit und dem „Sichgehenlassen" des größten Theiles des Publikums in Rechtsangelegenheiten die Gefahr

---

es sich blos um gerichtsbekannte materielle Ungiltigkeitsgründe handelt, z. B. wenn das schriftliche Privattestament von einem Minderjährigen, der noch nicht das 18. Jahr zurückgelegt hat, herrührt. Vgl. dazu Unger, Erbr. § 22, Note 5. Nach röm. Recht ist die Frage, ob der Richter bei der missio Hadriana auch auf innere, wenn gleich sofort erweisliche Mängel des Testaments Rücksicht nehmen darf, bestritten. Für die hier vertretene Ansicht vgl. Seuffert P. § 583. Nr. 6a; dagegen Vangerow II. § 510.

[20]) Wesentlich von denselben Grundsätzen geht das neue sächsische bürgerl. G. B. aus, welches jedoch die gerichtliche Aufforderung zur Erbeserklärung nicht kennt. Vgl. §§ 2251–2266. — Auch Unger, Erbr. § 36. Anm. 17 bemerkt gelegentlich gegen das von Runde empfohlene Princip des preuß. Rechts, daß die praktische Zweckmäßigkeit des Grundsatzes, daß jede Erbschaft ipso jure erworben werde, noch sehr fraglich sei.

einer Verdunkelung der erbrechtlichen Verhältnisse nahe. Schwierigkeiten und Mängel, die anfänglich leicht behoben werden konnten, werden mit der Zeit schwer lösbar und bieten dann den Anlaß zu langwierigen Erbschaftsprocessen. So hat denn auch das Institut der Verlaßabhandlung in der That den — vielleicht einzigen — großen Vortheil, daß Erbschaftsprocesse in Oesterreich zu den Seltenheiten zählen. — Die gesetzliche Supposition, daß der Erbe nach dem fruchtlosen Ablauf eines Jahres als stillschweigend antretend zu gelten hat, wird in den nicht sehr häufigen Fällen, wo die richterliche Aufforderung — vielleicht gerade in Rücksicht auf das Präjudiz — erfolglos blieb, ein weiteres gerichtliches Verfahren überflüssig machen. Die gegen die Bestimmungen des preuß. Rechtes erhobenen Bedenken treffen unseren Antrag offenbar nicht, weil der Delat von den Rechtsfolgen der Omission durch den gerichtlichen Erlaß wohl unterrichtet ist. Es versteht sich, daß die angedrohte Rechtsfolge nur dann eintritt, wenn der Aufgeforderte wirklich erbberechtigt ist. Fälle, wo die Aufforderung den rechten Delaten verfehlt und wo daher die Regulirung des Nachlasses von der Initiative des wahren Erben abhängt, werden übrigens nach der bisherigen Erfahrung selten vorkommen; jedenfalls wird auch in diesen wenigen Fällen keinem Rechte präjudicirt. — Sollte man es bedenklich finden, daß der Erbe schon mit dem Ablauf einer bestimmten Frist als antretend angesehen wird, so würden wir in zweiter Linie vorschlagen, daß das Gericht die Delaten nöthigenfalls wiederholt und unter angemessenen Geldstrafen zur gerichtlichen Erbeserklärung aufzufordern habe. Zu rechtfertigen wäre hier das System der Ordnungsstrafen mit den oben angeführten Gründen mindestens eben so gut, wie in Handelssachen in Ansehung der Registrirungsverbindlichkeit. (§ 12. Einf. G. und Art. 12. H. B. G.) — Die Bestimmung über die Setzung einer Präclusivfrist bei Verlust des Erbrechtes ist bereits früher motivirt worden. — Der Antrag, daß der vollkommen handlungsfähige Erbe nach fruchtlosem Ablauf eines Jahres vom Zeitpunkt der gerichtlichen Aufforderung ohne weiteres gerichtliches Verfahren (ohne Urtheil) als unbedingt erberklärter Erbe angesehen werden soll, dürfte vollkommen durch die Erwägung gerechtfertigt erscheinen, daß einerseits jene Frist eine mehr als ausreichende ist, um sich über die Frage zu orientiren, ob die Erbschaft auszuschlagen oder mit Vorbehalt anzutreten sei, — andererseits ein besonderes Contumazverfahren und förmliches Erkenntniß über den Eintritt der Rechtswirkungen bei der blos declaratorischen Natur des Letztern überflüssig erscheint. — Die vorbehaltlose Anerkennung der außergerichtlichen Erbeserklärung endlich ist eine nothwendige Consequenz der Negation der zwangsweisen gerichtlichen Intervention und Immission bei Erbverhandlungen.[21])

Wir hegen die Ueberzeugung, daß das eben motivirte Princip und Verfahren in praktischer Hinsicht sich besser bewähren dürfte, als der bisherige Grundsatz der österr. Legislation, welchem zufolge die Versäumung der Erklärungsfrist die Folge hat, daß der lässige Erbe stets nur vom gerichtlichen Einsatz präcludirt und der Nachlaß vom Gerichte succesive den nächst berechtigten Erben eingeantwortet wird, wobei aber dem säumigen Erben die Geltendmachung seines Erbrechtes im Rechtswege noch durch die ganze Verjährungszeit vorbehalten ist. Gestaltet sich doch dieses Verfahren praktisch meist so, daß der Erbe in Folge wiederholter Aufforderungen dennoch seinen Antritt erklärt, da die Säumniß regelmäßig in der Nachlässigkeit des Erben oder in dem Streben desselben sich die lästige gericht-

[21]) Der Entwurf (§ 7) berücksichtigt leider gerade so wie die bisherige österr. Gesetzgebung (§ 799 a. b. G. B. §§ 115. 116. 121. Pat. v. 9. Aug. 1854) nur die gerichtliche Erbeserklärung. Daß eine außergerichtliche Erbeserklärung auch nach dem derzeitigen Stande der Legislation möglich sei, wird zwar von Vielen (vgl. Zeiller, Comm. II. S. 834 flg. Stubenrauch II. S. 1053, dagegen jedoch S. 1095, Note 4.) nicht ohne den Schein der Wahrheit geläugnet, doch gewiß mit Unrecht. Vgl. Unger, Erbrecht § 36 Note 12. § 42 Note 4. So ist namentlich in dem Falle, wenn der wahre Erbe gegen den gerichtlichen immittirten Erben mit der Erbschaftsklage obsiegt, nach der Anordnung des § 180 des Pat. v. 9. Aug. 1854 eine neuerliche Verlaßabhandlung mit dem Sieger, insbesondere also eine förmliche Erbeserklärung desselben und eine nochmalige Einantwortung des Nachlasses absolut ausgeschlossen und in der That auch überflüssig. Die Klage involvirt die Erbeserklärung, das Urtheil vertritt die Einantwortung. Nicht anders liegt die Sache, wenn der gerichtlich anerkannte Erbe die Erbschaft dem Erbprätendenten gutwillig ausfolgt. Der Satz des § 797 u. 799 a. b. G. B. leidet hier unzweifelhaft insoferne eine Ausnahme, als eine gerichtliche Immission des Erben im Wege der sog. Verlaßabhandlung nie stattfindet. Ueber Substitutionsfälle vgl § 174. Pat. v. 9. Aug. 1854. Doch entsteht hier die im Gesetze nicht vorgesehene Frage, in welcher Weise sich der Erbe die Rechtswohlthat der beschränkten Haftung verschaffen könne? Wir stimmen vollkommen der Ansicht Ungers Erbr. § 42 Note 4 bei, daß sich der Erbe nur durch Entgegennahme der Erbschaft unter richterlicher Inventarisirung gegen die unbeschränkte Haftung schützen könne. Uebernahme ohne Inventar hätte ohne weiteres den Eintritt der Regel: die unbedingte Haftung des Erben zur Folge. Dagegen scheint uns außer den oben angeführten Fällen eine außergerichtliche Erbeserklärung nicht zulässig. Wer sich factisch als Erbe gerirt, muß nach §§ 797, 799 b. G. B. und §§ 35, 48, 145 des Pat. vom 9. Aug. 1854 als Usurpator der Erbschaft angesehen werden, dem nicht nur jede Verfügung mit dem Nachlasse vom Erbschaftsgerichte zu untersagen ist, sondern der auch, wenn er die ihm vom Gerichte gesetzte Erklärungsfrist versäumt, den Besitz der Erbschaft den succesiv zu immittirenden nachberufenen Erben abtreten muß. Vgl. §§ 120, 128, 130, Pat. v. 9. Aug. 1854. Anderer Meinung ist Unger Erbr. § 36 S. 148. 149.

liche Verhandlung so lange als möglich vom Leibe zu halten, ihren Grund hat und die Gerichte selbst die oftmalige Wiederholung der Aufforderung dem langwierigen und voraussichtlich oft erfolglosen Edictalverfahren begreiflicher Weise vorziehen. Eben dieser Erfolg soll nun ohne gerichtliche Mahnungen mit Ablauf einer bestimmten Frist von Rechtswegen eintreten. Die Zulassung einer Restitution wegen unverschuldeter Versäumung der Frist ist wohl bei der Länge derselben nicht zu empfehlen.

Einen bedeutsamen Fingerzeig gibt uns in legislativer Hinsicht der Umstand, daß das allgemeine italienische Civilgesetzbuch vom Jahre 1865 (art. 929—943), welches sich im Uebrigen meist sehr enge an sein französisches Vorbild, den Code civil und an die dem Letzteren nachgebildeten älteren italienischen Particularcivilgesetzbücher anschloß, in der Frage des Erbschaftserwerbes das Princip des Code civil fahren ließ und wieder zu dem Grundsatze des römischen Rechtes zurückkehrte. Wir dürfen voraussetzen, daß diese Umkehr nicht ohne maßgebende, vorzugsweise aus der Erfahrung geschöpften Gründe gefolgt ist.

XIII.

Gutachten des Herrn Appellationsgerichts-Präsidenten Kühne zu Greifswald

über die Gesetzgebungsfrage:

Wie ist die Zulässigkeit der Klageänderung in der deutschen Civilprozeßordnung sachgemäß zu bestimmen?

Motto: „Ein kleines Uebersehen, ein Formfehler oder eine zufällige Unrichtigkeit in der Entwickelung, eine Lücke in dem Inhalte der Klage führen (im bisherigen deutschen Civilprozesse) zu der nutzlosen und leicht zu vermeidenden Vervielfältigung der Prozesse, welche der beliebten Formel, die Klage in der angebrachten Art abzuweisen, ihren Ursprung verdankt. Im französischen Prozesse ist die Abweisung in der angebrachten Art unbekannt und ihr Vermissen auch nicht von der Folge begleitet, das gute Recht einer größern Gefahr des Unterganges auszusetzen; die Gründe hierfür sind sehr einfach und müssen von selbst einleuchten. Was in der Klage dunkel geblieben, wird auf die Rüge des Beklagten vom Kläger in der Replik erläutert, worauf jener nicht von ferne daran denkt, sich über eine unzulässige Abänderung des Klagewerks zu beklagen. Was in dem vorläufigen Schriftenwechsel mit Stillschweigen übergangen war, das fügt die mündliche Verhandlung der Sache nachholend noch bei; denn die letztere bildet immer die entscheidende Phase des ganzen Kampfes. Was der Richter der ersten Instanz in den Verhandlungen als unklar und nicht gehörig dargelegt zurückweiset, das findet seine natürliche Ergänzung und Aufhellung in denen der zweiten Instanz."

Zink, die Ermittelung des Sachverhaltes im Civilprozesse. München, 1860.

In der Versammlung des zwölften deutschen Juristentages zu Nürnberg habe ich über die vorstehende Gesetzgebungsfrage referirt. Mein Vortrag ist in dem stenographischen Berichte Bd. 3 Seite 266 ff. gedruckt.[1]) In diesem Vortrage habe ich die Mißbräuche erwähnt, welche mit der Einrede der Klageänderung, besonders in Hannover, getrieben werden, und welche mich veranlaßt haben, den Antrag zu stellen, daß die Frage auf die Tagesordnung des J. T. gestellt werde. Nachdem in Folge des Beschlusses der Plenarversammlung: „Die Frage nach Erfordern von Gutachten dem nächsten J. T. zur nochmaligen Berathung zu überweisen", die ständige Deputation mich zur Erstattung eines Gutachtens ersucht hat, entspreche ich dieser Aufforderung gern, obgleich ich wenig Hoffnung habe, daß nach den in der zweiten Lesung von der Justizkommission des deutschen Reichstages gefaßten Beschlüssen zum Entwurfe der deutschen Civilproceßordnung die Arbeiten und Beschlüsse der Mitglieder des Juristentages noch einen Einfluß auf die definitive Gestaltung des Gesetzes in dieser Frage üben werden. Man hält die betreffenden Vorschriften eben nicht für wichtig genug, um noch an dem Werke eine Aenderung vorzunehmen (vgl. a. a. O. S. 287). Gewiß sind sie nicht von so großer Bedeutung, daß man die Principien, auf welchen das neue Verfahren beruhen soll, dadurch für gänzlich aufgehoben erachten müßte; aber ihre Bedeutung sowohl für die Praxis als rücksichtlich der Frage, ob sie in das System einer Prozeßordnung hineinpassen, welche die Eventualmaxime beseitigt und den Schwerpunkt des Verfahrens in die mündliche Verhandlung verlegt, wird ebenso gewiß unterschätzt. — Ich wünsche, daß meine Besorgniß: die in Hannover durch ähnliche Vorschriften hervorgerufenen Uebelstände möchten sich auf das Geltungsgebiet der künftigen deutschen Civilprozeßordnung übertragen, eine unbegründete sei. Erweist sie sich später als begründet, dann werden vielleicht die Arbeiten des J. T. für eine Revision der deutschen Civilprozeßordnung nicht verloren sein.

In meinem Vortrage (a. a. O. S. 266) habe ich gesagt: die Frage müsse rechtsgeschichtlich behandelt werden. Da aber die Verhandlungen des letzten J. T. ergeben haben, daß dasjenige, was ich über die Bedeutung der Vorschriften über Klageänderung in den Quellen des römischen Rechts vorgetragen habe, als richtig anerkannt wird, so werde ich darauf

[1]) Der Abdruck meines Vortrags enthält einige sinnentstellende, aber doch leicht zu entdeckende Druckfehler. Nur einen von denselben will ich erwähnen: Auf Seite 273 muß das letzte Wort der achten Zeile von unten heißen: **oder**, und nicht, wie gedruckt worden: **aber**.

nicht weiter eingehen; ich werde nur kurz — der Uebersichtlichkeit wegen — wiederholen, in welchem Zusammenhange die Vorschriften des Corpus Juris über die Aenderung der Klage mit dem System des römischen Civilprozesses stehen. Den Prozeß des Mittelalters und die Ansichten der Glossatoren über die Klageänderung werde ich nicht erwähnen. Die nochmalige Prüfung desjenigen, was von Buchka (Einfluß des Prozesses rc.), Sintenis (Erläuterungen über verschiedene Lehren des Civilprozesses) und Bethmann-Hollweg (der germanisch-romanische Civilprozeß im Mittelalter) darüber mitgetheilt ist, hat mich davon überzeugt, daß für die Beurtheilung unserer Frage der Klageänderung in eodem judicio daraus nur dann etwas zu entnehmen ist, wenn man auf die Prozeßformen des Mittelalters genau eingeht, daß aber auch dabei das Resultat für unsere de lege ferenda gestellte Frage ein nicht so erhebliches ist, daß es sich verlohnte, deshalb so weit auszuholen. — Ich verweise darum nur auf die kurzen Bemerkungen, welche ich in meinem Vortrage auf dem J. T. in Nürnberg darüber gemacht habe. (Stenograph. Bericht S. 269 f.)

§ 1. Römisches gemeines Recht.

Die Stellen der Quellen des älteren römischen Rechts und der Digesten, welche von der Unzulässigkeit der Klageänderung in demselben Prozesse handeln, haben zur Voraussetzung den alten römischen Prozeß (der Formulä). — Es leuchtet ein, daß nach diesem Verfahren, wenn die Parteien litem contestirt hatten und von dem Magistrat die Formula ertheilt war, eine Aenderung der Klage, welche unter die Formel nicht subsumirt werden konnte, nicht möglich war.[2]) Im späteren Kaiserrechte hat man, wie mehrere Stellen des Codex ergeben, wesentlich an den während der Herrschaft der Formulä ausgebildeten Grundsätzen über die Unzulässigkeit der Klageänderung festgehalten. Ein gewisses Schwanken läßt sich freilich bemerken; aber beseitigt wurden die alten Principien, deren wesentliche Basis, die Trennung des Verfahrens in jure und in judicio, weggefallen

---

[2]) So stark der Formalismus dieses römischen Verfahrens auch sein mochte, so war die Formula doch bei dinglichen Klagen immer, und bei anderen Klagen meistens, so weit gefaßt, daß Vieles nicht darunter fiel, was unsere heutigen Prozessualisten unbedenklich als unzulässige Klageänderung bezeichnen würden. (Vergl. Bethmann-Hollweg, der römische Civilprozeß. Bd. 2 S. 212.) — Außerdem scheint im alten römischen Prozesse unbeschränkt dem Kläger das Recht zugestanden zu haben, die angestellte Klage fallen zu lassen: Cicero pro Caecina cap. 3 führt einen judex redend ein: Potuisti leviore actione confligere, potuisti ad tuum jus faciliore et commodiore judicio pervenire. Quare aut muta actionem aut noli mihi instare, ut judicem.

war, erst durch Justinian. Dieser hat nach § 34 Inst. de actionib. (4, 6) die Aenderung der Klage in eodem judicio im weitesten Umfange zugelassen.[3])

Nach dem schriftlichen, gemeinen deutschen Civilprozesse darf die Klage nach der Litiskontestation nicht mehr geändert werden. Das ist der anerkannte Grundsatz; die Anwendung kann ihn verschieden auffassen. Die Nothwendigkeit des Grundsatzes ergab sich aus der Eventualmaxime; denn wenn alle Anführungen der Parteien an bestimmte Prozeßstadien gebunden sind, so muß auch jede Thatsache, welche zur Begründung der Klage gehört, im Klaglibell oder doch in einem vor der Antwort des Beklagten dem letzteren zugestellten Nachtrage zum Libell enthalten sein, weil sonst die Ordnung des Prozesses, zu welcher die Einhaltung jener Stadien gehört, durchbrochen werden würde. Sobald eine die Klage begründende Behauptung nach der Einbringung der Klagebeantwortung zugelassen würde, müßte dem Beklagten eine neue Erwiderung auf den Nachtrag gestattet werden. Das leidet die Eventualmaxime nicht. Und deshalb hat vom Standpunkte des schriftlichen gemeinen Prozesses Bayer Recht, wenn er keine solche Aenderung der Klage zulassen will, welche Anlaß zu einer andern Vertheidigung geben kann, als diejenige war, welche der Beklagte gegen die erste, noch nicht geänderte Klage geführt hat.[4])

Wie nach gemeinem Civilprozesse, ebenso ist die Frage zu beurtheilen nach allen denjenigen Partikularprozeßordnungen, welche die Eventualmaxime beibehalten haben, mögen sie eine mündliche Schlußverhandlung vorgeschrieben bezw. zugelassen haben oder nicht.

Es kann bezweifelt werden und ist bezweifelt worden, ob die Bayersche Lehre, nach welcher die Zulässigkeit oder Unzulässigkeit der Klageänderung beurtheilt werden soll, eine in der Praxis des auf der Eventualmaxime basirten Prozesses brauchbare ist. Nach meinen Erfahrungen bin ich von ihrer Brauchbarkeit überzeugt. Aber ich will darauf nicht eingehen, weil weiteres Nachdenken mich dahin gebracht hat, daß man bei Aufstellung der Regeln für ein mündliches Prozeßverfahren (ohne Eventualmaxime) besser an jene Lehre überhaupt nicht anknüpft.[5])

---

[3]) Vergl. Verhandlungen des J. T. a. a. O. S. 269 und Planck, Beweisurtheil S. 346 ff. — Näheres über die Frage der Klageänderung nach römischem und nach mittelalterlichem (Glossatoren-) und nach gemeinem Civilprozeßrechte findet man in dem Briefe von Bayer, über die Aenderung des Klaglibells, Landshut 1819 — und bei Buchka, Einfluß des Prozesses auf das materielle Rechtsverhältniß. Theil 2 S. 82 ff.

[4]) Vergl. Verhandlungen a. a. O. S. 271, von Bayer, Vorlesungen über den ordentlichen Civilprozeß S. 550 ff. (8. Auflage).

[5]) Insoweit weiche ich von meinem früher gestellten Antrage (Verhandlungen

§ 2. Der Vortrag des Streitmaterials nach dem Entwurf der deutschen Civilprozeßordnung.

Der Entwurf der deutschen Civilprozeßordnung hat die Eventualmaxime (dieses Wort im Sinne des gemeinen schriftlichen Prozesses verstanden) beseitigt. Er mußte, da er den Prozeß auf das Princip der Mündlichkeit oder — wenn man diesen in sich selbst ebensowenig erschöpfenden Ausdruck vorzieht — der Unmittelbarkeit der Verhandlung begründen wollte, alle Anführungen der Parteien, seien sie Angriffs- oder Vertheidigungsmittel, zulassen, ohne Rücksicht darauf, wann sie in der mündlichen Verhandlung vorgetragen werden: die mündliche Verhandlung ist ein einheitlicher Akt, durch welchen das Gericht in den Stand gesetzt werden soll, die Sach- und Streitfrage zu erkennen. Daraus folgt, daß der Schwerpunkt des Prozesses in die mündliche Verhandlung verlegt werden mußte und daß jede Vorschrift, welche gewissen, die mündliche Verhandlung vorbereitenden Handlungen eine die Freiheit der Parteien in Anführung von Angriffs- und Vertheidigungsmitteln beschränkende Bedeutung beilegt, ein Abweichen von jenem Principe enthält.

Nun ist es zwar richtig, daß einzelne der mündlichen Verhandlung voraufgehende Prozeßschichten theils eine bestimmende und theils eine vorbereitende Natur haben (Motive zum Entw. der deutsch. Civilprozeß-O. S. 22). Aber jener Grundsatz erfordert, daß die bestimmende Natur des Schriftwechsels nicht weiter ausgedehnt wird, als es unerläßlich ist für die Ordnung des Verfahrens. Jedes unnöthige Abweichen von einem Principe, jede Kasuistik in der Gesetzgebung hat Uebelstände und im Civilprozesse stets Weiterungen und unnütze Diskussionen zur Folge zum Schaden der Rechtspflege.

§ 3. Die bestimmende Natur der Klagschrift.

Es ist keineswegs absolut nothwendig, daß der Civilprozeß durch Zustellung einer schriftlichen Klage und auf Grund derselben beginne: es ist nicht nur denkbar, sondern es ist nach positiven Vorschriften nicht etwa blos des alten römischen Rechts oder alter deutscher Gebräuche,[6]) sondern nach Gerichtsordnungen aus verhältnißmäßig neuer Zeit[7]) ausdrücklich für

a. a. O. S. 280) ab. Uebrigens habe ich schon während der Verhandlungen darauf hingewiesen, daß jener Grundsatz nach meinem Antrag eine ganz andere Bedeutuug hatte, als im gemeinen Civilprozesse.

[6]) Vergl. Jacob Grimm, deutsche Rechtsalterthümer S. 842 ff.

[7]) Ein solches Verfahren bestand z. B. bis 1849 in der Stadt Stralsund, freilich nur für gewisse geringfügige Sachen.

statthaft erklärt, daß der Beklagte geladen wird ohne Zustellung irgend einer Schrift, nur unter mündlicher Bezeichnung des Klägers und daß dann der Prozeß mündlich vor dem Richter verhandelt wird. Sehen wir ab von den Formen des altrömischen Prozesses, und denken wir nur an die mündliche Verhandlung vor dem Richter einer deutschen Hansestadt, welche herbeigeführt wird mittels einer solchen mündlichen Ladung! Es ist nicht zu begreifen, wie man unter der Voraussetzung, daß man die Verhandlung vor dem Richter als einen Akt betrachtet, bei einem solchen Verfahren von einer unzulässigen Klageänderung sollte sprechen können, wenn der Kläger den von ihm geltend gemachten Anspruch erst in der einen und in Folge der Antwort des Beklagten in einer anderen, vielleicht völlig abweichenden Weise durch seinen dem Richter gehaltenen Vortrag begründet.

Nun ist es zwar richtig, daß entwickeltere Verkehrsverhältnisse und die bessere Ordnung eines schleunigen Kontumacialverfahrens es zweckmäßig erscheinen lassen, daß der Prozeß mit der Zustellung einer schriftlichen Klage beginne. Aber ein absolut wesentliches Requisit wird dadurch diese Schrift für ein mündliches Prozeßverfahren nicht. Ist dies richtig, so sind es wesentlich nur Zweckmäßigkeitsrücksichten, welche den Gesetzgeber bei den Vorschriften darüber leiten sollen, in wie weit er der Klageschrift eine bestimmende Natur beizumessen hat.

Bestimmend für den Prozeß wird sein müssen: der Antrag, das Petitum der Klage, insofern sich aus diesem dasjenige, was der Kläger von dem Beklagten fordert, der Anspruch ergibt; der Beklagte soll durch die Klageschrift erfahren, was von ihm verlangt wird; das Geringste, was er erwarten kann, ist, daß ihm gesagt wird, um was es sich handelt, und daß der Kläger nicht in der mündlichen Verhandlung etwas Anderes von ihm fordere, als dasjenige, was ihm bei der Vorladung als Objekt des Anspruchs bezeichnet wurde. Wer etwas Anderes fordert, etwas dem Objekte des schriftlichen Klageantrages Heterogenes, der ändert nicht blos die Klage in der Begründung des Anspruchs, sondern er ändert den letzteren selbst. Eine solche Aenderung ist die Anstellung eines neuen Prozesses, welcher zu der schriftlichen Klage in keiner Beziehung steht. Durch die Bezeichnung des Objekts der Klage wird jedoch der verfolgte Anspruch genügend individualisirt. Wenn nicht etwas völlig Heterogenes gefordert wird, so steht auch einer Aenderung des Petitum nichts entgegen. Zweckmäßig wird die Zulässigkeit derartiger Aenderungen im Gesetze begrenzt, weil die Anwendung des Principes, wenn nur dieses durch das Gesetz hingestellt wurde, leicht zu Zweifeln Veranlassung geben kann. Die Begrenzung, wie sie in § 232 Nr. 2 und 3 des Entwurfes der deutschen

Civilprozeßordnung bestimmt ist, wird zweckentsprechend sein. Danach darf 1. der Klageantrag in der Hauptsache oder in Bezug auf Nebenforderungen erweitert oder beschränkt werden, und es kann 2. statt des ursprünglich geforderten Gegenstandes wegen einer später eingetretenen Veränderung ein anderer Gegenstand oder das Interesse gefordert werden.

Der Entwurf hat aber auch jede neue, in der mündlichen Verhandlung vorgebrachte Behauptung, welche die in der Klageschrift enthaltenen thatsächlichen oder rechtlichen Anführungen nicht bloß ergänzt oder berichtigt, sondern auch eine Aenderung des Klagegrundes enthält, für eine nach § 227 des Entwurfs in Folge der eingetretenen Rechtsabhängigkeit unstatthafte Klageänderung erklärt. Diese Bestimmung halte ich für unzweckmäßig, für eine nicht gerechtfertigte Abweichung von dem Grundsatze, daß der Schwerpunkt des Prozesses in der mündlichen Verhandlung liegen soll und daß die Parteien, ungebunden durch den Inhalt der gewechselten Schriftsätze, das Sachverhältniß zu entwickeln und den Stand des Streites dem Gerichte darzulegen haben.

§ 4. Klagegrund?

Wenn das Gesetz vorschreibt: der Klagegrund, welcher sich aus dem Libell ergibt, darf nach eingetretener Rechtshängigkeit nicht mehr geändert werden, so erfordert die Anwendung dieser Vorschrift, daß wir wissen, welche thatsächlichen (und rechtlichen) Anführungen des Klägers in jedem einzelnen Falle zum Klagegrunde gehören.

Ein Vertreter der Reichsregierung hat in der 85. Sitzung der Justizkommission bei der zweiten Lesung des Entwurfes der Civilproz. O. (Protokolle S. 542) gesagt: „Was zum Klagegrunde gehöre, sei lange von der Wissenschaft erörtert und erklärt.“ Er hat aber nicht gesagt oder wenigstens geben uns die Protokolle darüber keinen Aufschluß, welche Klarheit durch die Erörterungen der Wissenschaft gewonnen ist, aus welchen Kriterien mit Sicherheit erkannt werden kann, was zum Klagegrunde gehört. — M. E. herrscht darüber noch durchaus keine Klarheit.

Sintenis in seiner Abhandlung über den Klagegrund [8]) hat anscheinend ziemlich vollständig dasjenige zusammengestellt, was bis dahin über Klagegrund überhaupt und über fundamentum agendi proximum, f. a. remotum und f. a. intermedium von älteren und jüngeren Juristen gedacht und geschrieben war. Er gelangt zu dem Resultate, daß das Meiste davon für die Lehre von der Klageänderung und für die heutige Prozeß-

[8]) Erläuterungen über verschiedene Lehren des Civilprozesses. Gießen 1839. 1840. Abhandlung V.

doktrin überhaupt unbrauchbar sei[9]) und stellt dann die Frage auf, „ob der Begriff: Klagegrund selbst ein nothwendiger, also unentbehrlicher Kunstausdruck sei?" (a. a. O. S. 269.) — Wie er diese Frage beantwortet, ist nicht völlig klar; denn obgleich er aus den Reichsgesetzen und insbesondere aus dem J. R. A. folgert: „daß der besondere Begriff des Klagegrundes ursprünglich kein nothwendiger war, sondern daß sich die Doktrin bei den Worten und der Terminologie der Reichsgesetze hätte beruhigen können," [10]) so sagt er doch an einer anderen Stelle: Der Begriff sei nun einmal da und er sei „in der Juristensprache auch wohl ziemlich unentbehrlich geworden". (a. a. O. S. 270.) Deshalb bemüht sich Sintenis festzustellen, was „unter Klagegrund im Sinne des heutigen Prozesses und des J. R. A. im Besonderen zu verstehen" sei. Klagegrund ist nach ihm „die Gesammtheit derjenigen Thatsachen, welche alle zusammen behauptet und vorhanden sein müssen, wenn der erhobene Anspruch in concreto als gerechtfertigt erscheinen soll." Aber Sintenis selbst drängen sich schon Fragen und Zweifel darüber auf, was zu dieser Gesammtheit der Thatsachen gehört. Ist dahin die Rechtsverletzung zu rechnen, von welcher die Nativität der Klage abhängig ist? Gehört dahin bei Klagen und gegenseitigen Obligationen die Erfüllung seitens des Klägers? u. a. m. — Entstehen so schon theoretische Bedenken über die Anwendung des von Sintenis konstruirten Grundsatzes, so mehren sich die Zweifel in der Praxis bei einzelnen bestimmten Fällen in das Unendliche.

Seit jene Abhandlung von Sintenis geschrieben wurde, ist eine weitere Klärung der Frage: was zum Klagegrunde gehöre? nicht erfolgt. Die Definition von Sintenis ist im Wesentlichen von allen späteren Juristen, welche die Frage untersucht haben, beibehalten; nur die äußere Gestaltung der Definition ist vielleicht eine korrektere, und die von ihm vertheidigte Ansicht, daß die Bezeichnung des Rechts (das fundamentum proximum) ohne Angabe der rechtsbegründenden Thatsachen (das fundamentum remotum) zur Begründung auch einer dinglichen Klage nach heutigem Rechte nicht genüge, ist wohl wesentlich in Folge seiner Ausführungen die herrschende geworden.[11]) — Statt aller weiteren Auktoritäten will ich für

[9]) Zu demselben Resultate gelangt Planck (Beweisurtheil) auf einem etwas anderen Wege.

[10]) a. a. O. S. 280. — Die Reichsgesetze kennen weder den Ausdruck Klagegrund noch einen ähnlichen. Sie verlangen nur die Erzählung des „Faktum kurz und nervose, jedoch deutlich, distincte und klar, mit angehängter Conclusion und Bitte." J. R. A. § 34.

[11]) Auffallend ist es, daß die hannoversche Prozeßordnung sich dieser herrschenden Ansicht nicht angeschlossen hat. Sie bestimmt in § 185:

„Bei dinglichen Klagen, mit Ausnahme der aus dem Pfandrechte, be-

meine Behauptung, daß man im Wesentlichen über die Sintenissche Definition nicht hinausgekommen ist, die Motive des Entwurfes der deutschen Civilprozeßordnung in Bezug nehmen. Sie sagen (ad § 222. Seite 182): „Den Grund des erhobenen Anspruchs (§ 222 Nr. 2. § 583 Nr. 3) oder den Klagegrund (§ 232) bilden diejenigen Thatsachen, welche nach Maßgabe des bürgerlichen Rechts an sich geeignet sind, den erhobenen Anspruch als in der Person des Klägers entstanden und zugleich als durch den Beklagten verletzt erscheinen zu lassen,[12]) — die rechtsbegründenden Thatsachen. —" Diese Definition ist kürzer, präciser, als die Sintenissche; wenn man aber davon absieht, daß sie auch die von Sintenis aufgeworfene (und von ihm in gleicher Weise entschiedene) Frage: ob die Rechtsverletzung zum Klagegrunde gehört, gleich mit beantwortet, so wird sich schwerlich eine inhaltliche Verschiedenheit beider Definitionen auffinden lassen. — Fragen wir aber im einzelnen Falle, welche Thatsachen denn zu den rechtsbegründenden gehören, so läßt uns die Definition sehr oft, ja man kann sagen jedesmal, wenn überhaupt Zweifel möglich sind, im Stiche. Es gilt deshalb auch noch heute der Ausspruch unseres Altmeisters Wächter (Württemb. Privatrecht Bd. 2 S. 436. Note 7.):

> „Ueber den Sinn, in welchem das Wort: Klagegrund zu nehmen ist, und über die verschiedenen Eintheilungen des Klagegrundes und die Bezeichnung derselben herrscht in den älteren und neueren Systemen, namentlich bei den Prozessualisten, große Verschiedenheit der Ansichten, und einige neuere Abhandlungen über diesen Gegenstand, wie z. B. die von Brackenhöft (Gießer Zeitschrift) und von Sentenis möchten, so manches Tüchtige sie auch enthalten, doch nicht die Verwirrung gehoben haben."

Mit welchem Rechte Herr von Amsberg (Protokolle a. a. O.) dem gegenüber behauptet: „Die Frage, was zum Klagegrunde gehöre, sei lange von der Wissenschaft erörtert und geklärt," — weiß ich nicht. Bezieht sich das Wort: „lange" nicht blos auf: „erörtert", sondern auch auch auf: „geklärt", so wage ich die Behauptung als eine unrichtige zu bezeichnen;

---

darf es der Angabe des Erwerbsgrundes des dinglichen Rechts nicht, vorbehältlich der Befugniß des Beklagten, im Wege verzögerlicher Einrede diese Angabe zu begehren."

Die Folge dieser Bestimmung für die Praxis ist nur die, daß die Angabe des Erwerbsgrundes im Wege verzögerlicher Einrede ausnahmslos begehrt und dadurch der Prozeß unnütz verweitläuftigt wird

[12]) Die Worte: „an sich geeignet sind . . . bis . . . erscheinen zu lassen" werden von dem Verfasser der Motive einem anderen Autor entlehnt sein, da sie in Anführungszeichen eingeschlossen sind; ich habe nicht ermitteln können, von wem diese Worte herrühren.

denn ich finde meine Ueberzeugung: daß über die Frage Verwirrung herrscht, von einer Auktorität ersten Ranges bestätigt, und mir ist keine wissenschaftliche Arbeit bekannt, welche die Verwirrung gehoben hätte, seitdem Wächter jene Worte veröffentlichte (1842). Im Gegentheil: ich finde, daß die besten Rechtslehrer, welche nach Wächter sich mit der Frage beschäftigt haben, zu dem Resultate gelangt sind, daß bei Entscheidung der Frage, welche Thatsachen zu den rechtsbegründenden gehören, das richterliche Ermessen nicht zu entbehren ist. Darauf beruht die Ausführung von Planck — Beweisurtheil Seite 246 ff. — Geradezu spricht es noch in neuester Zeit Dernburg — Lehrbuch des preußischen Privatrechts § 244 — aus, indem er sagt:

> „Der leitende Grundgedanke für die Anführungspflicht ist daher, daß der Richter nur das Vorbringen derjenigen Thatsachen zu fordern hat, welche nach dem Urtheile eines verständigen, die Lebensverhältnisse klar überschauenden Mannes zur Annahme des Bestehens des fraglichen Rechtes führen müssen."

Er setzt zwar hinzu:

> „Diesen Grundgedanken, welcher freilich in solcher Allgemeinheit für die Zwecke der Rechtsanwendung dem Ermessen des Richters zu viel Spielraum ließe, hat dann das Recht und die Uebung der Rechtsprechung in mehr speciellen Regeln ausgedrückt, in welchen sich die Erfahrung der Jahrhunderte verkörpert. Immerhin ist es bei der Anwendung dieser Regeln nothwendig, daß der Richter sich jenem leitenden Grundgedanken nie entfremde."

Aber was bedeutet der letzte Satz anders, als daß man darauf verzichten muß, eine allgemein anwendbare Regel, eine unfehlbar zutreffende Definition, welche für alle Fälle mit Sicherheit erkennen ließe, was zum Klagefundament gehört, aufzustellen?

Ein von der juristischen Fakultät der Universität Halle im Jahre 1865 erstattetes Gutachten über den Entwurf einer Prozeßordnung für Preußen von 1864 sagt:

> „Der Begriff des Klagegrundes ist in der Rechtstheorie ein sehr schwankender, der von verschiedenen Schriftstellern in sehr verschiedenem Sinne gebraucht wird."

Das Gutachten führt dann aus, welche Gefahren und Mißverständnisse der Gebrauch dieses Wortes in einer Prozeßordnung herbeiführen könne und gelangt zu dem Schlusse:

> „Nach Bewandniß der Umstände möchte es wohl am besten sein, das Wort „Klagegrund" oder „Klagefundament" im Ent-

wurfe lieber ganz zu vermeiden und überall, wo es gegenwärtig vorkommt, mit unzweideutigen Ausdrücken zu vertauschen.[13])

§ 5. Der Klagegrund im Zusammenhange mit der Aenderung der Klage.

Die Lehre vom Klagegrunde hat sich wesentlich entwickelt im Zusammenhange mit der Frage der Beweislast, dann mit der Frage der Zulässigkeit oder Unzulässigkeit der Klageänderung.

Für die Frage der Beweislast wird sie — auch wenn man den Ausdruck verwirft und einen weniger zweideutigen an seine Stelle setzt — stets ihre Bedeutung behalten; für die Frage der Statthaftigkeit oder Unstatthaftigkeit der Klageänderung hat sie sich schon nach dem bisherigen Prozeßrechte als unzureichend erwiesen.

Die Theorie knüpft die Lehre von der Klageänderung an den Satz an: Der Kläger dürfe von Zeit der Litiskontestation (Zustellung des Libells) keine andere Begründung der Klage vorbringen, als die in der Klageschrift enthaltene. Planck (Beweisurtheil Seite 349 ff.) hat nachgewiesen, daß ein innerer, aus dem Wesen der heutigen Litiskontestation fließender Grund sich für diesen Satz nicht geltend machen läßt. Man behielt ihn in der Theorie bei lediglich deshalb, weil er eine hübsche, gelehrt scheinende Begründung für dasjenige abgab, was man zur Aufrechterhaltung der Eventualmaxime gebrauchte, unbesorgt darum, daß die Theorie über die Grenzen des praktischen Zieles hinausschoß. „In der That," — sagt Planck — „hat diese Theorie in der Praxis nicht den geringsten Anhalt, und ist von den bedeutendsten Prozeßlehrern der neueren Zeit aufgegeben worden. Der ganze erste Prozeßabschnitt" (des gemeinrechtlichen Verfahrens, welcher bis zum Beweisurtheil, im preußischen Prozesse bis zum Beweisbeschlusse reicht) „ist vielmehr darauf berechnet, die Streitfrage festzusetzen, und es ist daher den Parteien bis zu seinem Schlusse im Allgemeinen durch keine prozessualische Präklusion die Möglichkeit abgeschnitten, Fehler aller Art in der Aufstellung der ihnen zustehenden Rechte zu verbessern. Da indeß auch innerhalb dieses Abschnitts eine bestimmte Ordnung beobachtet werden muß, damit die Vertheidigung des Gegners ge-

---

[13]) Das Gutachten der Halleschen Juristenfakultät befindet sich bei den Akten des preußischen Justizministeriums, welche den Entwurf von 1864 betreffen Dasselbe ist nicht veröffentlicht; mir ist es zur Einsicht mitgetheilt worden, da ich Mitglied der Kommission gewesen bin, aus deren Arbeit jener Entwurf hervorgegangen ist. Die obigen wörtlich mitgetheilten Stellen entnehme ich den von mir bei der Durchsicht des Gutachtens gemachten Auszügen aus demselben.

Also auch noch 1865 war eine Juristenfakultät der Ansicht, daß der Begriff des Klagegrundes nicht „geklärt" sei.

nügenden Raum und das ganze Material hinlängliche Klarheit gewinne, so sind allerdings die Parteien angewiesen, in einer bestimmten Reihenfolge ihre Zuständigkeiten vorzutragen; und so soll namentlich der Kläger in seinem Klagevortrage alles sein Recht Betreffende zusammenfassen, damit danach die Vertheidigung des Beklagten eingerichtet werden könne. Faßt man diesen Zweck der Abstufung der einzelnen Parteisätze innerhalb des ersten Verfahrens ins Auge, so ergibt sich daraus leicht der Grundsatz, welcher über die Aenderungen entscheidet. Zwei Rücksichten bestimmen ihn: die auf die Vertheidigung des Gegners und die auf die Vermeidung aller Verwirrung und Unklarheit. Ist mithin die Aenderung so tief einschneidend, daß das ganze bisher vorgebrachte Material unbrauchbar wird oder daß eine Verwirrung des ganzen Stoffs zu fürchten ist, oder daß der Gegner unbillig beengt wird, so ist es Sache des Richters, vermöge der ihm zustehenden Prozeßleitung von Amtswegen, oder aufgefordert durch den Gegner des Aendernden, die Aenderung als unzulässig z verwerfen. Der Kläger wird in einem solchen Falle anzuweisen sein, die bisher erhobene Klage fallen zu lassen und eine neue zu beginnen, über deren fernere Zulässigkeit die gewöhnlichen dahin einschlagenden Regeln zu entscheiden haben. Glaubt dagegen der Richter, daß auch in demselben Rechtsstreite ohne Beeinträchtigung des Gegners mit hinlänglicher Sicherheit auf den geänderten Stoff eingegangen werden könne, so steht eine Weigerung des Gegners nicht im Wege, ihn dazu zu zwingen. Nur wird dem Aendernden die Tragung der Kosten aufgebürdet werden müssen, die durch seine Prozeßverzögerung und durch die Veranlassung eines theilweise unnützen Verfahrens über das nunmehr geänderte Prozeßrecht von ihm verschuldet sind. Ob die Aenderung zu der ersten oder zweiten Art gehöre, das, glaube ich, läßt sich theoretisch nicht wohl festsetzen, sondern wird am besten und sichersten dem Ermessen des Richters für den einzelnen Fall überlassen, da die ganze Frage ohnehin der zweckmäßigsten Prozeßleitung angehört."

Diese Ausführung halte ich — vom Standpunkte der Eventualmaxime aus — für vollkommen überzeugend.

Den Ausführungen von Planck ist im Wesentlichen das Ober-Appellationsgericht zu Oldenburg beigetreten, also derjenige Gerichtshof, dessen Mitglied der verehrte Berufsgenosse ist, welcher sowohl auf dem Juristentage als in der Justiz-Kommission des Reichstages die Theorie von der Unzulässigkeit der Aenderung des K l a g e g r u n d e s mit dem größten Eifer vertheidigt hat. (Vergl. Seuffert's Archiv Bd. 23 Nr. 72 S. 122.)

Ueberblickt man die Reihe oberstrichterlicher Entscheidungen, welche in den gedruckten Sammlungen — namentlich in Seuffert's Archiv, in Kierulff's Sammlung der Entscheidungen des Ober-Appellationsgerichts zu Lübeck, in den Entscheidungen des Ober-Tribunals zu Berlin — veröffentlicht sind, so wird man zwar Planck darin nicht beitreten können, daß die Theorie, nach welcher die Begründung der Klage nach der Litiscontestation nicht mehr geändert werden darf, in der Praxis nicht den geringsten Anhalt habe; aber man überzeugt sich davon, daß die Mehrzahl der obersten Gerichte, und unter diesen gerade die angesehensten, sich von jener Theorie loszumachen suchen und den Ansichten Bayer's und Planck's auch in der Rechtsprechung folgen, zuweilen freilich unter allerlei Reservationen, die es erkennen lassen, wie schwer es den Juristen wird, vom Alten, Hergebrachten zu dem als richtig erkannten Neuen überzugehen. (Vergl. z. B. das Erk. des O.-App. zu Dresden bei Seuffert Bd. 20 Nr. 73.)

Es würde zu weit führen, wollte ich auf den heutigen Stand der Praxis näher eingehen. Aber ich kann der Versuchung nicht widerstehen, einen Fall zu referiren, welcher mir in neuester Zeit entgegengetreten ist und welcher deutlich zeigt, wie schwankend die an das Klagefundament anknüpfende Lehre von der Unzulässigkeit der Klageänderung ist:

Ein Rentier L. in Neuvorpommern hatte seiner Wirthschafterin, der unverehelichten Sch. das ihm gehörige Grundstück und andere ihm gehörige Sachen geschenkt unter der Auflage, daß letztere bis an sein Lebensende bei ihm bleiben und ihn pflegen solle. Später widerrief er die Schenkung wegens Undanks der Schenknehmerin und forderte die geschenkten Sachen zurück. Das Kgl. Kreisgericht zu Stralsund wies die Klage ab, indem es ausführte, daß die von dem Kläger zur Begründung der Klage angeführten Thatsachen theils einen Undank, welcher den Widerruf der Schenkung rechtfertigen könnte, nicht enthielten, theils nicht bewiesen seien. Der Kläger appellirte; seine inzwischen in den Proceß eingetretenen Erben führten in der Appellations-Instanz zur Begründung des Anspruchs eine Reihe neuer Thatsachen an, welche den Undank der Beklagten darthun sollten und welche wenigstens im Allgemeinen schon im Laufe der ersten Instanz angeführt, dort aber als verspätet zurückgewiesen waren. Nach den Anführungen der Appellanten sollten sich diese Thatsachen erst während des Processes ereignet haben. Das Appellationsgericht zu Greifswald bestätigte am 9. April 1875 das Urtheil der ersten Instanz, indem es den Ausführungen des Kreisgerichts beitrat und wegen der neu angeführten Thatsachen in den Gründen des Erkenntnisses sagte:

> „Die später eingetretenen Ereignisse mögen zu einer neuen Klage Grund abgeben können, durften aber auch in der Appellations-Instanz zur Begründung der erhobenen Klage nicht verwendet werden“.

Die Kläger legten die Nichtigkeitsbeschwerde ein, welche der vierte Senat des Königl. Ober-Tribunals durch Urtheil vom 13. Januar 1876 für begründet erklärte, weshalb er das Urtheil des Appellationsgerichts vernichtete und die Sache zur weiteren Ermittelung und nochmaligen Entscheidung in die zweite Instanz zurückverwies.

Die sehr ausführlichen Entscheidungsgründe des obersten Gerichtshofes will ich nur so weit mittheilen, als sie die in der ersten Instanz verspätet bezw. in der zweiten Instanz neu angeführten Thatsachen, aus welchen der Undank sonst noch abgeleitet wird, betreffen; ich übergehe dasjenige was speciell die angebliche Nichterfüllung des Modus: daß die Schenknehmerin bis zum Tode des Schenkers bei ihm bleiben solle — betrifft.[14])

Das oberstrichterliche Urtheil sagt:

„Der Kläger stützt seine Klage auf Revokation der Schenkung wegen Undanks auf die L. ult. Cod. de revocand. donat. (8, 56.) und führt zu deren Begründung an, daß die Beklagte „„gleich nach vollzogener Schenkung ihr Benehmen gegen ihn in auffallender Weise geändert und er seitdem von ihr, und zwar mit jedem Tage in gesteigertem Maße, schlechte Behandlung statt der bisherigen sorgsamen Pflege, welche sein hohes Alter von über 80 Jahren erfordere, erfahren habe. Damit nicht genug, gehe die Beklagte damit um, das geschenkte Grundstück an den Sattler B. zu verkaufen und sich überhaupt der übernommenen Pflicht, bis zu seinem Tode zwecks seiner Aufwartung und Pflege bei ihm zu bleiben, durch Eingehung der Ehe mit dem Schmiedemeister A. zu entledigen.““

„In der Replik hat Kläger das Moment des Undankes noch durch die Angabe verstärkt: „„daß die Beklagte Beleidigungen gegen ihn ausgestoßen und ihm sogar wiederholt die Thür gewiesen habe, auch das Versprechen der fortdauernden sorgsamen Aufwartung und Pflege dadurch verletze, daß sie mit dem A. die Eingehung der Ehe noch im Laufe dieses Jahres (1874) fest

---

[14]) In Ansehung des Modus war die processualische Sachlage die folgende: Es war schon in der Klage behauptet: Die Schenknehmerin habe sich verlobt, werde sich demnächst verheirathen und zu ihrem Ehemanne ziehen; sie beabsichtigte also den Kläger zu verlassen. — Später war dann behauptet, sie habe sich verheirathet und den Schenker verlassen. Das Ober-Tribunal sagt: Die Klage-Thatsache: „beabsichtigte Heirath und Verlassen“ bleibt hier dieselbe: nur die in der Klage vorhergesagte Verwirklichung jener Thatsache sei hinzugetreten. — Es mag dahin gestellt bleiben, ob in der beabsichtigten Verheirathung und dem beabsichtigten Verlassen unter diesen Umständen eine zur Begründung der Klage dienliche Thatsache enthalten war.

vereinbart und also ihren Willen ihn zu verlassen unzweideutig und bestimmt ausgesprochen habe.““ Nach erfolgter Beweisaufnahme und zwar vor dem Schlußtermine in erster Instanz, hat der Kläger noch angezeigt, „„daß sich die Beklagte am 29. September 1874 mit dem p. A. verheirathet, ihn, den Kläger, verlassen habe und zu ihrem Ehemanne gezogen sei; daß dieselbe in Gemeinschaft mit ihrem Ehemanne sein Eigenthum beschädigt und ihn am letzten Tage vor ihrem Abzuge in gröblichster Weise mißhandelt und nach dem beigebrachten ärztlichen Atteste körperlich verletzt habe.““

„In der Appellations-Rechtfertigung hat der Kläger sich auf alle vorstehend aufgeführten, von der Beklagten — bis auf die Verheirathung — bestrittenen Thatsachen bezogen und deren Feststellung verlangt“.

„Bei der processualischen Würdigung dieses Sachmaterials und bei der Anwendung des Gesetzes auf dasselbe muß man davon ausgehen, daß die Klage, also das jus, quod sibi debeatur persequendi in judicio, individualisirt wird durch die rechtliche Qualification des gekränkten Rechtes. Der Zweck der Klage, also die richterliche Entscheidung eines obwaltenden Streites setzt voraus und macht nothwendig, daß die Thatsachen, welche das Recht des Klägers und die Kränkung desselben darstellen, durch den Kläger dem Richter und durch dessen Vermittelung dem Beklagten vorgeführt werden. Jene Thatsachen bilden die causa, das fundamentum agendi. Nach der rechtlichen Qualification des Klagegeschäfts richtet sich auch der Klageantrag, das petitum, als Zweck der Klage, und die Vertheidigung des Beklagten als Abwehr des Klageanspruchs“.

„L 14 § 2 D. L 27 D de except. R. J. (44, 2). Martin, Lehrbuch des deut. gem. bürgerl. Processes § 85. 133 ff. v. Bayer, Vorträge über den gem. ordentl. Civilproceß S. 291 ff. v. Linde, Lehrbuch des deut. gem. Civilprocesses §§ 152, 189, 191. Allg. Preuß. Gerichts-Ordg. Thl. I. Tit. 5 § 4 Nr. 4, 17. Tit. 10 § 5a“.

„Eine nothwendige Folge der Klage und des durch die Einlassung auf dieselbe begründeten Rechtsverhältnisses ist es, daß im Laufe des Processes der Klagegrund, also die Thatsachen, welche das Recht des Klägers auf richterlichen Schutz begründen sollen, nicht geändert werden können. Es ist daher die mutatio libelli untersagt“.

„Martin a. a. O. § 138. v. Bayer a. a. O. S. 304. v. Linde

a. a. O. § 197. Preuß. Allg. Ger. Ordg. Thl. I. Tit. 5 § 25. Tit. 10 § 5a. Instr. vom 24. Juli 1833 § 29".

„Verschieden von dieser Klageänderung ist die Ergänzung und Vervollständigung der Klage, emendatio libelli. Die letztere ist innerhalb der Grenzen des Proceßrechts und nach Maßgabe des beneficium novorum sowohl nach gemeinem wie nach Preußischem Rechte gestattet".

„Martin a. a. O. § 137. v. Bayer a. a. O. S. 304. v. Linde a. a. O. § 197. Allg. Ger. Ordg. Thl. I. Tit. 12 § 6. Tit. 14 § 49. Verordg. vom 1. Juni 1833 §§ 14, 42, 44. Instr. vom 24. Juli 1833 § 29. Verordg. vom 21. Juli 1846 § 8. Verordg. vom 21 Juli 1849 §§ 12, 16, 30, 31, 46, 48".

„Die unter den Parteien bestehende Obligation ist eine Schenkung. Die Beklagte soll diese Obligation" — sic! — „nicht erfüllt haben, weil sie die Pflicht der Dankbarkeit verletzt habe, quia ingrata circa donatorem inveniatur. (L. ult. Cod. de revocd. donat.) Die Undankbarkeit, wenn sie die Revokation einer Schenkung begründen soll, muß sich allerdings durch äußere Thatsachen erkennbar machen, ita ut injurias atroces contra donatorem effundat acceptor donationis, vel manus impias inferat, vel vitae periculum aliquod intulerit (L. ult. Cod. cit.) Der Kläger hat nun auch in der Klage und in der Replik Angaben zur Erfüllung dieser Erfordernisse gemacht; allein der Apellationsrichter hat dieselbe eines Theils nicht für substantiirt, anderntheils zur Darlegung der Undankbarkeit nicht für ausreichend erachtet, auf die späteren Angaben des Klägers aber keine Rücksicht genommen, weil sie nur für eine neue Klage, nicht für die Instanzen des gegenwärtigen Processes verwendbar seien".

„Der Kläger hat in der Klage und in der Replik zwar das Detail der Thatsachen, in welchen die zugefügten Beleidigungen und Kränkungen bestanden haben sollen, nach Zeit, Ort und Gelegenheit nicht angegeben; allein die Behauptung, daß die Beklagte nach der Schenkung ihm wiederholt die Thür gewiesen habe, ist in sich selbst genügend bezeichnet."

„Abgesehen aber hiervon, so ist das der Klage unterliegende, in allgemeinen Umrissen bezeichnete Fundament, die Undankbarkeit, in ihrer fortdauernden Existenz durch Darlegung neuer, im Laufe des Processes zum Vorschein getretener Thatsachen unterstützt und ergänzt, — Thatsachen, welche die Beklagte während des Rechtsstreites und unter der Kenntniß der klägerischen Anfechtung vorgenommen hat. Es wäre ein zu weit gehender und durch das Recht der Vertheidigung nicht gebotener Formalismus, wollte man auf jene, die Fortdauer der Undankbarkeit kennzeichnenden Handlungen für den gegenwärtigen Proceß kein Gewicht legen. Ueber die Zulässigkeit und Unzulässigkeit von Klageänderungen lassen sich keine allgemein durchgreifende theoretische Regeln aufstellen; allein eine Vervollständigung des Klagematerials muß doch insoweit gestattet sein, als darüber unter Beibehaltung des bisherigen Verfahrens, ohne die Vertheidigung des Beklagten zu beschränken, weiter verhandelt und entschieden werden kann."

„Planck, Theorie vom Beweisurtheil S. 346 ff. Bayer, über die Aenderung des Klagelibells § 21. Dessen Civilproceß S. 309. Seyffert's Archiv Bd. 23 Nr. 72."

„Und solches ist der Fall in Ansehung der von dem Kläger der Beklagten zur Last gelegten neuen Kränkungen und Mißhandlungen, als Fortsetzung des zum Klagegrunde gewählten Momentes des Undankes. Jene Handlungen bilden, einzeln und für sich betrachtet, nicht ein neues Klagefundament, sondern sie haben zu der unverändert gebliebenen causa agendi — nämlich der Schenkung und des Undankes — nur das Verhältniß von neuen und zwar rechtzeitig angeführten Thatsachen."

„Diese Unterscheidung ist im vorliegenden Falle um so wichtiger und folgenreicher, als der Kläger im Laufe der zweiten Instanz gestorben ist; die Revokationsklage wegen ihres streng persönlichen Charakters weder aktiv noch passiv auf die Erben übergeht (L. 7. L. 10 Cod. de revocand. donat. — 8, 56. — Arndts, Pandekten § 82. Puchta, Pandekten § 70.) und der Kläger auch die angeblich bis kurz vor seinem Tode vorgefallenen Kränkungen processualisch zur Anzeige gebracht hat".

„Durch die entgegenstehende Auffassung hat der Appellationsrichter allerdings, wie die Nichtigkeitsbeschwerde vorwirft, das Wesen der Widerrufsklage, daher L. 10 Cod. cit. verletzt, und gegen die gesetzlichen Bestimmungen und Rechtsgrundsätze über Klageänderung und Klagevervollständigung — § 48 der Verordnung vom 21. Juli 1849, Ges.-Sammlung S. 307 [15]) — verstoßen."

---

[15]) Der cit. § 48 bestimmt über Klageänderung und Klagevervollständigung nichts,

So das Königl. Ober-Tribunal zu Berlin! Das Erkenntniß ist für die Behandlung der Frage der Klageänderung belehrend. Wenn ich den Maaßstab anlege, nach welchem meines Erachtens die neue Proceßordnung ausmessen soll: ob Klageänderungen und Klagevervollständigungen in den Rahmen des schwebenden Processes hineinpassen, so bin ich mit dem Resultate, zu welchem das Kgl. Ober-Tribunal gelangt ist, vollkommen einverstanden. Auch verkenne ich nicht das Gewicht des weniger juristischen, als allgemein menschlichen Motives, welches auf die Ausführungen eingewirkt zu haben scheint: daß nämlich vermöge der Unvererblichkeit der Widerrufsklage die neuen Thatsachen von den Erben des Schenkers in einer neuen Klage nicht würde geltend gemacht werden können.[16]) Ob aber das Urtheil von dem Standpunkte aus zu rechtfertigen ist, welchen das Kgl. Ober-Tribunal in dem ersten Theile seine Gründe als den des heutigen Proceßrechts anerkennt: daß nämlich das Klagefundament nicht geändert werden dürfe? — speciell: ob das allgemein behauptete „Moment des Undankes" oder vielmehr diejenigen, in der L. ult. Cod. cit. specificirten Thatsachen (Windscheid, Pandekten, Bd. 2, § 367, N. 16), aus welchen der Undank gefolgert wird und „welche das Recht auf richterlichen Schutz begründen sollen", (neben der Schenkung) den in der Klageschrift darzulegenden Klagegrund bilden? — ob ferner der erste Theil der Gründe durch den zweiten Theil, in welchem das Ober-Tribunal die von Bayer und Planck aufgestellten Grundsätze zur Anwendung bringt, nicht zur verwelkten, grauen Theorie wird? — endlich allgemeiner: ob dieses Urtheil mit der Kritik abgefertigt werden kann, daß es eben die „von der Wissenschaft lange erörterten und geklärten" Grundsätze vom Klagegrunde nicht gehörig berücksichtigt habe — und nicht vielmehr einen Beitrag zu

---

sondern regelt nur einen Theil des Verfahrens in der Appellations-Instanz. Er lautet vollständig:

> „Die Einführungs- und Rechtfertigungsschrift muß außer der Angabe der Beschwerdepunkte die Angabe der zur Unterstützung derselben etwa anzuführenden neuen Thatsachen, sowie der zur Unterstützung dieser oder der bereits in erster Instanz vorgebrachten Thatsachen vorzuschlagenden neuen Beweismittel, sowie der Gegenbeweismittel enthalten. Thatsachen zur Begründung der Appellation, welche in der Appellationsrechtfertigung nicht vorgebracht sind, dürfen im ferneren Verlaufe nicht mehr vorgebracht werden."

[16]) Diese Annahme des Königl Ober-Tribunals scheint mir in der Anwendung auf den vorliegenden Fall nach den Worten der L. ult. Cod. cit. (Etenim si ipse, qui hoc passus est, tacuit . . .) nicht außer allem Zweifel zu sein. Aber es ist anzuerkennen, daß die Billigkeit schon deshalb für das gewonnene Resultat geltend gemacht werden kann, weil es sehr zweifelhaft ist, ob eine neue Klage der Erben zugelassen werden würde.

der oft gemachten Erfahrung liefert, daß die Natur der Dinge und das Streben, einen beengenden Formulismus zu überwinden, um zu einem befriedigenden Resultate zu gelangen, stärker sind, als ein mit juristischem Eigensinn festgehaltener Glaubenssatz? — alle diese Fragen zu beantworten, glaube ich dem Nachdenken des geneigten Lesers überlassen zu dürfen.

§ 6. Was haben die neueren Gesetzgebungsarbeiten, soweit sie mündliches Verfahren mit Beseitigung der Eventualmaxime einführen wollen, über die Klageänderung bestimmt? Ueberficht und kritische Bemerkungen.

Für unseren Zweck ist es gleichgültig, welche Vorschriften die neuen Gesetze und Entwürfe wegen der Aenderung des Petitum enthalten. Diese Vorschriften stimmen sämmtlich im Wesentlichen mit den Bestimmungen in § 232 Nr. 2 und 3 des deutsch. Entwurfs, die ich bereits erwähnt und als zweckmäßig bezeichnet habe, überein. Uns interessirt nur die Aenderung der Erzählung des Faktums, der Klage-Thatsachen; nur die Bestimmungen der neuen Gesetzgebungsarbeiten in Ansehung dieser Aenderungen werden im Folgenden berücksichtigt.

Da mir nicht alle neueren deutschen Proceßgesetzgebungs-Arbeiten zur Hand sind, so kann ich nur eine unvollständige Ueberficht geben. Auch fehlen Raum und Zeit zu einer eingehenden Beurtheilung. Ganz übergehen möchte ich die erwähnten Arbeiten nicht; die Mittheilung verfolgt aber wesentlich den Zweck, dem Leser das Material vorzulegen für die Gewinnung eines Urtheils darüber: ob es wünschenswerth ist, die fraglichen Bestimmungen bezw. welche? der deutschen Civilproceß-Ordnung einzuverleiben.

1) Die Bestimmungen der hannöverschen Proceß-Ordnnng habe ich in dem Vortrage, welchen ich auf dem Juristentage zu Nürnberg gehalten habe, vollstäudig mitgetheilt. Der Kürze halber verweise ich in Betreff derselben auf den stenographischen Bericht S. 267. Daß diese Bestimmungen sehr übel gewirkt haben, halte ich durch die von mir und Herrn O.-A.-Gerichts-Anwalt Haarmann referirten Erfahrungen für genügend dargelegt.

2) Der preußische Entwurf von 1864 bestimmt in § 232:

„Als eine unzulässige Aenderung der Klage ist es nicht anzusehen:

2. wenn die Aenderung des Klagegrundes mit oder ohne Aenderung des Klageantrages den Beklagten nicht zu einer anderen Rechtsvertheidigung nöthigt."

Hiermit beabsichtigte man „Aenderungen der Klage in so weitem Umfange, als es das Interesse des Beklagten irgend zuläßt" zu gestatten. (Motive.) Daß dabei der Klagegrund erwähnt, dieser nicht geklärte Begriff in die Vorschrift eingeschoben wurde, war nach Inhalt und Zweck der letzteren überflüssig und bedenklich. Es wird unten gezeigt werden, daß wir einer solchen besonderen Vorschrift über die Klageänderung nicht bedürfen.

3) Der Entwurf der hannoverschen Commission der deutschen Bundesstaaten bestimmt in § 237:

„Als Klagänderung ist es nicht anzusehen, wenn ohne Aenderung des Klaggrundes die Klage ergänzt, erläutert oder berichtigt wird."

4) Die württembergische Civilproceß-Ordnung von 1868 § 331 hat diese Bestimmung aus dem hannoverschen Commissions-Entwurfe wörtlich übernommen, ohne daß in den Regierungs-Motiven oder in den Commissions-Berichten der beiden Kammern etwas Besonderes zur Rechtfertigung derselben angeführt wäre.

Von der in Hannover tagenden Commission sind die Bestimmungen über die Klageänderung eingehend diskutirt worden und fast alle möglichen Ansichten haben ihre Vertreter gehabt. Zu größerer Klarheit über die Sache gelangt man durch die umfangreichen Protokolle nicht; man gewinnt nur die Ueberzeugung, daß diejenigen Mitglieder der Commission auf dem richtigen Wege waren, welche ausführten:

„Die Frage, wenn eine Klageänderung vorliege, sei theoretisch und praktisch sehr bestritten und die im concreten Falle bestehenden Zweifel lassen sich durch eine kurze Formel nicht beseitigen. Wäre dieses möglich, und läge nicht die Schwierigkeit gerade in der Anwendbarkeit der Formel für den einzelnen Fall, so würde man eine solche schon längst aufgefunden haben. Das sei aber nicht geschehen. . . . . Ein Princip für die Klageänderung könne nur darin gefunden werden, wenn der thatsächliche Grund der Klage verlassen oder ein neuer hinzugefügt werde; allein eine solche Definition würde idem per idem sein." (Protokolle S. 1574, 1576.)

Man sollte nun glauben nach diesen Grundsätzen und nach dem Principe des Entwurfes, daß die mündliche Verhandlung „als ein Ganzes anzusehen" sei, hätten jene Mitglieder der Commission zu dem Schlusse gelangen müssen, daß man alle Vorschriften über Klageänderung aus dem Entwurfe verkommen müsse. Aber nein; sie gelangen nur dahin: „es sei am zweckmäßigsten, jede Begriffsbestimmung wegzulassen."

Die Majorität der Commission stand nach den Protokollen unter dem Einflusse der bisherigen Gewöhnung, welche zu der Ansicht geführt hat:

Ordnung im Verfahren sei nicht möglich ohne ein irgendwie gestaltetes Verbot der mutatio libelli. Man konnte von ihnen sagen, was Baco von Vorulam uns Juristen leider mit allzu vielem Rechte zum Vorwurfe macht, wenn es sich darum handelt, eine gesetzliche Regelung vorzunehmen: quasi e vinculis sermocinantur!

So kam jener § 237 des sog. hannöverschen Commissions-Entwurfs zu Stande und man glaubte mit seiner die Begriffsbestimmung vermeidenden, negativen Fassung das Möglichste gethan zu haben.

5) Die badische Proceß-Ordnung von 1864 bestimmt in § 254:

> „Eine Klageänderung ist als vorhanden anzusehen, wenn eine rechtskräftige Abweisung der ursprünglichen Klage die Einrede der entschiedenen Sache gegen die veränderte Klage nicht begründen würde.“

In dem vorhergehenden § 253 ist gesagt, daß der Beklagte sich auf das nachträgliche Vorbringen, welches eine Klageänderung enthält, nicht einzulassen brauche.

Der obige § 254 ist dem ersten Entwurfe entnommen, welcher der sog. hannöverschen Commission als Grundlage ihrer Berathungen vorgelegt war. (Anlagen zu den Protokollen Seite 48, § 235, Abs. 2.)

Mit dieser Bestimmung kommt man nicht weiter, als mit dem Verbote der Aenderung des Klagegrundes, und wenn man, wie es nach den Motiven zu der neuen badischen Proceßordnung scheint, mit der Vorschrift in § 254 cit. eine Verbesserung herbeigeführt zu haben glaubt gegen den § 304 der älteren badischen Proceßordnung von 1851, (welcher verordnete, daß „der thatsächliche Grund der Klage“ nur bis zur Einlassung der Beklagten gemindert werden dürfe), so ist dieser Fortschritt doch nicht zu erkennen. Die Einrede der entschiedenen Sache wird eben darauf begründet, daß der geltend gemachte Klagegrund consumirt sei. Deshalb ist mit Recht bei der zweiten Lesung des Entw. der deut. Civilproceß-O. gesagt worden: Der Entwurf, indem er die Aenderung des Klagegrundes verbietet, „stehe auf dem gleichen Standpunkte wie Baden, welches die Klageänderung soweit zulasse, als sie nach den Grundsätzen der res judicata zulässig sei.“ (Protokolle Seite 542.) Auch hier gilt jenes Idem per idem.

6) Die Proceß-Ordnung für Bayern von 1869 bestimmt in Artikel 180 unter der Ueberschrift: Klageänderung:

> „Der Beklagte kann sich Aenderungen widersetzen, welche nach der Vernehmlassung in dem Gegenstande der Klage, in ihrer

thatsächlichen Begründung oder durch Erweiterungen des Gesuches vorgenommen werden."

Die drei folgenden Artikel enthalten die Modificationen dieser Regel; der sie machen keine Ausnahme von dem Grundsatze, daß der Klagegrund nicht geändert werden dürfe.

Gegen die Art. 156—158 des Entwurfes, aus welchem die bayer. Pr.-O. hervorgegangen ist, hat Planck seine Angriffe gegen diese Vorschriften über Klageänderung in der Kritischen Vierteljahrsschrift für Gesetzgebung und Rechtswissenschaft Bd. 4 S. 239 ff. gerichtet. Sie sind in der bayer. Pr.-O. nicht berücksichtigt: die Art. 156—158 des Entwurfes sind mit unwesentlichen Modificationen in Art. 180—183 der Pr.-O. übergegangen. — Die Gründe für die Nichtberücksichtigung der Einwendungen von Planck werden bei der Kritik für die Aufrechterhaltung der Bestimmungen des deutschen Entwurfs mit beleuchtet werden.

7) Der Entwurf der Proceß-Ordnung für den Norddeutschen Bund von 1870 enthält in § 204 (des endlichen Entwurfs: vorher § 188 der während der Berathung von der Commission zusammengestellten Entwürfe) wörtlich die Bestimmung, welche zunächst in den Entwurf des preußischen Justiz-Ministeriums zu einer „deutschen Civilproceß-Ordnung" von 1871, demnächst in den „Entwurf einer deutschen Civilproceß-Ordnung" von 1872 und endlich in den dem Reichstage vorgelegten Entwurf (1874) übergegangen ist.

Die „Protokolle der Commission zur Ausarbeitung des Entwurfes einer Civilproceß-Ordnung für die Staaten des Norddeutschen Bundes", soweit ich dieselben habe einsehen können,[17]) geben in ihrer knappen Fassung keinen genügenden Aufschluß darüber, aus welchen Gründen man jene Bestimmung in den Entwurf aufgenommen, insbesondere weshalb man das Verbot der Aenderung an den Klagegrund angeknüpft hat. — Mehrere Mitglieder der Commission wünschten, daß eine Fassung gefunden werden möchte, welche den in § 232 Nr. 2 des preuß. Entw. von 1864 enthaltenen Grundsatz deutlicher und zutreffender zum Ausdruck bringe. „Die Freiheit der Klageänderung sei möglichst zu wahren, und die Abweisung: wie angebracht, mit welcher viel Mißbrauch getrieben werde,

---

[17]) Ein vollständiges Exemplar der Protokolle hat mir leider nicht zur Verfügung gestanden. Auch vermag ich nicht dafür einzustehen, daß ich alle von der Klageänderung handelnden Stellen, der ersten Bände (bis zu Sitzung 254) gefunden habe; aber es wird nicht wesentlich darauf ankommen, da die Fassung der Nordd. Commission in den neuesten Entwurf übergegangen ist und die Motive zu diesen vorliegen.

ganz zu beseitigen. Auch wenn die Vertheidigung des Beklagten sich modificire,[18]) könne die Klage nicht zurückgewiesen, sondern nur die Anberaumung eines neuen Termins verlangt werden. Es sei eine positive Grenze zu finden, und diese liege in dem Begriffe des wesentlichen Thatbestandes, welcher nach der ersten mündlichen Verhandlung nicht mehr verändert werden dürfe."

„Hierauf" — so fährt das Protokoll fort — „wurde zwar entgegnet, daß in dieser Ausdehnung ein Bedürfniß, die Aenderung des Klagegrundes zuzulassen, nicht zuzugeben sei. Es solle nur verhütet werden, daß lediglich wegen unzulässiger Aenderung des Klagegrundes eine Abweisung erfolge, wiewohl dem Proceßrichter das Material zur Entscheidung vollständig vorliege. Es sei eben das Kennzeichen einer wesentlichen Uebereinstimmung der zur Begründung des Antrages dienenden Thatsachen, wenn der Beklagte nicht zu einer abweichenden Vertheidigung genöthigt werde."

„Die Commission lehnte indessen die Bestimmung sub Nr. 2 des § 232 des preußischen Entwurfes ab und überließ es zunächst dem Redaktionsausschuß, in anderweiter unmittelbarer Weise die unzulässige Aenderung des Klagegrundes zu definiren." (Protokolle Seite 540.)

Im Laufe der Berathungen wurde dann die Klageänderung noch einige Male gelegentlich erwähnt, z. B. bei den Erörterungen über das Kontumazialverfahren (Prot. S. 640 f.); aber eine weitere den Grundsatz betreffende Debatte scheint in der Commission selbst nicht (vielleicht aber im Redaktions-Ausschusse) stattgefunden zu haben. Der Redaktions-Ausschuß legte später seinen Entwurf vor, und schon in diesem findet sich in § 336 wörtlich die Vorschrift, welche in alle späteren Entwürfe bis zu dem dem Reichstage vorgelegten übergegangen ist. (Protokolle S. 827.)

Bei der Berathung des Redaktions-Entwurfes hat dann eine Erörterung über diesen § 336 nicht stattgefunden. Er fällt also unter die clausula generalis des diesen Entwurf betreffenden Protokolls (S. 773): „Die Bestimmungen dieser Vorlage wurden, insoweit nicht aus den nachfolgenden Verhandlungen Aenderungsbeschlüsse sich ergeben, von der Commission genehmigt." — Das ist um so auffallender, als man nach dem dem Ausschusse ertheilten Auftrage, „in unmittelbarer Weise die unzulässige Aenderung des Klagegrundes zu definiren" eine andere als die redigirte, nur negative Vorschrift darüber: was nicht als Aenderung der Klage anzusehen sei, hätte erwarten sollen.

---

[18]) So die Worte in dem Protokolle über die 89. Sitzung. — Die Fassung ist nicht ganz deutlich; der Sinn ist: Auch wenn die Vertheidigung der Beklagten in Folge einer Aenderung der Klage modificirt werden müsse.

Wenngleich der Vorschlag: die Aenderung des wesentlichen Thatbestandes nach der ersten mündlichen Verhandlung zu verbieten, bis dahin aber jede Aenderung zuzulassen, praktisch nicht zu verwerthen ist, weil die Zweifel darüber, was zum wesentlichen Thatbestande gehört, genau dieselben sind, als die Zweifel darüber, was im einzelnen Falle zum Klagegrunde gehört und weil (wenigstens nach dem neuesten Entwurfe) die alte Eventualmaxime beseitigt, dadurch aber jede neue mündliche Verhandlung im gewissen Sinne eine erste geworden ist, so sind doch die mitgetheilten Verhandlungen im hohen Grade interessant, weil aus ihnen hervorgeht, daß eine Anzahl von Mitgliedern der Commission nahe daran war, die unnütze Doctrin von der Aenderung des Klagefundaments aufzugeben und daß sie anerkannte, es sei nimmermehr zu rechtfertigen, wenn man es gestatte, daß der Richter eine Klage mit der (wolle Gott, recht bald gänzlich zu verbannenden!) Klausel: angebrachtermaßen abzuweisen, „wiewohl ihm das Material zur Entscheidung vollständig vorliegt"!

Die vorstehend unter 1—7 erwähnten Gesetze und Entwürfe knüpfen — wie noch bemerkt werden mag — das Verbot der Klageänderung an die Zeit der Zustellung der schriftlichen Klage in der Art an, daß die spätere Aenderung unzulässig ist; eine Ausnahme davon macht nur die bayer. Pr.-O., welche das Verbot an den Zeitpunkt der Vernehmlassung anknüpft. Was unter: „Vernehmlassung" zu verstehen ist, kann man merkwürdiger Weise aus dem Gesetze nicht erkennen. Die Motive der bayerischen Regierung zu ihrem Entwurfe und die Verhandlungen der Gesetzgebungs-Ausschüsse der bayerischen Kammern lassen aber keinen Zweifel bestehen, daß darunter „die schriftliche Vernehmlassung zu verstehen ist, welche der Beklagte im Vorbereitungsverfahren abzugeben hat." [19])

§ 7. Zweckwidrigkeit der bisher erwähnten Vorschriften über die Klageänderung.

Wenn es richtig ist, daß eine Proceß-Ordnung so viel als möglich unnütze Weiterungen abschneiden muß, daß sie viel weniger eine Handhabe für solche Weiterungen bieten darf, daß sie ferner alle Vorschriften vermeiden muß, durch welche ohne zwingende Veranlassung eine Verviel-

---

[19]) Verhandlungen der Kammer der Abgeordneten des bayerischen Landtages im Jahre 1863 Beilage-Band II., Abtheilung 1, Seite 73. Nach dem sog. Referenten-Entwurfe der in Hannover tagenden Commission, welcher den Berathungen zu Grunde gelegt wurde, sollte die Aenderung bis zur „Beendigung des mündlichen Klagevortrages" zulässig sein. Durch eine solche Bestimmung würde das Princip der Einheit der mündlichen Verhandlung beseitigt und letztere in Stadien zerlegt werden, ganz ähnlich wie im schriftlichen Proceß mit Eventualmaxime.

fältigung der Processe herbeigeführt wird, und daß sie endlich, im Zusammenhange mit den vorstehenden an eine gute Proceß-Ordg. zu stellenden Anforderungen, den Richter in den Stand setzen muß, unabhängig von chikaniösen dilatorischen Ausflüchten des Beklagten, den Streit der Parteien zu entscheiden resp. diese Entscheidung vorzubereiten sobald das Material für die Entscheidung resp. den Vorbescheid (Beweis = Beschluß 2c.) vollständig vorliegt — wenn dies, wie nicht zu bezweifeln, als richtig zugegeben wird, so müssen m. E. die Vorschriften der erwähnten Gesetze und Entwürfe über die Unzulässigkeit der Klageänderung aufgegeben und bei Seite geschoben werden.

Der Begriff des Klagegrundes (oder der res judicata), an welchen meistentheils bei dem Verbot der Klageänderung angeknüpft ist, giebt für den einzelnen Fall keinen sicheren Anhalt für die Beurtheilung der Frage: ob eine unzulässige Klageänderung vorliegt? Deßhalb wird bei einer Vorschrift, wie der neueste Entwurf sie vorschlägt, die Einrede der Klageänderung sehr häufig (wenn auch vielleicht nicht so häufig wie heut zu Tage in Hannover) zu Erörterungen der Parteien und langen Berathungen der Richter Anlaß geben. Die Erfahrung lehrt, daß da, wo der Grundsatz schon gesetzliche Geltung hat (wie z. B. in Preußen nach § 5a Allg. Ger.-Ordg. Thl. I. Tit. 10) für die Entscheidung in allen zweifelhaften Fällen doch das richterliche Ermessen maßgebend ist, eben weil die Formel: der Klagegrund darf nicht geändert werden, kein sicherer Maßstab ist.[20]) Ein in der Wissenschaft wie in der Praxis[21]) gleichmäßig hervorragender Jurist, welcher auch die Frage: was zum Klagegrunde gehört? noch nicht für geklärt zu halten scheint, sagt (Kritische Vierteljahresschrift Bd. 4 S. 239): Es wird immer unmöglich sein, ein klares Princip des Unterschieds (der verbotenen Aenderung der Klage und der erlaubten Verbesserung) zu entwickeln. Wie unterscheidet sich z. B. eine verbotene Aenderung der Klage in ihrer thatsächlichen Begründung von einem erlaubten Nachtrage, welcher bloß als Ergänzung unvollständiger Anführungen oder die Berichtigung offenbarer Irrthümer zum Gegenstande hat? — Nun aber ist schon nach dem heutigen Proceßrechte das Verbot der Aenderung des Klagegrundes unzweckmäßig, weil es in vielen Fällen zu einer Vervielfältigung der Processe führt. Den nicht selten vor-

---

[20]) Wer sich darüber unterrichten will, wie unsicher Theorie und Praxis des preuß. Rechts über die Anwendung des Grundsatzes sind, der lese die Rönne'schen „Ergänzungen und Erläuterungen der preußischen Rechtsbücher" zu A. G.-O. I. 5 §§ 21—23 nach.

[21]) Planck war mehrere Jahre Mitglied des Gerichtshofes, dessen Präsident zu sein ich jetzt die Ehre habe.

kommende Fall, daß um ein Darlehn geklagt wird, während ein Depositum vorliegt oder umgekehrt, habe ich in den Verhandlungen des J. T. bereits erwähnt. Zwei weitere Fälle, welche ich meiner neuesten Praxis entnehme, füge ich hinzu: 1. Ein Kaufmann klagte gegen einen Landwirth, indem er behauptete: er habe letzterem mehrere (dem Betrage und der Zeit der Hingabe nach specificirte) Darlehne gegeben. Den größten Theil seiner Schuld habe Beklagter dadurch getilgt, daß er ihm Getreide verkauft habe und der Preis auf seine Darlehnsschuld abgerechnet sei; Beklagter sei aber als Rest die eingeklagte Summe schuldig geblieben. — Beklagter bestritt, vom Kläger jemals Darlehne erhalten zu haben; er habe vielmehr mit dem Kläger in einem Geschäftsverkehr gestanden in der Art, daß er ihm sein Getreide verkauft, der Kläger aber als sein Banquier in der Art fungirt habe, daß er ihm das für seinen Wirthschaftsbetrieb nöthige Geld unter der Bedingung gegeben habe, daß, wenn der Kläger in Vorschuß komme, die so entstandene Schuld stets durch den Verkauf von Getreide zu den jedesmaligen Marktpreisen gedeckt werden sollte. Bei einer größeren Getreidelieferung sei eine Differenz entstanden. Es sei bedungen gewesen, daß das Getreide ein bestimmtes Gewicht haben sollte; Beklagter habe behauptet, daß das gelieferte Getreide ein Mindergewicht habe und wolle ihm deshalb einen Abzug von dem Kaufpreise machen. Dieser Abzug, welcher nicht zugestanden werde, weil er das bedungene Gewicht gewährt habe, sei eben der eingeklagte Betrag. — Bei der weiteren Verhandlung stellte sich heraus, daß der Streit in der That nur die Frage betraf: ob das Getreide der fraglichen Lieferung das bedungene Gewicht gehabt habe. Beklagter mußte zugeben, daß er nicht Darlehne, sondern Vorschüsse gegeben hatte, und er rechtfertigte die Höhe des wegen Mindergewichts gemachten Abzuges noch durch Behauptungen über Verabredungen, welche er für den Fall des Mindergewichts mit dem Beklagten getroffen haben wollte. (Die ursprüngliche Behauptung der Darlehne beruhte anscheinend auf einem Mangel der dem klägerischen Anwalte gegebenen Information.) Der status causae et controversiae lag dem Gerichte vollständig vor, aber auch die Einrede der mutatio libelli. Sollte das Gericht auf Grund der letzteren die Klage „angebrachtermaßen" abweisen? Es war ja die Darlehnsklage angestellt, und es hatte sich ergeben, daß die condictio causa data causa non secuta hätte angestellt werden müssen —, ein Unterschied, welcher namentlich wegen der Beweislast von praktischer Erheblichkeit war. Das Gericht hat die Einrede, welche nach der Theorie von der Unveränderlichkeit des Klagefundaments gewiß begründet gewesen wäre, verworfen und dem Kläger den Beweis auferlegt, welcher von ihm zur Rechtfertigung seiner condictio zu erbringen ist. Sicher war diese Verwerfung der Einrede nach den von Bayer und Planck vertheidigten Grundsätzen gerechtfertigt. — Wozu hätte in diesem Falle die Abweisung wegen Klageänderung geführt, als zu einer völlig unnützen Vervielfältigung der Processe? — 2. Nach dem in Neuvorpommern geltenden ehelichen Güterrechte ist der Ehemann ausschließlich der Vertreter des gütergemeinschaftlichen Vermögens. Ist aber der Ehemann abwesend oder liegen irgend welche Umstände vor, welche den Ehemann hindern, die gemeinschaftliche Gütermasse zu vertreten, so tritt die Ehefrau an seine Stelle. Ebenso ist letztere die allein legitimirte Vertreterin dieser Gütermasse, so lange als sie nach dem Tode des Ehemannes sich mit den übrigen Erben des letzteren nicht auseinandergesetzt hat. — Ein Schiffsbaumeister klagte gegen eine Frau, indem er behauptete: Der Schiffs-Capitain A. schulde ihm an Baugeldern für das für ihn erbaute Schiff laut einer Urkunde die Summe von x Thalern. A. sei im Herbst 1874 gestorben. Die Schuld sei nach Inhalt der Urkunde fällig. Die Beklagte, welche mit dem A. in ehelicher Gütergemeinschaft gelebt, sei noch im Besitz der ungetheilten Güter. Deshalb klage er gegen sie. — Die Beklagte bestritt, daß ihr Ehemann verstorben sei. In dieser Beziehung stellte sich folgender, auch vom Kläger zugestandener Sachverhalt heraus. Der Schiffscapitain A. war im Herbste 1874 von England mit seinem Schiffe abgesegelt, um Waaren nach Stettin zu transportiren. Weder von dem Schiffe, noch von der Mannschaft desselben hat man seitdem wieder etwas gehört; vermuthlich ist das Schiff in Folge eines zu jener Zeit eingetretenen heftigen Sturmes mit Mann und Maus untergegangen. Aber der A. war zur Zeit des von dem Kläger angestellten Processes noch nicht durch gerichtliches Urtheil für todt erklärt. Kläger machte geltend: die Beklagte sei dennoch zur Sache legitimirt. Letztere aber erwiederte: Kläger ändere das Klagefundament; denn zu diesem gehörten auch die Thatsachen, welche die Sachlegitimation des Beklagten betreffen (die Thatsachen, welche den erhobenen Anspruch „als durch den Beklagten verletzt erscheinen lassen"). — Ist in diesem Falle eine Aenderung des Klagegrundes anzunehmen? So sehr man sich gegen die Bejahung der Frage sträuben mag, nach der Strenge der sonst oft unzureichenden Definition des Begriffs würde man nicht umhin gekonnt haben, die Frage zum Nachtheil des Klägers zu beantworten. Aber das Gericht hat anders entschieden, weil die Beklagte in Folge der dauernden Abwesenheit ihres Ehemannes zur Sache legitimirt sei. —

Muß man zugeben, daß schon nach dem bisherigen Proceßrechte der Grundsatz: daß der Klagegrund nicht geändert werden darf, in seiner Anwendung unsicher, in seiner Allgemeinheit aber ein den Zwecken des Verfahrens widersprechender ist, so ist vollends nicht einzusehen, weßhalb man diesen Grundsatz, den man bisher allenfalls damit rechtfertigen konnte, daß die Eventualmaxime eine positive Regel erfordere, übertragen will in eine Proceß-Ordnung, welche als Princip anerkennt, daß der Schwerpunkt des Verfahrens in die mündliche Verhandlung zu verlegen sei, daß letztere „die entscheidende Phase des ganzen Kampfes" bilden müsse, und daß deshalb „Angriffs- und Vertheidigungsmittel bis zum Schlusse derjenigen mündlichen Verhandlung, auf welche das Urtheil ergeht, geltend gemacht werden können." (Entwurf der deut. P.-O. § 241). — Es muß — wie Planck (Vierteljahresschrift Bd. 4. S. 239) mit Recht bemerkt — auf den ersten Blick auffallen, warum der Kläger schlechter gestellt sein soll als der Beklagte. Denn dem letzteren steht es frei, bis zum Schlusse derjenigen mündlichen Verhandlung, auf welche das Urtheil ergeht, Einreden nachzubringen oder bereits vorgebrachte anders zu begründen. „Warum, wird man fragen, steht dasselbe Recht nicht auch dem Kläger in Bezug auf seine Klage zu?". — Diese Frage Planck's haben die Vertheidiger der Unveränderlichkeit des Klagegrundes zu beantworten gesucht. Wir werden weiter unten prüfen, ob die Antworten die Sache, welche sie vertheidigen, rechtfertigen.

§ 8. Was soll über die Zulässigkeit oder Unzulässigkeit der Klageänderung in der deutschen Civilproceß-Ordnung bestimmt werden?

Meine Antwort auf diese letzte Frage ist eine sehr einfache: Nichts! Mein Vorschlag geht dahin, nur diejenigen Bestimmungen in dem Entwurfe stehen zu lassen, welche bezwecken, daß die Identität des beanspruchten Objekts festgehalten werde, die Vorschriften insbesondere, welche den Begriff des Klagegrundes zum Ausgangspunkte nehmen, zu streichen und den Grundsatz des § 241 des Entwurfs auch auf die Klage auszudehnen. Letzteres wird zweckmäßig dadurch verdeutlicht werden können, daß man in die Parenthese im Eingange des Paragraphen einschiebt: „Klage-Thatsachen".

Danach und in Folge davon würden sich folgende Veränderungen des Entwurfs ergeben:

I. Die Nr. 3 im § 227, nach welcher die Rechtshängigkeit die Wirkung haben soll, daß der Kläger nicht berechtigt ist, ohne Einwilligung des Beklagten die Klage zu ändern, würde zu streichen sein.

II. An Stelle des § 232, welche ich der Uebersicht wegen daneben stelle, würde folgende Bestimmung treten:

Bisheriger § 232. (fortfallend).

Als Aenderung der Klage ist es nicht anzusehen, wenn ohne Aenderung des Klagegrundes

1. die thatsächlichen oder rechtlichen Anführungen ergänzt oder berichtigt werden;
2. der Klageantrag in der Hauptsache oder in Bezug auf Nebenforderungen erweitert oder beschränkt wird;
3. statt des ursprünglich geforderten Gegenstandes wegen einer später eingetretenen Veränderung ein anderer Gegenstand oder das Interesse gefordert wird.

Neuer § 232.

Nach der Erhebung der Klage darf der Gegenstand des geltend gemachten Anspruchs nur insoweit geändert werden als

1. der Klageantrag in der Hauptsache oder in Beziehung auf Nebenforderungen erweitert oder beschränkt wird;
2. statt des ursprünglich geforderten Gegenstandes wegen einer später eingetretenen Veränderung ein anderer Gegenstand oder das Interesse gefordert wird.

III. § 233, welcher bestimmt, daß bei der Einlassung auf die abgeänderte Klage Einwilligung des Beklagten in die Aenderung angenommen werden soll, würde zu streichen sein.

IV. Im § 222, welcher bestimmt, daß die Klageschrift enthalten muß:

„2, die bestimmte Angabe des Gegenstandes und des Grundes des erhobenen Anspruchs sowie einen bestimmten Antrag"

würden die Worte: „des Grundes des erhobenen Anspruchs" zu streichen und an Stelle derselben die Worte zu setzen sein: „der Thatsachen, welche der Kläger für seinen Anspruch geltend zu machen beabsichtigt." — Durch diese Fassung würde wohl genügend angedeutet sein, daß die Angabe der Thatsachen nicht mit der bestimmenden, sondern nur mit der vorbereitenden Natur der Klageschrift in Beziehung steht.

V. Im § 583, welcher die Erfordernisse eines Gesuches um Erlassung eines Zahlungsbefehles im Mahnverfahren enthält, ist unter 3 aufgeführt: „die bestimmte Angabe des Betrages oder Gegenstandes und des Grundes des Anspruchs". Die letzten vier Worte würden zu streichen und statt derselben zu setzen sein: „der Thatsachen, aus welchen der Anspruch entstanden sein soll."

Unter II bis V habe ich der Uebersichtlichkeit wegen die Stellen des Entwurfes erwähnt, in welchem vom „Grunde" der Klage die Rede ist. Vielleicht ließen sich diese Stellen noch vermehren; ich habe eine genaue Prüfung des Entwurfes in dieser Beziehung nicht angestellt; das ist auch wohl nicht nöthig: überall würde der Ausdruck leicht durch einen anderen zu ersetzen sein, welcher nicht auf die bisherige Theorie von Klagegründen hinweist. — Mir ist bekannt, daß mir erwiedert werden wird: An Stellen wie die unter IV und V bezeichneten, schlüge ich nur andere Worte vor; die Sache bleibe dieselbe. Dem Einwurfe begegne ich für jetzt nur mit der Erwiderung: Die Sache will ich auch nicht aus der Wissenschaft entfernen, wohl aber den Ausdruck: Klagegrund, Grund des Anspruchs u. s. w. überall da, wo er Veranlassung dazu geben kann, die Theorie von der Klageänderung mit dem Begriffe: Klagegrund in Verbindung zu bringen.

VI. § 241 Absatz 1 würde lauten:

„Angriffs- und Vertheidigungsmittel (Klage-Thatsachen, Einreden, Widerklage, Repliken u. s. w.) können bis zum Schlusse derjenigen mündlichen Verhandlung, auf welche das Urtheil ergeht, geltend gemacht werden".

Die Aenderung des Entwurfes besteht nur in der bereits erwähnten Einschiebung von „Klage-Thatsachen."

VII. Die für die Berufungs-Instanz gegebene Vorschrift des § 468:

„Eine Aenderung der Klage ist selbst mit Einwilligung des Gegners unstatthaft."

würde zu streichen sein. Ich verzichte darauf, diesen letzten Vorschlag besonders zu rechtfertigen und weise nur darauf hin, daß, wenn man das beneficium novorum so weit ausdehnt, wie der Entwurf es gethan hat, kein Grund vorliegt, die Beschränkung des § 468 beizubehalten, zumal diese wiederum nur geeignet ist, unnützen Weiterungen zur Handhabe zu dienen. Die Aenderung der Klage in der Berufungs-Instanz ist in der That nicht etwas so Ungeheuerliches, als Juristen, welche sich daran gewöhnt haben, die Klageänderung mit der Lehre vom Klagegrunde in Verbindung zu bringen, es sich vorstellen. Nur muß man dem s. g. Verluste der ersten Instanz nicht die Wichtigkeit beilegen, welche sie in der That nicht hat in einem Verfahren, in dem die Appellations-Instanz — was man auch dagegen sagen mag — wesentlich ein novum judicium ist! Wird denn die erste Instanz nicht auch in Ansehung aller anderen nova und der im Wesen der Kompensations-Einrede in der zweiten Instanz geltend gemachten Ansprüche (§ 470 des Entw.) verloren?

Obgleich ich kein Bedenken tragen würde, so weit, wie es nach diesen meinen Vorschlägen geschehen müßte, „Klageänderungen" zuzulassen, und obgleich ich ein Korrektiv, wie es in § 242 des Entwurfes[22]) enthalten

---

[22]) § 242 lautet: „Vertheidigungsmittel, welche von dem Beklagten nachträglich vorgebracht werden, können auf Antrag zurückgewiesen werden, wenn durch deren Zulassung die Erledigung des Rechtsstreites verzögert werden würde und das Gericht die Ueberzeugung gewinnt, daß der Beklagte in der Absicht, den Proceß zu verschleppen oder aus grober Nachlässigkeit die Vertheidigungsmittel nicht früher vorgebracht hat."

ist (welcher die **neue** Eventualmaxime des mündlichen Verfahrens definirt), wegen der Vertheidigungsmittel des Beklagten in sachdienlichster Weise einführt, rücksichtlich der Angriffsmittel des Klägers für entbehrlich halte, weil für die letzteren — von ganz seltenen Fällen abgesehen — das Korrektiv in dem Interesse des Klägers, möglichst schnell zu einer rechtskräftigen Entscheidung zu gelangen, liegt, so gebe ich doch zu, daß ein solches, wenn es eingeführt würde, durch eine Ausdehnung des in § 242 cit. enthaltenen Princips auf die Angriffsmittel des Klägers, ohne Schädigung der Prinzipien des Entwurfes und ohne Gefahr für die Energie des Verfahrens möglich wäre. Mein auf dem Nürnberger Juristentage gestellter Antrag, den § 232 im Eingange und in Nr. 1 so zu fassen:

> „Als eine Aenderung der Klage ist es nicht anzusehen, wenn unter Festhaltung des geltend gemachten Anspruchs (Identität des Objekts)
>
> 1. die neuen thatsächlichen oder rechtlichen Anführungen des Klägers den Beklagten nicht zu einer neuen Rechtsvertheidigung nöthigen"

ging davon aus, daß durch eine solche Vorschrift das Korrektiv gewährt werden sollte. Dies ergeben meine Erläuterungen nach Inhalt des stenographischen Berichts (Seite 278 f.). — Weitere Ueberlegung, besonders aber der materiell nicht richtige, meine Erläuterungen nicht berücksichtigende Einwurf des Herrn Ober-Appellationsgerichtsraths Becker: mein Antrag wolle nur ein anderes Erkennungsmittel, als der Entwurf der deutschen Prozeßordnung hat, statuiren für die Veränderung der Klage (a. a. O. S. 295 vgl. S. 286), während ich grundsätzlich jede Klageänderung für zulässig erklären wollte,[23]) haben mich überzeugt, daß die Fassung, welche ich vorgeschlagen hatte, allerdings eine nicht genügende und Mißverständnissen ausgesetzte ist. Hält man eine Bestimmung im Gesetze als Korrektiv gegen den Mißbrauch der dem Kläger zu gewährenden Freiheit im Gebrauche seiner Angriffsmittel (Klagethatsachen) für nöthig, dann muß man eine Fassung suchen, welche das in § 242 cit. liegende Princip auch auf alle Angriffsmittel des Klägers anwendbar macht; eine solche Fassung würde die Kasuistik vermeiden, welche meinem früheren Antrage in gewissem Sinne zum Vorwurf gemacht werden kann, und auf sie würde der Einwurf des Herrn Ober-Appellationsgerichtsraths Becker sicher nicht zutreffen.

Einen formulirten Vorschlag in dieser Richtung zu machen, habe ich von meinem Standpunkte aus keine Veranlassung.[24])

---

[23]) a. a. O. S. 277: „Wir müssen aussprechen" — sagte ich — „daß die Klageänderung **unbedingt** zulässig ist."

[24]) Einen solchen Vorschlag hat bei der zweiten Lesung des Entwurfes der deut-

§ 9. Der Antrag Haarmann und der aus dem Beschlusse der Justizkommission des Reichstages hervorgegangene Entwurf.

Ehe ich zu den Gründen der Gegner übergehe, sei es mir gestattet, noch den Verbesserungsantrag, welchen Herr Ober-Appellationsanwalt Haarmann als Mitglied des deutschen Reichstages bei der Justizkommission des letzteren gestellt hat, und die Vorschriften des Entwurfes, wie sie sich bei der zweiten Berathung in dieser Kommission gestaltet haben, kurz zu erwähnen.

Herr Haarmann ist, wie ich, durch Erfahrungen in Hannover belehrt, zu der Ueberzeugung gekommen, daß der mit der Einrede der Klageänderung getriebene Unfug unmöglich gemacht werden müsse (Verhandlungen des Nürnberger J. T. a. a. O. S. 290). Bei der Justizkommission des Reichstages stellte er den Antrag zum Entwurfe der Proceßordnung: „die Bestimmung der Nr. 3 zu streichen und einen neuen Paragraphen folgenden Inhalts aufzunehmen:

„„Der Kläger ist berechtigt, bis zum Schlusse der ersten mündlichen Verhandlung die Klage zu ändern, später nur mit Einwilligung des Beklagten.““

„„Der Beklagte kann im Falle der Veränderung der Klage die Vertagung der Verhandlung unter Berücksichtigung der im § 226 vorgeschriebenen Fristen verlangen.““

„„Wenn durch Veränderung der Klage dem Beklagten, sei es in Folge einer dadurch herbeigeführten Verzögerung des Rechtsstreites, sei es dadurch, daß die Vorbereitung der Vertheidigung gegen die ursprüngliche Klage vergeblich geworden, Kosten erwachsen, so ist der Kläger zur Tragung solcher Kosten zu verurtheilen.““

„„Die Wirkungen der Rechtshängigkeit treten bezüglich der veränderten Klage erst mit der Zustellung des betreffenden Schriftsatzes oder mit Erhebung der mündlichen Verhandlung ein.““

M. E. stehen der Annahme dieses Vorschlags, welcher in seiner Intention nicht ganz, aber doch in dem Wesentlichsten mit meinen Anschau-

---

schen Civilproceßordnung in der Justizkommission des Reichstages der Abgeordnete Dr. Grimm gemacht (Protok. S. 541). Er hat beantragt, den § 242 so zu beginnen:

„Klageänderungen, desgleichen von dem Beklagten nachträglich vorgebrachte Vertheidigungsmittel können . . . .

und später statt: „der Beklagte“ zu setzen: „die Partei“. — M. E. steht diesen Vorschlägen entgegen, daß sie den Streit darüber offen lassen, was unter die Bezeichnung „Klageänderungen“ fällt.

ungen übereinstimmt, folgende Bedenken entgegen, welche ich nur andeute, nicht ausführe:

Zu Absatz 1. Eine „erste mündliche Verhandlung“ gibt es — wie bereits erwähnt worden — nicht. Die vorgeschlagene Fassung würde deshalb principiell nicht richtig sein und auch zu erheblichen Bedenken führen. Z. B. ist es erlaubt, „die Klage zu ändern“, wenn in Folge neuer Anführungen des Beklagten die „erste mündliche Verhandlung“ vertagt ist und gerade die Nova des Beklagten die „Aenderung“ veranlaßt haben? Ferner würde die Vorschrift, daß für spätere Proceßstadien die Einwilligung des Beklagten entscheidend sein solle, den „Streit ohne Ende“, ob eine Klageänderung oder eine Klageverbesserung vorliege, nicht abschneiden. Und gerade Letzteres muß das zu erreichende Ziel sein.

Zu Absatz 2. Der Einwand, daß bei Klageänderungen dem Beklagten die Einlassungsfrist offen gelassen werden müsse, ist schon bei Berathung der bayerischen Proceßordnung gemacht worden. Gewiß ohne praktischen Grund. Es ist recht und billig, daß dem Beklagten, gegen welchen ein ihm vielleicht bisher unbekannter Anspruch erhoben wird, eine Minimalfrist zur Einlassung durch das Gesetz gewährt wird, damit er sich und seinen Anwalt darüber informiren könne, wie es mit dem ihm gegenüber gestellten Verlangen steht. Für spätere Proceßstadien aber liegt praktisch kein Grund vor, nova, welche sogenannte „Klageänderungen“ enthalten, anders zu behandeln, als nova anderer Art.

Zu Absatz 3. Das hier Vorgeschlagene wird durch die auf alle Angriffsmittel des Klägers auszudehnende Bestimmung in § 241 Absatz 2. gedeckt.

Zu Absatz 4. Wenn diese Bestimmung nach dem Entwurfe, wie er bis jetzt vorliegt, nicht bedingt ist durch die ausdrücklich oder stillschweigend von dem Beklagten gestattete „Klageänderung“, so ist sie auch nicht nothwendig, wenn das Gericht alle „Klageänderungen“ zulassen muß.

Der bei der Justizkommission des Reichstages von dem Abg. Haarmann gestellte Antrag ist von der ersteren abgelehnt worden (Protokolle Seite 543.)

Die Verhandlungen des Nürnberger Juristentages über die Frage der Zulässigkeit der Klageänderung haben aber auf die Beschlüsse der Justizkommission des Reichstages eine Wirkung ausgeübt. Der auf dem Juristentage gestellte eventuelle Antrag des Herrn Haarmann, welcher dort von der Abtheilung angenommen und dessen Veranlassung und Bedeutung in der Plenarversammlung von mir näher dargelegt wurde (Stenograph. Bericht Seite 294 ff. 337), hat in einer von den Reichstagsabgeordneten Dr. Bähr, Becker, Struckmann und Dr. Wolffson eingebrachten verbesserten Fassung, nach welcher die dem Kläger günstige Entscheidung des Gerichts (also gemäß § 464 auch des Gerichts der zweiten Instanz) der Anfechtung durch ein Rechtsmittel nicht unterliegen soll, Billigung gefunden. Der hinter § 333 eingeschobene neue § 333 a des aus den Berathungen der Justizkommission hervorgegangenen Entwurfs lautet:

„Eine Anfechtung der Entscheidung, daß eine Aenderung der Klage nicht vorliege, findet nicht statt."

Das ist eine Abschlagszahlung. Die Bestimmung wird verhindern, daß gewisse, von mir a. a. O. S. 337 geschilderte Ungeheuerlichkeiten, welche die Konsequenz des bisherigen Proceßrechts waren, nicht mehr werden vorkommen können. Im Uebrigen ist es bei den Vorschriften des dem Reichstage vorgelegten Entwurfs geblieben. Wird der amendirte Entwurf Gesetz, so werden die Gerichte, wie die Parteien, auch ferner unter der exceptio mutati libelli zu leiden haben; derjenige Fall, für welchen die Kommission durch den neuen Paragraphen Vorsorge getroffen hat, ist freilich ein sehr abschreckender, aber ein recht seltener.

§ 10. Die Gründe der Gegner.

Obgleich die französische Gesetzgebung und Doktrin, soweit ich zu ermitteln im Stande gewesen bin, die Lehre von der Unzulässigkeit der Klageänderung keiner Beachtung werth gefunden zu haben scheint, und obgleich vielleicht ein noch zu erwähnender Vorgang in der englischen Proceßgesetzgebung schon früher den Betrachtungen unserer Legislatoren eine andere Richtung zu geben geeignet gewesen sein möchte, so wurden doch bei den deutschen Gesetzgebungsarbeiten erst seit etwa fünfzehn Jahren Stimmen laut, welche sich für eine größere Freiheit des Klägers im Gebrauche seiner Angriffsmittel erklärten, als die bisherige Lehre von der Unzulässigkeit der Klageänderung sie gestattete.

Die Gründe der Gegner sind wesentlich dieselben geblieben. Es wird deshalb nicht nothwendig sein, zum Zwecke der Beurtheilung derselben auf alle in § 6 dieses Gutachtens erwähnten Gesetzgebungsarbeiten zurückzugehen, zumal ich das m. E. Bedeutendste daraus bereits mitgetheilt habe. Es sei mir gestattet, bei Beurtheilung dieser Gegengründe nur die Arbeiten, welche zur Motivirung und Prüfung jener Proceßgesetzentwürfe gedient haben: die Arbeiten zu der bayerischen Proceßordnung und diejenigen zu dem Entwurfe einer Civilproceßordnung, welcher dem deutschen Reichstage vorgelegt ist, sowie die Verhandlungen des Juristentages in Betracht zu ziehen.

1. Bei den Berathungen über den bayerischen Entwurf [25]) wurde anerkannt, daß der Einwurf Plancks (Vierteljahrsschrift a. a. O.): die vorgeschlagenen Bestimmungen über die Unzulässigkeit der Klageänderung enthielten eine Abweichung von dem Grundsatze der Unmittelbarkeit der mündlichen Verhandlung, begründet sei; denn die letztere „sei die Grundlage der Entscheidung, in ihr liege der Schwerpunkt des Verfahrens, und es müßte deshalb auch im Principe noch bei der mündlichen Verhandlung eine Aenderung der Klage gestattet werden. Wie von jedem Principe aber, so müßten auch von diesem Ausnahmen zulässig sein, und für die Zulassung von Ausnahmen kämen hier folgende Gesichtspunkte in Betacht: dem Beklagten dürfe das Recht ber Vertheidigung nicht geschmälert werden; er müsse daher auch wissen, was von ihm verlangt werde, um seine Vertheidigung gehörig vorbereiten zu können." Die Abweichung von dem Principe werde auch dadurch nöthig, daß ein die Verhandlung vorbereitendes schriftliches Vorverfahren angeordnet sei. Daraus folge, daß die Klageänderung nur bis zur schriftlichen Vernehmlassung gestattet werden könne. „Würde man ihre Zulassung weiter ausdehnen, so würde das schriftliche Vorverfahren rein illusorisch werden, man würde genöthigt werden, stets wieder von Neuem im Processe zu beginnen." Diese Ausführung des Ministerialkommissars (a. a. O. III. S. 251) beweist zu viel und deshalb nichts; denn wäre sie richtig, so dürften Thatsachen, welche im schriftlichen Vorverfahren nicht geltend gemacht sind, weder vom Kläger noch vom Beklagten in der mündlichen Verhandlung vorgebracht werden; denn solche Nova machen regelmäßig eine neue Information des Gegners nothwendig. In Art. 251 der bayerischen Proceßordnung wird anerkannt, daß das Vorbringen solcher Nova in der mündlichen Verhandlung zulässig ist; nur die Vertagung der letzteren auf Kosten der die Nova vortragenden Partei ist die Folge. Wenn darin nicht ein Beginnen des Processes von Neuem liegt, warum wird dann — wegen des vorbereitenden Schriftwechsels — in der „Klageänderung" das Beginnen eines neuen Processes gefunden? Dem Beklagten wird, da die Verhandlung vertagt werden muß, seine Vertheidigung ebensowenig beschränkt, als dem Kläger, welcher durch neue selbständige Einreden des Beklagten genöthigt wird, sich auf diese zu vertheidigen. Auch vom Standpunkte der formellen Behandlung der Parteien, namentlich der Berücksichtigung ihres Rechts auf Gestattung einer Frist zur Vertheidigung, ist der Satz richtig: Excipiendo reus fit actor. Und wenn nun auch noch die tägliche Praxis den Satz bestätigt: melior est

---

[25]) Verhandlrngen der Kammer der Abgeordneten des bayerischen Landtages im Jahre 1863—65. Beilagen-Band II. S. 73, Band III. S. 250 ff.

conditio rei —, so ist in der That nicht abzusehen, weshalb man rücksichtlich der Beibringung seiner Rechtsbehelfe den Beklagten mehr begünstigen will, als den Kläger. — Man überzeugt sich, daß die angeführten Gründe des bayerischen Ministerialkommissars beeinflußt sind von der ihm in Fleisch und Blut übergegangenen Eventualmaxime, und daß er dem schriftlichen Vorverfahren eine Bedeutung beimißt, welche ihm in einer auf Mündlichkeit und Unmittelbarkeit der Verhandlung basirten Proceßordnung nicht beigemessen werden darf.

Die von dem Ministerialkommissar geltend gemachten Gründe sind wesentlich dieselben, aus welchen schon der Referent (a. a. O. II. S. 73) sich für die Unzulässigkeit der Klageänderung in der Art, wie darüber die bayerische Proceßordnung disponirt, erklärt hatte. Auch er machte geltend: die Zulassung von Ausnahmen von einem Grundsatze sei kein ungerechtfertigtes Fallenlassen des Grundsatzes selbst.[26]) Außerdem aber liege in der Ausnahmevorschrift wegen Unzulässigkeit der Klageänderung keine unbillige Beschränkung des Klägers; denn gewiß könne von demjenigen, der gegen einen Andern Klage erhebt, mit Grund gefordert werden, daß er sich vorher darüber vollkommen klar geworden sei, was er verlangen und aus welchen thatsächlichen und rechtlichen Gründen er es verlangen wolle. — Das ist fast dasselbe, was ich auf dem Nürnberger J. T. dafür angeführt habe, daß man ein Korrektiv gegen mögliche Verzögerungen durch nachträgliche Anführungen des Klägers in das Gesetz aufnehmen könne (a. a. O. S. 335). Aus welchen Motiven ich ein solches Korrektiv für entbehrlich halte, ist oben bereits erörtert. — Was er verlangen will, muß der Kläger vor Anstellung der Klage allerdings wissen; aber von ihm zu verlangen, daß er von dem „thatsächlichen und rechtlichen Grunde", wie letzterer in dem Libell erkennbar gemacht werden soll, nicht abweiche, ist allerdings eine unbillige Beschränkung des Klägers, welcher von vorne herein oft ebensowenig wissen kann, welche Rechtsbehelfe ihm dienlich sein

[26]) Darauf erwiderte der Abgeordnete Carl Barth: Das sei richtig, soweit es sich nicht um die Grundprincipien des Verfahrens handle. „Von diesen letzteren darf in keinem Punkte abgewichen werden, weil sie sonst nicht systematisch durchgeführt erscheinen, weil dadurch das Fundament des ganzen Gesetzes erschüttert werden würde." Ein solcher Fundamentalsatz sei es, daß die mündliche Verhandlung allein entscheiden müsse. „Es ist sogar wünschenswerth und dem Charakter des Verfahrens durchaus entsprechend, daß selbst für die mündliche Verhandlung in zweiter Instanz die Befugniß bestehe, alles in der ersten Instanz etwa Versäumte nachzuholen."

Der Abgeordnete Barth hat sicher darin Recht, daß jede Abweichung von Fundamentalgrundsätzen die richtige Handhabung der Proceßordnung gefährdet, da solche Abweichungen die Gesichtspunkte verdunkeln, aus welchen heraus die Vorschriften des Gesetzes zu interpretiren.

werden, als es von dem Beklagten verlangt wird, daß er sich sofort bei der „Vernehmlassung" in bindender Weise darüber schlüssig mache, in welcher unabänderlichen Art er sich vertheidigen will.

2) Ein Gegengrund, welcher mit dem so eben erwähnten in nahem Zusammenhange steht, ihn eigentlich nur verallgemeinert, ist in der Justiz-Commission des Reichstages von mehren Seiten bei der zweiten Lesung des Entwurfes (Protokolle S. 541) geltend gemacht worden: „Die Klageschrift müsse die feste Basis des Processes bilden, ohne welche große Verwirrung entstände" (Struckmann); „ohne sichere Grundlage würde der Proceß großer Verwirrung ausgesetzt sein" (v. Amsberg). Diesem Argumente gegenüber drängt sich zunächst die Frage auf: Warum hat man die Einwilligung des Beklagten in die Klageänderung für entscheidend erklärt? — Proceßgesetze gehören dem öffentlichen Rechte an; ihre Normen können durch die Willkür der Parteien nicht geändert werden. Wenn das Verbot der Klageänderung von so großem Gewicht ist für die sichere Grundlage des Processes, so nothwendig zur Verhinderung großer Verwirrung, so ist es doch auffallend, daß nach den neueren Proceß-Ordnungen und Entwürfen hier eine Ausnahme gemacht, die Klageänderung dann gestattet und durch das Proceßleitungsamt des Richters nicht zu verhindern ist, wenn der Beklagte in die Aenderung der Klage einwilligt. Ist jene Besorgniß vor Verwirrung begründet, so vermag ich nicht einzusehen, warum sie in dem Falle ausgeschlossen sein sollte, wenn der Beklagte sich die Aenderung gefallen läßt. Ich muß einfach bekennen, daß mir nicht klar geworden ist, welcher Unterschied vorliegt und weshalb Herr v. Amsberg, welcher bei der ersten Lesung des Entwurfes (Protokolle S. 79) mit guten Gründen den Antrag Wolffson bekämpft hat, Verwirrung des Verfahrens befürchtet, wenn die Klageänderung unabhängig von dem Konsens des Beklagten zugelassen würde, während er bei vorliegender Einwilligung keinen Grund findet, warum das Gericht von Amtswegen die Klage sollte abweisen müssen, „wenn der Kläger das Klagefundament nicht richtig gewählt hat und, vom Beklagten darauf aufmerksam gemacht, nun mit dem richtigen Fundament hervortritt". — Nach meiner Ueberzeugung ist ein Unterschied aus dem Gesichtspunkt jener Besorgniß nicht vorhanden. Der Unterschied zwischen dem Falle der Einwilligung und dem des Widerspruchs ist nach dem Entwurfe nur der, daß in dem ersteren Falle der Proceß seinen ruhigen Gang fortgeht und, wenn es in Folge der Aenderung nothwendig ist, die Verhandlung vertagt wird, im andern Falle aber ermüdende Debatten über die heiklige Frage der Klageänderung entstehen, welche durch eine nach langer mit vielem vergeudeten Scharfsinn geführten Berathung (ein kurzes Würfelspiel wäre besser!) ergehende Entscheidung

beendet wird, während, wenn das Gesetz jede Klageänderung zuließe, jener ruhige Gang für alle Fälle gesichert wäre. — Wäre bestimmt: die Einwilligung solle nur dann berücksichtigt werden, wenn der Beklagte sich sofort auf die geänderte Klage erklären kann, so würde das zum Zwecke der Vereinfachung des Verfahrens seinen guten Sinn haben; aber wie die Einwilligung ein Präservativ gegen die in Folge der Klageänderung sonst zu besorgende Verwirrung sein könnte, das ist mir unverständlich.

3. Ein verehrtes Mitglied des J. T., Herr Justizrath v. Wilmowski, hat zur Vertheidigung seiner Ansicht: daß das Fundament der Klage nicht geändert werde dürfe, geltend gemacht (a. a. O. S. 281): durch die Aenderung des Klagegrundes werde der Proceß ein anderer, für welchen jeder Theil sein Recht auf die Wahrung der vollen Form haben müsse. Deshalb dürfe eine Aenderung nur mit Einwilligung des Beklagten gestattet sein; letzterer sei in der Lage zu beurtheilen, ob ihm eine Aenderung schade. Dem Kläger dürfe es nicht zustehen, sich selbst die Vertheidigung seiner Rechte zu erleichtern und dem Gegner die Vertheidigung zu erschweren.

Diese Gegengründe stehen zwar mit den weiteren Ausführungen des Herrn Justizrath v. Wilmowski, welche sich gegen meinen früheren Antrag richten: daß die Aenderung nur dann gestattet sein solle, wenn sie dem Beklagten nicht Veranlassung zu einer neuen Rechtsvertheidigung gebe, in einer gewissen Wechselbeziehung; aber es ist nicht zu verkennen, daß sie, auch abgesehen davon, einen gewissen Schein für sich haben; ein größeres Gewicht vermag ich ihnen nicht zuzugestehen. Zunächst gehen sie von der Annahme aus: eine Aenderung des Fundaments mache den Anspruch und deshalb den Proceß zu einem anderen. Vom Standpunkte der Theorie von der Klage-Consumtion aus muß zugegeben werden, daß der Anspruch durch die Aenderung seiner Begründung ein anderer ist: aber es ist nicht zuzugeben, daß er deshalb in seiner Richtung, in seinem Ziele ein anderer ist, und nur darauf darf es bei einem frei gestalteten mündlichen Verfahren ankommen. In einem solchen bleibt bei fehlgehaltener Identität des Objekts der Anspruch und der Proceß derselbe, mag die thatsächliche und rechtliche Begründung auch in der mündlichen Verhandlung sich anders gestalten als in der Klageschrift. Das folgt aus jenem Fundamentalsatze von der Unmittelbarkeit der Verhandlungen. — Könnte man nun auch dem bayerischen Gesetzgeber darin nachgeben, daß Ausnahmen von dem Principe gestattet seien, so ist doch im vorliegenden Falle eine Abweichung zum Zwecke der „Wahrung der vollen Form“ nicht nothwendig. Wenn der Beklagte in Folge der Anführungen des Klägers das Recht hat, die Vertagung der Verhandlung zum Zwecke der Vorbereitung der Vertheidigung zu verlangen, so wird ihm Alles gewährt, dessen er bedarf. Und wenn dagegen eingewendet werden sollte: der Beklagte erhalte ja doch dann immer keine, zur Wahrung der vollen Form gehörige, schriftliche Klage, so paßt darauf die Replik: Dieser Einwand würde „zu einem Formalismus führen, welcher das Rechtsbedürfniß der Parteien überschreitet".

4. Der Gegengrund, welcher in der Justiz-Commission des Reichstages von dem Abg. Becker geltend gemacht ist: auch wenn man das Verbot der Klageänderung beseitige, so bleibe doch noch immer der Unterschied zwischen Klageänderung und neuer Klage, für den das gegenwärtige Gesetz keinen Anhalt biete und dessen Feststellung nicht weniger Streitigkeiten hervorrufen werde — kann wohl nicht schwer in das Gewicht fallen, wenn man es mit genügender Klarheit zum Ausdrucke bringt, daß eine neue Klage nur dann vorliegt, wenn das Ziel, das Objekt des Anspruchs nicht über die gestatteten Grenzen hinaus verändert werden darf. Daß über diese Grenzen in den einzelnen Fällen nicht weniger Streitigkeiten entstehen werden als bei dem Festhalten der Bestimmungen des Entwurfes darüber: ob eine Klageänderung vorliegt? scheint mir eine durch nichts gerechtfertigte Vermuthung zu sein.[27])

5. Derselbe Abgeordnete hat geltend gemacht: Durch Gestattung der Klageänderung würde die Vorschrift des Entwurfs (§ 234), daß der Kläger nicht ohne Genehmigung des Beklagten nach dem Beginne der mündlichen Verhandlung ohne Verzicht zurücknehmen dürfe, illusorisch werden; denn der Kläger könne dann durch Aenderung der Klage bewirken, daß über die ursprüngliche Klage kein Urtheil ergeht. — Dieser Einwurf, zu dem auch der Satz gehört: „eine neue Klage ist nicht blos dann vorhanden, wenn ich das Objekt, sondern auch wenn ich das historische Klagefundament ändere,[28]) ist m. E. derjenige, welcher am schwersten wiegt, so lange man nicht nach dem Vorgange des bisherigen preußischen Rechts

---

[27]) Soviel ist zuzugeben, daß, besonders bei persönlichen Klagen, Zweifel entstehen können. Aber die zweifelhaften Fälle werden zu den großen Ausnahmen gehören. Auch gebe ich zu, daß man ohne Hilfe der Wissenschaft zur Lösung derartiger Fragen nicht gelangen wird; aber es ist unbescheiden von Seiten der Gesetzgeber, wenn sie den Vertretern der Wissenschaft die Beantwortung von Fragen zuschieben resp. überlassen, an deren genügender Beantwortung selbst ein Mann wie Wächter verzweifelt. Da ist gerade das Eingreifen der Gesetzgebung am Platze. Es ist allerdings Sache wissenschaftlicher Ueberzeugung, ob ein Verbesserungsvorschlag der an die Gesetzgebung zu stellenden Anforderung genügt.

[28]) Auf dem J. T. — (a. a. O. S. 286) — hat Herr O.-A.-Rath Becker diesen Satz wesentlich für den zu 4 erwähnten Gegengrund verwerthet. Für diesen ist er m. E. bei weitem nicht von solcher Bedeutung, als für den oben zu 5 erwähnten Gegengrund

die sog. Proceßobligation des Klägers, d. h. seine Pflicht, den einmal begonnenen Proceß fortzusetzen, fallen lassen will. Zu dem letzteren Schritte möchte ich nach den im Gebiete des preußischen Rechts gemachten Erfahrungen keineswegs rathen. — Es ist ja gewiß richtig, daß ein Anspruch durch den Proceß nur konsumirt wird, wenn über die demselben entsprechende actio erkannt ist. Der Beklagte kann ein wesentliches Interesse daran haben, daß der Streit darüber zum Austrage gebracht werde, ob gerade die angestellte actio materiell begründet ist. Dieses Interesse kann er nicht verfolgen, wenn der Kläger den (dem Objekte nach gleichen) Anspruch mit einer anderen actio verfolgen darf, welche er in eodem judicio an Stelle des früher in der schriftlichen Klage geltend gemachten setzt.

Aber gehören die Fälle dieser Art nicht zu den seltensten Ausnahmen? M. E. können hier nur praktische Rücksichten den Ausschlag geben. Der regelmäßige Fall ist der, daß der Kläger im Laufe des Processes sich überzeugt, daß ihm die zuerst angestellte actio nicht zusteht, daß er z. B. die condictio ex mutuo nicht hätte anstellen sollen, sondern die actio depositi. In allen diesen Fällen geschieht dem Interesse des Beklagten Genüge, wenn darüber eine Entscheidung herbeigeführt wird, ob der dem Objekte nach nicht veränderte Anspruch in seiner neuen Begründung gerechtfertigt ist oder nicht. Weiter sollte man aus praktischen Rücksichten und zum Zwecke der Vermeidung der Proceß-Vervielfältigung die Proceß-Obligation des Klägers nicht ausdehnen. Jeder Praktiker wird bestätigen, daß das Recht des Beklagten auf Nichtveränderung der angestellten actio in eine andere in 999 von 1000 Fällen nur zur Chikane des Klägers benutzt wird. Der Gesetzgeber soll die Wissenschaft nicht außer Acht lassen; aber er soll sich hüten, der lieben Theorie zu Gefallen die Einfachheit der Rechtsverfolgung zu beeinträchtigen.

Es handelt sich für ihn darum, was das Wichtigere ist: ob er gestatten will, daß in den seltenen Fällen, in welchen von diesem Rechte Gebrauch gemacht wird, der Kläger auf die ursprüngliche Klage zurückgreift, wenn die geänderte Klage für ihn den erwünschten Erfolg nicht gehabt hat — oder ob er eine durch das Verbot der Klageänderung verursachte Vervielfältigung der Processe begünstigen soll? — Mir ist die Antwort nicht zweifelhaft.

6. Der Abgeordnete Struckmann hat geltend gemacht: Der Kläger, welchem die Klageänderung verboten sei, „erleide keinen materiellen Nachtheil, da er sein neues Vorbringen in einer neuen Klage geltend machen könne. Allerdings entständen Kosten; dies sei aber nicht zu vermeiden, da nach der Natur der Sache die Klageschrift die feste Basis des Processes bilden müsse, ohne welche große Verwirrung entstände." — Dies ist doch

wohl nur so verstehen, daß der Besorgniß der großen Verwirrung gegenüber die Vervielfältigung der Processe und die aufgewendeten Kosten nicht in Betracht kommen könnten. Daß durch die gedachte Vervielfältigung und die Aufwendung von Kosten, welche sonst vermieden werden könnte, doch auch große materielle Nachtheile entstehen, wird sich nicht bestreiten lassen. Und wenn nun die Sorge vor der großen Verwirrung denn doch nicht begründet sein sollte?

7. Es ist noch behauptet worden: Die unbeschränkte Zulassung der Klageänderung würde die Bestimmungen über die fora, besonders die exklusiven hinfällig machen (von Amsberg). — Anscheinend liegt diesem Einwurfe der Gedanke zu Grunde, daß die Bestimmungen über die Ausschließlichkeit gewisser fora dadurch illusorisch gemacht werden könnten, daß znerst eine Klage angestellt werde, für welche das betreffende Gericht zuständig sei, die veränderte Klage aber eine solche sei, für welche ein anderes Gericht für ausschließlich zuständig erklärt ist. Der Entwurf hängt mit der Prorogationsbefugniß der Parteien zusammen. Es wird nicht nöthig sein, näher darauf einzugehen, sondern Folgendes genügen: 1. Wenn das ausschließlich zuständige Gericht dadurch beseitigt werden kann, daß der Beklagte in die Klageänderung ausdrücklich oder stillschweigend einwilligt, (was übrigens nicht zuzulassen sein dürfte), so ist nicht einzusehen, warum es nicht dadurch sollte beseitigt werden können, daß die Klageänderung unbeschränkt gestattet wird. 2. Wenn der Kläger erst durch seine Aenderung veranlaßt, daß die geänderte Klage eine zur ausschließlichen Zuständigkeit eines andern Gerichts gehörige wird, so ist dem Beklagten nach der Schlußbestimmung des § 238 des Entwurfs gestattet, auch in einem späteren Proceßstadium die Einrede der Unzuständigkeit des Gerichts geltend zu machen, weil er „ohne sein Verschulden nicht im Stande gewesen sei, dieselbe vor der Verhandlung zur Hauptsache geltend zu machen".

Wenn ich nicht irre, so habe ich alle Einwürfe, welche an den bezeichneten Stellen erhoben worden sind, berücksichtigt. Meine Erwiderungen auf dieselben lassen — wie mir bekannt ist — Raum für Dupliken; ich kann auf letztere meine Tripliken nicht antizipiren.

§ 11. Ein Wegweiser aus England.

Kein europäisches Volk ist so konservativ in seiner Gesetzgebung, keines vorsichtiger bei Aenderungen derselben als das englische, und doch haben die Engländer einen Schritt in ihrer Proceßgesetzgebung in der von mir empfohlenen Richtung gethan.

Der englische Civilproceß, dessen Konstruction ich hier nicht näher auseinandersetzen kann, kennt Schriftsätze, welche den vorbereitenden Schriften unserer neueren Civilproceß-Ordnungen und Entwürfe ähnlich sind. Diese Schriftsätze (Klage, Antwort, Replik, Duplik u. s. w.) heißen Pleadings. Sie sind sämmtlich an strenge Formen gebunden, und ein Abweichen von den in den Pleadings geltend gemachten Rechtsbehelfen bei der mündlichen Verhandlung war früher nicht gestattet. Die älteren englischen Juristen betrachten diesen Grundsatz der Unveränderbarkeit der Pleadings ebenso für ein nothwendiges Präservativ gegen sonst zu besorgende große Verwirrung, wie unsere Vertheidiger das Verbot der Klageänderung. Aber die konservativen Reformatoren des englischen Civilprocesses nehmen doch in die Common Law Procedure Act von 1852[29]) folgende Bestimmung auf:

> „And whereas the power of amendment now vested in the Courts and the Judges thereof is insufficient to enable them to prevent the failure of justice by reason of mistakes and objections of forms: be it enacted as follows: —
>
> 122. It shall be lawfull for the superior courts of common law and any judge sitting at nisi prius, at all times to amend all defects and errors in any proceeding in civil causes, whether there is anything in writing to amend by or not, and whether the defect or error be that of the party applying to amend or not; and all such amendments may be with or without costs, and upon such

---

[29]) 15 u. 16 Victoria cap. 76: An Act to amend the Process, Practice and Pleading in the Superior Courts of Common Law at Westminster and in the Superior Courts of the Counties Palatine of Lancaster and Durham. Sect. 122. Uebersetzung: Und sintemal die den Gerichtshöfen und deren Richtern bis jetzt zustehende Befugniß, Aenderungen zuzulassen, unzureichend ist, um sie in den Stand zu setzen, zu verhindern, daß die Ziele der Rechtspflege in Folge von Versehen und formellen Einwendungen verfehlt werden, so wird hierdurch verordnet, was folgt: —

122. Die höheren Gerichtshöfe des gemeinen Rechts und jeder Richter derselben, so wie jeder Richter in einer Nisi-Prius-Sitzung sollen befugt sein, jeder Zeit Verbesserungen aller Fehler, Versehen und Irrthümer, die im Laufe eines Civilprocesses vorgekommen sind, zuzulassen, mag es sich um Verbesserungen in Schriftstücken oder außerhalb solcher handeln, mag der Fehler oder das Versehen von der den Antrag stellenden Partei selbst ausgegangen sein oder nicht; und alle solche Veränderungen können zugelassen werden mit oder ohne Auferlegung von Kosten, und unter solchen Bedingungen und Einschränkungen, wie sie der Gerichtshof oder der Richter für angemessen erachtet; und alle diejenigen Veränderungen, welche nothwendig sind, damit im gegenwärtigen Processe die unter den Parteien wirklich streitige Frage entschieden werden kann, sollen so gemacht werden."

terms as to the court or judge may seem fit; and all such amendments as may be necessary for the purpose of determining in the existing suit the real question in controversy between the parties shall be so made."

Ein Kommentator der englischen Civilproceßgesetze [30]) sagt, man könne die wohlthätigen Folgen dieser Gesetzesklausel kaum überschätzen. Die Beispiele, welche er mittheilt und in welchen Anträge auf Zulassung von Aenderungen theils gewährt, theils zurückgewiesen sind, ergeben deutlich, daß Klageänderungen ebensowohl unter die Vorschriften des Gesetzes fallen, wie die Aenderungen von Vertheidigungsmitteln des Beklagten. Freilich sagt ein Urtheil des Schatzkammergerichts (Bradworth versus Foshaw): eine gewisse Strenge gegen den Kläger sei gerechtfertigt; er könne und müsse sich gehörig vorbereiten, ehe er den Proceß beginne; denn die Pleadings dürften nicht als ein Fallstrick für den Gegner gebraucht werden. — Die vorsichtigen Engländer haben kein Bedenken gehabt, die Zulassung der Aenderung, die Entscheidung über eine „solche Cardinalfrage" lediglich in das Ermessen der Richter zu stellen! Es wird gerühmt, daß von diesem Ermessen stets ein verständiger Gebrauch gemacht sei. Aber nie sei ein Gesuch um Zulassung einer Aenderung abgelehnt, wo die Aenderung dahin habe führen können, daß „im gegenwärtigen Processe die unter den Parteien wirklich streitige Frage entschieden werden" konnte, sofern die Parteien das Gesuch (was die englischen Richter ebenfalls verlangen) rechtzeitig — within a reasonable time — angebracht hatten. Die Zwecke der Rechtspflege seien dadurch in einer Weise gefördert, wie es bei den älteren, jede Aenderung verbietenden Vorschriften nicht möglich gewesen sei. Daß durch eine so freie Behandlung des Stoffs jemals die große Verwirrung eingetreten sei, welche bei uns in Folge der Zulassung von Klageänderungen ohne Einwilligung des Beklagten befürchtet wird, ist nicht berichtet.

Auch wenn man (was wohl richtiger sein mag) die Zulassung von Klageänderungen nicht lediglich auf das Ermessen des Richters stellen will, weil diesem „zu viel Spielraum" gelassen sein würde (Dernburg) und weil es „dem Richter gar nicht einmal erwünscht sein kann, daß seinem alleinigen Ermessen die Zulässigkeit der Klageänderung überlassen bleibt" (v. Wilmowski) —, wenn man es vielmehr vorzieht, das Ermessen des Richters allgemein dem Grundsatze des § 242 cit. unterzuordnen, so wird man vielleicht weniger Bedenken tragen, sich zu diesem Schritte zu entschließen im Hinblicke auf die Gesetzgebung eines Volkes, dem man Form-

[30]) John Day, The Common Law Procedure Acts. London 1863.

losigkeit und Willkür in seinen Staatseinrichtungen gewiß am allerwenigsten vorwerfen kann.

§ 12. Schluß.

„Formen sind zur allseitigen Rechtswahrung nöthig". Diesen meinen Ausführungen auf dem J. T. in Nürnberg entgegengestellten Satz erkenne ich mit vollster Ueberzeugung an. Ohne gesetzliche Formen keine politische Freiheit; ohne bestimmte Proceßformen insbesondere keine Garantie für die Verwirklichung der Vorschriften des materiellen Rechts! — Aber die nothwendigen Formen dürfen das Bedürfniß nicht überschreiten; sonst geht das Recht unter den Formen zu Grunde; ein leerer Formalismus tritt an die Stelle des ersteren. — Formen, welche früher ihre gute Bedeutung hatten, aber in ein neues System nicht mehr hinein passen, müssen beseitigt werden.

Wir Juristen hängen im Allgemeinen an den bestehenden Rechtsnormen. Diese unsere Neigung beruht ohne Zweifel zum großen Theile auf einer achtungswerthen Basis: auf dem Respekte vor dem bestehenden Rechte. Aber wie alle löblichen Eigenschaften der sterblichen Menschen bei der Uebertreibung in ihre Extreme leicht zu Lastern werden können, so kann der Respekt vor dem bestehenden Rechte leicht zur Pedanterie werden. Diese zeigt sich dann in der Verehrung von Satzungen älterer Zeiten, welche noch festzuhalten keine Veranlassung vorliegt. Vor lauter Verehrung vor solchen Satzungen und Formen übersieht man dann dasjenige, was die Natur der Sache erfordert.

Ich fürchte, daß konservative Neigungen dieser Art bei den Juristen, welche neue Proceßgesetze aufbauen, viel dazu beigetragen haben, die Lehre von der Unstatthaftigkeit der Klageänderung festzuhalten

---

Druck von G. Jansen in Berlin.

FSC
www.fsc.org
MIX
Papier | Fördert
gute Waldnutzung
FSC® C083411

Kolibri 360 GmbH
Ferdinand-Jühlke-Straße 7
99095 Erfurt, Deutschland
produktsicherheit@kolibri360.de